■2025年度高等学校受験用

筑波大学附属駒場高等学校
収録内容一覧

JN026046

★この問題集は以下の収録内容となっています
せていただいている場合もございますのでご了

解答用紙を省略さ

（○印は収録、－印は未収録）

入試問題と解説・解答の収録内容		解答用紙
2024年度	英語・数学・社会・理科・国語	○
2023年度	英語・数学・社会・理科・国語	○
2022年度	英語・数学・社会・理科・国語	○
2021年度	英語・数学・社会・理科・国語	○
2020年度	英語・数学・社会・理科・国語	○
2019年度	英語・数学・社会・理科・国語	○

●凡例●

【英語】

≪解答≫

〔 〕 ①別解
②置き換え可能な語句（なお下線は置き換える箇所が２語以上の場合）
（例）I am〔I'm〕glad〔happy〕to～

（ ） 省略可能な言葉

≪解説≫

1, **2**… 本文の段落（ただし本文が会話文の場合は話者の１つの発言）

〔 〕 置き換え可能な語句（なお〔 〕の前の下線は置き換える箇所が２語以上の場合）

（ ） ①省略が可能な言葉
（例）「（数が）いくつかの」
②単語・代名詞の意味
（例）「彼（＝警察官）が叫んだ」
③言い換え可能な言葉
（例）「いやなにおいがするなべにはふたをするべきだ（＝くさいものにはふたをしろ）」

// 訳文と解説の区切り

cf. 比較・参照

≒ ほぼ同じ意味

【数学】

≪解答≫

〔 〕 別解

≪解説≫

（ ） 補足的指示
（例）（右図１参照）など

〔 〕 ①公式の文字部分
（例）〔長方形の面積〕＝〔縦〕×〔横〕
②面積・体積を表す場合
（例）〔立方体ABCDEFGH〕

∴ ゆえに

≒ 約、およそ

【社会】

≪解答≫

〔 〕 別解

（ ） 省略可能な語

＿＿＿ 使用を指示された語句

≪解説≫

〔 〕 別称・略称
（例）政府開発援助〔ODA〕

（ ） ①年号
（例）壬申の乱が起きた（672年）。
②意味・補足的説明
（例）資本収支（海外への投資など）

【理科】

≪解答≫

〔 〕 別解

（ ） 省略可能な語

＿＿＿ 使用を指示された語句

≪解説≫

〔 〕 公式の文字部分

（ ） ①単位
②補足的説明
③同義・言い換え可能な言葉
（例）カエルの子（オタマジャクシ）

≒ 約、およそ

【国語】

≪解答≫

〔 〕 別解

（ ） 省略してもよい言葉

＿＿＿ 使用を指示された語句

≪解説≫

〈 〉 課題文中の空所部分（現代語訳・通釈・書き下し文）

（ ） ①引用文の指示語の内容
（例）「それ（＝過去の経験）が～」
②選択肢の正誤を示す場合
（例）（ア，ウ…×）
③現代語訳で主語などを補った部分
（例）（女は）出てきた。

／ 漢詩の書き下し文・現代語訳の改行部分

筑波大学附属駒場高等学校

所在地	〒154-0001 東京都世田谷区池尻4-7-1
電話	03-3411-8521
ホームページ	https://www.komaba-s.tsukuba.ac.jp/
交通案内	京王井の頭線 駒場東大前駅西口より徒歩7分 東急田園都市線 池尻大橋駅北口より徒歩15分

 普通科
 くわしい情報はホームページへ
 男子

応募状況

年度	募集数		受験数	合格数	倍率
2024	一般	約40名	129名	46名	2.8倍
	帰国		3名	1名	3.0倍
2023	一般	約40名	129名	44名	2.9倍
	帰国		6名	1名	6.0倍
2022	一般	約40名	142名	45名	3.2倍
	帰国		5名	1名	5.0倍

試験科目 （参考用：2024年度入試）

国語・社会・数学・理科・英語
（各45分／各100点満点）

本校の特色

　筑波大学の附属学校として，国や地域の教育をけん引する拠点校として研究開発を実践する使命をもつ。充実した勉学環境のもと，多くの優秀な卒業生を送り出している。

学校行事

　生徒主体でおおいに盛り上がる体育祭（9月）や文化祭（11月）をはじめ，校外学習（5月），音楽祭（6月），ロードレース（1月）など，さまざまな行事が行われている。

クラブ活動

　サッカー，バスケットボール，硬式テニス，軟式テニス，ハンドボール，卓球，硬式野球，剣道，陸上競技，水泳，山岳，生物，化学，農芸，音楽，文藝，駒場棋院（囲碁），将棋，パソコン研究，演劇，数学科学研究，語学，弁論，ジャグリング同好会，折紙研究会など。

進学状況

2024年 主な大学合格実績

（2024年3月28日現在）

大 学 名	現 役	既 卒	合 計
東京大学	69名	21名	90名
京都大学	3名	1名	4名
東京医科歯科大学	5名	2名	7名
東京工業大学		1名	1名
一橋大学	2名	1名	3名
北海道大学		2名	2名
東北大学		1名	1名
千葉大学		1名	1名
筑波大学	1名		1名
横浜国立大学	1名	1名	2名
横浜市立大学	2名		2名
防衛医科大学校	1名	3名	4名
早稲田大学	73名	41名	114名
慶應義塾大学	45名	25名	70名
上智大学	4名	9名	13名
東京理科大学	13名	9名	22名
青山学院大学	1名	1名	2名
立教大学		1名	1名
中央大学	1名	3名	4名
明治大学	2名	8名	10名
法政大学	2名	1名	3名
東京慈恵会医科大学	5名	1名	6名
日本医科大学	5名		5名
東京医科大学		1名	1名
順天堂大学	4名	1名	5名

編集部注—本書の内容は2024年5月現在のものであり，変更されている場合があります。正確な情報は，学校のホームページ等で必ずご確認ください。

出題傾向と今後への対策 英語

出題内容

	2024	2023	2022
大問数	4	4	4
小問数	24	22	26
リスニング	○	○	○

◎例年大問は4題，小問数25問前後である。放送問題1題，長文読解2題，作文1題となっており，全体的に大きな変化は見られず，基本的な良問が目立つ。

2024年度の出題状況

1 放送問題

2 長文読解総合―エッセー

3 長文読解総合―物語

4 テーマ作文

解答形式

2024年度	記述／マーク／併用

（マークに○）

出題傾向

　45分で放送問題と長文読解2題，英作文をこなすには高度な英語力が求められる。長文は物語形式が多く，複数の人物が登場し，会話文形式が多いので，慣れていないと文脈の把握に時間をとられるかもしれない。設問は内容真偽など基本的なものである。作文は，与えられた条件にしたがって記述する形式。放送問題は例年7問。

今後への対策

　中学の学習範囲を超えたものではないが，注意深く鋭い洞察力・総合的な思考力が必要である。長文読解は短編中心の副読本を選び繰り返し読もう。量をこなすだけでなく深い読みができるようにしよう。リスニング力は継続的に毎日英語を耳にすることが大切である。最後に過去問で問題形式や時間配分を確認しよう。健闘を祈る。

◆◆◆ 英語出題分野一覧表 ◆◆◆

分野		年度	2022	2023	2024	2025予想※
音声	放送問題		■	■	■	◎
	単語の発音・アクセント					
	文の区切り・強勢・抑揚					
語彙・文法	単語の意味・綴り・関連知識		●			△
	適語(句)選択・補充					
	書き換え・同意文完成		●			△
	語形変化					
	用法選択					
	正誤問題・誤文訂正					
	その他					
作文	整序結合		●	●	●	◎
	日本語英訳	適語(句)・適文選択				
		部分・完全記述				
	条件作文					
	テーマ作文		●	●	●	◎
会話文	適文選択					
	適語(句)選択・補充					
	その他					
長文読解	内容把握	主題・表題				
		内容真偽	●			△
		内容一致・要約文完成				
		文脈・要旨把握	■	●	■	◎
	英問英答					
	適語(句)選択・補充		●	●	●	◎
	適文選択・補充			●		△
	文(章)整序					
	英文・語句解釈(指示語など)		●	●	●	◎
	その他(適所選択)					

●印：1～5問出題，■印：6～10問出題，★印：11問以上出題。
※予想欄　◎印：出題されると思われるもの。　△印：出題されるかもしれないもの。

出題傾向と今後への対策

数学

出題内容

2024年度 ※区※

　大問4題，14問の出題。①は関数で，放物線と直線に関する問題。回転移動させた点などを利用するもの。②は特殊・新傾向問題で，二次方程式の解に関する問題。③は平面図形で，三角形と，三角形の頂点を通る円を利用した問題。前の問題の図を利用できるかがポイント。④は空間図形で，展開図から組み立ててできる十四面体について問うもの。立方体の中にこの十四面体をえがくことができれば，平易な内容。

2023年度 ※区※

　大問4題，13問の出題。①は関数で，放物線と直線に関するもの。6本の放物線と6本のx軸に平行な直線の交点でつくられる台形の面積について問うもの。②は数の性質に関する問題で，数を小さい順に並べたときの順番を考えるもの。③は平面図形で，三角形を利用した問題。平易な問題ではあるが，長さがやや複雑な式で与えられているので，ていねいな計算が必要。④は空間図形で，正方形6個と正六角形8個でつくられた多面体について問うもの。

作…作図問題　証…証明問題　グ…グラフ作成問題

解答形式

| 2024年度 | 記　述／マーク／併　用 |

出題傾向

　大問4題でそれぞれ3〜4問の小問（枝問）で構成され，全体の問題数は12〜14問。関数，図形，数の性質に関する問題はほぼ必出。数の性質に関する問題は，けた数や数の列（並び）に関するものなど趣向を凝らしたものが見られる。いずれもレベルの高い問題が含まれ，思考力などさまざまな数学的な力が問われている。

今後への対策

　難度の高い問題を解くためには，定理や性質，公式を理解したうえで，これらを手際よく柔軟に使いこなせるようにすることが重要である。これを習得するには，日々演習。できるだけ多くの問題と接し，いろいろな解法や考え方を身につけるようにしよう。正確で迅速な計算力も備えるようにすること。

◆◆◆◆ 数学出題分野一覧表 ◆◆◆◆

分野		2022	2023	2024	2025予想※
数と式	計算，因数分解				
	数の性質，数の表し方	★	★		◎
	文字式の利用，等式変形				
	方程式の解法，解の利用				
	方程式の応用				
関数	比例・反比例，一次関数				
	関数$y=ax^2$とその他の関数	★	★	★	◎
	関数の利用，図形の移動と関数				
図形	（平面）計量	★	★	★	◎
	（平面）証明，作図				
	（平面）その他				
	（空間）計量	★	★	★	◎
	（空間）頂点・辺・面，展開図				
	（空間）その他				
データの活用	場合の数，確率				
	データの分析・活用，標本調査				
その他	不等式				
	特殊・新傾向問題など			★	
	融合問題				

●印：1問出題，■印：2問出題，★印：3問以上出題。
※予想欄　◎印：出題されると思われるもの。　△印：出題されるかもしれないもの。

出題傾向と今後への対策　社会

論…論述問題

出題内容

2024年度

地理・世界遺産についての文章をもとにした日本と世界の気候や地形，文化，産業等に関する問題。

歴史・課外活動を題材とした古代～近代の日本と世界に関する問題。

政治・G7広島サミットについての文章をもとにした国際政治や気候危機，軍縮，憲法，社会福祉等に関する問題。

2023年度

地理 論・横浜についての文章をもとにした日本と世界の地形や産業，都市の特色，関東地方に関する問題。

歴史 論・人の移動や旅を題材とした古代～近代の日本と世界に関する問題。

公民・学校教育についての文章をもとにした憲法や政治，経済，ジェンダーや人間の安全保障等に関する問題。

2022年度

地理・地球温暖化についての文章をもとにした環境問題や時事問題，世界の都市の特色，日本の産業に関する問題。

歴史 論・感染症の歴史を題材とした古代～近代の日本と世界に関する問題。

公民 論・談合についての文章をもとにした政治や経済，囚人のジレンマに関する問題。

解答形式

2024年度	記述／マーク／併用

出題傾向

　2024年度の大問数は例年同様3題だったが，解答方法は全て記号選択式であった。2023年度までは記述式や論述問題も出題されていたので注意が必要である。

　どの分野も幅広く細かな知識を必要とし，教科書以外の資料集などの事項についても問われている。時事的な出来事とからめた問題が多いのも特徴的である。

今後への対策

　思考力を必要とする多くの問題を短時間で解きこなすための入念な準備をしなければならないだろう。

　どの分野においても，教科書の内容を確実に身につけ，その土台の上に応用的な事項を積み重ねていくことが大切である。また，日頃から新聞やテレビなどを通じて広い時事的知識も身につけておくべきだろう。

◆◆◆ 社会出題分野一覧表 ◆◆◆

分野		2022	2023	2024	2025予想※
地理的分野	地 形 図				△
	ア ジ ア			総	△
	ア フ リ カ			総	△
	オ セ ア ニ ア				△
	ヨーロッパ・ロシア		総	地 人	◎
	北 ア メ リ カ		総		△
	中・南アメリカ		総		△
	世 界 全 般	産 総	産 総	総	◎
	九 州・四 国				△
	中 国・近 畿				△
	中 部・関 東		総	産 総	◎
	東 北・北 海 道				△
	日 本 全 般		地 総	地 総	◎
歴史的分野	旧石器～平安	●	●	●	◎
	鎌 倉		●	●	◎
	室町～安土桃山	●	●	●	◎
	江 戸	●	●	●	◎
	明 治	●	●	●	◎
	大正～第二次世界大戦終結	●	●	●	◎
	第二次世界大戦後				◎
公民的分野	生活と文化				△
	人権と憲法		●	●	◎
	政 治	●	●	●	◎
	経 済	●	●		◎
	労働と福祉			●	△
	国際社会と環境問題	●	●	●	◎
	時 事 問 題	●	●	●	◎

※予想欄　◎印：出題されると思われるもの。　△印：出題されるかもしれないもの。
地理的分野については，各地域ごとに出題内容を以下の記号で分類しました。
地…地形・気候・時差，　産…産業・貿易・交通，　人…人口・文化・歴史・環境，　総…総合

出題傾向と今後への対策 — 理科

出題内容

2024年度 作※

①アミラーゼのはたらきにに関する問題。正確な知識と考察力を問う。実験操作についても問われた。 ②動物のなかまと遺伝の規則性に関する問題。知識と理解を問う。 ③銅の酸化，酸化銅の還元に関する問題。化学変化と物質の質量について，理解を問う。 ④飛行機に乗った体験から，地球の自転や飛行ルートなどに関する問題。知識と科学的な思考力を問う。 ⑤電流とその利用と物体の運動に関する問題。知識と理解，科学的な思考力を問う。

2023年度 作記

①植物の体のつくりについて，細胞膜や細胞壁などに関する問題。考察力と科学的な思考力を問う。 ②カイコに関する問題。理解を問う。 ③地質から，チバニアンに関する問題。知識と理解を問う。 ④水酸化ナトリウム水溶液と塩酸の中和に関する問題。知識と考察力を問う。 ⑤電気分解に関する問題。知識と理解を問う。 ⑥電池に関する問題。電池とＬＥＤを用いた実験について，知識や科学的な思考力を問う。

	2024	2023	2022
大 問 数	5	6	6
作図問題	1	1	1

作 …作図・グラフ作成問題　記 …文章記述問題

解答形式

2024年度	記　述／マーク／併　用

出題傾向

　出題分野に偏りはなく，物理・化学・生物・地学の各分野から均等に出題されている。総小問数は30問程度。
　ある現象からその原因や結果を考えさせたり，複雑な計算を必要としたりするような応用力を試される出題が見られる。正確な知識を押さえたうえで，科学的な思考力が必要。

今後への対策

　まずは，教科書や標準的な問題集を使い，正確な知識を習得しよう。ウイークポイントとなる分野はなくすこと。
　次に，難度の高い問題集を使い，さまざまな分野のいろいろな問題を解き，解法のパターンを身につけたい。さらに，過去の入試問題を使って，応用力・科学的な思考力を自分のものにしよう。

◆◆◆◆ 理科出題分野一覧表 ◆◆◆◆

分野	年度	2022	2023	2024	2025予想※
身近な物理現象	光 と 音				◎
	力のはたらき(力のつり合い)				◎
物質のすがた	気体の発生と性質				△
	物質の性質と状態変化				◎
	水 溶 液	●		●	◎
電流とその利用	電流と回路		●		●
	電流と磁界(電流の正体)		●	●	◎
化学変化と原子・分子	いろいろな化学変化(化学反応式)		●		◎
	化学変化と物質の質量			●	◎
運動とエネルギー	力の合成と分解(浮力・水圧)				◎
	物体の運動	●		●	●
	仕事とエネルギー				◎
化学変化とイオン	水溶液とイオン(電池)	●	●		●
	酸・アルカリとイオン	●	●		◎
生物の世界	植物のなかま				◎
	動物のなかま			●	◎
大地の変化	火山・地震	●			◎
	地層・大地の変動(自然の恵み)		●		◎
生物の体のつくりとはたらき	生物をつくる細胞				◎
	植物の体のつくりとはたらき		●		◎
	動物の体のつくりとはたらき			●	◎
気象と天気の変化	気象観察・気圧と風(圧力)				△
	天気の変化・日本の気象	●			◎
生命・自然界のつながり	生物の成長とふえ方	●			△
	遺伝の規則性と遺伝子(進化)			●	◎
	生物どうしのつながり	●			△
地球と宇宙	天体の動き	●		●	◎
	宇宙の中の地球				△
自然環境・科学技術と人間					△
総　　　合	実験の操作と実験器具の使い方	●	●	●	◎

※予想欄　◎印：出題されると思われるもの。　△印：出題されるかもしれないもの。
分野のカッコ内は主な小項目

出題内容

2024年度

論説文　随筆
古文

課題文
一 佐々木健一
　「経験としてのエイジング（下）」
二 最果タヒ「不満でいたい」
三 本居宣長『玉勝間』

2023年度

随筆　随筆
古文

課題文
一 須藤　靖「世界を切り刻む科学
　とありのままに愛でる科学」
二 奈倉有里「ゲルツェンの鐘が鳴
　る」
三『蒙求和歌』

2022年度

論説文　小説
古文

課題文
一 宮野真生子・磯野真穂
　『急に具合が悪くなる』
二 乗代雄介『旅する練習』
三『増鏡』

解答形式

2024年度　記述／マーク／併用

出題傾向

　設問は，現代文の読解問題にそれぞれ4〜6問，古文の読解問題に3〜4問付されており，全体で10〜15問程度の出題となっている。設問のレベルは，いずれも高度で，しかもそのうちのほとんどが，字数の指定はないものの，30〜100字程度の記述式の解答の設問となっている。

今後への対策

　現代文・古文ともに，高度な読解力と表現力が要求されている。こうした力を身につけるには，応用力を養成する問題集をできるだけたくさんこなすだけでなく，日頃から著名な学者・評論家・作家の作品を新書や文庫などで読んでおくとよい。また，表現力を養うために，新聞の社説などの要約を書いたりするのもよいだろう。

◆◆◆◆ 国語出題分野一覧表 ◆◆◆◆

分野			2022	2023	2024	2025予想※
現代文	論説文 説明文	主題・要旨			●	△
		文脈・接続語・指示語・段落関係				
		文章内容	●		●	◎
		表現			●	△
	随筆 日記 手紙	主題・要旨				
		文脈・接続語・指示語・段落関係			●	△
		文章内容		●	●	◎
		表現		●		△
		心情				
	小説	主題・要旨				
		文脈・接続語・指示語・段落関係				
		文章内容	●			△
		表現				
		心情				
		状況・情景				
韻文	詩	内容理解				
		形式・技法				
	俳句 和歌 短歌	内容理解		●		△
		技法				
古典	古文	古語・内容理解・現代語訳	●	●	●	◎
		古典の知識・古典文法	●	●	●	◎
	漢文	（漢詩を含む）				
国語の知識	漢字	漢字	●	●	●	◎
	語句	語句・四字熟語				
		慣用句・ことわざ・故事成語				
		熟語の構成・漢字の知識				
	文法	品詞				
		ことばの単位・文の組み立て				
		敬語・表現技法				
		文学史				
作文・文章の構成・資料						
その他						

※予想欄　◎印：出題されると思われるもの。　△印：出題されるかもしれないもの。

2024 年度 // 筑波大学附属駒場高等学校

【英　語】（45分）〈満点：100点〉

［注意］　リスニング問題は開始約10分後に始まります。あらかじめ説明・指示をよく読んでおきなさい。リスニング問題が始まるまで，他の問題を解いていなさい。

1　リスニング問題　〈編集部注：放送文は未公表につき掲載してありません。〉

　　このリスニング問題は**問1**・**問2**の二つの部分に分かれています。
　　問1は英語の「書き取り」で，**問2**は内容の「聞き取り」です。

問1　（　）内に必要な英語を書き取り，読まれた短い文章を完成させなさい。
　　　英文はそれぞれ**2回**ずつ放送されます。

問2　放送される英文を聞き，以下の質問に答えなさい。質問はAとBの二つがあります。
　　【質問A】については，それぞれの問いに**日本語**で答えなさい。
　　【質問B】については，正しいものを一つ選び，その記号を答えなさい。
　　英文は**1回**だけ放送されます。放送中，メモを取ってもかまいません。

問1　＜文の書き取り＞

1．Hello.　This is ABC restaurant. — Hi.　（　　　　　　　　　　　　　　　　　）？

2．Do you know the song "Do-Re-Mi?" — I guess so.　（　　　　　　　　　　　　　）？

問2　＜内容の聞き取り＞

【質問A】　（**日本語**で答えなさい。）

1．What was the teacher's plan for Saturday afternoon?

2．What did the "lucky" students have to do on Friday afternoon?

3．What surprised the teacher after Tommy put his things on the table?

4．What was Tommy's hobby?

【質問B】　（**記号**で答えなさい。）

　　What time did Tommy come back to the classroom?

　(ア)　3:30　　　(イ)　4:00　　　(ウ)　4:30　　　(エ)　5:00　　　(オ)　5:30

2　次の文章を読んで問いに答えなさい。（＊印の付いた語・語句は本文の後に[注]があります。）

"Hey, you are not really dying, right?" asked Charlotte.

"The doctor said I would live until Tuesday," said Anne, her older sister.

"But today is Saturday.　This is serious!　You have only three days to live," Charlotte said.

"I never said I was going to die.　①I am going to stop being Anne, but I will go on being something. An animal of some kind, I think.　You see, when one hasn't been very good in the life one has just lived, they will be re-born as some lower form of animal.　I haven't been very good.　I was not kind enough."

"You weren't that bad," said the younger sister quickly.

"Do you remember the day when we went to Robert's house?" asked Anne.　Robert was Charlotte's husband.　He was so rich that he had a large ＊property in the ＊countryside.　Right before they got married, Anne was invited to his house along with Charlotte.

"Yeah, I remember. But what happened then ?"

"When I stayed there, I took the *puppies from the farm out for a run one day. They ran after his chickens out of the yard, and they ran all over his flower beds in the garden. You know how much he cared about his chickens and garden. He got really angry and kept shouting at me all night. Then I decided to *take revenge on him," added Anne with a smile. "I took the family of the chickens into his *seedling shed the next day."

"How could you ? We thought it was an accident !"

"You see," said Anne. "This is the reason why my next life will be as a [②]. But I haven't been so bad in my life, so I think I may be a nice animal, something cute and pretty. An *otter, perhaps."

"I can't imagine you as an otter," said Charlotte.

"Well, I certainly don't think you can imagine me as an angel," said Anne.

Charlotte was silent. ③She couldn't.

"I think life as an otter would be very fun," continued Anne. "Otters could get every meal in the river all the year round, and you are loved —"

"Think of the *hounds," Charlotte said before Anne finished her sentence. "④Imagine [be / be / how / hunted / it / terrible / to / would] and finally killed !"

"Far better than this Saturday-to-Tuesday life of dying. And then I would be born as something else. If I was a good otter, I think I would someday come back in human shape, but not as someone living in the city — maybe as a wild boy wearing no clothes in a jungle, for example."

"I wish you would be serious," said Charlotte in a sad voice. "You have only a few days to live."

Two days later, Anne died in peace.

••

"She's gone. So sad," Charlotte said to her uncle. "She was strange in many ways but it was fun to talk with her. She had an idea that she was going to be re-born."

"Everyone gets those kinds of ideas when they're dying," said her uncle. "I wonder what kind of form she could be."

"You think she really might pass into some animal form ?" asked Charlotte.

Just then Robert entered the room. He looked very angry.

"Four of my chickens have been killed," he said in a loud voice. "One of them was taken away and killed in the center of the new flower beds I've been taking care of. My best chickens and new flower beds were all gone in just one night."

"Oh no . . . Do you think it was a fox ?" asked Charlotte.

"No," said Robert, "there were marks of feet all over the place, and we followed them down to the river. It must be [⑤]."

Charlotte looked quickly at her uncle.

The next day, while all the family members attended Anne's *funeral, something even more terrible happened ; the rest of the chickens were all killed. The killer damaged the flower beds in the garden. Robert's chickens and the garden were all *ruined.

"I need the hounds as soon as possible !" cried Robert.

"Calm down !" said Charlotte. "⑥You don't have to do it. I mean, the *beast won't come back because there are no more chickens left here."

"Do you want to protect it?" said Robert.

"There's been so little water in the river recently," said Charlotte. "It is not fair to hunt an animal when it has no place to go."

"Shut up!" shouted Robert. "The beast must be killed!"

The next evening, Charlotte spent an hour walking by the banks of the river. She met her friend and neighbor, Mr. Johnson. He brought her news of the day's hunt.

"Hey, we had a good day. We found the otter in the pool just below your garden. That was the beast."

"Did you — kill it?" asked Charlotte.

"Yeah, but your husband was attacked badly. Poor beast, I felt quite sorry for it. It had such a human look in its eyes when it was killed. You'll say I'm strange, ⑦but [do / its eyes / know / me / of / reminded / you / who]? It looked like . . . Hey Charlotte, what is the matter?"

Charlotte fell down on the ground.

• •

Weeks later, when Charlotte recovered from her first shock, Robert took her on vacation to *the Amazon River to give her more time to rest. He thought Charlotte would recover more easily with a lot of nature around her. Charlotte got better little by little and began to enjoy the wild view of the jungle. Suddenly, one day she heard her husband shouting from the room next door.

"What is the matter? What has happened?" she asked.

"That beast came into my room and took away all my clean clothes! Wait! I'll catch you, you little —"

"What little beast?" asked Charlotte. She almost laughed. What kind of beast would take his clothes?

"Oh, [　⑧　]," said Robert.

Once more, Charlotte fell down on the ground.

[注] property：敷地　　countryside：田舎　　puppies：子犬　　take revenge：復讐する
　　seedling shed：温室　　otter：カワウソ　　hound：猟犬　　funeral：葬式
　　ruin：破壊する　　beast：動物，獣(けもの)　　the Amazon River：アマゾン川

問1　下線部①はどのような意味か。日本語で答えなさい。
問2　[②]に入る適切な英語4語を，本文中から抜き出して答えなさい。
問3　下線部③はどのような意味か。解答欄の英語に続く形で答えなさい。
問4　下線部④の[　]内の語句を，意味が通るように並べ替えなさい。
問5　[⑤]に入る適切な英語2語を，本文中から抜き出して答えなさい。
問6　下線部⑥について，なぜCharlotteはこのように言ったのか。日本語で答えなさい。
問7　下線部⑦の[　]内の語句を，意味が通るように並べ替えなさい。
問8　[⑧]に入る適切な英語6語を，本文中から抜き出して答えなさい。

---

③　次の文章を読んで問いに答えなさい。（＊印の付いた語・語句は本文の後に[注]があります。）

Tony Kirk put a *slip of yellow paper on a black car that *occupied two parking spaces. On the yellow paper, the message "①PRAKING MISTEAK" and his name "TONY" were written in a *childish-looking hand. He closed the cover on his red pen, put it over his ear, and put the *pad of yellow papers in his jacket pocket. He moved down a street with his *chin high.

Then he passed by a department store. His sneakers were *shining white in the window. He was so proud to see that.

Near the National Bank two elderly ladies waited for the bus. They stood in the middle of the *sidewalk away from the *curb. Tony pulled out his pad and held the pen. He wrote slowly, and then handed one of the ladies the slip, "②TO MUSH IN WAY." The two ladies looked at the slip of paper, and moved closer to the curb.

At an *intersection, people were waiting at the red light "DONT WALK." A man in a dark suit tried to cross the street between cars, but the cars were so close that the man stepped back. When the green light read "WALK," Tony and the man crossed. The man went into a shop. Tony waited, and handed him a slip as he came out, "③ALLMOST WALKD."

A police officer Jackson was standing on the street. Tony stopped next to him.

"How's it going, Tony ?" Jackson said.

Tony pulled out his pad and showed it to Jackson.

"Lots of business, eh Tony ?"

Tony *nodded and put his pad back. He looked very tired.

"Yes, Tony, it's tough," Jackson said.

Tony looked at Jackson's shoes. They were shiny black *except for one *stain. Tony *bent down and *rubbed off the stain with his hand.

"Thanks Tony," Jackson said.

Tony then looked down at his own sneakers.

"Very nice, Tony, shining white," Jackson said.

Tony raised his chin again and moved along.

On a Park Square bench, a man ate a candy and threw his *wrapper down. Tony handed him the wrapper and a slip, "PAPUR ON GARSS." The man threw both papers down and went away. Tony caught up to him and gave him all the papers and another slip, "NOT LISSENING." The man said "④Christ," and put all the papers in his pocket.

Suddenly it began to rain hard and Tony got all wet. He put everything away and looked up at the sky sadly. A car passed by and *splashed dirty water on his sneakers. He began to run toward his house.

When he came back, he took off his sneakers and carried them up the stairs. His mother turned her head, "Tony, is that you ?" ⑤(1　　　　), but (2　　　　) and the door was closed. There was a bottle of shoe *polish in front of him on the floor.

His mother moved to the bottom of the stairs and shouted, "Tony !"

Tony opened the door and showed himself to his mother.

She held a *cigarette and a drink. "Tony, I can't believe you don't say anything when you are back home !" Tony closed the door and reached under his bed.

Tony pulled out a shoebox. On the cover it read, "MUTHERS TICKITS."

Tony wrote three slips : ⑥"TO MUSH (　　　)," "TO MUSH (　　　)," "TO MUSH (　　　)." He put the slips in the box. Then he wrote one more slip in his largest letters : "ERVYTHING WORNG !"

Tony put the box under the bed, sat on the floor, and began to polish his sneakers.

［注］ slip：(細長い)紙片　　occupy：占領する　　childish-looking：子供っぽい　　pad：(はぎ取り式)メモ帳

chin：あご　　shine：輝く　　sidewalk：歩道　　curb：縁石　　intersection：交差点

nod：うなずく　　except for：〜を除いて　　stain：しみ　　bend down：ひざまずく　　rub：こする

wrapper：包み紙　　splash：はねる　　polish：靴磨き剤, 磨く　　cigarette：タバコ

問1　下線部①を正しいスペリングに直しなさい。（すべて大文字で書くこと）

問2　下線部②は女性たちの，③は男性の，どのような具体的行動を指すか。それぞれ20字以内の日本語で説明しなさい。

問3　下線部④「ちくしょう」と男性が言ったのはなぜか。30字以内の日本語で説明しなさい。

問4　Tony にとって，「靴」とはどのような意味を持っている物だと思われるか。根拠となる彼の行動を示しつつ，60字以内の日本語で説明しなさい。

問5　下線部⑤の空所にそれぞれ入る文を，以下の［　］内の語句をすべて使い，指定の語数で書きなさい。（文頭の語も小文字で始まっている）

　（1　（3語）　）, but (2　（6語）　) and the door was closed.

[his room / she / Tony / already / angry / sounded / in / was]

問6　下線部⑥の3つの空所に入る語として適切でないものを一つ選び，記号で答えなさい。

　ア　DIRNKING　　イ　SAUTING　　ウ　SOMKING　　エ　SREEPING

4　以下の指示に従って英語で書きなさい。

"Action speaks louder than words." ということわざ(proverb)について，以下の指示にしたがって答えなさい。

①　このことわざについて賛成・反対どちらかの立場を選び，1行目の書き出しの部分の(agree・disagree)のどちらかを○で囲みなさい。

②　続けて，その理由とあなたの考えについて，具体例とともに**50語以上60語以内**の英語で述べなさい。

③　最後に使用した語数を数え，解答欄右下の（　）に記入しなさい。ただし，冒頭の "I (agree・disagree) with this proverb because" の部分は語数にカウントしないこと。

以下は下書きに使用してかまいません。

I (agree・disagree) with this proverb because _____
_____
_____
_____
_____
_____
　　　　　　　　　　　　　　　　　　　　　　　　　　　　　　　　　　（　　　）語

【数　学】 （45分）〈満点：100点〉

【注意】　1．答えに根号を用いる場合，$\sqrt{}$ の中の数はできるだけ簡単な整数で表しなさい。

　　　　2．円周率は π を用いなさい。

1 O を原点，a を正の数とし，関数 $y = ax^2$ のグラフを①とします。①上に異なる2点A，Pがあります。

　　Aの座標は $(-4, 4)$ です。Pの x 座標を t とします。ただし，$t > 4$ です。

　　Pを，Aを中心にして反時計回りに90°だけ回転移動させた点をQとします。

　　Qを，Aを中心にして反時計回りに90°だけ回転移動させた点をRとします。

　　座標軸の1目盛りを1cmとして，次の問いに答えなさい。

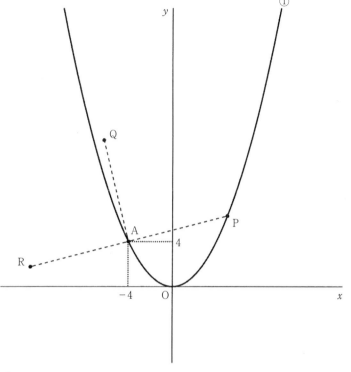

(1)　a の値を求めなさい。

(2)　点Qの座標を，t を用いて表しなさい。

(3)　△AOP の面積が 30cm^2 であるとき，直線 OP と直線 QR は交わります。

　　次の(ア)，(イ)に答えなさい。

(ア)　t の値を求めなさい。

(イ)　直線 OP と直線 QR の交点をSとするとき，四角形 OARS の面積を求めなさい。

2　a は1以上5以下の整数，b は0以上10以下の整数，c は0以上25以下の整数とします。

　　3つの数の組《a, b, c》に対し，x についての2次方程式 $ax^2 + bx + c = 0$ の解がどうなるかを考えます。

　　例えば，《1, 3, 0》に対しては，2次方程式 $x^2 + 3x = 0$ の解は 0，-3 で，異なる2つの整数となっています。

　　次の問いに答えなさい。

(1)　次の組に対する2次方程式の解を求めなさい。

　　(ア)《4, 4, 1》　　(イ)《3, 7, 3》

(2)　2次方程式の解が1つだけであるような組《a, b, c》は全部で何個ありますか。

　　ただし，《1, 2, 1》と《2, 4, 2》のように，2次方程式の解が同じであるものも，異なる組として数えます。

(3)　2次方程式の解が異なる2つの有理数であるような組《a, b, c》のうち，$a = 3$ であるものは全部で何個ありますか。

3 右の図のように，AB＝7cm，BC＝15cm，CA ＝13cm，∠ABC＝60° である△ABC と，3つの頂点A，B，C をすべて通る円K があります。

円K の中心をO とし，∠ACB の大きさを $a°$ とします。

B を含まない弧 AC 上に点D があります。

次の問いに答えなさい。必要であれば，答えを a を用いた式で表してもよいものとします。

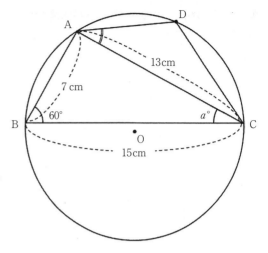

(1) AD＝7cm のとき，∠CAD の大きさを求めなさい。

(2) 下の図のように，O を中心とする，円K と同じ半径の円の周上に，4点E，F，G，H があります。

EF＝7cm，GH＝15cm，∠FEH＝90° のとき，∠EFG の大きさを求めなさい。

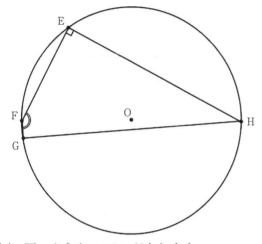

(3) 図のような△PQR があります。

PQ＝PR＝13cm，QR＝1cm のとき，∠QPR の大きさを求めなさい。

4　下の図は，ある立体Kの展開図です。立体Kのすべての面は正三角形または正方形であり，辺の長さはすべて3cmです。図のなかの4点A，B，C，Dは，それぞれ立体Kの頂点を表しています。

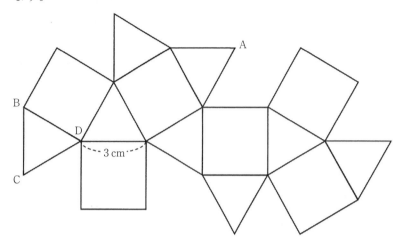

この展開図を組み立ててできる立体Kについて，次の問いに答えなさい。

(1) 立体Kの体積を求めなさい。
　　必要があれば，立方体の見取図を用いて考えなさい。

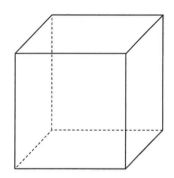

(2) 立体Kにおいて，2点A，Cを結ぶ線分ACの長さを求めなさい。

(3) 立体Kにおいて，4点A，B，C，Dを頂点とする三角すいA-BCDの体積を求めなさい。

【社　会】（45分）〈満点：100点〉

1　次の文を読んで，後の１から７までの各問いに答えなさい。

　イエローストーン国立公園（アメリカ合衆国），マチュ・ピチュの歴史保護区（ペルー），タージ・マハル（<u>インド</u>），ティカル国立公園（グアテマラ），モン・サン・ミシェルとその湾（<u>フランス</u>），アテネのアクロポリス（<u>ギリシア</u>），古都アユタヤ（<u>タイ</u>），中央アマゾン保全地域群（<u>ブラジル</u>）などの名称は，みなさんも聞いたことがあるかと思います。これらは<u>世界遺産</u>に登録されており，誰もが映像などで一度は目にしたことがあるに違いありません。世界遺産とは「世界の文化遺産及び<u>自然遺産</u>の保護に関する条約」に基づいて登録されるもので，人類が共有すべき顕著な普遍的価値を持つもののことです。世界遺産は，建造物・遺跡・文化的景観などを対象とする文化遺産，地形や地質・生態系・絶滅のおそれのある動植物の生息地などを対象とする自然遺産，自然・文化両方の価値を兼ね備えている複合遺産の三種類に分けられます。

　そのような世界遺産が適切に保護されない事例があります。<u>アフリカ</u>とアジアの交差点に位置し，豊かな歴史を誇るダマスカスは，戦闘により破壊されました。このような武力紛争のほか，自然災害や開発などにより，危機にさらされている遺産は，ユネスコにより危機遺産としてリストに登録されます。危機遺産リストに登録された場合には，国際的な協力や財政的支援を受けることができます。近年では，ロシアとの戦争により，（　Ａ　）などウクライナにある三つの世界遺産が，存続の危ぶまれる危機遺産に登録されました。

　危機遺産という制度があるように，世界遺産は登録されたら終わりではありません。登録後には，保全状況を含む定期報告が必要です。もしも，適切な保護活動が行われておらず，世界遺産としての顕著な普遍的価値が失われたと判断された場合には，世界遺産リストから抹消される場合もあります。例えば，オマーン政府は世界遺産であったアラビアオリックスの保護区を，石油・ガス開発のために縮小するという方針をユネスコに提出しました。ユネスコは，保護区を縮小することで，アラビアオリックスが絶滅する可能性が高いと判断し，保護体制の強化を求め，危機遺産リストに登録するよう促しました。これに対して，オマーン政府は経済発展と開発を優先し，アラビアオリックスの「保護・管理を続ける能力も意思もない」と表明したため，世界遺産リストから初めて抹消されたのです。

　ほかにも，景観保護より都市開発を優先したことで，抹消された例があります。リバプールは産業革命期に世界的な貿易拠点となり，その海商都市としての景観が評価され，世界遺産に登録されました。しかし，再開発により港湾地区内などに新しい建物が建てられたことで，歴史的価値が取り返しのつかないほど損なわれたと指摘され，世界遺産リストから抹消されたのです。

　世界遺産を保護するためにどうすべきか，こうした問題はこれからも問われていくことになるはずです。世界遺産は<u>観光資源</u>としても注目されていますが，それも平和な社会や暮らしがあって初めて成立します。紛争や経済優先の開発などがあれば，世界遺産の存在は脅（おびや）かされてしまいます。その価値や保護の必要性について一人ひとりの意識を高めることが必要になるでしょう。

1　<u>インド</u>について述べた文として正しいものを，次のアからオまでの中から二つ選び，その記号を書きなさい。

　ア　「白い革命」と呼ばれる品種改良やかんがい設備の整備により，コメや麦の収穫量が増加している。

　イ　北部のガンジス川下流域は，偏西風の影響により降水量が多く，稲作が盛んである。

　ウ　綿花栽培が広く行われ，安く豊富な労働力を背景にした繊維産業が発達してきた。

　エ　カースト制度に由来する差別が残っており，社会問題となっている。

　オ　仏教徒が最も多く，聖なる川とされるガンジス川で体を清める人々がいる。

2　次の表は，<u>フランス</u>，<u>ギリシア</u>，<u>タイ</u>，<u>ブラジル</u>の首都にあたる都市の気温と降水量を示したも

のである。表中のアからエまでの中から，フランスの首都にあたるものを一つ選び，その記号を書きなさい。

		1月	2月	3月	4月	5月	6月	7月	8月	9月	10月	11月	12月
ア	気温(℃)	4.6	5.0	8.2	11.2	14.9	18.2	20.4	20.1	16.3	12.3	7.8	5.1
	降水量(mm)	44.8	43.4	44.0	41.4	62.2	58.4	53.1	62.3	42.2	54.2	54.6	62.2
イ	気温(℃)	27.6	28.7	29.8	30.8	30.5	29.8	29.3	29.1	28.7	28.5	28.4	27.4
	降水量(mm)	24.2	19.4	53.6	92.7	215.4	209.9	182.9	212.0	343.6	304.0	46.5	13.5
ウ	気温(℃)	22.1	22.2	22.0	21.8	20.5	19.5	19.5	21.1	23.0	23.3	22.0	22.0
	降水量(mm)	206.8	181.1	223.4	142.8	31.0	3.7	1.6	15.6	38.1	151.5	239.8	243.7
エ	気温(℃)	10.1	10.6	12.8	16.2	21.1	26.1	28.9	29.0	24.7	20.1	15.5	11.7
	降水量(mm)	52.2	36.7	37.7	26.0	16.3	9.8	9.4	2.6	16.6	37.0	66.1	65.5

気象庁ホームページより作成

3 日本における世界遺産について述べた文として正しくないものを，次のアからオまでの中から二つ選び，その記号を書きなさい。

ア 平泉は，平安時代の仏教文化の繁栄を示す寺院や庭園があるため，世界文化遺産に登録されている。

イ 小笠原諸島は，貴重な生態系や生物の固有種がみられるため，世界自然遺産に登録されている。

ウ 富士山は，カルデラをもつ円錐形の火山であるため，世界自然遺産に登録されている。

エ 屋久島は，降水量が少なく，標高差が大きく多様な自然があるため，世界自然遺産に登録されている。

オ 琉球王国時代の城(グスク)は，国際色豊かな独特の文化を伝えているため，世界文化遺産に登録されている。

4 日本でみられる自然に関連して述べた文として正しいものを，次のアからオまでの中からすべて選び，その記号を書きなさい。

ア 日本は浅間山や阿蘇山など多くの火山からなる環太平洋造山帯に位置している。

イ 河川は短く急であるため，大雨になると急激に流量が増加する。

ウ 冬の低温をもたらすやませにより，東北地方では作物の生育が悪くなる冷害がみられる。

エ 日本海沿岸には，海水が凍ってできた流氷が接岸する。

オ シベリアからの強い寒気により，日本海側の地域に大量の降雪がもたらされる。

5 アフリカに関連して述べた文として正しくないものを，次のアからオまでの中から二つ選び，その記号を書きなさい。

ア 地中海沿岸では，夏の乾燥に強いオリーブやブドウを栽培する農業がみられる。

イ ナイル川は，異なる気候区分にまたがって広範な地域を流れ，古くから交通路として使われている。

ウ サハラ砂漠の北側はサヘルと呼ばれ，砂漠化が進む乾燥した地域である。

エ 乾燥帯では，水や牧草を求めて移動し，ヤギや羊などの飼育を行う遊牧がみられる。

オ 自然が森林を再生する力を利用したプランテーション農業により，キャッサバの栽培や輸出が行われている。

6 文中の(A)にあてはまる世界遺産を，次のアからオまでの中から一つ選び，その記号を書きなさい。

ア エルサレムの旧市街とその城壁群

イ バーミヤン渓谷の文化的景観と古代遺跡群

ウ 古都アレッポ

エ オデーサ歴史地区

オ　コソヴォの中世建造物群

7　観光に関連して述べた文として<u>正しくないもの</u>を，次のアからカまでの中から<u>二つ</u>選び，その記号を書きなさい。

ア　農家の生活と結びついた伝統行事の一つである青森ねぶた祭は，提灯（ちょうちん）を米俵に見立てて練り歩き，豊作をいのる祭りであったが，近年は観光資源としての役割も大きくなっている。

イ　国際的に貴重な水鳥や湿地を守るラムサール条約登録地の釧路（くしろ）湿原などでは，観光や体験を通して自然環境との関わり方を考えるエコツーリズムが行われている。

ウ　日本のアニメーションや日本食，伝統工芸などが外国人を引きつけていて，日本を訪れる観光客が増えている。

エ　緯度の低い地域では，冬の白夜や夏のオーロラをみるために，観光に訪れる人が多い。

オ　ヨーロッパでは，EU加盟国内の移動をパスポートなしで行えるため，バカンスと呼ばれる長期休暇などで他国の観光地を訪れる人も多い。

カ　オーストラリアでは，サンゴ礁や固有の生物などを目当てにした観光客が増加した結果，環境破壊が問題となっている。

2　次は歴史の授業の課題で，班ごとに都内各所を訪れ，「わかったこと」をまとめたものである。これを読んで，後の1から7までの各問いに答えなさい。

1班　ニコライ堂（東京復活大聖堂）
・　伝道のためにロシアからやって来たニコライ・カサートキンという人がつくった。
・　キリストや聖人などを描いたイコンという絵が，聖堂内部にたくさん掛けられていた。
・　<u>カトリック</u>とも<u>プロテスタント</u>とも違う，正教会の建物である。

2班　東京ジャーミイ
・　1000人の<u>イスラム教</u>の信者が一度に礼拝できるモスクで，その大きさは日本最大級であるという。
・　礼拝堂に入るためには，男女とも肌の露出の少ない服装であることが必要で，女性はスカーフなどで髪を覆わなければならない。
・　ハラールフードというイスラム教徒が口にできる食材を買える売店が併設されていた。

3班　築地（つきじ）本願寺
・　江戸時代に建立（こんりゅう）された浄土真宗の寺院で，本堂は関東大震災で焼失したが，1934年に再建された。
・　外観が<u>インド</u>風なのは，設計者が建築の研究のために<u>アジア各地</u>を旅した影響のようだ。
・　本堂の入り口に，ハスの花を描いたステンドグラス風の欄間があった。

4班　大森貝塚
・　1877年，アメリカ人動物学者のモースが発見し，発掘を開始した貝塚で，「日本考古学発祥の地」と呼ばれている。
・　次第に気候が寒冷化していた縄文時代後期から晩期の遺跡である。
・　貝塚からは貝殻の他，鹿や猪（いのしし）の骨，土器，土偶，耳飾り，黒曜石の矢じりなどが出土している。

5班　日比谷公園

・　1903年，日比谷練兵場の跡地に開園した洋式公園である。

・　園内は政府主催の集会の他，民衆の社会運動など，特に<u>明治期から大正期にかけて</u>政治の舞台となった。

・　開園時から園内で営業する飲食店には，<u>中国</u>での革命後に亡命中だった孫文と彼を支援した梅屋庄吉が訪れていた。

6班　日本民藝館(みんげい)

・　無名の職人によってつくられた，実用のための工芸品を収集・保存・展示する美術館として1936年に開館した。

・　初代館長の柳 宗悦(やなぎむねよし)は，日本民藝館の開館以前，<u>朝鮮</u>を度々訪れて朝鮮の工芸品の魅力を知り，1924年に現在のソウルに朝鮮民族美術館を開設した。

・　本館では朝鮮やアイヌの工芸品などが多数展示してあり，また，旧柳宗悦邸を西館として公開している。

1　<u>カトリックやプロテスタント</u>に関連して述べた文として正しいものを，次のアからオまでの中から<u>二つ</u>選び，その記号を書きなさい。

ア　カトリックの頂点に立つローマ教皇の主導によって，キリスト教芸術を復活させるルネサンスが始まった。

イ　カトリックは勢力を広げるため16世紀の日本に宣教師を派遣し，各地に学校や病院などがつくられた。

ウ　プロテスタントはそれまでの教会のあり方を批判する中で生まれ，後にオランダやイギリス，アメリカへ広まった。

エ　プロテスタントはカトリックと対立していることを理由にして，十字軍への参加要請に応じなかった。

オ　カトリックとプロテスタントは，聖人をかたどった像をつくったり，絵を描いたりすることを禁じている。

2　<u>イスラム教やイスラム教国</u>に関連して述べた文として<u>正しくない</u>ものを，次のアからオまでの中から<u>二つ</u>選び，その記号を書きなさい。

ア　イスラム教は，アラビア半島に生まれたムハンマドが創始し，後に西アジアや東南アジアに広まった。

イ　中世になると，イスラム商人の仲介によって，ヨーロッパにアジアの香辛料が安く大量に入ってくるようになった。

ウ　第一次世界大戦が勃発すると，強勢を誇っていたオスマン帝国は連合国側として参戦した。

エ　アラブ諸国とイスラエルの間で起こった第4次中東戦争が引き金になり，先進工業国の多くが不況に陥った。

オ　イスラム教には，服装や食事に関する宗教上の決まりがある。

3　<u>インドやアジア</u>に関連して述べた文として<u>正しくない</u>ものを，次のアからオまでの中から<u>二つ</u>選び，その記号を書きなさい。

ア　アレクサンドロスの東方遠征の結果，モヘンジョ・ダロの遺跡にはギリシア文化の影響が見られる。

イ　中国で修行した道元は，題目を唱えれば誰もが救われると説き，曹洞(そうとうしゅう)宗を開いた。

ウ　19世紀のイギリスは，インドでつくったアヘンを清に持ち込むことで銀の流出を防ごうとした。

エ　第一次世界大戦後，中国は山東省の旧ドイツ権益の返還を求めたが，パリ講和会議で拒否された。

オ　満州国には多くの日本人が移り住み，それが中国残留日本人孤児の発生につながった。

4　4班は縄文時代について関心を持ち，さらに教科書で学びを深めた。4班が大森貝塚と教科書で得た情報から考えられることとして適切なものを，次のアからオまでの中から二つ選び，その記号を書きなさい。

ア　この地域の人々は寒冷化する中で食料を得るため，主に大型獣を狩るようになったと考えられる。

イ　この地域では寒冷化に対応するため，すでにマメやイネの栽培が行われ始めていたと考えられる。

ウ　この地域から産出しない黒曜石でできた矢じりが出土したことから，他地域と交易していたと考えられる。

エ　大森貝塚で出土した土器は，窯を使って高温で焼いた黒っぽくかたい土器だと考えられる。

オ　この地域の人々は，祭りやまじないのための道具をつくっていたと考えられる。

5　日比谷公園で行われた政治的な出来事のうち，明治期から大正期にかけて行われたものについて述べた文を，次のアからオまでの中からすべて選び，その記号を書きなさい。

ア　園内で行われた講和条約反対国民大会をきっかけに民衆暴動が発生し，交番や市電などが襲われた。

イ　憲政擁護を訴える運動が行われ，園内飲食店のバルコニーが演説の会場として使われた。

ウ　太平洋上空でアメリカ軍機に撃墜され戦死した山本五十六の国葬が行われた。

エ　日露戦争の祝勝会が度々行われ，東京市長の尾崎行雄が演壇で祝辞を読み上げた。

オ　占領下で組閣した幣原喜重郎内閣の打倒を求める集会が行われた。

6　日本と他国・他地域との関わりについて述べた，次のアからクまでの文のうち，「この地」が朝鮮半島，中国に位置するものを，それぞれ三つずつ選び，その記号を時代順に書きなさい。

ア　「この地」で王朝が交替し，長崎に訪れる商人たちが増えたため，幕府は居住区を整備した。

イ　瀬戸内海沿岸に港が整備されて交易が盛んになると，「この地」でつくられた銅銭が流入し，年貢の納入や商売に使われるようになった。

ウ　沖縄の米軍基地から「この地」に向かって爆撃機が出撃を繰り返したことは，反戦運動が広がる要因となった。

エ　国交回復と戦争時に捕虜として連行された人々を帰国させる目的で，「この地」から使節が派遣された。

オ　「この地」の王宮を占拠した後，海上での戦闘をきっかけに，近代日本初の本格的な対外戦争が始まった。

カ　「この地」の王から倭国の王に仏教が伝わり，その後の国内政治に影響を与えた。

キ　日本軍は，対戦国の新たな首都となった「この地」に爆撃を繰り返して，抵抗を止めさせようとした。

ク　日本軍はマレー半島に上陸する一方，「この地」のアメリカ軍基地に奇襲攻撃をし，イギリスやアメリカとの戦争を始めた。

7　6班は日本民藝館のことをより知るために，柳宗悦の書いた『日本民藝館案内』を読んだ。次はその「結び」の文章の一部である。（①）と（②），（③）と（④）に入る語の組合せとして正しいものを，後のアからカまでの中からそれぞれ一つずつ選び，その記号を書きなさい。

いずれの国にも民藝品はあり，互いに多くの共通点を示しておりますが，自然と歴史という二つの大きな背景により，必然に各自独特の性質が示されております。まず日本の品は，遠く深い歴史を持ち，伝統を背負うことにその特色があります。史実以前の時期は別と致して，ほぼ千年に近い歳月の基礎が見られます。次に日本は厚く海洋に囲まれているため，歴史に大きな（　①　）がなく，これが日本の品々に固有さを守らせた一つの力でありました。且つ諸々の手工藝がもっとも栄えた江戸時代は，幸か不幸か（　②　）時代であったので，外国の影響がきわめて少なく，これが日本固有の品を育成する機縁となったことは，幾多の作品がよく示しております。しかも封建時代に日本各地には（　③　）があり，自国の工藝を愛護致しました。その都市の町名に手工藝にちなんだ名がおびただしくあることは，いかに日本で手仕事が人々に親しまれていたかをよく語ってくれます。加うるに日本は，南北に長い国で，寒，暖，熱の三帯に及び，資料の変化が極めて多く，また生活の様式も違ってきて，これが品物に多くの種類や変化を与えた原因でありました。さらにもう一つ他の国にない事実は，「（　④　）」の勃興と流布とでありまして，極めて深くまた広く人々に器物への愛情を植えつけました。しかも「渋さ」とか「寂び」とかの理念は，国民の嗜好に深みをさえ与えました。もとより日本は大陸の中国や半島の朝鮮でもなく，比較的平和の続いた小さな島国であったことが，その嗜好にもおのずから親しさや楽しさの性質を植えつけました。

（①）に入る語：A　外寇（がいこう）　　B　災害　　　C　戦乱
（②）に入る語：D　農耕　　　　　　　E　交易　　　F　鎖国
（③）に入る語：G　公家　　　　　　　H　将軍　　　I　藩主（はんしゅ）
（④）に入る語：J　水墨画　　　　　　K　茶の湯　　L　浄瑠璃（じょうるり）

(1)　①と②の組合せ
　　ア　①—A　②—E　　　イ　①—A　②—F　　　ウ　①—B　②—D
　　エ　①—B　②—E　　　オ　①—C　②—D　　　カ　①—C　②—F

(2)　③と④の組合せ
　　ア　③—G　④—J　　　イ　③—G　④—L　　　ウ　③—H　④—K
　　エ　③—H　④—L　　　オ　③—I　④—J　　　カ　③—I　④—K

3　次の文を読んで，後の1から6までの各問いに答えなさい。

　2023年5月19日〜21日，G7サミットが広島で開かれました。今回の広島サミットでは，ウクライナにおける戦争に端を発する様々な問題や，気候危機とも呼ばれる状況の中で持続可能な世界をどう実現するのかといった問題が話し合われました。サミットにあわせたウクライナのゼレンスキー大統領の来日が注目されましたが，それと並んで大きく話題となったのは，サミットに参加した各国首脳たちが広島平和記念資料館を訪れ，核軍縮について話し合ったことでした。

　なぜ，今回のサミットで核兵器が大きな話題となったのでしょうか。一つには，主な核保有国の首脳たちが広島平和記念資料館を見学したからです。現在も核兵器を整備し，実際に使うか使わないかを決断する権限を持った人々が，広島平和記念資料館を見学し，核兵器がもたらした多くの悲惨な出来事の実態を目にしたのです。広島で起きた核兵器の惨禍を語り継ぎ，核兵器の廃絶を目指して活動してきた人々を中心に，核兵器廃絶への展望が開ける好機になるのではないかとの期待が寄せられました。

　もう一つには，核兵器が実際に使われるのではないかという危機感が高まっているからです。ロシアのプーチン大統領が自国の領土を守るためには利用可能なあらゆる兵器を使うと発言するなど，核

による脅しともとれる動きがウクライナにおける戦争をめぐって生じています。ゼレンスキー大統領も広島平和記念資料館を見学し，原爆の熱線によって石に残された人影の写真を目にして，原爆による広島での惨禍とウクライナにおける戦争被害を重ね合わせる発言を残しています。

　このように注目された広島サミットでの核兵器に関する話し合いでしたが，その結果出された「核軍縮に関するG7首脳広島ビジョン」に対しては賛否両論が巻き起こりました。被爆地・広島で，G7の首脳がそろって「核兵器のない世界」を目指すと表明したことに対して肯定的な評価が寄せられる一方，核兵器禁止条約には触れずに従来の核不拡散体制を基本とする姿勢に対しては否定的な評価が寄せられました。広島ビジョンの中では，「核兵器は，それが存在する限りにおいて，防衛目的のために役割を果たし，侵略を抑止し，並びに戦争及び威圧を防止すべき」という核抑止を正当化する文言が盛り込まれました。この部分については核兵器に存在意義を与えてしまうものとして，特に核兵器廃絶運動に取り組む人々から強い反発が起こりました。

　広島，長崎に原爆が落とされてから2023年の夏で78年が経ちました。この78年間，長崎を最後に戦争で核兵器が使われたことはありませんでした。しかし，広島，長崎ばかりでなく世界各地で行われた核実験に伴う被ばくによって今なお健康被害に苦しんでいる人々もいます。その一方で，今でも核兵器はいつでも使用できる状態にあり，世界中がその射程圏内にあります。核兵器を製造するのも，使用するのも，廃棄するのも人間です。みなさんが生きるこれから先の将来はどのような世界であってほしいでしょうか。その将来の世界を実現するためにはどうすればよいでしょうか。一人の人間として，みなさんも理想とその実現のための方法について考えてみてください。将来は私たちの行動の延長にあります。

1　G7に関連して述べた文として正しくないものを，次のアからオまでの中から二つ選び，その記号を書きなさい。

　ア　G7は，かつてロシア連邦も加わってG8であったが，2022年のウクライナ侵攻以降，ロシア連邦の参加資格が停止されて現在に至っている。

　イ　G7サミットでは，世界の主要な先進国とされる7ヵ国の首脳が集まり，その時々の世界の政治問題や経済問題が議題となる。

　ウ　今回のG7広島サミットには，経済的に大きな影響力を持ち始めている中国とインドも招待されて参加した。

　エ　G7のほかに，ブラジルや韓国といった新興国も加えたG20という枠組みもあり，毎年G20サミットを開いている。

　オ　日本は，1970年代の第1回サミット（当時はG6）からメンバーの一員である。

2　気候危機に関連して述べた文として正しいものを，次のアからオまでの中から二つ選び，その記号を書きなさい。

　ア　2023年の夏（6月〜8月）は，日本で観測史上，過去最高の平均気温を記録した。

　イ　京都議定書では，全ての国に対して温室効果ガスの削減目標の策定等が義務付けられた。

　ウ　国連気候変動に関する政府間パネル（IPCC）によれば，産業革命以前と比べ気温の上昇を2℃以内に抑えるためには，現在よりもきびしい目標を各国が定める必要がある。

　エ　一度破壊されたオゾン層は，もはや回復することがない。

　オ　パリ協定の合意にあたっては，地球温暖化の影響を受けやすい発展途上国側が，先進国と発展途上国とを区別せずに同じ二酸化炭素削減義務を課すべきであると主張した。

3　核保有国に関連して述べた文として正しくないものを，次のアからオまでの中から二つ選び，その記号を書きなさい。

　ア　アメリカ合衆国の現職の大統領として初めて，バイデン大統領が広島を訪問した。

イ　ウクライナ侵攻後，ロシア連邦は，核兵器不拡散条約(NPT)からの脱退を表明した。

ウ　インドは核兵器不拡散条約(NPT)に加盟せず，核兵器を開発・保有している。

エ　国際原子力機関(IAEA)は，核兵器の拡散を防止するための監視を行っている。

オ　日本は，アメリカ合衆国の核抑止力に頼る安全保障政策を採用している。

4　戦争被害に関連して述べた文として正しいものを，次のアからオまでの中から二つ選び，その記号を書きなさい。

ア　日本では，紛争地から入国した人々から多くの難民認定申請がなされており，政府はそのほとんどを受け入れ積極的に支援している。

イ　対人地雷禁止条約によって対人地雷は禁止されており，この条約に合意していない国であっても対人地雷を用いれば国際法違反となる。

ウ　上空から小爆弾を散布するクラスター弾は，多くの小爆弾が不発弾となって残留しやすいため，戦後の地域復興を妨げる恐れがある。

エ　国連難民高等弁務官事務所(UNHCR)は，紛争当事国内に留まる国内避難民について，当事国の主権を侵害することになるため，支援の対象としていない。

オ　紛争地には，本来学校で学ぶべき年代で戦闘に参加する子ども兵士がいる場合があり，兵士をやめた後の社会復帰が問題となっている。

5　次に掲げる核兵器禁止条約の第1条を読み，日本が核兵器禁止条約を批准した場合でも条約違反にならない事項を，あとのアからカまでの中から二つ選び，その記号を書きなさい。

第1条　締約国は，いかなる場合にも，次のことを行わないことを約束する。

(a)　核兵器その他の核爆発装置を開発し，実験し，生産し，製造し，その他の方法によって取得し，占有し，又は貯蔵すること。

(b)　核兵器その他の核爆発装置又はその管理をいずれかの者に対して直接又は間接に移譲すること。

(c)　核兵器その他の核爆発装置又はその管理を直接又は間接に受領すること。

(d)　核兵器その他の核爆発装置を使用し，又はこれを使用するとの威嚇を行うこと。

(e)　この条約によって締約国に対して禁止されている活動を行うことにつき，いずれかの者に対して，援助し，奨励し又は勧誘すること。

(f)　この条約によって締約国に対して禁止されている活動を行うことにつき，いずれかの者に対して，援助を求め，又は援助を受けること。

(g)　自国の領域内又は自国の管轄若しくは管理の下にあるいずれかの場所において，核兵器その他の核爆発装置を配置し，設置し，又は展開することを認めること。

ア　日本が核兵器をアメリカ合衆国から譲り受けて自衛隊の航空機に装備する。

イ　日本がアメリカ合衆国に，日本が侵略された場合にアメリカ合衆国が核兵器以外の兵器で侵略国に対し攻撃するように求める。

ウ　核兵器を積んだアメリカ合衆国の原子力潜水艦が日本の領海で行動することを，日本が許可する。

エ　日本が韓国に核兵器を開発するように促す。

オ　日本が，原子力発電所から排出された核兵器の原料となりうるプルトニウムを，国内に貯蔵する。

カ　日本がイギリスと，お互いが攻撃された場合にはあらゆる兵器を用いて防衛しあうことを条約で約束する。

6 健康被害に関連して述べた文として<u>正しくない</u>ものを，次のアからオまでの中から<u>二つ</u>選び，その記号を書きなさい。

ア 日本で起きた四大公害病について，公害の原因となった企業を相手取って患者側が起こした訴訟では，公害の発生に対する企業の責任が認められた。

イ 国の政策によって健康被害が生じた場合，被害者は請願権に基づき，国に賠償を求める裁判を起こすことができる。

ウ 健康被害によって障害を負った場合，公的扶助によって介護サービスを受けることができる。

エ 憲法に生存権が定められていることから，国は，健康被害によって自立した生活ができなくなった人に対して必要な援助をする責任がある。

オ 核兵器の使用に伴う健康被害としては，放射線の影響による長期間の後遺症がある。

1　　アミラーゼは，ヒトのだ液だけでなく，ダイコンやサツマイモといった多くの生物の細胞に含まれる酵素であることが知られている。人工だ液(以下，だ液)およびサツマイモを適切に処理した液(以下，サツマイモ液)によって，デンプンが分解されることを授業で確認したまさきさんは，だ液やサツマイモ液による反応は，温度の影響を受けるのではないかと考え，次のような手順で追加の実験を行い，表のような結果を得た。なお，この実験で用いただ液およびサツマイモ液には，糖は含まれていないものとする。これについて，後の各問いに答えなさい。

表　温度を変化させたときのR値の変化

反応温度(℃)	20℃	40℃	60℃	80℃
だ液	115	128	141	148
サツマイモ液	111	134	143	88

　　※　だ液やサツマイモ液の代わりに水を加えて40℃で
　　　　反応させたときのR値は71であった。

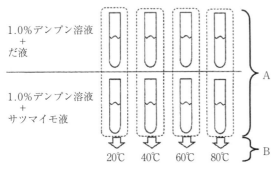

1.0%デンプン溶液
＋
だ液

1.0%デンプン溶液
＋
サツマイモ液

A

B

20℃　40℃　60℃　80℃

図1　だ液とサツマイモ液による実験

図2　手順4で
撮影した例

手順1：質量パーセント濃度1.0%のデンプン溶液を用意してフタのある容器に0.55mLずつ入れ，だ液，サツマイモ液をそれぞれ0.05mLずつ入れたものを4本ずつ用意する(図1のA)。

手順2：容器のフタを閉じ，それぞれ20℃，40℃，60℃，80℃の水槽に入れ，10分間温める(図1のB)。

手順3：温めたあとの容器にそれぞれ0.05mLのベネジクト液を加え，80℃の水槽に入れ4分間温める。

手順4：反応後の容器内の物質を白い製氷皿(図2)に移してデジタルカメラで写真撮影する。

手順5：反応後の物質の色を比較するために，色をR(赤)，G(緑)，B(青)の3要素で表現する装置を使用して写真のR値(赤の強さを表す値)を測定する。なお，それぞれの要素は0〜255の数値で表記される。

1．消化について述べた次の文のうち，正しいと考えられるものをすべて選びなさい。

　ア　食べたデンプン・タンパク質・脂肪は，それぞれ1種類の消化酵素によって分解される。

　イ　ある1種類の消化酵素は，デンプン・タンパク質・脂肪といったある特定の物質のみを分解する。

　ウ　それぞれの消化液には，それぞれ1種類の消化酵素のみが含まれている。

　エ　ペプシンは，タンパク質の分解に関わる物質である。

　オ　胆汁は，肝臓でつくられたあと，胆のうに蓄えられる液体であり，脂肪を分解する消化酵素が含まれる。

2．次の文のうち，まさきさんが行った実験操作として最も適しているものはどれですか。

　ア　一定の質量の物質をはかりとるときは，まず，電子てんびんを水平なところに置いて電源を入れ，何ものっていないときの表示を0にしてから，物質を少量ずつのせていき，はかりとりたい

質量の値が表示されたら，のせることをやめた。

イ　温めた水99gにはかりとったデンプン1.0gを溶かし，質量パーセント濃度1.0%のデンプン溶液を調整した。

ウ　ベネジクト液を入れて温めたとき，突沸を防ぐために容器に沸騰石を入れた。

エ　対照実験として，だ液0.6mLをフタのある容器に入れ，ベネジクト液を加えて色を測定した。

3．表の結果から言えることとして，最も適切なものはどれですか。ただし，この実験においては，ベネジクト液の反応後のR値の数値が大きいほど，製氷皿内に含まれる糖の質量も大きいものとする。

ア　だ液やサツマイモ液に含まれるアミラーゼによって，デンプンが分解されて糖がつくられる。

イ　アミラーゼのはたらきは温度の影響を受け，つくられる糖の量が変化する。

ウ　アミラーゼが最もはたらく温度は，体温に近い40℃前後である。

エ　サツマイモ液のアミラーゼによって80℃で反応させたときの糖の濃度は，40℃のときの1.35倍であると考えられる。

2　ある草原の生物調査に参加したひろかさんは，体色がピンク色のキリギリスを発見し，同種と思われる体色が緑色のキリギリス数匹を採集した。観察しているうちに，エンドウの研究によって明らかになったメンデルの遺伝の法則について思い出したひろかさんは，キリギリスの体色も遺伝の法則に基づくのではないかと考えた。そこで，キリギリスを飼育し繁殖させて確かめてみようと思い，キリギリスおよび形質の遺伝について調べることにした。次の各問いに答えなさい。

1．キリギリスに関連する次の文の(①)〜(④)に適する語を書きなさい。また，【⑤】に適する語を選びなさい。

　キリギリスはバッタの仲間に分類される生物であり，外骨格の形状から(①)動物と呼ばれている。(①)動物の仲間には，キリギリスのように気門から酸素を取り入れる(②)類と，カニのようなその多くが(③)から酸素を取り入れる(④)類があり，(④)類の体は【　⑤　】で構成されている。

ア　頭部と胸部　　　　　　イ　頭部と腹部　　　ウ　頭部と胴部

エ　頭部と胸部と胴部　　　オ　頭部と胸腹部　　　カ　頭胸部と腹部

キ　頭胸部と胴部

2．形質の遺伝について，適切でない考え方を示している文をすべて選びなさい。

ア　体色がピンク色の形質と緑色の形質が対立形質であれば，メンデルの法則に従って子に形質が伝わると考えられる。

イ　体色がピンク色の形質の個体数より緑色の形質の個体数が多かったことから，緑色の形質は顕性(優性)形質である。

ウ　体色がピンク色の形質の個体は，草原の中で目立っているため捕獲されやすく，生存に不利であることから，顕性(優性)形質ではない。

エ　体色が緑色の形質が顕性(優性)形質であるならば，採集した緑色の個体とピンク色の個体を親とする子の形質は，すべて緑色の個体になる。

3 銅の酸化，および酸化銅と炭素の反応に関する実験を行った。以下の文を読んで，後の各問いに答えなさい。

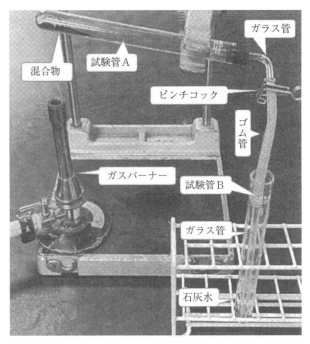

〔実験1〕 銅の粉末をステンレス皿全体にうすく広げてガスバーナーで十分に加熱し，銅をすべて酸化銅にした。加熱前の銅の質量と加熱後の酸化銅の質量の関係を調べた結果，表1のようになった。

〔実験2〕 酸化銅2.00gと炭素の粉末0.10gをよく混ぜ合わせ，この混合物を試験管Aに入れ，右図のように加熱したところ，気体が発生し，試験管Bの石灰水が白くにごった。気体の発生が終わったところで，（　X　）。試験管Aを冷ましてから，中に残った固体の質量を測定したところ，1.73gであった。

〔実験3〕 〔実験2〕と同じ実験を，加える炭素の粉末の質量を0.10gから0.05gきざみで変えて行った。表2は，そのときに用いた炭素の質量と加熱後に残った固体の質量の関係を表したものである。

表1　加熱前の銅の質量と加熱後の酸化銅の質量の関係

加熱前の銅の質量〔g〕	0.20	0.40	0.60	0.80	1.00	1.20
加熱後の酸化銅の質量〔g〕	0.25	0.50	0.75	1.00	1.25	1.50

表2　用いた炭素の質量と加熱後に残った固体の質量の関係

用いた炭素の質量〔g〕	0.10	0.15	0.20	0.25	0.30
加熱後に残った固体の質量〔g〕	1.73	1.60	1.65	1.70	1.75

1．〔実験1〕において，銅の質量と，化合した酸素の質量の比を最も簡単な整数比で答えなさい。

2．〔実験2〕において，酸化銅と炭素が反応したときの変化を，化学反応式で表しなさい。

3．〔実験2〕の文中の（X）に入る最も適切な操作方法はどれですか。

　ア　ゴム管を開いた状態のまま，ガスバーナーでの加熱をやめ，次に試験管Bからガラス管を抜いた。

　イ　ゴム管を開いた状態のまま，試験管Bからガラス管を抜き，次にガスバーナーでの加熱をやめた。

　ウ　ゴム管を開いた状態のまま，試験管Bからガラス管を抜き，次にガスバーナーでの加熱をやめた後，ピンチコックでゴム管をとめた。

　エ　ピンチコックでゴム管をとめ，次に試験管Bからガラス管を抜いた後，ガスバーナーでの加熱をやめた。

4．表2において，炭素の粉末の質量が0.15gのとき，反応で発生した気体の質量は何gですか。小数第2位まで求めなさい。

5．文中の下線部において，加熱後の固体の質量1.73g中に含まれている単体の銅の質量として最も近いものはどれですか。

　ア　0.84g　　イ　1.08g　　ウ　1.24g

　エ　1.36g　　オ　1.48g　　カ　1.73g

4　中学3年生のあきらさんとさとしさんは，ロサンゼルスでの研修プログラムに向かう飛行機の中で窓の外をながめていて不思議なことに気づいた。夕刻に出発して日が沈んだばかりなのに，思ったよりも早く日が昇って夜が終わってしまったのである。このことを隣に座る引率の先生に質問すると，「それはこの飛行機が地球の自転と同じ方向に進んでいるからだよ」と説明してくれた。やがて到着時刻が近づくと，機内アナウンスで時計を到着地の時刻に合わせるよう指示があった。二人は地球の自転と時刻の関係について一緒に考えてみることにした。以下の文を読んで，後の各問いに答えなさい。ただし，地球は半径6400kmの球体とし，飛行機の高度は考えないものとする。また，必要ならば次の値を用いて計算しなさい。

　　【円周率＝3.14,　　$\sqrt{2}=1.41$,　　$\sqrt{3}=1.73$】

1．二人は「春分の日に日本からロサンゼルスへ向かう飛行機が，北緯30°の緯線に沿って飛行した」という条件を設定して考察を進めた。

(1)　飛行機の操縦士が日没を確認してから次に太陽が昇るまでの時間として，最も近いものはどれですか。ただし，飛行機の対地速度（地面に対する移動速度）は900km/h として計算しなさい。

　　ア　約9.5時間　　イ　約7.5時間　　ウ　約5.5時間　　エ　約3.5時間

(2)　飛行機の機首がちょうど真東を向いているときに日の出のときを迎えたとすると，操縦席から見た日の出のようすとして最も適当なものはどれですか。

　　ア　左前方から日が昇った　　　イ　右前方から日が昇った　　　ウ　左後方から日が昇った
　　エ　右後方から日が昇った　　　オ　真正面から日が昇った　　　カ　真後ろから日が昇った

2．図1のように太陽に見立てた照明を地球儀に当てながら考察した二人は，"照明に照らされた側の中心付近は正午頃"，"照明に照らされた側から影に入るところは夕方18時頃"，"照明に照らされていない影側の中心付近は真夜中の0時頃"というように，地球上のある場所の時刻は，太陽とその場所の位置関係で決まることに気づいた。さらにさとしさんは「飛行機の飛び方しだいでは，飛行機はずっと同じ時刻に留まることができるのではないか」と考えた。

　　仮に北緯60°東経180°の位置にいる飛行機が，緯線または経線に沿って等速で飛行するとしたとき，どの方角にどれだけの対地速度で飛行すれば，さとしさんが考えるところの「同じ時刻」に留まることができますか。飛行する方角は次の選択肢から選び，対地速度は小数点以下を四捨五入して整数で答えなさい。

[方角]　ア　東　　イ　西　　ウ　南　　エ　北

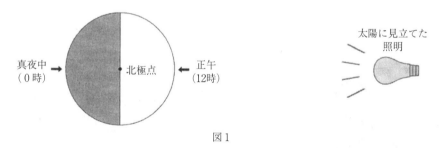

図1

3．上の小問2の状態で窓から星が見えたとすると，進行方向に向かって左側の窓際の席に座っている乗客からはどのように見えますか。

　　ア　星は，窓の左から右の方向に，地上で観察したときよりもゆっくりと動く。
　　イ　星は，窓の左から右の方向に，地上で観察したときよりも速く動く。
　　ウ　星は，窓の右から左の方向に，地上で観察したときよりもゆっくりと動く。
　　エ　星は，窓の右から左の方向に，地上で観察したときよりも速く動く。

オ　星は，ほとんど動かない。

4．飛行機の座席にはモニターがあり，今までの飛行経路がわかるようになっている。あきらさんは研修前の事前学習で日本とロサンゼルスの位置を確認し，ロサンゼルスと東京はほぼ同じ緯度であることがわかっていたので，帰りの飛行機は，当然，緯線に沿って飛行する（図2の破線）と思っていた。しかしモニターを注視していると，飛行機は予想に反してずっと北のアリューシャン列島に沿って飛行していた（図2の実線）。あきらさんはどうしてそんなに遠回りするのだろうと思ったが，さとしさんと議論を重ねることで納得できる理由にたどりついた。実際にその理由として正しいものはどれですか。

ア　地球は丸いので，それがより短いルートになるため。

イ　追い風になる上空の偏西風にのることで燃料を節約するため。

ウ　太平洋上は台風やハリケーンが一年を通じて常にどこかしらに存在しているので，それを避けるため。

エ　太平洋上は，いつどこで新しい台風やハリケーンが発生するかわからないので，それを避けるため。

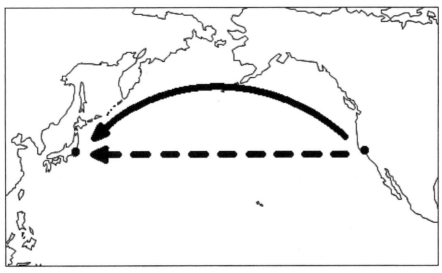

図2　あきらさんが予想した飛行経路（破線）とモニターに示された実際の飛行経路（実線）

5　さとしさんは，プロペラ付きモーター（羽3枚）と抵抗器を直流電源につないで実験を行った。抵抗器は，10Ω，20Ω，30Ω，40Ωの抵抗1本ずつが順番につながっていて，端子の選び方で様々な抵抗値で実験できるようになっている。図1のように接続すると，プロペラが回転した。回転する理由を知りたくなったさとしさんは，モーターについて調べた。図2は，モ

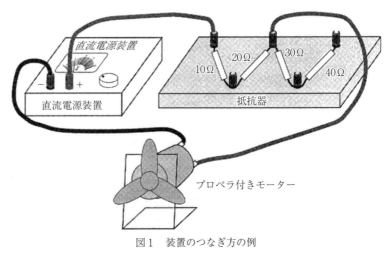

図1　装置のつなぎ方の例

ーターのしくみを模式的に表したものである。

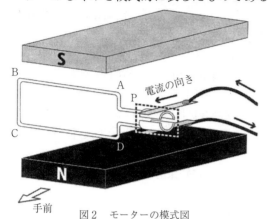

図2　モーターの模式図

1．モーターについて，次の各問いに答えなさい。

(1)　図2の状態で，矢印の向きに電流を流した場合，金属線ABの部分とCDの部分にはたらく力の向きとして，適当なものはそれぞれどれですか。

　　ア　図2の手前の向きにはたらく

　　イ　図2の奥の向きにはたらく

(2)　「ブラシ」と呼ばれる部品にはさまれた部分「P（図2の点線で囲まれた部分）」の名称を答えなさい。

(3)　もし図2の状態から，2本の導線をブラシからはずして，図2の上側の導線をブラシの下側に，下側の導線をブラシの上側に，再びはんだで付け替えたらどうなるか。最も適当なものを選びなさい。

　　ア　Pの働きによって，反対方向には電流が流れないようになっているので，回転しなくなる。

　　イ　Pの働きによって，決まった方向にしか電流が流れないようになっているので，同じように回転し，回転の向きも導線を付け替える前と変わらない。

　　ウ　金属線ABの部分やCDの部分に流れる電流の向きが反対方向になり，はたらく力が反対向きになるので，回転はするが，回転の向きは導線を付け替える前とは逆になる。

　さとしさんは，図1のつなぎ方で，様々なところの電圧や電流を測定してみた。すると，直流電源の電圧をおよそ1.3Vに設定したとき，モーターの電圧と電流が0.75V，16.4mAであった。

2．このときの電力や発熱について，次の各問いに答えなさい。

(1)　モーターの電力を求めなさい。

(2)　最も多くの熱を発しているのは10Ω，20Ω，30Ω，40Ωのうち，どの抵抗ですか。適当なものに○をつけなさい。ただし，最も多くの熱を発している抵抗が複数ある場合は，そのすべてに○をつけること。

　さとしさんは，実験のようすを動画に保存しておこうと思い，カメラで撮影した。すると，肉眼で見たプロペラは高速で回転しているのに，動画上では右の図3の状態のまま，あたかもプロペラの羽がずっとその位置のままであるかのように（静止画のように）見えた。このことを疑問に思ったさとしさんは，図1のつなぎ方のままで，直流電源の電圧を少しずつ増やしながら，同じように動画を撮影した。すると，肉眼で見たプロペラの速さが速くなるだけでなく，動画上でも素早く回転するように見える状態に

図3　静止画のような動画の様子

変化した。そして，さらに電圧を増やしていくと，ある特定の電圧のときに，再びプロペラの羽が同じ位置のままであるように見えることがあった。実験の結果，さとしさんは，最初に撮った動画が偶然，条件を満たすちょうどよい電圧であったことに気づいた。

また，なぜそのように見えるのかが気になったさとしさんは，そもそも動画とはどのようなものなのか調べた。すると，動画とは，一定の短い時間間隔ごとに撮影した静止画を連ねて順に再生している，いわば"パラパラマンガ"のようなもので，さとしさんが使用したカメラは1秒間に30枚あるいは60枚撮影できる性能があることがわかった。最初に撮った動画は「1秒間に30枚」の設定だったので，「1秒間に60枚」の設定に変えて同じように実験したところ，プロペラの羽が同じ位置のままに見えるものの，今度はプロペラの羽があたかも6枚あるかのように見えた。そこで，プロペラの羽が同じ位置のままであるように見える状況について詳細に調べ，測定結果を表1にまとめた。

表1　静止画のような動画になるときの様々な測定値

電源電圧〔V〕	モーター電圧〔V〕	モーター電流〔mA〕	「1秒間に30枚」の動画で見えた羽の数	「1秒間に60枚」の動画で見えた羽の数
0.9	0.41	15.2	6	測定せず
1.3	0.75	16.4	3	6
2.1	1.44	19.8	★	3

3．表1の★に入る適当な数値を答えなさい。また，モーターの電圧が1.44Vのときのプロペラの1秒あたりの回転数(＝プロペラが1秒で何回転するかという量)として考えられる値を小さいものから2つ答えなさい。

さとしさんは探究を深めた。まず，条件を満たす電圧を見つけやすくするため，電源電圧を上げていったときにモーターの電圧の上昇が最もゆるやかになるようなつなぎ方に変更した。さらに，プロペラの3枚の羽のうち，1枚だけ他と異なる色にして，より詳しく測定したところ，右の表2に示す結果が得られた。

4．このときのつなぎ方がわかるように，解答欄の図に導線を描き加え，装置の図を完成させなさい。

5．モーターの電圧を0.98Vにしたときの，プロペラの1秒あたりの回転数を小数第1位まで求めなさい。

表2　つなぎ方を変更して行ったときの様々な測定値

モーター電圧〔V〕	モーター電流〔mA〕	「1秒間に60枚」の動画で見えた羽の数
0.75	16.4	6
0.98	17.7	9
2.10	24.0	6◆
2.83	30.0	3

◆印のとき，6つのうち2つが他とは異なる色であった。そのようなことは，この電圧未満の領域では起こらなかった。

次に，さとしさんは，図4のようにプロペラの一部が水に浸かるようにし，その状態で，表2の◆印のときと同じプロペラの速さで回転させてみた。すると，モーターの電圧と電流はそれぞれ2.50V，38.0mAになった。

6．水に浸かるようにしたことによるモーターの電力量の増加分が，すべて水へわたされていると考えた場合，プロペラの羽1枚が水槽の水を1かきするごとに水にわたされるエネルギーはおよそどれくらいになると見積もることができますか。小数第1位まで求めなさい。ただし，つねにプロペラの羽1枚のみが水そうの水にふれているものとする。

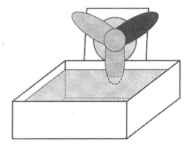

図4　水槽の水に浸けたプロペラ

問一 ～～～「変はらでかなはず」の平仮名を、すべて現代仮名遣いで書きなさい。

わが古学の道…筆者が取り組んでいる学問のこと。
あらではえあらぬ…ないわけにはいかない。

問二 ──①「同じ人の説の、こことかしことゆきちがひて、ひとしからざる」とありますが、筆者はこの本文ではどんなことに注目しているのですか。もっともよく当てはまるものを次のア～オの中から一つ選び、記号で答えなさい。

ア 話し手が、相手によって異なった内容の話をするということ。

イ ある説の中で、はじめと終わりが食い違っているということ。

ウ うわついた人の話は、人をまどわす信用のおけないものだということ。

エ 同じ人物の述べていることが、その時々によって違っていること。

オ 自分は良いと思った考えでも、他の人からの評価は様々であること。

問三 ──②「後の方をぞ、その人のさだまれる説とはすべかりける」とありますが、それはなぜか説明しなさい。

問四 ──③「とにかくに選びは、見む人のこころになむ」とはどういうことを言っているのですか。理由も含めて説明しなさい。

ったり、そんなに人生が覆るような作品だけが大切だとは思わない

な、なんて考えたりして、私はまるで今の私のほうが正しいように

振る舞うけれどなんの根拠もないのだ。今より知っていることが少

なかったのは事実だけど、知っていることが少ないから全てが間違

っているなんて言えない。そうでないとあの頃、未来の私のことも睨んでいたのだと

思う。

そうやっていつまでも昔の自分に引き摺られています。引き摺ら

れていたいので。あの頃の私が考えていたことをろくに思い出せな

いのですが、あの頃の私が書いていた作品を読むと当時吸っていた

空気の味がする。それだけで十分、否定できないと思う。そのとき

の業火を今も宿したいと願ってしまう。あの頃の私のことを、私は

今でもなんにも否定したくないと思ってしまう。そして、過去の私を否定しようとするのではなく私はいつまでも未来の私を否定しよ

うとするのではなく私はいつまでも未来の私を否定しように生き

ていくべきなのです。20年後の私が今の私の作品を読んで、「当時の

私を否定できない」と思うこと、それだけが今の私が目指すべき全

てのためなのかは知らないし、何

かを作らないと生きていけないとかそんなパンクしそうな感覚はな

く、訴えかけたいものも世界へのメッセージも何もないけれど、私

は切り裂いていかないといけない、走って。と思う。走って、作っ

て。走って。それよりもリアルさになんの意味があるのかと問われ

けど、リアルさになんの意味があるのかと問われてもちっともわか

らないけれど。記憶に残った感覚の冴え渡った感じがただどんな空

気よりも澄んでいて、私の中に未だに響いているから。それだけで、

それで十分だと思う。私はたぶん火がついたあの瞬間だけをずっと

唯一信じてる。

（最果タヒ『不満でいたい』）による

問一 ──①「好き、が私だけのものになった瞬間だ」とはどうい

うことですか。

斐がないよ。あの頃、未来の私のことも睨んでいたのだと

思う。私は多分あの時、何もかもを睨んで生きてきた甲

④「私はいつまでも昔の私に睨まれて生きていたいな」

っていているなんて言えない。そうでないとあの頃、

ていたいな。そうでないとあの頃、

問二 ──②「でもそれでいいんだろうか」とありますが、「それ」

とはどういうことですか。

問三 ──③「世界が美しければ美しいほど私の人生が退屈なもの

のような気がする」と筆者が思うのはなぜですか。

問四 ──④「私はいつまでも昔の私に睨まれて生きていたいな」

と筆者が思うのはなぜですか。

三 次の文章を読んで、後の問いに答えなさい。

①同じ人の説の、ここかしことゆきちがひて、ひとしからざ

るは、いづれによるべきぞと、まどはしくて、大かたその人の説、

すべてうきたるこちのせらるる、そは一わたりはさることなれど

も、なほさしもあらず、はじめより終はりまで、説の変はれること

なきは、なかなかにかしからぬかたもあるぞかし。はじめに定め

おきつる事の、ほど経て後に、又異なるよき考への出来たるは、つね

にある事なれば、はじめと後とくひたがふことあるこそよけれ。年を経て

学問すすみゆけば、説は必ず変はるべきことなるに、はじめと後と

の誤りをしも、後に知りながらも、つつみ隠さで、きよく改めたるも、い

とよき事なり。殊にわが古学の道は、近きほどよりひらけそめつ

ることなれば、すみやかにことごとくは考へつくすべきにあらず、人

を経、年を経てこそ、つぎつぎに明らかにはなりゆくべきわざなれ

ば、一人の生のかぎりのほどにも、もとよ

りあらではえあらぬわざなり。そは一人の生のかぎりのほどにも、

つぎつぎに明らかになりゆくなり。されば②後の方をぞ、その人の

さだまれる説とはすべかりける。但

しはじめのをばわろしと思ひて、改めつれ、又の

には、②後の方をぞ、その人のさだまれる説とはすべかりける。但

し又みづからこそ、はじめのをばわろしと思ひて、改めつれ、又の

ちに人の見るには、なほはじめのかたよろしくて、後の

ちに人の見るには、なほはじめのかたよろしくて、後の

にわろきもなきにあらざれば、③とにかくに選びは、見む人のここ

ろになむ。

（本居宣長『玉勝間』による）

〈注〉 なかなかに…かへって。

るものの中から選んで、みんなにわかってもらえるかなって顔色をひたすら見ていたように思うけど、そのとき、その音楽だけは、仕方なしに選ぶとかではなく、私という一人の人間がここに生まれたからこそ出会えた、と強く実感するようなそんなものだった。それまで友達と好きなものが一緒じゃなかったり、共感してもらえないととても不安だったけれど、その曲に対してはそんなこと微塵(みじん)も考えなかった。①好き、が私だけのものになった瞬間だ。私にとって人生が大きく変わったのはここで、だからこそ、そうした激しい出会いを全ての音楽に夢見てしまっていたのだと思う。

今ならあの頃に「新しい」と感じた曲だって、その時タイミング的にそれが最初だっただけで別の曲の知識が当時既にあればそんなふうには感じなかったのかも、と思える。新しいと思ったのは、私が何も知らなかったから、というだけなのかもしれない。でも今でももうそこは確かめられなくて何度聞いても初めて聴いた時の驚きが生々しく蘇(よみがえ)ってくる。

自分はなんにも分かってなかったなと今言ってしまうことは簡単だし、あの頃の私が好きになれそうにない曲を今は「いい曲だなぁ」と思うことができる。それは悪いことではなさそうだし、やっぱりなかなか否定できないのだ。そうやって、別に自分の知っている世界を覆(くつがえ)すものだけが素晴らしいのではないんじゃないかなぁ、と思い始める。革命的な傑作だけが全てではないし、いちいち芸術で人生観や世界観を覆されても……と考え始めてしまう。美味しいパン屋を見つけることと、好きな曲を見つけることは私にとって今は等価だが当時はそうではなかった。②私は今の方が多分、人生を等身大に見つめられているとは思うが、絶対的なものを一つだけ信じるのではなくて、色んな美しいものがあると知って世界そのものを美しいと思えることがあって、いいことっぽいけどでもそれでいいのかなぁと思う。何も知らなかった間は、何も知らなかったからいいのかなぁと思う。

簡単に、向こう側に行けた。唯一の小さな光だけを信じて爆走することができた。でもなにもかもを知っていてそれでも向こう側に行けることこそが一番で、それをしなくていいのかなぁと考えてしまう。嫌いなものがたくさんだったらいいのに、世界のほとんどがまだ退屈だったらいいのに。たまにそう思ってしまうけれど、美しいものはこの世にたくさんあるとも思うのだ。

でもたまに、どんなに好きなものを見つけても、私はそれだけで十分だとは思っていないと感じることがある。まだ人生は続くし、この世にあるもの、自分以外から生まれたものに対して、どうしても遠いというか、「全てにはならない」と言いそうになるんだ。作品にとっても私は全てではないし、私にとって作品は全てではない。それはもしかしたら自分が詩を書いているからかもしれないけど、何かを作っていると私がいないと現れない作品が生まれるのだ、それを知ってるから、この世にある他の作品全てに「私は無関係なのだ」という事実がまとわりついて見えて苦しいのだ。（本当はそうではないし、本でも映画でも自分を通して見える、それらの姿は私がいないと生まれないものなのだ。でもそのことをあえて忘れたくなることもある。）③世界が美しければ美しいほど私の人生が退屈なものような気がする。この足りなさが、私にそれを打ち破ろうとするエネルギーをくれている。それは幸せなことではないです。人生は退屈ぐらいがいいと思うけど、幸せになれるからそう思うわけではなくて、私は多分不満を抱えていたいのだと思う。不満だった昔のあの感覚が、私にとって良くも悪くも業火(ごうか)だった。あの頃以前の記憶があまりなく、私にとっていつまでも「生きる」の原始的な記憶はそこにあるのだ。

当時の不満は、世界のほとんどが美しく見えなくて、何にも面白くなかったからだったけれど、それは本当に「勘違い」だったのかなぁ。あの頃の私がいいとは言わないであろうものを今はいいと思

つっても思い出せない過去がいくらでもある。たしかにベルクソンの説は、絶対的仮説とでも呼ぶべきもので、否定することが原理的にできない。いま思い出せなくても、いつか思い出せると主張できるからだ。③経験上の不首尾は原理の破綻を意味しない。しかも、ときには、ベルクソン説を援用したくなるような、思いがけない想起を経験することもある。しかし、それでもなお、記憶に残らない無数の経験的過去がある、という事実を無視してよいものだろう。すべてをメモリーに蓄えていたら、その容量は耐え難いものになるだろう。特に、辛い経験、思い出したくない想いというものがある。これらを忘れていられるのは、救いだ。忘却は欠陥ではなく、能力と見るべきところがある。このような忘却を含め、過去の経験のEソウタイを記憶と呼ぶならば、記憶をもととしてわれわれは未来を構想し、現在を生きる。すなわち、④記憶はひとのパーソンを構成する。

〈注〉
叙事詩…主に民族の歴史的事件や神話などを描いた詩。

ホメロス…古代ギリシアの詩人。長編叙事詩『イリアス』の作者とされる。

エイジング…ここでは年齢を重ねること。

アングル…ドミニク・アングル。フランスの画家。

吟唱…節をつけて歌うこと。

脚韻を踏む…行末の韻（音の響き）を揃える。

再話…もとの話を自分の言葉で語り直すこと。

斟酌…あれこれの事情を考慮する。

（佐々木健一「経験としてのエイジング」による）

問一 ──①「かれの『記憶』」とありますが、「記憶」の語にカギ括弧が使われている理由を説明しなさい。

問二 ──②「この創造性は本質的な成分である」とありますが、なぜそう言えるのですか。

問三 次のア〜オについて、筆者の議論に合致しているものを一つ選び、記号で答えなさい。

ア 自身の記憶ちがいが生まれるのは、創造的補完の結果に失敗したためである。

イ 記憶ちがいすることと再話することのちがいに注意し、記憶ちがいは避けるべきである。

ウ 津波の記憶が台無しになるのは、石碑のエイジングによって判読が困難になったからである。

エ 現在の都合に目が行き届く重大な過ちを犯すのは、過去の記憶が薄れるというひとの記憶の現実が背景にある。

オ アナログ的に記憶が薄れるのは老人であり、若者の記憶ちがいはデジタル的である。

問四 ──③「経験上の不首尾は原理の破綻を意味しない」とは、ここではどういうことですか。

問五 ──④「記憶はひとのパーソンを構成する」とはどういうことか、分かりやすく説明しなさい。なお「パーソン」は、ここでは人格を表す語です。

問六 ──A〜Eの、カタカナは漢字に直し、漢字は読みをひらがなで記しなさい。

二 次の文章を読んで、後の問いに答えなさい。

昔はこういう曲調か……と最初に思ってしまうとその曲を好きになれなかった。音楽をたくさん聴いていたわけではないからこそ、聴いたことがあるような曲調だな、と思うとすぐ退屈だと捉えてしまっていた。知らないものに出会いたくて、そういうものに会えた時の喜びだけが忘れられなかった。初見のはずなのにどこか知ってる感じがするものが苦手だったし、それは自分が聞き分けられてないからでは、と今なら思うけど、でも当時はそんなふうには考えられなかった。

初めて音楽を好きになった時、私はその曲を聴いて「好き」ってこういうことなのだと思い知ったのだ。それまでなんとなく消去法で自分が好きなのはこれかなって雑誌に載ってるものやテレビに映

二〇二四年度 筑波大学附属駒場高等学校

【国語】（四五分）〈満点：一〇〇点〉

一 次の文章を読んで、後の問いに答えなさい。

叙事詩のように長大なテクストを、吟唱詩人の記憶に A委ねるについては、定型詩の韻律が大きな役割を演じたことが知られている。アングルの描いた吟唱詩人たちが白髪、長い白髭であったことに示されているように、吟唱詩人は自身のエイジングによってその物語りの真なることの保証を得ていた。たしかに、かれらの記憶力は驚くべきものだった。数千行におよぶ詩を記憶し繰り返すことは異例の能力である。コンピューターのメモリーに比肩しうるとも言える。

しかし、そのメカニズムは非常に異質だ。ホメロス語りの吟唱詩人が、毎回、現在伝わっている『イリアス』をそのテクストのままに語っていたはずはない。その語りは、テクストの即座の想起を含め、即興的に営まれる。テクスト通りに語っているときでも、それは内発的な即興であり、そうでなければ ①かれの「記憶」は機能しない。

定型詩のリズムがその記憶を支えていたという事実の含意をところに注目しよう。

話を簡略化するために、音節数が一定であるような詩形を考え、一行が一〇音節からなるとしよう。行末の三音節の単語が思い出せないとする。その場合、意味が文脈にそこそこ適合し、三音節の単語なら、どの単語でも当てはめることができる。脚韻を踏む形式の場合には、選択肢は狭まるが、それでもいくつかの可能性が与えられるだろう。詩人はこの可能性のなかからもっとも適していると思われるものを即座に選ぶ。ときにはその選択につられて、次行では かけ離れた部分に飛んでゆくかもしれない。語りはそのような Bキヨクセツを経て、進んでゆく。かれの語りが生気をはらんでいるの

は、緊張感をもってテクストを現在化してゆくかれの精神活動のおかげである。このように、吟唱詩人の並外れた記憶力は、機械的な繰り返しの能力ではなく、一種の創造性を最重要の成分として含んでいる、と見なければならない。

このような記憶の特性は欠陥以外のものではあるまい。しかし、ひとの記憶とそのエイジングを考えるうえでは、②この創造性は本質的な成分である。

ここでわたしは「創造性」を特別な価値概念として用いているわけではない。事実を記述しているだけだ。すなわち、記憶の欠損をひとは自ら何かを作り出して補完している、という事実である。逸脱を含めてこの創造の部分に、詩人の現在が映し出される。それは、かれの語りを聴いて記憶にとどめたり再話したりするひとの場合も同様である（われわれはしばしば、創造的補完の結集である自身の記憶ちがいに驚く）。このやりくりの Cキョウは、ときには、石碑の警告を無視して、海岸近くに家を建て、津波の災害に遭うというように、 Dジクのままの記憶を台無しにすることさえある。それは、記憶の衝迫力がエイジングによって弱まった結果である。記憶が薄れるのはアナログ的で、記憶のエイジングによってひとの記憶の現実であろうし、それを上書きして、過ちを繰り返すのもひとの習性であろう。ひとは現在の都合を斟酌し、その先に未来を思い描いて行動する。エイジングによって記憶があいまいになることがあり、重大な過ちを犯す。

しかし、精神の創造性がそれを補完するというのは、老人だけの経験ではない。若者といえども記憶ちがいはあるし、思い出せないこともある。だから、それを補うやりくりが、かれらにも欠かせない。そのやりくりに際して、記憶が、単に過去の復元というようなものにとどまらず、未来のイメージ形成と現在の決断に関わっている、ということが重要な事実である。

忘却は加齢以前からある。ベルクソンは、潜在的には一切の経験が記憶に残されていると考え、想起を検索する意識のピント合わせが記憶に残されていると考え、想起を検索する意識のピント合わせが記憶に残されていると考え、肉体的には成長期にある若者でさえ、どうあ

と見なした。しかし、肉体的には成長期にある若者でさえ、どうあ

英語解答

1 放送文未公表

2 問1 (例)アンが来世で生まれ変わるという意味。

問2 lower form of animal

問3 imagine Anne as an angel

問4 how terrible it would be to be hunted

問5 an otter

問6 (例)ロバートが狙うカワウソがアンの生まれ変わりだと思ったから。

問7 do you know who its eyes reminded me of

問8 a wild boy wearing no clothes

3 問1 PARKING MISTAKE

問2 ② (例)歩道の真ん中に立ち通行を妨げていたこと。

③ (例)赤信号を無視して道を渡ろうとしたこと。

問3 (例)トニーの追及からは逃れられないと観念せざるをえなかったから。(30字)

問4 (例)汚れ1つないように手入れをしている靴は，間違いだらけの世の中で常に正しく行動しようとする自分を象徴し，鼓舞する物。

(57字)

問5 1 She sounded angry

2 Tony was already in his room

問6 エ

4 (例) (I agree with this proverb because) you can inspire someone by action, not by words. My baseball team was weak and I said to my teammates I would practice before school every day. At first, nobody believed me. After I had practiced alone for about a month, however, many of my teammates joined me. They were impressed by what I did, not what I said. (59語)

---

1 〔放送問題〕放送文未公表

2 〔長文読解総合―物語〕

≪全訳≫■「ねえ，あなたは本当に死にかかっているんじゃないわよね？」とシャーロットが尋ねた。■「お医者さんは私が火曜日まで生きられるって言ってたわ」と彼女の姉のアンが言った。■「でも今日は土曜日よ。これは大変！　あなたはあと3日しか生きられないじゃない」とシャーロットが言った。■「私は死ぬなんて言ってないわ。私はアンではなくなるけど，何かであり続けるのよ。何らかの動物の姿ね，きっと。ねえ，今まで生きた人生であまり立派じゃなかったら，もっと低級な動物の姿に生まれ変わるのよ。私はいい人じゃなかったわ。私は優しさが足りなかった」■「あなたはそんなに悪くはなかったわよ」と妹はすぐに言った。■「ロバートの家に行った日のことを覚えてる？」とアンは尋ねた。ロバートはシャーロットの夫だった。彼はとても裕福だったので，田舎に大きな土地を持っていた。彼らが結婚する直前に，アンはシャーロットと一緒に彼の家に招待された。■「ええ，覚えてるわ。でも，そのとき何があったの？」■「そこにいたとき，ある日私は子犬たちを走らせようと農場から連れ出したの。彼らは鶏を追いかけて庭から追い出して，庭の花壇の上をくまなく走り回ったわ。彼がどれ

だけ鶏や庭を大事にしていたか知ってるでしょう。彼は本当に怒って，私に向かって一晩中怒鳴り続けたわ。それで私は彼に復しゅうすることにしたの」と彼女は笑顔で言い足した。「次の日，鶏たちを彼の温室に連れていったのよ」**9**「どうやってそんなことができたの？　私たちは事故だと思ってたわ！」**10**「だからね」とアンは言った。「これが私の来世が低級な動物の姿になる理由なの。でも，私は人生でそんなに悪い人じゃなかったから，何かかわいくて魅力的な，すてきな動物になるかもしれないと思うの。もしかしたらカワウソかも」**11**「カワウソになったあなたなんて想像できないわ」とシャーロットは言った。**12**「ねえ，天使になった私なんてあなたにはきっと想像できないわね」とアンは言った。**13**シャーロットは黙り込んだ。彼女には想像できなかったからだ。**14**「カワウソとしての人生はとても楽しいと思うの」とアンは続けた。「カワウソは一年中，川で食事ができるし，かわいがられて…」**15**「猟犬のことを考えてよ」とアンの言葉が終わる前にシャーロットが言った。「④狩られて最後は殺されるなんて，どんなに恐ろしいか想像してみて！」**16**「この土曜から火曜にかけて死んでいく生活よりずっといいわ。その後で，私は別の何かに生まれ変わるのよ。もし私が善良なカワウソだったら，いつか人間の姿で戻ってくると思うけど，でも都会で暮らす人としてじゃなく，例えばジャングルで服を着ていない野生の少年としてとかね」**17**「もっと真剣になってくれるといいんだけど」とシャーロットは悲しげな声で言った。「あなたはあと数日しか生きていられないのよ」**18**2日後，アンは安らかに亡(な)くなった。**19**「彼女は逝(い)ってしまった。とても悲しいわ」とシャーロットはおじに言った。「彼女はいろんな点で変わっていたけれど，彼女と話すのは楽しかった。彼女は自分が生まれ変わると考えていたわ」**20**「死んでいくときは，誰でもそういう考えを持つものさ」とおじは言った。「彼女はいったいどんな姿になるんだろうね？」**21**「おじさんは彼女が本当に動物の姿になるかもしれないと思っているの？」とシャーロットは尋ねた。**22**ちょうどそのとき，ロバートが部屋に入ってきた。彼はとても怒っているようだった。**23**「私の鶏の4羽が殺された」と彼は大声で言った。「そのうちの1羽は連れ出されて，私がずっと世話をしてきた新しい花壇の真ん中で殺された。私の最高の鶏も新しい花壇もたった一晩でどれもなくなってしまった」**24**「えっ，そんな…。キツネの仕業だとあなたは思っているの？」とシャーロットが尋ねた。**25**「いや」とロバートは言った。「その場のあちこちに足跡があって，私たちがそれをたどっていくと川に出た。カワウソに違いない」**26**シャーロットはすぐにおじを見た。**27**次の日，家族全員がアンの葬儀に出ている間，はるかに恐ろしいことが起こった。残りの鶏が全て殺されたのだ。その殺し屋は庭の花壇を荒らした。ロバートの鶏も庭もどれも台なしにされた。**28**「できるだけ早く猟犬が必要だ！」とロバートは叫んだ。**29**「落ち着いて！」とシャーロットが言った。「そんなことしなくてもいいわ。私が言いたいのは，ここにはもう鶏が残っていないから，獣は戻らないってことよ」**30**「君はそいつを守るつもりかい？」とロバートは言った。**31**「最近，川にはほとんど水がないわ」とシャーロットは言った。「行き場がないのに，動物を狩るのはよくないわ」**32**「黙れ！」とロバートは叫んだ。「獣は始末されなくちゃだめだ！」**33**次の日の夕方，シャーロットは川岸のそばを1時間ほど歩いて過ごした。彼女は友人で隣人でもあるジョンソン氏に会った。彼は彼女にその日の狩りのことを知らせた。**34**「あのさ，今日はいい1日だったよ。君の庭のすぐ下の池でカワウソを見つけたんだ。それがあの獣さ」**35**「あなたは…それを殺したの？」とシャーロットは尋ねた。**36**「ああ，でも旦那さんはひどい襲われ方だったね。かわいそうな獣に，私はとても同情したよ。殺されたとき，その目はとても人間みたいだったんだ。私が変だと言うかもしれない，⑦だがその目が私に誰

を思い出させたかわかるかい？　それはまるで…。おい，シャーロット，どうしたんだい？」37シャーロットは地面に倒れ込んだ。38数週間後，シャーロットが最初のショックから立ち直ると，ロバートは彼女にもっと休む時間を与えようと，休暇を取ってアマゾン川へ彼女を連れていった。周りに自然があれば彼女はもっと容易に回復すると彼は考えたのだ。シャーロットは少しずつ良くなり，ジャングルの野生の景色を楽しむようになった。ある日，突然，彼女は隣の部屋から夫が叫んでいるのを聞いた。39「どうしたの？　何があったの？」と彼女は尋ねた。40「あの獣が私の部屋に入ってきて，私のきれいな服を全部持っていったんだ！　待ってろよ！　私は捕まえるぞ，このチビ…」41「どういう小さな野獣なの？」とシャーロットが尋ねた。彼女は笑いかけていた。どんな獣が彼の服を持っていくというのか？42「ああ，服を着ていない野生の少年だ」とロバートは言った。43再び，シャーロットは地面に倒れ込んだ。

問1＜英文解釈＞直前の「死ぬなんて言ってない」の説明となる部分。死ぬのではなく自分（＝アン）ではない何かになるとは，生まれ変わるということである。

問2＜適語句補充＞第8段落後半から，アンが鶏を使ってロバートの温室を荒らしたこと，つまり悪いことをしたとわかる。悪事をはたらいた人間が生まれ変わってどうなるかは第4段落後半に示されている。

問3＜英文解釈＞下線部③の She はシャーロットを指す。直前のアンの言葉にある you can imagine me as an angel の部分を受け，繰り返しとなる部分を省略した表現であることを読み取る。なお，imagine の後の me は Anne を指すことに注意する。

問4＜整序結合＞文末に and finally killed とあるので，まず to be hunted という受け身をつくり to be hunted and finally killed とまとめる。残りは Imagine「～を想像する」の目的語が how で始まる間接疑問になると考え，疑問詞を how terrible「どれほど恐ろしいか」とすると，it は to 以下を指す形式主語になるとわかる。how は「どれほど」という'程度'の意味の場合は直後に形容詞〔副詞〕が続くことに注意する。

問5＜適語句補充＞直前の「足跡が川まで続いていた」という内容に着目する。また，この言葉を聞いた直後でシャーロットがおじの方を見たのは，アンが動物に生まれ変わることをおじが想像していたから（第20段落）と考えられる。シャーロットはロバートの言ったことが，「カワウソになるかも」と言っていたアンの言葉と一致したから驚いて，おじの顔を見たのである。

問6＜文脈把握＞下線部の do it とは直前でロバートが言った need the hounds を受けている。猟犬はカワウソを狩るために使うと考えられることから，シャーロットはカワウソを守ろうとしたのだとわかる。その理由は，カワウソがアンの生まれ変わりだと気づいたからである。

問7＜整序結合＞文末に「？」があるので疑問文になる。who で始めるとうまくまとまらないので，do you know の後に who で始まる間接疑問が続く形を考える。語群に reminded があるので，'remind＋人＋of＋物事'「〈人〉に〈物事〉を思い出させる」の形が考えられるが，ここで who を主格の疑問代名詞として who reminded me of its eyes「誰が私にその目を思い出させたか」とすると文脈に合わない。who を目的格の疑問代名詞として使い，who its eyes reminded me of「その目が私に誰を思い出させたか」とすると，カワウソの目がアンの目に似ていたことを表す内容になる。

問8＜適語句補充＞第38～41段落の内容から，獣はアマゾンにいて，服を必要としていて，小柄である。これは第16段落でアンが予想していた人間への生まれ変わりの姿に一致する。

3 〔長文読解総合―物語〕

≪全訳≫ ❶トニー・カークは2台分の駐車スペースを占めている黒い車の上に，1枚の黄色い紙を貼った。その黄色い紙には，「PRAKING MISTEAK」というメッセージと「TONY」という彼の名前が子どもっぽい筆跡で書かれていた。彼は赤ペンのふたを閉じ，それを耳の上にのせると，黄色い紙でできたメモ帳を上着のポケットにしまった。彼はあごを上げて通りを進んでいった。❷そして彼はデパートの前を通り過ぎた。彼のスニーカーがショーウィンドーで白く輝いていた。彼はそれを見てとても誇らしく思った。❸国立銀行の近くで，2人の高齢の女性たちがバスを待っていた。彼女たちは縁石から離れた歩道の真ん中に立っていた。トニーはメモ帳を取り出し，ペンをつかんだ。彼はゆっくりと字を書き，それから女性の1人に「TO MUSH IN WAY」と書いてある紙片を手渡した。2人の女性はその紙片を見て，縁石の近くに移動した。❹交差点では，人々が「DONT WALK」となっている赤信号の所で待っていた。濃い色のスーツを着た男が車の間をぬって道を横切ろうとしたが，車がとても近づいてきたので男は後ろへ下がった。青信号の「WALK」になると，トニーと男は渡った。男はある店に入った。トニーは待ち，彼が出てきたところで「ALLMOST WALKD」と書いてある紙片を手渡した。❺警察官のジャクソンが通りに立っていた。トニーは彼の隣で立ち止まった。❻「調子はどうだい，トニー？」とジャクソンが言った。❼トニーはメモ帳を取り出し，それをジャクソンに見せた。❽「仕事がたくさんあるね，なあトニー？」❾トニーはうなずくと，メモ帳をもとに戻した。彼はとても疲れているように見えた。❿「そうだな，トニー，大変だよ」とジャクソンが言った。⓫トニーはジャクソンの靴に目を向けた。それは黒く輝いていたが，1つだけしみがあった。トニーはかがむと，そのしみを手でこすり取った。⓬「ありがとう，トニー」とジャクソンが言った。⓭そしてトニーは自分のスニーカーに視線を落とした。⓮「すごくいいね，トニー，白く光っている」とジャクソンが言った。⓯トニーは再びあごを上げ，進んでいった。⓰パークスクエアのベンチで，男がキャンディを食べ，包み紙を投げ捨てた。トニーはその包み紙と「PAPUR ON GARSS」と書かれた紙片を渡した。男は両方の紙を投げ捨てて去った。トニーは彼に追いつくと，その紙全てと「NOT LISSENING」と書かれたもう1枚の紙片を渡した。男は「ちくしょう」と言って，全ての紙をポケットにしまった。⓱突然雨が激しく降り始め，トニーはずぶぬれになった。彼は全てをしまうと，悲しそうに空を見上げた。車がそばを通り過ぎ，彼のスニーカーに汚れた水をはねかけた。彼は家に向かって走り出した。⓲彼は家に戻ってくると，スニーカーを脱ぎ，それを持って階段を上がった。彼の母親が振り向いた。「トニー，あなたなの？」 ⑤彼女は怒っているようだったが，トニーはすでに自分の部屋に戻っていて，ドアは閉められていた。彼の目の前の床の上には，靴磨き剤の瓶があった。⓳母親は階段の下に来て，「トニー！」と叫んだ。⓴トニーはドアを開けて，母親の前に姿を見せた。㉑彼女は手にたばこと酒を持っていた。「トニー，家に帰ったのに何も言わないなんて信じられないわ！」 トニーはドアを閉めると，ベッドの下に手を伸ばした。㉒トニーは靴箱を引っ張り出した。ふたには「MUTHERS TICKITS」と書かれていた。㉓トニーは3枚の紙に書いた。「TO MUSH SOMKING」，「TO MUSH DIRNKING」，「TO MUSH SAUTING」。彼はそれらの紙片を箱に入れた。その後にもう1枚，最も大きな字で書いた。「ERVYTHING WORNG！」㉔トニーはその箱をベッドの下に置き，床に座り，そしてスニーカー

を磨き始めた。

　問１＜要旨把握＞前文に「２台分の駐車スペースを占めている」とある。トニーはそれを運転手による駐車ミスとして指摘したのである。

　問２＜要旨把握＞②同じ段落の第２文参照。女性たちの立っていた場所をトニーは問題視したのである。TO MUSH IN WAY は，TOO MUCH IN WAY ということで，これは「通行を妨げている〔通り道の邪魔になっている〕」という意味。　③同じ段落前半参照。赤信号で渡ろうとした男性の行動をトニーは問題視したのである。ALLMOST WALKD は，ALMOST WALKED ということ。

　問３＜文脈把握＞最初男に相手にされなかったトニーが，しつこく男を追いかけて２枚目の紙を渡すと，男は「ちくしょう」と悪態をつきながらも結局紙もごみもポケットに入れている。トニーのしつこい追及にうんざりしながらも自分の過ちを認めざるをえなかったことが読み取れる。

　問４＜要旨把握＞第１，２段落では，駐車ミスをとがめた後で自分の靴のきれいさに誇りを感じている。第14，15段落で警官に真っ白な靴をほめられて喜んだのは，自分も警官と同じく世の中を正す立場の人間と認められたと満足したからと解釈できる。また，第17，18段落で汚れてしまった靴をすぐにきれいにしようと部屋に駆け込んだ様子からは，どんな間違った行動も認めないのと同様に，靴に１つの汚れも許さない姿勢がうかがえる。第23，24段落からは，靴を磨く動機が間違いだらけの世の中への憤りにあるとわかる。こうした内容から，トニーにとって靴は正しい行動を促し，自分の正しさを証明する物であることが読み取れる。

　問５＜整序結合＞１．直前の文が母親の言葉であることと，語群の sounded に着目すると，前半はその言葉がどのように聞こえたかを述べる文になると考えられる。sounded angry は ‘sound＋形容詞’「〜のように聞こえる」の形。　２．残りの語群と文末のドアが閉じていたという内容から，トニーがすでに部屋に入っていたという内容の文になると考えられる。

　問６＜要旨把握＞第21段落より，母親がタバコと酒を持っていること（SOMKING＝SMOKING，DIRNKING＝DRINKING），トニーに向かって怒鳴っていること（SAUTING＝SHOUTING）がわかる。なお，エの SREEPING は SLEEPING と考えられる。

4 〔テーマ作文〕

　「行動は言葉よりも雄弁だ」ということわざに対する賛否を問う問題。具体例を書くよう指示があるが，自らの学校内外での直接の体験でも，本やメディアで間接的に知った話でもよいだろう。書き出しは because の続きなので，解答例のように具体例から得た教訓をまとめた節とするか，because of my experience in extra-curricular activities. のように具体例への導入とするといった書き方が考えられる。

数学解答

1 (1) $\dfrac{1}{4}$ (2) $\left(-\dfrac{1}{4}t^2,\ t+8\right)$

(3) (ア) 6 (イ) $\dfrac{910}{3}$ cm²

2 (1) (ア) $x=-\dfrac{1}{2}$ (イ) $x=\dfrac{-7\pm\sqrt{13}}{6}$

(2) 16個 (3) 20個

3 (1) $60°-a°$ (2) $150°$

(3) $60°-2a°$

4 (1) $45\sqrt{2}$ cm³ (2) $3\sqrt{3}$ cm

(3) $\dfrac{9\sqrt{2}}{2}$ cm³

---

1 〔関数―関数 $y=ax^2$ と一次関数のグラフ〕

(1)＜比例定数＞右図で，関数 $y=ax^2$ のグラフ上に A$(-4,\ 4)$ があるので，$4=a\times(-4)^2$ より，$a=\dfrac{1}{4}$ となる。

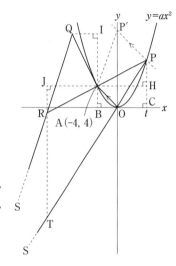

(2)＜座標＞右図で，点 A を通り x 軸に平行な直線と点 P を通り y 軸に平行な直線の交点を H とする。点 Q は，点 P を，点 A を中心にして反時計回りに $90°$ 回転させた点だから，△APH を，点 A を中心にして反時計回りに $90°$ 回転させることを考え，このとき点 H が移る点を I とする。△AQI≡△APH だから，AI＝AH，QI＝PH である。∠HAI＝$90°$ だから，辺 AI は y 軸に平行になり，∠AIQ＝∠AHP＝$90°$ だから，辺 QI は x 軸に平行になる。(1)より，点 P は関数 $y=\dfrac{1}{4}x^2$ のグラフ上にあるので，x 座標が t より，$y=\dfrac{1}{4}t^2$ となり，P$\left(t,\ \dfrac{1}{4}t^2\right)$ である。A$(-4,\ 4)$ なので，AH＝$t-(-4)=t+4$，PH＝$\dfrac{1}{4}t^2-4$ となる。よって，QI＝PH＝$\dfrac{1}{4}t^2-4$ より，点 Q の x 座標は $-4-\left(\dfrac{1}{4}t^2-4\right)=-\dfrac{1}{4}t^2$ となり，AI＝AH＝$t+4$ より，点 Q の y 座標は $4+(t+4)=t+8$ となるので，Q$\left(-\dfrac{1}{4}t^2,\ t+8\right)$ と表せる。

(3)＜x 座標，面積＞(ア)右上図で，2 点 A，P から x 軸に垂線 AB，PC を引くと，△AOP＝〔台形 ABCP〕−△OAB−△OPC となる。A$(-4,\ 4)$，P$\left(t,\ \dfrac{1}{4}t^2\right)$ より，OB＝4，AB＝4，OC＝t，PC＝$\dfrac{1}{4}t^2$，BC＝AH＝$t+4$ だから，〔台形 ABCP〕＝$\dfrac{1}{2}\times(AB+PC)\times BC=\dfrac{1}{2}\times\left(4+\dfrac{1}{4}t^2\right)\times(t+4)=\dfrac{1}{8}t^3+\dfrac{1}{2}t^2+2t+8$，△OAB＝$\dfrac{1}{2}\times OB\times AB=\dfrac{1}{2}\times4\times4=8$，△OPC＝$\dfrac{1}{2}\times OC\times PC=\dfrac{1}{2}\times t\times\dfrac{1}{4}t^2=\dfrac{1}{8}t^3$ となり，△AOP＝$\left(\dfrac{1}{8}t^3+\dfrac{1}{2}t^2+2t+8\right)-8-\dfrac{1}{8}t^3=\dfrac{1}{2}t^2+2t$ と表せる。よって，△AOP＝30 のとき，$\dfrac{1}{2}t^2+2t=30$ が成り立ち，$t^2+4t-60=0$，$(t-6)(t+10)=0$ より，$t=6$，-10 となる。$t>4$ なので，$t=6$ となる。(イ)右上図で，∠PAQ＝∠QAR＝$90°$ より，3 点 P，A，R は一直線上にあるから，〔四角形 OARS〕＝△PRS−△AOP である。(2)と(3)(ア)より，$t=6$，$\dfrac{1}{4}t^2=\dfrac{1}{4}\times6^2=9$ だから，P$(6,\ 9)$ である。これより，直線 OP の傾きは $\dfrac{9}{6}=\dfrac{3}{2}$ だから，直線 OP の式は $y=\dfrac{3}{2}x$ である。また，

$-\dfrac{1}{4}t^2=-9$, $t+8=6+8=14$ となるので，$Q(-9,\ 14)$であり，$AI=t+4=6+4=10$，$QI=\dfrac{1}{4}t^2-4=9-4=5$である。点Rは，点Qを，点Aを中心にして反時計回りに90°回転させた点だから，(2)と同様に，$\triangle AQI$を，点Aを中心にして反時計回りに90°回転させることを考える。このとき，点Iが移る点をJとすると，辺AJはx軸に平行，辺RJはy軸に平行になり，$AJ=AI=10$，$RJ=QI=5$である。$A(-4,\ 4)$だから，点Rのx座標は$-4-10=-14$，y座標は$4-5=-1$となり，$R(-14,\ -1)$である。よって，直線QRは，傾きが$\dfrac{14-(-1)}{-9-(-14)}=3$となるので，その式は$y=3x+b$とおける。点Qを通るので，$14=3\times(-9)+b$，$b=41$となり，直線QRの式は$y=3x+41$である。点Sは直線$y=\dfrac{3}{2}x$と直線$y=3x+41$の交点となるので，$\dfrac{3}{2}x=3x+41$より，$x=-\dfrac{82}{3}$となり，点Sの$x$座標は$-\dfrac{82}{3}$である。次に，点Rを通り$y$軸に平行な直線と直線OPの交点をTとすると，点Tは直線$y=\dfrac{3}{2}x$上にあり，$R(-14,\ -1)$より，x座標が-14である。$y=\dfrac{3}{2}\times(-14)=-21$となり，$T(-14,\ -21)$だから，$RT=-1-(-21)=20$となる。辺RTを底辺と見ると，2点P，Rの$x$座標より，$\triangle PRT$の高さは$6-(-14)=20$となり，2点R，Sの$x$座標より，$\triangle SRT$の高さは$-14-\left(-\dfrac{82}{3}\right)=\dfrac{40}{3}$となる。したがって，$\triangle PRS=\triangle PRT+\triangle SRT=\dfrac{1}{2}\times20\times20+\dfrac{1}{2}\times20\times\dfrac{40}{3}=\dfrac{1000}{3}$となる。$\triangle AOP=30$なので，〔四角形OARS〕$=\triangle PRS-\triangle AOP=\dfrac{1000}{3}-30=\dfrac{910}{3}$(cm²)である。

≪(ア)の別解≫前ページの図で，y軸上の点Oより上側に$\triangle AOP'=\triangle AOP=30$となる点P'をとる。このとき，$OA /\!/ PP'$となる。$A(-4,\ 4)$より，直線OAの傾きは$\dfrac{0-4}{0-(-4)}=-1$だから，直線PP'の傾きも$-1$である。また，$\triangle AOP'$は，底辺をOP'と見ると高さは4だから，面積について，$\dfrac{1}{2}\times OP'\times4=30$が成り立ち，$OP'=15$となる。これより，$P'(0,\ 15)$であり，直線PP'の切片は15である。よって，直線PP'の式は$y=-x+15$となる。$P\left(t,\ \dfrac{1}{4}t^2\right)$はこの直線上にあるので，$\dfrac{1}{4}t^2=-t+15$，$t^2+4t-60=0$より，$t=6,\ -10$となり，$t>4$だから，$t=6$である。

2 〔特殊・新傾向問題〕

(1)<二次方程式>(ア)《4, 4, 1》に対する二次方程式は$4x^2+4x+1=0$である。これを解くと，$(2x)^2+2\times2x\times1+1^2=0$，$(2x+1)^2=0$　$\therefore x=-\dfrac{1}{2}$　(イ)《3, 7, 3》に対する二次方程式は$3x^2+7x+3=0$である。解の公式より，$x=\dfrac{-7\pm\sqrt{7^2-4\times3\times3}}{2\times3}=\dfrac{-7\pm\sqrt{13}}{6}$である。

(2)<場合の数>二次方程式$ax^2+bx+c=0$の解は，$x=\dfrac{-b\pm\sqrt{b^2-4ac}}{2a}$である。二次方程式$ax^2+bx+c=0$の解が1つだけとなるとき，$\sqrt{b^2-4ac}=0$であり，$b^2-4ac=0$，$4ac=b^2$となる。$a$が1以上5以下の整数，$c$が0以上25以下の整数より，$4ac$は偶数(0も含む)だから，$b^2$は偶数であり，$b$も偶数となる。$b$は0以上10以下の整数なので，$b=0,\ 2,\ 4,\ 6,\ 8,\ 10$である。$b=0$のとき，$4ac=0$だから，$(a,\ c)=(1,\ 0),\ (2,\ 0),\ (3,\ 0),\ (4,\ 0),\ (5,\ 0)$の5個ある。$b=2$のとき，$4ac=2^2$より，$ac=1$だから，$(a,\ c)=(1,\ 1)$の1個ある。$b=4$のとき，$4ac=4^2$より，$ac=4$だから，$(a,\ c)=(1,\ 4),\ (2,\ 2),\ (4,\ 1)$の3個ある。$b=6$のとき，$4ac=6^2$より，$ac=9$だから，$(a,\ c)=(1,\ 9)$，

(3, 3)の2個ある。$b=8$のとき，$4ac=8^2$より，$ac=16$だから，$(a, c)=(1, 16)$，$(2, 8)$，$(4, 4)$の3個ある。$b=10$のとき，$4ac=10^2$より，$ac=25$だから，$(a, c)=(1, 25)$，$(5, 5)$の2個ある。以上より，二次方程式の解が1つだけとなる組《a, b, c》は，$5+1+3+2+3+2=16$(個)ある。

(3)**＜場合の数＞**二次方程式$ax^2+bx+c=0$の解は$x=\dfrac{-b\pm\sqrt{b^2-4ac}}{2a}$だから，二次方程式$ax^2+bx+c=0$の解が異なる2つの有理数となるとき，$\sqrt{b^2-4ac}$が0以外の整数となる。$a=3$より，$\sqrt{b^2-4ac}=\sqrt{b^2-4\times3\times c}=\sqrt{b^2-12c}$が0以外の整数となる。つまり，$b^2-12c$が自然数の2乗となる。$b$は0以上10以下の整数だから，$b^2-12c\leqq10^2$である。これより，$b^2-12c=1^2$，$2^2$，$3^2$，$4^2$，$5^2$，$6^2$，$7^2$，$8^2$，$9^2$，$10^2$である。$b^2-12c=1^2$のとき，$b^2-1^2=12c$，$(b+1)(b-1)=12c$となる。$b+1$と$b-1$の差は$(b+1)-(b-1)=2$であり，$0+1\leqq b+1\leqq10+1$より，$1\leqq b+1\leqq11$である。また，$12c$は12の倍数(0を含む)だから，考えられる$b+1$，$b-1$の組は$(b+1, b-1)=(2, 0)$，$(6, 4)$，$(8, 6)$であり，$b=1, 5, 7$となる。$b=1$とすると，$2\times0=12c$より，$c=0$となり，$b=5$とすると，$6\times4=12c$より，$c=2$となり，$b=7$とすると，$8\times6=12c$より，$c=4$となる。よって，$b, c$の組は3個ある。$b^2-12c=2^2$のとき，$b^2-2^2=12c$，$(b+2)(b-2)=12c$となる。$b+2$と$b-2$の差は$(b+2)-(b-2)=4$であり，$0+2\leqq b+2\leqq10+2$より，$2\leqq b+2\leqq12$だから，考えられる$b+2$，$b-2$の組は$(b+2, b-2)=(4, 0)$，$(6, 2)$，$(10, 6)$，$(12, 8)$であり，$b=2, 4, 8, 10$となる。$b=2$とすると，$4\times0=12c$より，$c=0$となり，$b=4$とすると，$6\times2=12c$より，$c=1$となり，$b=8$とすると，$10\times6=12c$より，$c=5$となり，$b=10$とすると，$12\times8=12c$より，$c=8$となる。よって，$b, c$の組は4個ある。以下同様に考える。$b^2-12c=3^2$のとき，$(b+3)(b-3)=12c$となり，$(b+3, b-3)=(6, 0)$，$(12, 6)$が考えられるので，$b, c$の組は$(b, c)=(3, 0)$，$(9, 6)$の2個ある。$b^2-12c=4^2$のとき，$(b+4)(b-4)=12c$となり，$(b+4, b-4)=(8, 0)$，$(12, 4)$，$(14, 6)$が考えられるので，$b, c$の組は$(b, c)=(4, 0)$，$(8, 4)$，$(10, 7)$の3個ある。$b^2-12c=5^2$のとき，$(b+5)(b-5)=12c$となり，$(b+5, b-5)=(10, 0)$，$(12, 2)$が考えられるので，$b, c$の組は$(b, c)=(5, 0)$，$(7, 2)$の2個ある。$b^2-12c=6^2$のとき，$(b+6)(b-6)=12c$となり，$(b+6, b-6)=(12, 0)$が考えられるので，$b, c$の組は$(b, c)=(6, 0)$の1個ある。$b^2-12c=7^2$のとき，$(b+7)(b-7)=12c$となり，$(b+7, b-7)=(14, 0)$が考えられるので，$b, c$の組は$(b, c)=(7, 0)$の1個ある。$b^2-12c=8^2$のとき，$(b+8)(b-8)=12c$となり，$(b+8, b-8)=(16, 0)$，$(18, 2)$が考えられるので，$b, c$の組は$(b, c)=(8, 0)$，$(10, 3)$の2個ある。$b^2-12c=9^2$のとき，$(b+9)(b-9)=12c$となり，$(b+9, b-9)=(18, 0)$が考えられるので，$b, c$の組は$(b, c)=(9, 0)$の1個ある。$b^2-12c=10^2$のとき，$(b+10)(b-10)=12c$となり，$(b+10, b-10)=(20, 0)$が考えられるので，$b, c$の組は$(b, c)=(10, 0)$の1個ある。以上より，二次方程式の解が異なる2つの有理数となる組《a, b, c》のうち，$a=3$であるものは，$3+4+2+3+2+1+1+2+1+1=20$(個)ある。

3 〔平面図形—三角形と円〕

(1)**＜角度＞**右図1で，点Bと点Dを結ぶ。$\overset{\frown}{AB}$に対する円周角より，$\angle ADB=\angle ACB=a°$となる。$AB=AD=7$より，$\triangle ABD$は二等辺三角形だから，$\angle ABD=\angle ADB=a°$である。よって，$\angle CBD=\angle ABC-\angle ABD=60°-a°$となるので，$\overset{\frown}{CD}$に対する円周角より，$\angle CAD=\angle CBD=60°-a°$である。

(2)**＜角度＞**次ページの図2で，円Oは，右図1の円Kと半径が等しく，$EF=AB=7$であるから，図2のように，$FI=BC=15$，$IE=CA=13$となる点Iを円Oの周上にとることができ

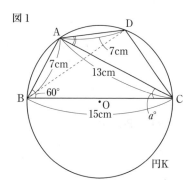
図1

る。このとき，図2の△EFIは図1の△ABCと合同なので，∠EFI＝∠ABC＝60°となる。図2で，点Fと点H，点Hと点Iをそれぞれ結ぶ。∠FEH＝90°より，線分FHは円Oの直径となり，∠HIF＝∠FGH＝90°である。また，FH＝HF，FI＝HG＝15だから，△HIF≡△FGHとなる。よって，∠HFI＝∠FHGなので，∠GFI＝∠GFH＋∠HFI＝∠GFH＋∠FHGとなる。△FGHで，∠GFH＋∠FHG＝180°−∠FGH＝180°−90°＝90°となるから，∠GFI＝90°となる。以上より，∠EFG＝∠EFI＋∠GFI＝60°＋90°＝150°である。

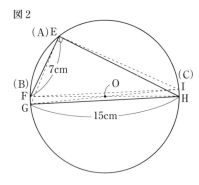

図2

(3)<**角度**>右上図2で，点Eと点G，点Gと点Iをそれぞれ結ぶ。(2)より，∠EFI＝60°だから，$\overset{\frown}{\text{EI}}$に対する円周角より，∠EGI＝∠EFI＝60°となる。また，∠GFI＝90°より，線分GIは円Oの直径だから，∠GEI＝90°となる。よって，△EGIは3辺の比が$1:2:\sqrt{3}$の直角三角形となる。IE＝13だから，IG＝$\dfrac{2}{\sqrt{3}}$IE＝$\dfrac{2}{\sqrt{3}}\times13＝\dfrac{26\sqrt{3}}{3}$となり，△IGFで三平方の定理より，GF＝$\sqrt{\text{IG}^2-\text{IF}^2}$

$＝\sqrt{\left(\dfrac{26\sqrt{3}}{3}\right)^2-15^2}＝\sqrt{\dfrac{3}{9}}＝\dfrac{\sqrt{3}}{3}$となる。次に，右図3で，点Pから辺QRに垂線PSを引く。△PQRはPQ＝PR＝13の二等辺三角形だから，点Sは辺QRの中点となり，QS＝$\dfrac{1}{2}$QR＝$\dfrac{1}{2}\times1＝\dfrac{1}{2}$である。△PQSで三平方の定理より，PS＝$\sqrt{\text{PQ}^2-\text{QS}^2}＝$

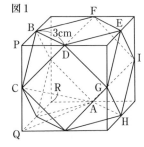

図3

$\sqrt{13^2-\left(\dfrac{1}{2}\right)^2}＝\sqrt{\dfrac{675}{4}}＝\dfrac{15\sqrt{3}}{2}$となる。以上より，図2の△IGFと図3の△PQSで，GF：QS＝$\dfrac{\sqrt{3}}{3}:\dfrac{1}{2}＝2\sqrt{3}:3＝2:\sqrt{3}$，IF：PS＝$15:\dfrac{15\sqrt{3}}{2}＝2:\sqrt{3}$となり，GF：QS＝IF：PSである。さらに，∠GFI＝∠QSP＝90°だから，△IGF∽△PQSである。したがって，∠GIF＝∠QPSとなる。図2で，△EGIは3辺の比が$1:2:\sqrt{3}$の直角三角形より，∠EIG＝30°であり，上図1の△ABCと図2の△EFIが合同より，∠EIF＝∠ACB＝a°なので，∠GIF＝∠EIG−∠EIF＝30°−a°となる。これより，図3で，∠QPS＝∠GIF＝30°−a°となり，∠QPR＝2∠QPS＝2×(30°−a°)＝60°−2a°である。

4 〔空間図形—十四面体〕

(1)<**体積**>全ての辺の長さが等しい正三角形8個と正方形6個でできる立体は，右図1のように，立方体の全ての辺の中点を結んでつくることができる。この立体を，展開図を組み立ててできる立体Kと考える。図1のように，△BCDと，立方体の1つの頂点Pを定めると，立体Kは，立方体から，立方体の頂点を含む三角錐PBCDと合同な8個の三角錐を除いた立体である。2点B，Dは立方体の辺の中点だから，PB＝PDとなり，△PBDは直角二等辺三角形である。BD＝3なので，PB＝PD＝$\dfrac{1}{\sqrt{2}}$BD＝$\dfrac{1}{\sqrt{2}}\times3＝\dfrac{3\sqrt{2}}{2}$となる。同様に，△PCDも直角二等辺三角形となるから，PC＝PD＝$\dfrac{3\sqrt{2}}{2}$である。よって，〔三角錐PBCD〕＝$\dfrac{1}{3}\times$△PBD×PC＝$\dfrac{1}{3}\times\left(\dfrac{1}{2}\times\dfrac{3\sqrt{2}}{2}\times\right.$

$\left.\dfrac{3\sqrt{2}}{2}\right)\times\dfrac{3\sqrt{2}}{2}＝\dfrac{9\sqrt{2}}{8}$となる。また，立方体の1辺の長さは2PB＝$2\times\dfrac{3\sqrt{2}}{2}＝3\sqrt{2}$となるので，

立方体の体積は $(3\sqrt{2})^3 = 54\sqrt{2}$ である。したがって，立体Kの体積は，〔立方体〕−8〔三角錐PBCD〕
$= 54\sqrt{2} - 8 \times \dfrac{9\sqrt{2}}{8} = 45\sqrt{2}\,(\mathrm{cm}^3)$ となる。

(2)**＜長さ＞** 立体Kの展開図において，右図2のように，点
E～点Iを定める。展開図を組み立てたとき，正方形
BDEF，△DEG，正方形EGHI，△AHIは，前ページの図
1のような位置になる。図1のように立方体の2つの頂点
Q，Rを定めると，点Aは立方体の辺の中点だから，RA
$= \mathrm{PB} = \dfrac{3\sqrt{2}}{2}$ となり，立方体の1辺の長さが $3\sqrt{2}$ より，

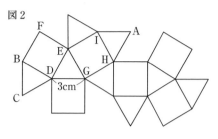

図2

QR $= 3\sqrt{2}$ である。また，QC $= \mathrm{PC} = \dfrac{3\sqrt{2}}{2}$ である。∠ARQ $= 90°$ だから，△AQRで三平方の定理

より，AQ$^2 = $ RA$^2 + $ QR$^2 = \left(\dfrac{3\sqrt{2}}{2}\right)^2 + (3\sqrt{2})^2 = \dfrac{45}{2}$ となる。さらに，∠CQA $= 90°$ だから，△AQC

で三平方の定理より，AC $= \sqrt{\mathrm{AQ}^2 + \mathrm{QC}^2} = \sqrt{\dfrac{45}{2} + \left(\dfrac{3\sqrt{2}}{2}\right)^2} = \sqrt{27} = 3\sqrt{3}\,(\mathrm{cm})$ である。

(3)**＜体積＞** 右図3のように，立方体の1つの頂点Sを定め，点Pと点Aを
結ぶ。三角錐A-BCDは，三角錐A-PBD，三角錐A-PCD，三角錐
A-PBCを合わせた立体から，三角錐PBCDを除いた立体と見ることが
できる。三角錐A-PBDと三角錐A-PCDは，底面をそれぞれ△PBD，
△PCDと見ると，高さは，それぞれ，辺PQ，辺PSの長さとなる。
△PBD≡△PCD，PQ＝PSなので，〔三角錐A-PBD〕＝〔三角錐A-PCD〕
である。また，三角錐A-PBCと三角錐PBCDは，底面を△PBCと見

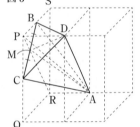

図3

ると，高さは，それぞれ線分RA，線分PDの長さとなる。2点A，Dが立方体の辺の中点より，
RA＝PDだから，〔三角錐A-PBC〕＝〔三角錐PBCD〕である。よって，〔三角錐A-BCD〕＝〔三角錐
A-PBD〕＋〔三角錐A-PCD〕＋〔三角錐A-PBC〕−〔三角錐PBCD〕＝2〔三角錐A-PBD〕である。PB
$= \mathrm{PD} = \dfrac{3\sqrt{2}}{2}$，PQ $= 3\sqrt{2}$ だから，〔三角錐A-PBD〕$= \dfrac{1}{3} \times \triangle\mathrm{PBD} \times \mathrm{PQ} = \dfrac{1}{3} \times \left(\dfrac{1}{2} \times \dfrac{3\sqrt{2}}{2} \times \dfrac{3\sqrt{2}}{2}\right)$

$\times 3\sqrt{2} = \dfrac{9\sqrt{2}}{4}$ となり，〔三角錐A-BCD〕$= 2 \times \dfrac{9\sqrt{2}}{4} = \dfrac{9\sqrt{2}}{2}\,(\mathrm{cm}^3)$ となる。

≪別解≫図3で，辺BCの中点をMとし，点Mと2点A，Dを結ぶと，〔三角錐ABDM〕＝〔三角錐
ACDM〕だから，〔三角錐A-BCD〕＝2〔三角錐ABDM〕となる。点Mは線分PR上にあり，BC⊥〔平
面ADPR〕なので，〔三角錐ABDM〕$= \dfrac{1}{3} \times \triangle\mathrm{ADM} \times \mathrm{BM}$ である。2点A，Dはともに立方体の辺
の中点だから，辺ADは1辺の長さが $3\sqrt{2}$ cm の正方形の対角線の長さと等しく，AD $= \sqrt{2} \times 3\sqrt{2}$
$= 6$ である。△ADMは，底辺をADと見ると高さはPD $= \dfrac{3\sqrt{2}}{2}$ だから，△ADM $= \dfrac{1}{2} \times 6 \times \dfrac{3\sqrt{2}}{2}$

$= \dfrac{9\sqrt{2}}{2}$ となる。BM $= \dfrac{1}{2}\mathrm{BC} = \dfrac{1}{2} \times 3 = \dfrac{3}{2}$ だから，〔三角錐ABDM〕$= \dfrac{1}{3} \times \dfrac{9\sqrt{2}}{2} \times \dfrac{3}{2} = \dfrac{9\sqrt{2}}{4}$ とな

り，〔三角錐A-BCD〕$= 2 \times \dfrac{9\sqrt{2}}{4} = \dfrac{9\sqrt{2}}{2}\,(\mathrm{cm}^3)$ である。

社会解答

1	1 ウ, エ　2 ア　　3 ウ, エ	6	朝鮮…カ→エ→オ
	4 ア, イ, オ　5 ウ, オ		中国…イ→ア→キ
	6 エ　7 ア, エ	7	(1)…イ　(2)…カ
2	1 イ, ウ　2 イ, ウ	3	1 ア, ウ　2 ア, ウ
	3 ア, イ　4 ウ, オ		3 ア, イ　4 ウ, オ
	5 ア, イ, エ		5 イ, オ　6 イ, ウ

1 〔地理─世界と日本の諸地域〕

1 <インド>インドでは，デカン高原を中心に綿花栽培が盛んで，古くから繊維産業が発達してきた（ウ…○）。カースト制による差別はインドの憲法で禁じられているが，現在も根強く残っていて社会問題になっている（エ…○）。インドを含む多くの発展途上国で，品種改良やかんがい設備の整備によってコメや麦の収穫量を増加させたことを「緑の革命」といい，「白い革命」はインドで酪農振興策によって牛乳生産量を増加させたことを指す（ア…×）。ガンジス川下流域は，季節風〔モンスーン〕の影響で降水量が多い（イ…×）。インドではヒンドゥー教徒が最も多く，ガンジス川で体を清めるのもヒンドゥー教徒である（オ…×）。

2 <世界の気候>フランスの首都パリはヨーロッパ西部，ギリシアの首都アテネは地中海沿岸に位置しており，タイの首都バンコクとブラジルの首都ブラジリアは赤道に近い低緯度地域に位置している。表中のア〜エのうち，アとエは温暖で気温に四季の変化があることから温帯に近い気候であり，パリとアテネのいずれかである。このうち，アは年間を通じて平均して雨が降ることから西岸海洋性気候であり，パリに当てはまる。また，エは夏の降水量が少ないことから地中海性気候に近い気候であり，アテネに当てはまる（アテネは年間降水量が少ないため，気候区分の分類上は乾燥帯のステップ気候となるが，地中海性気候に近い特徴を持つ）。また，表中のイとウは年間を通して気温が高いことから熱帯の気候であり，バンコクとブラジリアのいずれかである。このうち，イは12〜1月頃の気温が最も低いことから北半球に位置するバンコクであり，ウは6〜7月頃の気温が最も低いことから南半球に位置するブラジリアである。バンコクとブラジリアは雨季と乾季のあるサバナ気候に属するが，ブラジリアは標高1000m以上の高地に位置するため，年間を通してバンコクよりも気温が低い。

3 <日本の世界遺産>富士山は，古くから信仰の対象となり，また浮世絵などの芸術作品の題材とされてきたことから，それらに関係の深い文化財や景観なども含めて世界文化遺産として登録されている（ウ…×）。屋久島は，日本の中でも特に降水量が多い地域である（エ…×）。

4 <日本の自然>やませは，夏の時期に東北地方の太平洋側で吹く冷たい北東風であり，夏に気温が上がらず冷害が発生する原因となる（ウ…×）。流氷が接岸するのは，北海道のオホーツク海沿岸である（エ…×）。

5 <アフリカの自然と農業>サヘルと呼ばれる地域は，サハラ砂漠の南側に分布する（ウ…×）。自然が森林を再生する力を利用した農業は焼畑農業であり，キャッサバなどの自給用の作物が栽培され

る。プランテーション農業は，植民地時代に開かれた大農園でカカオやコーヒーなどの輸出用の作物を栽培する農業である（オ…×）。なお，地中海に面するアフリカ大陸北端部では，乾燥する夏にオリーブやブドウなどを栽培し，比較的降水量の多い冬に小麦などを栽培する地中海式農業が行われている（ア…○）。ナイル川は，上流域が熱帯に，下流域が乾燥帯に属する（イ…○）。乾燥帯では，水や牧草を求めて移動しながら家畜を飼育する遊牧が盛んに行われる（エ…○）。

6 ＜ウクライナの世界遺産＞オデーサは，黒海に面したウクライナ南部の都市であり，18世紀末から19世紀にかけて整備された歴史的な町並みが残る。2022年にロシアがウクライナへの侵攻を開始して以降，オデーサはたびたび攻撃にさらされてきたことから，国連教育科学文化機関〔UNESCO〕は2023年に「オデーサ歴史地区」を世界文化遺産に登録し，また危機遺産リストにも登録した。その後，ウクライナの首都キーウと西部の都市リビウの2か所の世界遺産も危機遺産リストに登録された。なお，アはパレスチナ地方，イはアフガニスタン，ウはシリア，オはコソボ共和国にある世界遺産であり，いずれも危機遺産リストに登録されている。

7 ＜世界と日本の諸地域と観光＞米俵に見立てた提灯を長いさおにつるして練り歩く祭りは秋田竿燈まつりであり，青森ねぶた祭は灯りをともした山車（ねぶた）を引いて町内を練り歩く祭りである（ア…×）。白夜やオーロラが見られるのは緯度の高い地域であり，白夜は夏に起こる現象，オーロラは一年中見られるが，冬の暗い夜に見やすいといわれている（エ…×）。

2 〔歴史―古代～現代の日本と世界〕

1 ＜カトリックとプロテスタント＞ルネサンスは，キリスト教以前の古代ギリシア・ローマの文化の復興を目指す動きであり，イスラム世界との貿易が盛んであったイタリアの都市から始まった（ア…×）。ローマ教皇の呼びかけによって十字軍の遠征が行われたのは11世紀末から13世紀にかけてであり，カトリックへの批判からプロテスタントが生まれたのは16世紀のことである（エ…×）。一般に，聖人をかたどった像や絵画などをつくることは，カトリックでは認められており，プロテスタントでは禁じられている（オ…×）。

2 ＜イスラム教＞イスラム商人の仲介によってヨーロッパにもたらされたアジアの香辛料は高価であり，15世紀末以降のヨーロッパでアジアとの直接貿易を目指した航路の開拓が進む原因となった（イ…×）。オスマン帝国は，第一次世界大戦にドイツなどと同じ同盟国側として参戦した（ウ…×）。

3 ＜インドやアジアの歴史＞アレクサンドロスの東方遠征が行われたのは紀元前4世紀であり，モヘンジョ＝ダロは紀元前2500年頃に栄えたインダス文明の都市遺跡である（ア…×）。道元が開いた曹洞宗は座禅によって自力で悟りを開くことを目指す禅宗の一派であり，題目を唱えれば誰もが救われると説いたのは日蓮宗〔法華宗〕を開いた日蓮である（イ…×）。なお，19世紀のイギリスは，清から茶や絹を輸入し，イギリス産の綿織物などをインドへ輸出し，インド産のアヘンを清へ密輸するという三角貿易を行った（ウ…○）。第一次世界大戦後のパリ講和会議で，日本が山東省の旧ドイツ権益を引き継ぐことが認められると，中国では大規模な反日・反帝国主義運動である五・四運動が起こった（エ…○）。満州国には日本から送り込まれた多数の移民が暮らしており，太平洋戦争末期の1945年8月にソ連が対日参戦して満州にも侵攻すると，混乱の中で多くの子どもが肉親と別れ，中国残留日本人孤児となった（オ…○）。

4 ＜縄文時代＞黒曜石は限られた場所でしか産出しないが，大森貝塚を含めさまざまな地域の遺跡か

ら出土していることから，異なる地域や集団との間で産物を交換する交易が行われていたと考えられる（ウ…○）。大森貝塚からも出土している土偶は，豊かな実りなどを祈ってつくられたと考えられる（オ…○）。マンモスなどの大型獣を狩っていたのは旧石器時代であり，縄文時代には鹿や猪などを狩っていた（ア…×）。大森貝塚からはマメやイネなどは出土しておらず，これらの栽培は行われていなかったと考えられる（イ…×）。「窯を使って高温で焼いた黒っぽくかたい土器」とは古墳時代につくられた須恵器である。大森貝塚から出土した縄文時代の土器（縄文土器）は低温で焼かれた黒褐色でもろい土器である（エ…×）。

5 **＜明治期～大正期の出来事＞** 1904～05(明治37～38)年にかけて，日比谷公園では何度も日露戦争の祝勝会が行われ，東京市長の尾崎行雄が演壇に立った（エ…○）。1905年に日露戦争が終結すると，講和条約であるポーツマス条約への反発から講和条約反対国民大会が開かれ，日比谷焼き打ち事件と呼ばれる暴動が起こった（ア…○）。1912(大正元)年，立憲政友会の内閣が倒され，藩閥を背景とする桂太郎内閣が成立すると，これに反対して憲政擁護を訴える運動（第一次護憲運動）が起こった（イ…○）。なお，日本がアメリカなどと戦った太平洋戦争が行われたのは1941～45年，日本がアメリカ軍を中心とする連合国軍に占領されたのは太平洋戦争終結後であり，いずれも昭和時代のことである（ウ，オ…×）。

6 **＜朝鮮半島，中国に関する出来事＞** 朝鮮．6世紀半ば，朝鮮半島の百済の王が倭国に仏像や経典などを送ったことにより，仏教が倭国に伝来した（カ…古墳時代）。江戸時代初期の17世紀初め，豊臣秀吉の朝鮮侵略によって途絶えていた国交を回復するなどの目的で，朝鮮から日本に使節が派遣された（エ…江戸時代）。1894年，朝鮮で甲午農民戦争が起こり，鎮圧のために朝鮮政府が清に出兵を求めると，日本も対抗して朝鮮に出兵し，朝鮮の王宮を占拠した後，清の海軍を攻撃したことをきっかけに日清戦争が始まった（オ…明治時代）。　中国．12世紀後半に政治の実権を握った平清盛が，瀬戸内海に面した大輪田泊（兵庫の港）を整備して日宋貿易に力を入れたことから，宋でつくられた銅銭（宋銭）が日本に流入し，国内で流通するようになった（イ…平安～鎌倉時代）。16世紀半ば，日本が鎖国体制に入ったのとほぼ同時期に，中国では明に代わって清が国土を統一し，その後江戸幕府は長崎に唐人屋敷を設けて中国人の居住区とした（ア…江戸時代）。1937年に始まった日中戦争で，日本軍が首都の南京を占領すると，国民政府（国民党）は首都を重慶に移して抵抗を続けたが，日本軍は重慶に爆撃を繰り返した（キ…昭和時代）。なお，ウは1965年から激化したベトナム戦争について述べた文であり，「この地」はベトナムを指す。また，クは1941年に始まった太平洋戦争について述べた文であり，「この地」はハワイを指す。

7 **＜日本の歴史の特徴＞** (1)①．Aの外寇とは外国から敵が攻めてくることを指す。海洋に囲まれている日本は，第二次世界大戦まで外国からの大規模な侵攻を受けたことがない。なお，Bの災害やCの戦乱は日本の歴史上でたびたび起こっており，文章の内容と合わない。　②．空欄②の後に「外国の影響がきわめて少く」とあることから，Fの鎖国が当てはまる。　(2)③．空欄③の前後の内容から，封建時代に日本各地に存在し，それぞれの領地（国）を支配していたⅠの藩主が当てはまる。　④．空欄④の後にある「器物への愛情」「『渋さ』とか『寂び』とかの理念」などの内容から，茶碗や釜などのさまざまな道具を用い，「侘び・寂び」などの美意識を重視するKの茶の湯が当てはまる。

3 〔公民─国際社会〕

1 <G7>ロシアは，2014年にウクライナのクリミア半島を一方的に併合したことにより，サミット
への参加資格を停止された(ア…×)。G7広島サミットには，インドやオーストラリア，ブラジル，
韓国など8か国が招待されたが，中国は招待されていない(ウ…×)。

2 <地球環境問題>京都議定書(1997年)では，先進国に対して温室効果ガスの排出削減が義務づけら
れた(イ…×)。オゾン層破壊の原因となるフロンの使用廃止が進んだため，近年はオゾン層が回復
し始めており，今後さらに回復すると予想されている(エ…×)。パリ協定(2015年)の合意前には，
発展途上国側が先進国のみ二酸化炭素排出削減を行うべきであると主張したが，最終的に発展途上
国を含む全ての加盟国が排出削減目標を設定することで合意した(オ…×)。

3 <核保有国>アメリカの現職の大統領が広島を訪問したのは，2016年のオバマ大統領が最初である
(ア…×)。ロシアは，2022年のウクライナ侵攻開始後も核兵器不拡散条約〔NPT〕に加盟している
(イ…×)。なお，核兵器不拡散条約は，アメリカ・イギリス・ロシア・フランス・中国の5か国を
核保有国とし，これ以外の国が核兵器を保有することを禁止しているが，インドやパキスタンなど
はこの条約に加盟せず，核兵器の開発・保有を表明している(ウ…○)。国際原子力機関〔IAEA〕は，
原子力の平和利用を進めるための機関であり，核兵器の拡散防止のための監視などを行っている
(エ…○)。日本はアメリカ合衆国と日米安全保障条約を結び，他国が日本を攻撃した場合には日本
とアメリカ合衆国が共同で対応することを取り決めており，アメリカ合衆国の核抑止力に頼ってい
る(オ…○)。

4 <戦争被害と国際社会>2022年に日本でなされた難民認定申請のうち，政府が受け入れを認めた割
合(認定率)は約2％であり，欧米諸国に比べると著しく低い(ア…×)。条約によって法的に拘束さ
れるのは，条約に合意して締結した国のみである(イ…×)。国連難民高等弁務官事務所〔UNHCR〕
は，国外に逃れた難民への支援に加えて，国内避難民についても支援を行っている(エ…×)。

5 <核兵器禁止条約の内容の読み取り>核兵器禁止条約の第1条には，核兵器以外の兵器の使用につ
いての規定はない(イ…○)。核兵器禁止条約の第1条には，核兵器の原料となりうる物質を貯蔵す
ることを禁じる規定はない(オ…○)。なお，アは(a)と(c)，ウは(g)，エは(e)，カは(e)と(f)の規定に違
反する。

6 <健康被害と国>国の政策によって被害を受けた場合に賠償を求める権利は国家賠償請求権であり，
請願権は国や地方の機関に要望を伝える権利である(イ…×)。障がいのある人に介護サービスを提
供するなど，社会的に立場が弱くなりやすい人を支援する仕組みは社会福祉であり，公的扶助は収
入が少なく生活に困っている人に生活費などを支給する生活保護を行う仕組みである(ウ…×)。

理科解答

1 1 イ，エ　2 イ　3 イ

2 1 ①…節足　②…昆虫　③…えら　④…甲殻　⑤…カ

2 ア，イ，ウ，エ

3 1 銅：酸素＝4：1

2 $2CuO + C \longrightarrow 2Cu + CO_2$

3 ウ　4 0.55g　5 イ

4 1 (1) イ　(2) オ

2 方角…イ　速度…837km/h

3 オ　4 ア

5 1 (1) AB…イ　CD…ア　(2) 整流子　(3) ウ

2 (1) 12.3mW　(2) 20Ω

3 ★…3　2つ…20，40

4 下図　5 13.3　6 0.5mJ

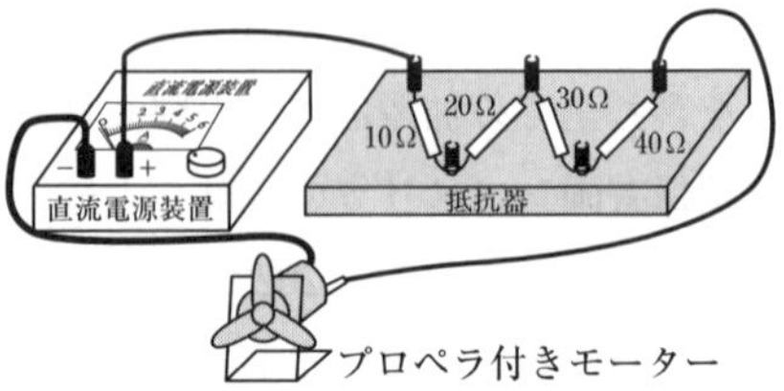

1〔生物の体のつくりとはたらき〕

1＜消化＞イ…正しい。消化酵素がはたらく物質は，消化酵素の種類によって決まっている。　エ…正しい。ペプシンは胃液に含まれる消化酵素で，タンパク質を最初に分解する。　ア…誤り。デンプン，タンパク質，脂肪は，複数の酵素により，吸収されやすい物質に分解される。例えば，デンプンはアミラーゼで分解された後，マルターゼによって，最終的にブドウ糖に分解される。　ウ…誤り。すい液にはデンプンなどの炭水化物を分解するすい液アミラーゼや，タンパク質を分解するトリプシン，脂肪を分解するリパーゼなど複数の種類の消化酵素が含まれている。　オ…誤り。胆汁は脂肪の分解を助けるはたらきをするが，消化酵素は含まれていない。

2＜実験操作＞イ…適している。デンプンは冷水には溶けにくいので，温めた水に溶かす。また，水99gにデンプン1.0gを加えることで，質量パーセント濃度が，$\frac{1.0}{99+1.0} \times 100 = 1.0$(%)のデンプン溶液ができる。　ア…不適。電子てんびんで物質をはかりとるときは，電子てんびんに薬包紙をのせ，表示を0にしてから，薬包紙の上に物質をのせる。　ウ…不適。ベネジクト液を加えた溶液は，80℃の湯に入れて温めるので，突沸するおそれはない。そのため，沸騰石を入れる必要はない。　エ…不適。だ液とサツマイモ液のはたらきを確認する実験なので，対照実験は，0.55mLのデンプン溶液を入れた容器に，だ液ではなく水を0.05mL加えたもので行う。

3＜考察＞イ…適切。R値は，デンプンが分解されてできた糖の質量の大小を表す。よって，表で，温度を変化させたときのR値は，だ液でもサツマイモ液でも変化しているので，アミラーゼのはたらきは温度の影響を受け，つくられる糖の質量が変化するといえる。　ア…不適。R値の変化から，アミラーゼによって糖がつくられたといえるが，デンプンが分解されて糖がつくられたとはいえない。　ウ…不適。表より，R値は，だ液では温度が高いほど大きくなり，サツマイモ液では60℃で最も大きくなっている。そのため，アミラーゼが最もはたらく温度は40℃前後とはいえない。　エ…不適。表より，サツマイモ液のR値は，40℃のときよりも80℃のときの方が小さい。そのため，80℃のときの方が，含まれる糖の質量も小さく，糖の濃度も小さいと考えられる。

2〔生物の世界，生命・自然界のつながり〕

1<無セキツイ動物の分類>バッタのなかまは，外骨格を持ち，あしに節があることから，無セキツイ動物のうちの節足動物に分類される。節足動物には，キリギリスのように気門から酸素を取り入れる昆虫類や，カニのように，その多くがえらから酸素を取り入れる甲殻類が含まれる。昆虫類の体は，頭部，胸部，腹部の3つに分かれ，胸部に3対6本のあしがついている。一方，甲殻類の体は，頭胸部と腹部の2つ，または頭部，胸部，腹部の3つに分かれている。

2<遺伝>ア…不適。対立形質であっても，必ずしもメンデルの法則に従うとは限らない。例えば，メンデルの法則によると，異なる対立形質を持つ純系の両親から生まれた子は顕性の形質のみを示すが，この法則に従わず，顕性と潜性の区別がなく，中間的な形質を示す子が生じる場合もある。イ…不適。形質の顕性，潜性は，個体数の多少だけでは判断できない。　　ウ…不適。ヒトにとってピンク色が目立つ色であるとしても，キリギリスを捕食する動物にとって目立つ色であるかどうかは判断できない。　　エ…不適。体色の緑色が顕性(ピンク色が潜性)だとしても，緑色の親が緑色の遺伝子とピンク色の遺伝子を対として持つ場合，子にはピンク色の体色のものも現れる。

3 〔化学変化と原子・分子〕

1<化学変化と物質の質量>表1で，加熱前の銅の質量と，加熱後の酸化銅の質量の差が，銅と結びついた酸素の質量である。表1より，加熱前の銅の質量が1.00gのとき，加熱後の酸化銅の質量が1.25gなので，このとき，銅と結びついた酸素の質量は，1.25－1.00＝0.25(g)となる。よって，銅の質量と，化合した酸素の質量の比は，銅：酸素＝1.00：0.25＝4：1である。

2<還元>実験2では，酸化銅(CuO)は，炭素(C)によって酸素(O)を奪われて単体の銅(Cu)になり，炭素(C)は，奪った酸素(O)と結びついて二酸化炭素(CO_2)となる。化学反応式は，矢印の左側に反応前の物質の化学式，右側に反応後の物質の化学式を書き，矢印の左右で原子の種類と数が等しくなるように化学式の前に係数をつける。

3<実験操作>実験2で，気体の発生が終わったところで反応は終了したので，ガスバーナーでの加熱をやめる。加熱をやめるときは，まず，試験管Bの石灰水が試験管Aに流れ込むのを防ぐため，試験管Bからガラス管を抜いた後に，ガスバーナーでの加熱をやめる。次に，試験管A内に空気が入り，還元されてできた銅が再び空気中の酸素と結びついて酸化銅となるのを防ぐため，ピンチコックでゴム管をとめる。

4<化学変化と物質の質量>実験3で，発生した気体(二酸化炭素)の質量は，質量保存の法則より，加熱前の酸化銅と用いた炭素の質量の和と，加熱後に残った固体の質量の差として求められる。酸化銅の質量は2.00gで，表2より，用いた炭素の質量が0.15gのとき，加熱後に残った固体の質量は1.60gである。よって，発生した気体の質量は，(2.00＋0.15)－1.60＝0.55(g)となる。

5<化学変化と物質の質量>表2より，発生した気体(二酸化炭素)の質量は，用いた炭素の質量が0.10gのとき，(2.00＋0.10)－1.73＝0.37(g)，炭素の質量が0.15gのとき，4より，0.55g，炭素の質量が0.20gのとき，(2.00＋0.20)－1.65＝0.55(g)となり，炭素の質量が0.25g，0.30gのときも0.55gである。これより，酸化銅2.00gが全て反応したとき，二酸化炭素が0.55g発生することがわかる。よって，二酸化炭素が0.37g発生するときに反応した酸化銅の質量をxgとすると，反応した酸化銅の質量と，発生する二酸化炭素の質量について，x：0.37＝2.00：0.55が成り立つ。これを解くと，x×0.55＝0.37×2.00より，x＝1.345…となるから，反応した酸化銅の質量はおよそ1.35gである。1より，銅と酸素は4：1の質量の比で結びつくから，酸化銅1.35g中に含まれる銅の質量は，$1.35 \times \dfrac{4}{4+1}$

＝1.08(g)となる。したがって，加熱後の固体1.73g中に含まれている単体の銅の質量は1.08gである。

4 〔地球と宇宙〕

1 ＜地球の自転＞(1)右図のように，地球を球体としたとき，北極点と南極点を通る円を考える。円の中心をO，北緯30°の地点をPとして，2点O，Pを結び，地点Pから北極点と南極点を結ぶ直径に垂線PP′を引くと，PP′が北緯30°の緯線に沿って地球を1周する円の半径となる。△OPP′は，∠POP′＝90°－30°＝60°より，3辺の比が$1:2:\sqrt{3}$の直角三角形となるから，北緯30°

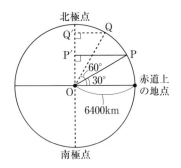

の緯線に沿って地球を1周する円の半径は，$6400\times\dfrac{\sqrt{3}}{2}=$ $3200\sqrt{3}$(km)であり，この円の周の長さは，$2\pi\times3200\sqrt{3}=6400\sqrt{3}\,\pi=6400\times1.73\times3.14=34766.08$より，およそ34766kmとなる。よって，北緯30°の緯線上における地球の自転の速さは，34766÷24＝1448.5…より，およそ1449km/hである。この緯線に沿って飛行機が対地速度900km/hで東向きに飛行する場合，飛行機の緯線上での速さは，1449＋900＝2349(km/h)となる。よって，飛行機の操縦士が日没を確認した地点から，北緯30°の緯線の円を半周して，次に太陽が昇る地点に到着するまでの時間，つまり，飛行機上で日没を確認してから次に太陽が昇るまでの時間は，34766÷2÷2349＝7.40…より，約7.4時間である。したがって，ア～エのうち，最も近いものはイである。

(2)春分の日には太陽が真東から昇るので，機首が真東を向いている飛行機の操縦席から見ると，太陽は真正面から昇るように見える。

2 ＜地球の自転＞飛行機がずっと同じ時刻にとどまるということは，太陽と飛行機の位置関係が変わらないということなので，飛行機は地球の自転と反対の向きに自転と同じ速さで飛行すればよい。まず，自転の向きは西から東だから，飛行機が飛行する向きは東から西である。次に，上図で，北緯60°の地点をQとして，2点O，Qを結び，地点Qから北極点と南極点を結ぶ直径に垂線QQ′を引くと，QQ′が北緯60°の緯線に沿って地球を1周する円の半径となる。△OQQ′は3辺の比が$1:2:\sqrt{3}$の直角三角形となるから，北緯60°の緯線に沿って地球を1周する円の半径は，$6400\times\dfrac{1}{2}=$ 3200(km)であり，円周の長さは，$2\pi\times3200=6400\pi=6400\times3.14=20096$(km)となる。よって，北緯60°の緯線上における地球の自転の速さは，20096÷24＝837.3…より，およそ837km/hである。以上より，飛行機は，北緯60°の緯線に沿って西に，837km/hの対地速度で飛行すればよい。

3 ＜星の動き＞2の状態では，太陽と飛行機の位置関係が変わらないので，窓から見える星はほとんど動かないように見える。

4 ＜飛行ルート＞地球は球体なので，経線の間隔は緯度が高くなるほど狭くなる。よって，図2のような平面の地図では，緯度の高い地域は経線の間が広く表されるため，2地点間の距離は実際よりも長くなる。そのため，図2のように，地図上では遠回りに見えても，実際には北の地域を通るルートの方が，距離が短い場合がある。

5 〔電流とその利用，運動とエネルギー〕

1 ＜モーターのしくみ＞(1)図2で，金属線ABの部分ではAからBの向きに電流が流れ，CDの部分ではCからDの向きに電流が流れるので，次ページのプラスαより，ABの部分では図2の奥の向きに，CDの部分では図2の手前の向きに磁界から力がはたらく。　(2)図2のブラシにはさまれた

筒状の部分Pを整流子という。整流子は，コイルが半回転するごとにコイルに流れる電流の向きを変え，コイルを常に同じ向きに回転させるはたらきをする。　　　(3)図2の状態から，2本の導線をブラシからはずし，上下を入れかえてブラシにつけると，コイルに流れる電流の向きが逆になり，金属線ABとCDの部分に磁界からはたらく力の向きも逆になる。よって，回転の向きは逆になる。

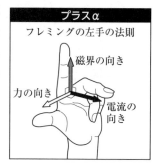

プラスα

フレミングの左手の法則

磁界の向き
力の向き
電流の向き

2<電力と発熱>(1)モーターの電圧と電流が0.75V，16.4mAのとき，モーターの電力は，〔電力(mW)〕＝〔電圧(V)〕×〔電流(mA)〕より，0.75×16.4＝12.3(mW)である。　　　(2)図1のつなぎ方では，4つの抵抗のうち，直列につながった10Ωと20Ωの抵抗に同じ大きさの電流が流れる。また，抵抗は消費する電力が大きいほど，多くの熱を発する。オームの法則〔電圧〕＝〔抵抗〕×〔電流〕より，〔電力〕＝〔電圧〕×〔電流〕＝〔抵抗〕×〔電流〕×〔電流〕＝〔抵抗〕×〔電流〕²となるから，流れる電流の大きさが同じとき，抵抗値が大きいほど電力は大きくなる。よって，最も多くの熱を発しているのは，抵抗値が大きい20Ωの抵抗である。

3<物体の運動>モーターについているプロペラの羽の枚数は3枚だから，それぞれの羽の間の角度は360°÷3＝120°である。これより，表1のモーターの電圧が0.75Vの場合，最初に「1秒間に30枚」の設定で撮った動画で，3枚の羽が静止して見えたのは，$\frac{1}{30}$秒ごとに撮影した静止画で，羽が同じ位置にあるように映ったためで，プロペラが$\frac{1}{30}$秒で回転する角度は120°の整数倍となる。ここでは，回転数が最も小さい場合について考えればよいので，プロペラは$\frac{1}{30}$秒で120°回転していると考えると，次に，「1秒間に60枚」の設定で撮った動画で，6枚の羽が静止して見えたのは，$\frac{1}{60}$秒で，120°の$\frac{1}{2}$の60°回転した羽が映ったためと考えられる。さらに，モーターの電圧を大きくして1.44Vにすると，モーターの回転数は上がり，「1秒間に60枚」の設定で3枚の羽が静止して見えたとき，プロペラは$\frac{1}{60}$秒で120°，または，240°，360°，……というように回転していると考えられる。よって，プロペラの1秒当たりの回転数は値の小さい方から，$\frac{120°}{360°}÷\frac{1}{60}＝20$(回転)，$\frac{240°}{360°}÷\frac{1}{60}＝40$(回転)となる。したがって，「1秒間に30枚」の設定で動画を撮影したときに，$\frac{1}{30}$秒でプロペラが回転する角度はそれぞれ240°，480°となり，いずれの場合も120°の整数倍となるので，動画で見えた羽の数は3枚，つまり★＝3である。

4<電流と電圧>モーターの抵抗は一定なので，電源電圧を上げていったときにモーターの電圧の上昇が最もゆるやかになるようにするには，図1の抵抗器のつなぎ方を，モーターに流れる電流が最も小さくなるように変更すればよい。そのためには，回路全体の抵抗値が最も大きくなるように，モーターと4本の抵抗を全て直列につないだつなぎ方に変更する。解答参照。

5<物体の運動>表2より，モーターの電圧を2.10Vにしたとき，6枚の羽が静止して見えたことから，プロペラが$\frac{1}{60}$秒で回転する角度は60°の整数倍で，120°の整数倍ではない角度となる。$\frac{1}{60}$秒で回転する角度が60°のときは，異なる色にした羽が見える位置が60°ずつずれるので，6枚の羽は

全て同じ色に見える。$\frac{1}{60}$秒で回転する角度が180°のときは、異なる色の羽が見える位置が180°ずつずれるため、6つのうち、向かい合う位置関係にある2つだけが異なる色に見える。このようなことは、$\frac{1}{60}$秒で回転する角度が、180°の奇数倍である180°、540°、900°、……のときに起こるが、異なる色の羽が2つだけ見えることはモーターの電圧が2.10V未満の領域では起こらなかったことと、モーターの電圧が小さいと回転数も小さくなることから、モーターの電圧が2.10Vのとき、プロペラが$\frac{1}{60}$秒で回転する角度は180°である。これより、モーターの電圧が2.10V未満のとき、プロペラが$\frac{1}{60}$秒で回転する角度は180°より小さく、3で、モーターの電圧が1.44Vのとき、プロペラが$\frac{1}{60}$秒で回転する角度は120°となる。同様に、モーターの電圧が1.44V未満のとき、プロペラが$\frac{1}{60}$秒で回転する角度は120°より小さく、3で、モーターの電圧が0.75Vのとき、プロペラが$\frac{1}{60}$秒で回転する角度は60°となる。表2より、モーターの電圧が0.98Vのとき、9枚の羽が静止して見えたので、隣り合う羽の角度は、360°÷9＝40°となり、プロペラが$\frac{1}{60}$秒で回転する角度は40°の整数倍である。ここで、モーターの電圧が0.98Vのとき、プロペラが回転する角度は60°より大きく120°より小さいので、$\frac{1}{60}$秒で回転する角度は80°となる。以上より、プロペラの1秒当たりの回転数は、$\frac{80°}{360°}÷\frac{1}{60}＝13.33…$より、およそ13.3回転となる。

6 <電力とエネルギー>表2より、プロペラの一部が水に浸かるようにする前のモーターの消費電力は、2.10×24.0＝50.4(mW)であり、水に浸かるようにしたときの消費電力は、2.50×38.0＝95.0(mW)である。これより、プロペラの一部が水に浸かるようにする前後の1秒当たりの電力量の差は、95.0×1－50.4×1＝44.6(mJ)となる。また、5より、表2の◆印のときのプロペラの1秒当たりの回転数は、$\frac{180°}{360°}÷\frac{1}{60}＝30$(回転)だから、1秒間にプロペラが水にふれる回数は、3×30＝90(回)となる。よって、プロペラの羽1枚が水槽の水を1かきするごとに水にわたされるエネルギーは、44.6÷90＝0.495…より、およそ0.5mJである。

国語解答

一 問一 吟唱詩人の語りは，思い出せないところを即興で他の字句で補う創造を含んでおり，テクストを覚えていてそのまま機械的に再現する一般的な記憶とは異なるから。

問二 誰でも吟唱詩人と同様に，記憶の欠損を精神の創造性により補完するのであり，そのやりくりに際して，記憶が未来のイメージの形成と現在の決断に関わっているから。

問三 エ

問四 思い出せない過去があるとしても，その過去が記憶に残されていないとは言えない，ということ。

問五 忘却を含めて記憶は過去の経験の総体であり，人は記憶を基として未来を構成し，現在を生きるものである以上，記憶がその人の人格を形づくるといえる，ということ。

問六 A ゆだ　B 曲折　C 許容
　　 D 字句　E 総体

二 問一 その曲と出会ったときは，他人の反応を気にしながら好きなものを選ぶのではなく，自分自身の感性でこれが好きだと思った，ということ。

問二 自分の知っている世界を覆すほどのものだけがすばらしいわけではなく，それ以外にもすばらしいものや好きなものがたくさんある，と思うこと。

問三 世界を美しいと認めることは，自分以外の誰かから生まれたものを受け入れることであり，そうすると，自分が無関係であることを強く感じてしまうから。

問四 かつての「私」は，世界のほとんどが美しくもおもしろくも感じられず，不満を抱えていたが，だからこそ退屈な人生を打ち破ろうとするエネルギーとリアルな感覚を持っていたと考えられ，作品をつくる者としてそのエネルギーとリアルさは持ち続けたいと思うから。

三 問一 ［変］わらでかなわず

問二 イ

問三 古学は新しい学問で，すぐに全てを考え尽くすことはできず，人を通したり時がたったりする中で，しだいに明らかになってゆくものであるから。

問四 本人は前の説より後の説の方がよいと思って改めても，後に他の人が見ると，前の説の方がよいと思うこともあり，どちらがよいかは，結局見る人の判断次第である，ということ。

一 〔論説文の読解─哲学的分野─哲学〕出典：佐々木健一「経験としてのエイジング（下）」（「UP」2023年8月号掲載）。

≪**本文の概要**≫吟唱詩人は長大な詩を記憶して語るが，彼らの語りは，テクストの即座の想起を含め，即興的に営まれるものである。思い出せないところは音節や韻に合うものを選びながら，語りは進んでいくのである。この創造性は，人の記憶とそのエイジングを考えるうえでは，本質的な成分である。誰でも，記憶の欠損を，自ら何かをつくり出して補完している。このようなやりくりを許容し，また記憶がエイジングによって薄れる結果，人は，現在の都合から未来を思い描いて行動して重大な過ちを犯すこともある。エイジングによって記憶が曖昧になり，それをやりくりして補完することは，若者にもある。重要なのは，記憶が，単に過去の復元にとどまらずに，未来のイメージ形成と現在の

決断に関わっているということである。記憶に残らない無数の経験的過去があることは無視できないし，人は，つらい経験や思い出したくない想い出は忘れていられる。したがって，忘却を含めて過去の経験の総体を記憶と呼ぶなら，記憶は，その人の人格を構成するといえる。

問一＜表現＞記憶とは，通常，物事を覚えていることや，その覚えている内容のことをいう。しかし，吟唱詩人の「記憶」は，思い出せない部分があれば即興で自ら補う創造を，含んでいる。

問二＜文章内容＞吟唱詩人は，思い出せない部分を即興で別の字句で自ら補っている。しかし，そのような創造的営みは，吟唱詩人だけがしていることでなく，「記憶の欠損をひとは自ら何かを作り出して補完している」のである。そして，「そのやりくりに際して，記憶が，単に過去の復元というようなものにとどまらず，未来のイメージ形成と現在の決断に関わっている」のである。

問三＜要旨＞吟唱詩人も，その語りを聴いて記憶にとどめたりそれを再話したりする人も含め，記憶の欠損を「自ら何かを作り出して補完している」のであり，その「創造的補完の結集」は，「記憶ちがい」という結果を生む（ア・イ…×）。この「やりくり」を許容することで，「ときには，石碑の警告を無視して，海岸近くに家を建て，津波の災害に遭う」というように，「字句のままの記憶を台無しにする」ことも起こるが，それは「記憶が薄れる」という「アナログ的」なことの結果である（ウ…×）。「記憶が薄れる」のは「ひとの記憶の現実」で，それを上書きし，「過ちを繰り返すのもひとの習性」であり，「ひとは現在の都合を斟酌し，その先に未来を思い描いて行動」するので，「重大な過ち」を犯すことにもなるのである（エ…○）。「記憶があいまいになる」のを「精神の創造性」が補完するのは，老人だけの経験ではなく，若者にもあることで，若者にも「記憶ちがい」や「思い出せないこと」もある（オ…×）。

問四＜文章内容＞ベルクソンは，「潜在的には一切の経験が記憶に残されている」と考えた。実際には「どうあっても思い出せない過去がいくらもある」のだが，彼の考えに従えば「いま思い出せなくても，いつか思い出せる」と主張することは可能なので，何かが思い出せなかったということをもって，ベルクソンの説を否定することはできない。

問五＜文章内容＞「記憶に残らない無数の経験的過去がある」ことは，無視できない。特に「辛い経験，思い出したくない想い出」もあり，人は，そのようなものを忘れていることができる。「記憶をもととしてわれわれは未来を構想し，現在を生きる」のであるから，その人が何を記憶し，何を忘れているかによって，その人の現在の生き方も未来の構想も，決まってくる。つまり，「記憶」がどのようなものであるかによって，その人の人格が構成されているといえる。

問六＜漢字＞Ａ．音読みは「委員」などの「イ」。　　　Ｂ．込み入って複雑な事情のこと。　　　Ｃ．許すこと。　　　Ｄ．文字と語句のこと。　　　Ｅ．物事の全体のこと。

二 〔随筆の読解─哲学的分野─人生〕出典：最果タヒ「不満でいたい」（「ちくま」2023年1月号掲載）。

問一＜文章内容＞「私」は，以前は「なんとなく消去法で自分が好きなのはこれかなって雑誌に載ってるものやテレビに映るものの中から選んで，みんなにわかってもらえるかなって顔色をひたすら見ていたよう」に思い，選んでも「友達と好きなものが一緒じゃなかったり，共感してもらえないととても不安」だった。しかし，「その音楽」を「好き」だと思ったときは，「仕方なしに選ぶとかではなく，私という一人の人間がここに生まれたからこそ出会えた，と強く実感する」感じだった。あくまでも，この自分自身が，その音楽を「好き」と思えたのである。

問二＜指示語＞今の「私」は，「あの頃の私が好きになれそうにない曲」でも「いい曲だなぁ」と思うことができるし，「別に自分の知っている世界を覆すものだけが素晴らしいのではないんじゃないかなぁ」とも思う。しかし，そのように「好き」なものや「素晴らしい」ものの範囲が広くなっている状態を，「私」は一方では疑う。「好きなものがたくさん見つかって，絶対的なものを一つだ

け信じるのではなくて，色んな美しいものがあると知って世界そのものを美しいと思える」のは，よいことのように見えて，実はそうとはいえないのではないかと，「私」は思うのである。

問三＜文章内容＞世界には，自分以外の誰かから生まれた作品がたくさんある。したがって，世界が美しいと思えるということは，自分以外の誰かから生まれたものを認めて受け入れるということである。しかし，「私」は，何かをつくっていると「私がいないと現れない作品が生まれる」ということを知っているため，「この世にある他の作品全てに『私は無関係なのだ』という事実がまとわりついて見えて」しまい，苦しくなる。自分が直接関与していないものに対して，自分が無関係であることを強く感じてしまえば，自分の人生は「退屈なもの」に見える。

問四＜文章内容＞「昔の私」は，「世界のほとんどが美しく見えなくて，何にも面白くなかった」ため，いつも「不満」を抱えていた。「私」は，今，好きなものが増えたのがよいことであるように振る舞っているが，そこには「なんの根拠もない」のであり，やはり「私がいないと現れない作品が生まれる」ことへのこだわりは強い。作品をつくる者として，何でも美しくおもしろく見えてしまうような人生は，「退屈」なのである。その「足りなさ」が「私にそれを打ち破ろうとするエネルギー」をくれるし，かつての自分の感覚こそ「リアル」だと自覚する以上，「私」は，「不満」でいっぱいだった昔の自分の感覚を，持ち続けていたいと思う。

三 〔古文の読解―随筆〕出典：本居宣長『玉勝間』四の巻。

≪現代語訳≫同じ人の説が，ここことあそことで食い違っていて，同じでないのは，どういうわけだろうかと，戸惑って，大方その人の説は，全て当てにならない気がする，それは一応はそうであるが，やはりそうでもなく，はじめから終わりまで，説が変わっていることがないのは，かえってよくないこともあるだろう。はじめに決めておいたことが，時がたってから，また違うよい考えが出てくるということは，常にあることなので，はじめと違っていることがあるのこそよい。年を経て学問が進んでゆくと，説は必ず変わらないということはなく，また自分のはじめの誤りを，後に知ったのならそのまま，包み隠さず，いさぎよく改めているのも，とてもよいことである。特に私の古学の道は，近い時代から始まったことなので，すぐに全ては考え尽くすことはできず，人の手を通し，年を経て，次々に明らかにはなってゆくことであるので，同じ人の説の中でも，前のものと後のものとで異なることは，もとよりないということはありえないことである。それは一人の人の一生の間にも，次々に明らかになってゆくのである。だからその前の説と後の説とでは，後の方を，その人の定まった説とするのがよい。ただしまた自分では，はじめの説をよくないと思って，改めたけれども，また後に他の人が見ると，やはりはじめの説の方がよくて，後の説はかえってよくないということもないことはないので，いずれにせよ何を選ぶかは，見る人の考え次第である。

問一＜歴史的仮名遣い＞歴史的仮名遣いの語頭以外のハ行は，現代仮名遣いでは原則として「わいうえお」になる。

問二＜古文の内容理解＞同じ人の説でも，「はじめ」に述べていたことが「終はり」には変わっていることがある。時がたつと変わることがあるということに，作者は注目しているのである。

問三＜古文の内容理解＞古学は，新しい学問なので，すぐに全てを追究し尽くすことはできず，人の目にふれ，時間がたっていく中で，しだいに究明されていくものである。そうである以上，前に出した説が後に変わることはあり，後の説の方がよりよく検討された結果だと考えられる。

問四＜古文の内容理解＞前の説と後の説とで内容が異なる場合，後の説の方が，その人の考えとして定まったものだと一般にはいえる。しかし，研究者本人は前の説がよくないと思って改めても，後に他の人が見ると，前の説の方がよいと思うこともある。とすれば，結局，何がよいと判断するかは，見る人次第ということになる。

Memo

【英 語】 (45分) 〈満点：100点〉

　[注意]　リスニング問題は開始約10分後に始まります。あらかじめ説明・指示をよく読んでおきなさい。リスニング問題が始まるまで，他の問題を解いていなさい。

1　リスニング問題　〈編集部注：放送文は未公表につき掲載してありません。〉

> 　このリスニング問題は問１・問２の二つの部分に分かれています。
> 　問１は英語の「書き取り」で，問２は内容の「聞き取り」です。
> 問１　（　）内に必要な英語を書き取り，読まれた短い文章を完成させなさい。
> 　英文はそれぞれ２回ずつ放送されます。
> 問２　放送される英文を聞き，以下の質問に答えなさい。質問はＡとＢの二つがあります。
> 　【質問Ａ】については，それぞれの問いに日本語で答えなさい。
> 　【質問Ｂ】については，正しいものを一つ選び，その記号を答えなさい。
> 　英文は１回だけ放送されます。放送中，メモを取ってもかまいません。

問１　＜文の書き取り＞
　１．How about eating out tonight at *New York Grill*? — Great. (　　　　　　　　　　　).
　２．Oh, this steak is very hard and difficult to eat! — Oh, but (　　　　　　　　　　　).

問２　＜内容の聞き取り＞
【質問Ａ】　（日本語で答えなさい。）
　１．Why did the Kents become worried when they were invited to the dinner?
　２．What advice did the teacher of the cooking school give to Mrs. Kent?
　３．After his wife joined the cooking school, what did Mr. Kent do?
　４．Why did Mr. Williams' father like the spaghetti?

【質問Ｂ】　（記号で答えなさい。）
　How long did Mr. Kent boil the spaghetti?
　(ア)　10 minutes　　(イ)　12 minutes　　(ウ)　15 minutes　　(エ)　20 minutes　　(オ)　30 minutes

2　　次の文章を読んで問いに答えなさい。（＊印の付いた語・語句は本文の後に[注]があります。）

　My father was *Hugh Lofting, the man who wrote *The Story of *Doctor Dolittle*. He himself could not understand why so many people were attracted by the simple country doctor who could speak animal language. Readers always want to know where their favorite characters come from — from the writer's *imagination or from some real person the writer knows in his/her life. In the case of Doctor Dolittle, many readers believed there was a strong *relationship between the main character and Hugh Lofting, the man who created it.

　At book *signings, interviews and other public *appearances, my father was often asked where his inspiration came from. ①Could *he* speak to animals? Was he Doctor Dolittle? The search for a real Doctor Dolittle went on and on. But every time, my father said no and explained these were works of his imagination, just fun stories for children. Nothing more. Writing the Doctor Dolittle books was a way to make money to live. It was as simple as that, and he believed it was true.

My time with my father was all too short.　I was eleven when he died.　He was not well during the last few years of his life, and much of the time he worked on finishing his last book.　Yet, even now, the images from those years are very clear to me.　We spent hours in his office-bedroom talking about many things in life.

My father's favorite exercise was walking, and I was sometimes invited to join him.　②It was quite hard, not in the *physical way, of course.　We only walked 400 meters or so but in that distance, we looked at things around us carefully and discussed the natural world *in detail.　We could go only a little way before something caught his attention.　Sometimes we stopped to see a bird's *nest and tried to find the owner of the nest near there.　At other times, we looked at trees carefully and compared and discussed the differences in leaf shapes.

Night walks were also exciting because we ③[active / could / enjoy / living / not / only / things / watching] at night, but also could learn about the moon and other stars — the movements of stars in different seasons.

Our family moved several times but I think I was lucky to spend most of this time in the *countryside.　I spent hours in the fields and woods with my friends when my father was working. We often found a baby animal left alone — a small rabbit or a little bird too young to fly in the air — usually in the spring.

Twice I brought home sick little birds.　Once my cousin came to our place with an injured baby rabbit in her hands.　She was looking for Uncle Hugh.　In all cases, the man who said he had (④) with Doctor Dolittle suddenly stopped doing his job, and explained that the rabbit probably could not survive.　But he soon made a little bed for the rabbit from a small box and *cotton and put the injured rabbit in this bed.　In the kitchen he mixed together something mysterious in a small dish.　The 'patient' was now lying under a lamp and that mysterious thing was put on the injured place.　As I remember, all survived and were sent back to the wild places weeks later.

Once in Southern California, we *rented a house that was home to four cats — they quickly became eleven.　Nobody could come near to these cats — *except my father.　They lived outside the house.　One day, one of the cats — a very small female cat — was having a baby.　My father decided to keep her inside the house.　Then she began to search for a safe place to have her baby cats.　After checking the whole house, she chose a *pile of dirty clothes in my father's bedroom closet.　My mother was (⑤) this plan, but my father supported the cat.　He said, "This is the place the mother cat needs," and continued, "and she wants to have her baby cats here.　I want her to have them here too!"　And finally baby cats were born!　For the next few weeks only my father could go near the babies.　⑥[anyone / attacked / the baby cats / by / getting / the mother cat / near / was].　They stayed there until they were old enough to walk out by themselves.

Years after my father's death, I was going through some of his papers and found a list of things he asked my mother to buy for him when she went shopping.　Along with pencils, notebooks and other daily goods were 'white *mice'.　I asked my mother about this, and she said to me, "Your father wanted a mouse family for you to take care of, for sure."　A boy and his mouse?　⑦My mother didn't agree to his idea and simply told him she couldn't find any mice in the stores.　I don't think she tried too hard.

In *The Story of Doctor Dolittle*, there is a family of white mice John Dolittle kept in the house, and that worried his sister very much.　My father's only sister, Aunt Mary, remembered her parents got angry when they found one of her six brothers was hiding a family of white mice in the Lofting family's *linen closet.   One can guess who did that.

All this came from the man who believed that Doctor Dolittle was born in his active imagination. I'm (⑧) about it.

［注］ Hugh Lofting：ヒュー・ロフティング（人名）

Doctor Dolittle：ドリトル先生（児童文学シリーズの主人公）

imagination：想像力　　relationship：関係　　signing：サイン会　　appearance：登場

physical：身体的な　　in detail：詳細に　　nest：巣　　countryside：田舎　　cotton：綿

rent：（お金を払って）借りる　　except：〜を除いて　　pile：山

mice：ねずみ（mouse）の複数形　　linen：リネン（布の種類）

＊本文中の人名を解答に使用する場合，Hugh Lofting：ロフティング，Doctor Dolittle：ドリトル先生とすること。

問1　下線部①はどういうことを意味しているか，*he*（イタリック体）が指すものを明らかにして，日本語で説明しなさい。

問2　下線部②の not in the physical way という表現に込められた作者の意図を，40字以内の日本語で説明しなさい。

問3　下線部③の［　］内の語句を正しい語順に並べかえなさい。

問4　空所（④）に入る適切な2語を入れなさい。文中に出てくる語を組み合わせて入れること。

問5　空所（⑤）に，文脈に合う適切な1語を入れなさい。

問6　下線部⑥の［　］内の語句を正しい語順に並べかえなさい。（文頭に来る語も小文字で始めてあります。）

問7　下線部⑦の his idea とは具体的にどのようなことか，日本語で説明しなさい。

問8　空所（⑧）に，文脈に合う適切な2語を入れなさい。

3　次の文章を読んで問いに答えなさい。（＊印の付いた語・語句は本文の後に［注］があります。）

When the *elevator broke down between the seventh and eighth floors, the man beside me said a strange thing.   He said, "I was afraid this might happen."

I looked at him with some *amazement.   "You expected the elevator to break down ?"

"Or worse," he said as I pushed the buttons on the *control panel.   He seemed relaxed.

"Either you know something about this elevator or you're a *pessimist," I said.

He smiled and said, "It's just that.   I've come to expect these things.   They happen to me all the time."

"Really ?" I asked.

He *nodded.   "You see, I'm the unluckiest man in the world."   He gave me a moment to understand this, then said, "I have something to tell you.   (①)"

"Pardon ?"

"Yes, it's really sad."   He looked at his watch.   "We have just over five minutes."

I didn't understand what he meant.   I broke into a nervous smile and started to speak, but he *silenced me.

"In just over five minutes we will both be gone.   Would you like to know how ?"

There was nothing in his expression to show that he was kidding.   He was a rich-looking man with a *leather-bound briefcase.

"You see," he said, "nothing goes right for me anymore.   Until about three years ago the very *opposite was the case.   Once, a friend gave me a hint about a *horse race but I made a mistake and *bet on the wrong horse.   Then I won big money.   That was the story of my life — always (②).   Even when things went wrong they turned out for the best."

"I'd like to know about the dying," I said quietly.

"And then," he went on, "things started to go back.   I lost my car keys.   My car was stolen.   It was found, returned, and stolen again.   My father died and my brother died.   I became tired of my bad luck.   Finally, my business partner came to see me and suggested I should go away *somewhere for a rest.   It seemed like a good idea, so I went to a hotel in Scotland, but on my third night there it burned down.   When I returned home, I found out that my business partner was *secretly *dating my wife, and he did everything he could to make me leave my job.   That was three weeks ago.   Then, I built this."

He held up his briefcase.   "There's a bomb in here," he said.

I looked at him and felt my legs go weak.   Without a word, I turned and began pushing the buttons on the control panel.

"I was on my way to see my partner just now," the man went on.   "My life is finished.   ③I thought at least I'd take him with me."

I began shouting for help, but there was no answer.

"(④) if I were you," said the man.   "I'm afraid this thing is noise *sensitive."

I felt no *panic, but instead anger: Why me?   I pushed the control buttons again and again. What else could I do?

"Twenty seconds," he said.   His eyes were on his watch.

It is an amazing thing how slowly the seconds go away when ⑤[a few / are / left / of / only / them / there / to] you.   All I could think about was my wife.   Would she ever know how I'd die, or would it be a mystery to her forever?

"Ten seconds," said the man and then began the long *countdown.

"Nine . . . eight . . . seven . . . six . . . five . . . four . . . three . . . two . . ."

I shut my eyes and wondered what it would feel like.   There was a long silence.   Nothing happened.

I opened my eyes.   The man looked at his briefcase.   He held it to his ear, shook it once and pushed it away in *disgust.

"You see?" he said to me.   "⑥Nothing goes right anymore."

[注] elevator：エレベーター   amazement：驚き   control panel：コントロールパネル

pessimist：悲観論者   nod：うなずく   silence：だまらせる，沈黙

leather-bound briefcase：革製の書類かばん   opposite：反対

horse race：競馬   bet：賭ける   somewhere：どこかへ

secretly：密かに   date：デートする   sensitive：敏感な

panic：パニック   countdown：カウントダウン   disgust：嫌悪，うんざり

問1　空所(①)に，文脈に合う適切な英文を5語程度で入れなさい。

問2　空所(②)に，文脈に合う適切な1語を入れなさい。

問3　下線部③はどのような意味か。him が指す内容を明らかにして，日本語で具体的に説明しなさい。

問4　空所(④)に，文脈に合う適切な英語を５語程度で入れなさい。

問5　下線部⑤の［　］内の語句を正しい語順に並べかえなさい。

問6　下線部⑥について，この結末の面白さを50字以内の日本語で説明しなさい。

4　以下の指示に従って英語で書きなさい。

　あなたはクラスで，おすすめの観光地について英語でスピーチをすることになりました。以下の指示に従って40語以上50語以内の英語で，その原稿を書きなさい。

①　第１文は「〇〇は観光するのにおすすめの場所です。」という内容の英文を書きなさい。

②　続けて，おすすめの理由を２つ，具体的に書きなさい。

③　最後に，使用した語数を数え，解答欄右下の(　)に記入しなさい。

　以下は下書きに使用してかまいません。

（　　）語

【数　学】（45分）〈満点：100点〉

【注意】　1．答えに根号を用いる場合，$\sqrt{}$ の中の数はできるだけ簡単な整数で表しなさい。

　　　　　2．円周率は π を用いなさい。

1　原点をOとし，関数 $y=\dfrac{1}{2}x^2\,(x\geqq0)$ のグラフを①とします。①上の点で，<u>x 座標，y 座標の値</u> <u>がともに正の整数</u>であるものを考えます。それらのうち，x 座標の値が小さいものから6点を，順にA₁，B₁，C₁，D₁，E₁，F₁とします。

　　座標の1目盛りを1cmとして，次の問いに答えなさい。

(1)　3点A₁，B₁，C₁の座標をそれぞれ求めなさい。

(2)　$n=2$，3，4，5，6に対して，関数 $y=\dfrac{1}{2n^2}x^2\,(x\geqq0)$ のグラフを順に②，③，④，⑤，⑥とします。

　　また，

　　点A₁を通り x 軸に平行な直線と②，③，④，⑤，⑥の交点をそれぞれ A₂，A₃，A₄，A₅，A₆，

　　点B₁を通り x 軸に平行な直線と②，③，④，⑤，⑥の交点をそれぞれ B₂，B₃，B₄，B₅，B₆，

　　点C₁を通り x 軸に平行な直線と②，③，④，⑤，⑥の交点をそれぞれ C₂，C₃，C₄，C₅，C₆，

　　点D₁を通り x 軸に平行な直線と②，③，④，⑤，⑥の交点をそれぞれ D₂，D₃，D₄，D₅，D₆，

　　点E₁を通り x 軸に平行な直線と②，③，④，⑤，⑥の交点をそれぞれ E₂，E₃，E₄，E₅，E₆，

　　点F₁を通り x 軸に平行な直線と②，③，④，⑤，⑥の交点をそれぞれ F₂，F₃，F₄，F₅，F₆

　　とします。

　（ア）　4点C₃，C₄，D₄，D₃を頂点とする台形の面積を $S\,\mathrm{cm}^2$ とします。S の値を求めなさい。

　（イ）　4点A₁，A₂，B₂，B₁を頂点とする台形の面積を $P\,\mathrm{cm}^2$，4点E₅，E₆，F₆，F₅を頂点とする台形の面積を $Q\,\mathrm{cm}^2$ とします。$\dfrac{Q}{P}$ の値を求めなさい。

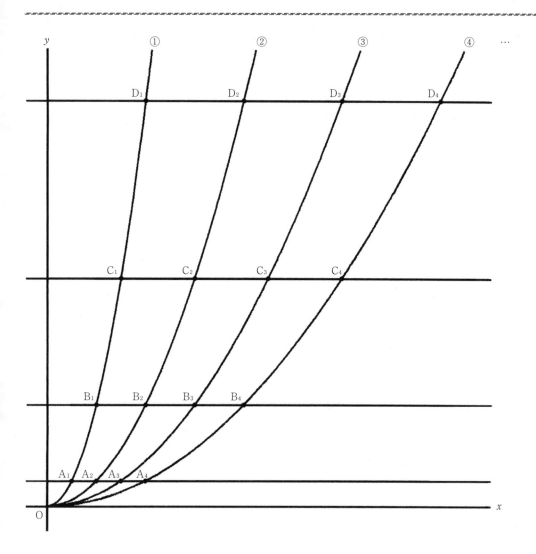

2　a，bはどちらも0以上の整数で，そのうち

　　0，2，3，20，22，23，30，32，33，200，……

のように，すべての位の数字が0または2または3である整数とします。

　このような整数a，bに対し，$2^a \times 3^b$の値を$\langle a$，$b\rangle$と表すことにします。

　ただし，2^0，3^0はどちらも1として計算します。

　例えば，$\langle 3$，$2\rangle$は$2^3 \times 3^2 = 8 \times 9 = 72$,

　　　　　$\langle 20$，$0\rangle$は$2^{20} \times 3^0 = 1048576 \times 1 = 1048576$,

　　　　　$\langle 0$，$0\rangle$は$2^0 \times 3^0 = 1 \times 1 = 1$　です。

　$\langle a$，$b\rangle$を，その値が小さい順に並べていくことを考えます。

　このとき，$\langle 0$，$0\rangle$が最も小さい値なので，1番目が$\langle 0$，$0\rangle$となり，次のように並びます。

1番目	2番目	3番目	4番目	5番目	6番目	…
$\langle 0$，$0\rangle$	$\langle 2$，$0\rangle$	$\langle 3$，$0\rangle$	$\langle 0$，$2\rangle$	$\langle 0$，$3\rangle$	$\langle 2$，$2\rangle$	…

　この並びについて，次の問いに答えなさい。

(1)　8番目は何ですか。答えは$\langle a$，$b\rangle$のように書きなさい。

(2)　$\langle 202$，$3\rangle$は何番目ですか。

(3) 74番目は何ですか。答えは〈a, b〉のように書きなさい。

3　AB＝16cm，BC＝$(8+6\sqrt{2})$cm，AC＝$2\sqrt{2}$cm の三角形 ABC があります。
　　　点Dは辺 AB 上にあり，BD＝$(8+4\sqrt{2})$cm です。
　　　点Eは辺 BC 上にあり，BE＝$(\sqrt{2}+1)$cm です。
　　　点Fは辺 BC 上にあり，CF＝$(\sqrt{2}+1)$cm です。
　　　点Gは辺 AC 上にあり，CG＝$(\sqrt{2}-1)$cm です。
　　三角形 ABC の面積を S cm² として，次の問いに答えなさい。
(1)　三角形 ADG の面積を，S を用いて表しなさい。
(2)　三角形 DEG の面積を，S を用いて表しなさい。
(3)　線分 FG の長さを求めなさい。

4　次の問いに答えなさい。
(1)　底面が一辺10cm の正方形で，側面が一辺10cm の正三角形である正四角すいの体積を求めなさい。
(2)　下の図のような，一辺10cm の正方形6個と，一辺10cm の正六角形8個で作られた多面体の容器があります。
　(ア)　容器の容積を求めなさい。
　(イ)　容器を正方形の面を下にして水平な床の上に置き，(ア)で求めた容積の $\frac{1}{2}$ 倍の量だけ水を入れます。このとき，水面がつくる図形の面積を求めなさい。
　(ウ)　容器を正六角形の面を下にして水平な床の上に置き，ある量だけ水を入れたところ，床からの水の高さが3cm になりました。このとき，水面がつくる図形の周の長さを求めなさい。

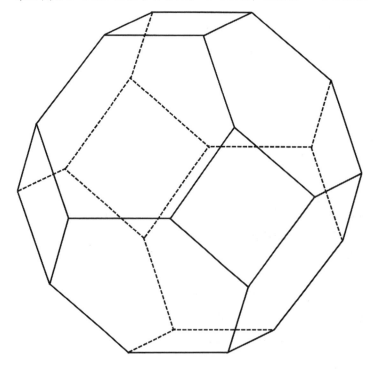

【社　会】 (45分) 〈満点：100点〉

1　次の文を読んで，後の1から7までの各問いに答えなさい。

　2022年は，日本の鉄道開業150周年を記念して，各地で様々なイベントが開催されました。どこかでイベントを目にしたり，参加したりした人もいたかもしれません。日本の鉄道は，1872年10月14日に，新橋～横浜間(約29km)が開業したことに始まります。当時の横浜駅は，現在のJR横浜駅(横浜市西区)ではなくJR桜木町駅(横浜市中区)のあたりにありました。桜木町駅は，今大きく変化しています。駅前には，周辺を結ぶ公共交通機関として，2004年にみなとみらい線が開通しました。さらに，桜木町駅前と運河パーク(横浜ワールドポーターズ前)とをつなぐロープウェイ「YOKOHAMA AIR　CABIN」が，街を高所から楽しみながら移動できる観光振興施設として，2021年4月に開業するなど，再開発による新たなまちづくりが進められています。

　横浜が歴史の表舞台に登場するのは，日米修好通商条約による横浜の開港からです。当初，開港を迫ったアメリカ合衆国は，神奈川の開港を希望していましたが，幕府は東海道の宿駅であった神奈川を外国人に使用されることに懸念をいだいていました。また，神奈川は，台地と海に挟まれた地形で広い土地が確保できないこともあり，開発のしやすい横浜に，道路や橋，波止場や運上所などを整備して開港することにしたのです。アメリカ総領事ハリスは，横浜での開港に不満を表明しましたが，幕府は譲りませんでした。貿易が始まると，インフラの整備も進められ，江戸に近い利便性から，貿易のほとんどが横浜港で扱われるようになりました。主要な輸出品であった生糸は，横浜に近い東日本を中心に生産が盛んになり，生糸貿易を担った各地の商人たちが横浜で生活するようになりました。こうして，横浜は外国貿易の商業地として発展していきました。横浜は日本の玄関口として，欧米人の来訪や居留する人数も多かったため，西洋の文化が急速に入ってきました。パン，牛鍋，アイスクリーム，ビール，西洋野菜，新聞，ガス灯，電話，競馬，西洋式公園など多種多様な文物が，人々の生活様式や風俗に取り込まれたのです。こうした外国発祥の文化は，横浜から日本中に広まっていきました。

　その後も，横浜は港としてだけではなく，都市としても発展していきました。しかし，関東大震災により，建造物はほとんどが倒壊し，大きな被害を受けてしまいました。震災後，復興公園として山下公園がつくられ，市街地や港湾施設の再建・拡充が図られました。横浜が工業地域として大きく発展していくのはこの頃からです。終戦直前に，横浜大空襲で壊滅的な被害を受けましたが，徐々に復興していきました。1960年代以降，国際海運の中心となったコンテナ輸送に対応するため，本牧埠頭と大黒埠頭が建設され，国際的港湾としての地位を築きました。一方，現在の横浜駅周辺も商業の中心地として発展していきました。

　1980年代になって，その港湾地域と横浜駅周辺とを連結させる都市再開発のプロジェクトが始まりました。これが「みなとみらい21」の再開発事業です。この狙いは，2つの地域を一体化し，企業やショッピング・文化施設などを集積することにありました。これにより市民の就業の場や賑わいの場を創出し，経済の活性化を目指しています。21世紀にふさわしい未来型都市を目指して開発が進められ，電線・電話線の埋設，歩行者専用道路の設置，地域での冷暖房管理による省エネルギー化などが行われています。こうした再開発を進めつつ，色彩や屋外広告物などにいくつもの規制を設けることで，新旧の街並みを共存させているのです。「3日住めばハマっ子」という地元の言葉があります。これは，どんな人でも受け入れてきた街ならではの言葉です。横浜は，近代以降，日本で外国人を積極的に受け入れてきた歴史を持つ多様性に富んだ街です。その国際色豊かな空間に，新しいものと古いものをうまく融合させながら発展してきました。現在でも，環境への配慮を進めつつ未来へ向けた取り組みを続け，魅力ある都市であることを目指しているのです。

1　日米修好通商条約で開港したいずれかの都市について述べた文として正しくないものを，次のア

からオまでの中から**すべて**選び，その記号を書きなさい。

ア　明治時代に開拓使の本庁が置かれ，大型の雪像が作られる雪まつりの観光で知られている。

イ　降水量の多さと湿度が高いことから，金箔（きんぱく）の生産が盛んで，他にも九谷焼や加賀友禅で知られている。

ウ　繊維工業の機械生産による技術を生かして，自動車生産を始めた会社の発展により市名が変更された。

エ　市街地開発のため，丘陵地をけずって臨海部を埋め立てて，空港やポートアイランドを建設した。

オ　信濃（しなの）川の河口に位置し，江戸時代には西廻（まわ）り航路の主要な港として知られていた。

2　地形に関連して述べた文として正しいものを，次のアからオまでの中から**二つ**選び，その記号を書きなさい。

ア　富士山や浅間山などの火山灰が台地などに堆積した赤土を関東ロームと呼んでいる。

イ　日本列島の海岸線沿いには水深が8000mを超える大陸棚が広がっている。

ウ　扇状地は，河川が運んできた細かい土砂が河口に堆積してできる地形で，水田などに利用されている。

エ　リアス海岸は，海岸まで山や谷がせまり入り組んだ海岸線で，水深が深く魚や貝類などの養殖に適している。

オ　干潟は，潮の満ち引きの少ない湾で多く見られ，砂や泥が堆積して形成される。

3　貿易に関連して述べた文として**正しくない**ものを，次のアからオまでの中から**二つ**選び，その記号を書きなさい。

ア　スエズ運河は地中海と黒海を結ぶ航路で，ヨーロッパとアジアの間の輸送において喜望峰周りに比べて時間を短縮できるルートである。

イ　ライン川は国際河川であり，飲料水や工業用水の利用のほか，物資の輸送において複数の国で重要な役割を果たしている。

ウ　中国は様々な工業製品を生産し，「世界の工場」と呼ばれるようになり，国民の購買力が向上して「世界の市場」とも呼ばれるようになった。

エ　特定の一次産品の生産・輸出に頼る経済のことをモノカルチャー経済と呼び，その産品の生産が減少したり，価格が変動したりした際に，生産者の収入が不安定になりやすいとされている。

オ　消費者が不利な価格を強制されたり，急激な価格変化で生活が不安定になったりしないようにするフェアトレードという取り組みが広がっている。

4　特定の輸出品で知られる国に関連して述べた文として正しいものを，次のアからオまでの中から**二つ**選び，その記号を書きなさい。

ア　タイは，商品作物のバナナを盛んに栽培し，日本へ冷凍コンテナ船で輸出している。

イ　アメリカ合衆国は，新技術によって採掘可能になったシェールガスをLNG船で輸出している。

ウ　ペルシア湾岸の国々は，採掘した石油をばら積み貨物船（バルクキャリア）を利用して輸出している。

エ　ケニアは，寒暖差の大きい高地の気候を生かしてバラを生産し，日本へ航空機で輸出している。

オ　ロシアは，豊富な鉱山資源を有し，石炭を各国へパイプラインを通じて輸出している。

5　パン，牛鍋に関連して，次の表は小麦，牛肉，鉄鉱石の生産量・産出量が多い上位5ヶ国を示している。A～Fの国には，アメリカ合衆国，インド，オーストラリア，中国，ブラジル，ロシアのいずれかが当てはまる。A～Fの中から，ブラジルにあたる記号を書きなさい。

小麦生産量(2019年)		牛肉生産量(2019年)		鉄鉱石産出量(2017年)	
国名	万トン	国名	万トン	国名	万トン
A	13360	D	1235	F	54703
B	10360	E	1020	E	26900
C	7445	A	593	A	22300
D	5226	アルゼンチン	314	B	12500
フランス	4060	F	235	C	6125

『データブック 2022』より

6 電線・電話線の埋設は何のために行われていると考えられるか，20字程度で書きなさい。

7 本文の内容に関連して述べた文として正しくないものを，次のアからカまでの中から二つ選び，その記号を書きなさい。

ア 開港場を横浜とすることはアメリカの主導により決定したが，開港後の最大の貿易相手国はイギリスであった。

イ 幕末に日本最大の貿易額を誇っていたのは横浜港であったが，現在は成田国際空港が最大である。

ウ 横浜から高崎にかけての埋め立て地を中心とした一帯は，臨海部にあり輸出入に便利である。

エ 東京大都市圏には，横浜を含む複数の政令指定都市があり，日本有数の大都市が分布している。

オ 現代の貨物輸送は，国際的に統一された規格を用いたコンテナによる運輸が主流となっている。

カ 現在，横浜市の人口は大阪市を上回っており，日本において東京に次ぐ人口である。

2 人の移動や旅に関するさまざまな時代の史料A～Dを読んで，後の1から6までの各問いに答えなさい。なお，史料は日本古典文学全集と東洋文庫所収のものに基づき，一部を補ったり，わかりやすく改めたりした。

A 『土佐日記』

男も書くという日記というものを，女である私も(かな文字を使って)試みてみようと思って書く。某年の12月21日に門出する。その旅について少しばかり書きつける。ある人が国司としての4，5年の任期を終えて，(京へ帰るために)住んでいた館から出て，乗船するはずの所へ移る。…別れがたく思って，なにかれとやっているうちに夜も更けてしまった。…浦戸(高知市)から漕ぎ出して，大湊(高知県南国市)をめざす。…男でも船旅に慣れない者はとても心細い。ましてわたしたち女は，船底に頭をつけて，声をあげて泣くばかりである。わたしたちはこのように思うのに，水夫や楫取は船歌をうたって，何とも思っていない。…(2月16日)今日の夕暮どき，京へ上る。…家に到着して門に入ると，月が明るいので辺りの有様がよく見える。聞いていたよりもずっと，言いようもなく，壊れてぼろぼろになっている。

B 『日本旅行日記』

(3月13日)アダムズ(イギリス代理公使)，ワーグマン(画家)，パンチ(動物名か)とともに　　　　へ出発した。…ワーグマンと私は公使館を後にし，街道を筋違橋へと向かい，上野の山の下にある茶屋に着いた。(千住，越谷，草加，宇都宮などを人力車や徒歩で進み，17日に　　　　山城である中禅寺に到着し，翌日の)午前中は神社を見物して過ごすとともに，去年火災で壊滅した本坊の跡を見た。…仁王門から中に入ると，突如として豪華絢爛な建造物が目に飛び込んできて圧倒される。…陽明門と唐門は白く塗られてその彫刻も素晴らしい出来映えだ。…陽明門に帽子とステッキと刀を置き唐門では長靴を脱いで，脇の扉に回り込み拝殿と本殿の間にある石の間に入る。…家康の神社からは仏教的な遺構はすべて取り払われており，詰めている人は皆烏帽子と美しい衣装を身につけていた。

C 『十六夜日記』
　遺産である細川庄（兵庫県三木市）も，理由もなしに横領されてしまったので，亡夫の供養のための貯えも，歌道を守り，家を継承するための親子の生計も，いつ絶え果てるかわからない歳月を過ごしてきた。…惜しくもない私の身一つはどうなろうとよいと覚悟はついているものの，子を思う親心の惑いは耐え難く，歌道の衰退を思う悲しさは晴らしようもなくて「（六波羅探題に訴えても叶わなかったが）それでもさすがに鎌倉に訴えて裁断を仰いだならば，正しい判決が下るかもしれない」と，切実に思いつめた結果，すべての遠慮も外聞も忘れ，我が身を世間には無用のものと思い切って，何の用意もないままにためらいがちに出る十六夜の月に誘われて，関東に下向しようと決心した。…「明日はいよいよ鎌倉に着くはずだ」という話である。文永2年10月29日，酒匂（小田原市）を出てはるばると海岸の道を進んだ。

D 『海游録』
　徳川吉宗が将軍に就任したというので，朝鮮の朝廷が通信正使などを任命した。（製述官に任命され，6月20日に一行とともに釜山を発ち，船で対馬，壱岐，赤間関などを経由し瀬戸内海を東へ進んだ。）…8月27日，鎌刈（呉市）に泊まった。…広島藩主の浅野吉長が奉行を遣わして飲食を供した。また，広島府中から遣わされた儒学者の味木虎と漢詩文の交流を行った。…9月1日…日が西に傾く頃，牛窓（岡山県瀬戸内市）に泊まった。…食事が終わった後，（対馬から同行している）雨森芳洲らが備前の諸文士を案内してきた。互いに漢詩文の交流を行った。…翌朝も何人か来て，筆談で交流した。我が国の科挙制などについて答えた。…3日，夕暮に兵庫に泊まる。…夜に湾岸の板を敷いたところに出て，楽手たちに鼓笛を奏でさせ，二人の童子を対舞させた。倭人が雲の如く集まった。紙筆を持ってきて書を乞う者があったので，私は興に任せて書いてやった。…雨森らが来て，「明日には大坂城に入るので今夜は両国人とも慌ただしく暇がないものの，姫路城からの客がお待ちです。ご配慮いただきたい」と言うので，私は館へ行き，諸人と筆談し，若干の詩をつくった。

1　史料AからDを時代順に並べかえ，記号で書きなさい。
2　史料Aが書かれた時代の文学について述べた文を，次のアからオまでの中から二つ選び，その記号を書きなさい。
　ア　和歌が重んじられるようになり，初の勅撰和歌集である『古今和歌集』が編纂された。
　イ　もとは武士で出家して放浪の歌人となった西行の和歌などが収められた『新古今和歌集』が編纂された。
　ウ　十返舎一九の『東海道中膝栗毛』のような，笑いを交えて庶民の生活を描いた滑稽本が人気を集めた。
　エ　宮廷で天皇のきさきに仕えた女性によって，『源氏物語』や『枕草子』が書かれた。
　オ　複数の人が和歌の上の句と下の句を交互に読み続ける連歌が，多くの階層で流行した。
3　史料Bの空欄には，一行の旅の目的地が入る。主要街道の終着地点でもあるその地名を書きなさい。
4　史料Cの著者が旅をしていたのと同じ世紀の出来事を述べた文として正しいものを，次のアからオまでの中から二つ選び，その記号を書きなさい。
　ア　ローマ教皇に命じられ，ミケランジェロがローマの大聖堂や礼拝堂などに壁画や彫刻を制作した。
　イ　モンゴル高原でチンギス・ハンが各地の遊牧民をまとめ，モンゴル帝国を築いた。
　ウ　スペインの古都がドイツ軍の攻撃を受けたことに対する怒りや悲しみなどをこめてピカソが「ゲルニカ」を描いた。
　エ　明の永楽帝に仕えたムスリムである鄭和が，東南アジア，南アジア，アフリカへの航海遠征を

指揮した。

オ　宋から帰国した道元が，越前（えちぜん）に永平寺を建立（こんりゅう）し，禅の普及に努めた。

5　各地で日本人たちが通信正使一行のもとを訪れた目的について，史料Ｄから読み取れることを20字程度で書きなさい。

6　人の移動やその制限に関連して述べた文として正しくないものを，次のアからオまでの中から二つ選び，その記号を書きなさい。

ア　古代・中世の女性は旅をすることが認められておらず，交通の要所に置かれた関所で厳重に取り締まられた。

イ　江戸時代の民衆は，寺社参詣を名目に旅行に出かけ，湯治や観光を楽しむようになった。

ウ　日本からブラジルへの移民は昭和恐慌をきっかけに始まり，現在も多くの日系人が暮らしている。

エ　日本の敗戦後，復員や引き揚げの過程で，シベリア抑留や中国残留日本人孤児などの問題が発生した。

オ　1989年に東西ドイツ間の往来が自由化すると，ベルリンの壁は解放され，撤去されていった。

③　次の文を読んで，後の１から８までの各問いに答えなさい。

　2022年に実施されたある調査（コクヨ株式会社「中高生の学習方法と探究に関する調査」）によれば，中高生に対して勉強方法に関する情報をどこから収集しているかを複数回答可で尋ねたところ，「YouTube」が「学校の先生」をわずかに上回って最多という結果になったそうです。ちなみに，３番目に多いのは「Instagram」でした。これらのサービスを通して，勉強方法だけでなく，学習内容をわかりやすく教える講義動画なども多く配信されています。正確な現状認識のためにはより詳細な調査が必要ですが，勉強を教わる場所がもはや学校だけではない，ということは実感としてもうなずけるのではないでしょうか。学制公布から150年を経た日本の学校教育は，その意義をあらためて問われているのかもしれません。

　学校というと，すべての子どもが決まった時間に集まり，机を並べて一斉に同じことを学ぶ姿を思い浮かべるでしょう。このような学校のあり方は，近代という時代の社会的要請によるものでした。産業革命を経た19世紀のイギリスでは，工場に各地から労働者を集め，機械や分業制を導入したことで，生産の合理化・効率化が進んでいました。日常生活とは離れた場で一定の教育内容を一斉に教え，共通の知識やスキルをもつ人材を輩出するしくみは，工場における生産の形に対応したものといえます。これと並んで，19世紀に公教育制度を普及させる背景となったのは国民教育の理念でした。「国民」はあらかじめ存在しているのではなく，一定の言語や文字，歴史などを共有することによってつくられるものだという考え方が意識されるようになり，そのための教育が課題となったのです。近代以前にも学びの場としての学校は存在しましたが，近代の学校は，明確な目的意識をもってすべての人を教育する制度として確立した点に特徴がありました。

　日本における近代的な学校教育制度は，1872年（明治５年）の学制公布に始まります。その序文とされた「学事奨励に関する被仰出（おおせいだされし）書」には，「人能（よ）く其（その）才のあるところに応じ，勉励して之に従事し，而（しか）して後初（はじめ）て生を治め，産を興（おこ）し，業を昌（さかん）にするを得（う）べし。さればや学問は身を立（たつ）るの財本（ざいほん）ともいふべきものにして，人たるもの誰か学ばずして可ならんや」とあります。また，同年に公刊が始まった福沢諭吉の『学問のすゝめ』は，人々が学ぶべき学問のあり方を描き，「人たる者は貴賤（きせん）上下の区別なく皆悉（ことごと）くたしなむべき心得なれば，この心得ありて後に士農工商各々（おのおの）その分を尽（つく）し銘々の家業を営み，身も独立し家も独立し天下国家も独立すべきなり」と論じました。これらの文章から，日本の学校教育制度の創設期において，（　Ａ　）ことが読み取れます。大日本帝国憲法では教育に関する

直接的な規定はありませんでしたが、その体制下では、教育を受けることは事実上臣民の義務とされていました。そして、とりわけ義務教育は国民道徳の形成を重視し、しだいに国民統合の手段としての性格を強めていきました。

　これに対して、日本国憲法には、「すべて国民は、法律の定めるところにより、その能力に応じて、ひとしく教育を受ける権利を有する」とあります。その意味するところは、「すべて国民は、ひとしく、その能力に応じた教育を受ける機会を与えられなければならず、人種、信条、性別、社会的身分、経済的地位又は門地によって、教育上差別されない」という教育基本法の規定によく表れています。つまり、すべての人がその能力に応じた教育を受ける権利を平等に保障されるとともに、能力と無関係な事情によって差別されてはならない、ということです。これを教育の機会均等といい、その実現のために様々な施策がとられています。たとえば、公立学校における義務教育の経費は設置者である地方公共団体が負担するのが原則ですが、その経費の一部を国が負担する義務教育費国庫負担制度があります。これは、自治体間で教育に過度な格差が生じないようにするとともに、教育費によって地方財政が圧迫されないようにするための措置です。

　学びの方法が多様化した現代でも学校が必要とされる理由の一端は、教育の機会均等の実現にあるといえるでしょう。しかし、現代の日本においても、この点をめぐる課題が残されています。その一つが経済的な格差です。日本では、大学などの高等教育費において、家計の経済的な負担がきわめて大きいことが指摘されてきました。近年の国政選挙では、教育費の負担軽減策が争点の一つとなっています。また、性別などを背景とした実質的な格差も解消されたとはいえません。学校には、時間割表などに明示された教育内容以外に、意図せずに伝達される「隠れたカリキュラム」があるとされます。そのネガティブな例がジェンダーに関する偏見です。たとえば、「女子は理数科目が苦手」と思い込んでいる大人や同年代の人と接することで、女子の児童・生徒は理数科目への苦手意識を強めたり、理数系分野への進学を避けたりすることがあります。学校で身につけた認識や価値観が、個人の意思や能力に影響を与え、社会におけるジェンダー不平等を助長してしまう可能性があるのです。

　とはいえ、すべての人にはたらきかけて、社会的な課題を解決に導くための有効な手段の一つが学校教育であることも間違いないでしょう。SDGsの目標の一つに「質の高い教育をみんなに」というものがあり、それを具体化するターゲットの中には、すべての子どもが無償かつ公正な初等教育・中等教育（日本でいうと小学校・中学校）を修了することなどが挙げられています。先進国では見落とされがちな視点ですが、学校教育は、国際社会の課題となっている「人間の安全保障」の基盤なのです。また、学校教育が育てる「市民」は、国家だけでなく、地域社会やグローバル社会の構成員でもあります。その基礎として、社会のあり方に関心をもち、他者に対する想像力を育む学びの機会をすべての人に保障することが必要です。学校は、個人の自己実現や能力開発を支える役割だけでなく、民主主義の担い手である「市民」を育てることでよりよい社会を築いていく役割も担っているのです。こうした学校の公共的な意義は、これからの社会においても重要なものであり続けるのではないでしょうか。

1　次はイギリスの主要輸出品とその輸出先の統計である。これについて述べた文として、正しいものを下のアからオまでの中から二つ選び、その記号を書きなさい。なお、「新世界」とは南北アメリカとカリブ海諸島をさし、ポンドとは通貨単位のことである。

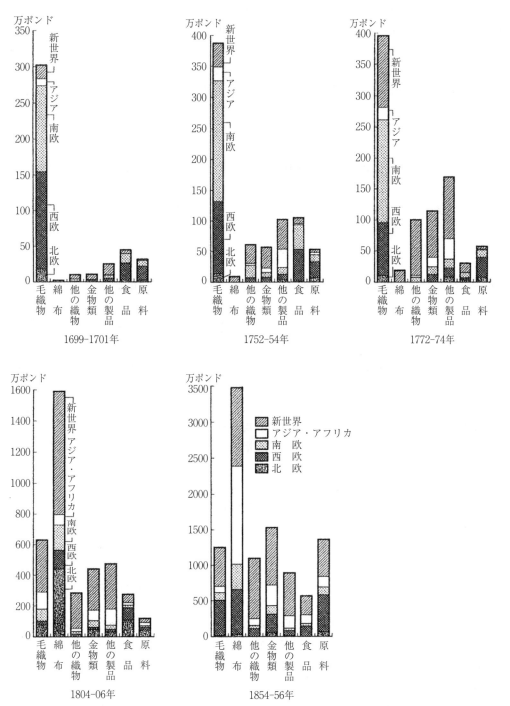

出典：松井透『世界市場の形成』より

ア　毛織物の輸出額は時代を経るごとに増加していったが，19世紀になると南欧への輸出割合は小さくなった。

イ　18世紀に「新世界」への輸出額が増えているのは，南北戦争後に合衆国が経済発展したからである。

ウ　1752-54年に西欧への食品輸出額が多くなったのは，ナポレオンによる戦争で農地が荒廃した

からである。

　　エ　19世紀に綿布の輸出額が多くなったのは，蒸気機関を使って大量生産ができたからである。

　　オ　1854-56年に「アジア・アフリカ」へ綿布が大量に輸出されたのは，インド帝国成立による影響が大きい。

2　言語や文字に関連して述べた文として正しくないものを，次のアからオまでの中から二つ選び，その記号を書きなさい。

　　ア　危害に相応した報復を規定した古代メソポタミアのハンムラビ法典は，くさび形文字で書かれている。

　　イ　殷では政治などに関する占いの結果を亀の甲や動物の骨に文字として刻み，それが現在の漢字のもととなった。

　　ウ　中国と日本をつなぐ中継貿易で栄えた琉球王国では，琉球独自の文字で「おもろさうし」がつくられた。

　　エ　16世紀には，キリスト教宣教師の日本語学習のために，『平家物語』をローマ字で記したものがつくられた。

　　オ　三・一独立運動の直後，危機感を持った朝鮮総督府は，ハングルの使用を禁じて日本語の使用を強制した。

3　空欄（A）に入る記述として最も適切なものを，次のアからオまでの中から一つ選び，その記号を書きなさい。

　　ア　各人が関心のある学問分野を望むだけ学ぶことで，工場労働に適する人材になると考えられていた

　　イ　各人がその財力に応じた教育を受けることが，個人の幸福実現につながると考えられていた

　　ウ　個人の立身出世と国家・社会の発展が調和的に実現するものととらえられていた

　　エ　国民意識の共有によって，貧富の差や性別による格差などを自ら解決できる人材輩出がめざされていた

　　オ　儒学，とりわけ朱子学の精神を生かした天皇中心の国家形成がめざされていた

4　大日本帝国憲法と日本国憲法の相違点について述べた文として正しいものを，次のアからオまでの中からすべて選び，その記号を書きなさい。

　　ア　大日本帝国憲法は天皇が定める形の欽定憲法だが，日本国憲法は日本国民が定める形の民定憲法である。

　　イ　大日本帝国憲法は政治の心がまえを示したもので立憲主義の憲法とはいえないが，日本国憲法は全国民が守るべき社会生活の決まりを示した立憲主義の憲法である。

　　ウ　大日本帝国憲法では陸海空軍の統帥権が天皇にあるとされたが，日本国憲法は自衛のための戦力である自衛隊を除いて軍隊はもたないと規定している。

　　エ　議会・国会について，大日本帝国憲法では天皇の協賛機関とされたが，日本国憲法は国権の最高機関としている。

　　オ　教育を受ける権利について，大日本帝国憲法では法律の範囲内で保障される臣民の権利とされたが，日本国憲法では基本的人権の一つとされた。

5　地方財政に関連して述べた文として正しいものを，次のアからオまでの中から二つ選び，その記号を書きなさい。

　　ア　地方公共団体の首長が予算案を提出し，地方議会が議決する。

　　イ　国と違って，地方公共団体が公債を発行して財源にあてることは一律に禁止されている。

　　ウ　1990年代以降の地方分権改革では，国による介入を減らし，自主財源の割合を高めることがめ

ざされた。

エ 義務教育費国庫負担金は，依存財源の一つである地方交付税交付金にあたり，使いみちが特定されている。

オ 義務教育費国庫負担金は，平等原則に則って全ての都道府県に等しい額が支出されている。

6 家計に関連して述べた文として正しいものを，次のアからオまでの中から二つ選び，その記号を書きなさい。

ア 家計は経済主体の一つであり，賃金などの形で得た可処分所得から税や社会保険料を支払い，消費や貯蓄を行う。

イ 日本の家計の金融資産の中で最も大きな割合を占めるのは，株式や投資信託である。

ウ 経済統計上，教育費は食料費や光熱費などと同じく消費支出に含まれる。

エ 急速な円安の進行は物価上昇の一因になり，家計の経済的負担を増加させると考えられる。

オ 家計は株式や債券を通して企業へ資金を貸し出すことができるが，預貯金に比べると低リスク低リターンである。

7 社会におけるジェンダー不平等とその是正措置に関連して述べた文として正しいものを，次のアからオまでの中から二つ選び，その記号を書きなさい。

ア 教育・学術分野における実質的な格差を是正するためのポジティブ・アクション（アファーマティブ・アクション）として，理工系学部の大学入試において定員に女性枠を設けるなどの方策がある。

イ 日本の国会議員に占める女性の割合が30％程度にとどまることをふまえ，政治分野における男女共同参画推進法が制定され，候補者の男女を同数にすることが罰則を伴う義務とされた。

ウ 女性の年齢別労働力率が20歳代後半から30歳代半ばで低下し，その後また上昇するという傾向がみられ，近年はその低下の程度が以前より大きくなってきている。

エ 育児休業制度は法律で定められており，どの職種においても男女ともに育児休業を取得する権利をもつが，実際の取得率には男女で大きな差がある。

オ 賃金における男女の差別が労働基準法で禁止されているため，男性と女性の平均賃金の格差はほとんどみられないが，正規労働者の割合には男女の格差がある。

8 人間の安全保障の具体例として適切でないものを，次のアからオまでの中から二つ選び，その記号を書きなさい。

ア 他国と軍事同盟を結び，軍隊の共同訓練を行うことで，隣国による侵略行動を抑止する。

イ ODAの一環として手洗いの普及や衛生環境の改善などの支援を行い，感染症のまん延を予防する。

ウ 地域紛争に国連が介入して当事者を監視し，民間人への人権侵害が生じるのを防ぐ。

エ 深刻な環境破壊が生じている地域で，NGOが自然環境の保護や啓発活動を行う。

オ 軍事作戦の際にサイバー攻撃や情報戦を重視し，自国の戦闘員の被害を最小限に抑える。

　［注意］　指示されたもの以外は，ア～コなどのなかから選び，記号で答えなさい。

1　　ひろかずさんは，野菜に食塩をふってしばらく置くと水が出てきたことについて不思議に思い，植物の細胞が食塩水に浸るとどのように変化するのか，顕微鏡で観察してスケッチすることにした。まず，オオカナダモの葉を水で封入したプレパラートを作り，600倍で観察したところ，図1のように見えた。次に，そのプレパラートのカバーガラスのふちに5％食塩水を1滴たらしてそのまま観察したところ，細胞がみるみる変化して図2のように見えた。後の各問いに答えなさい。

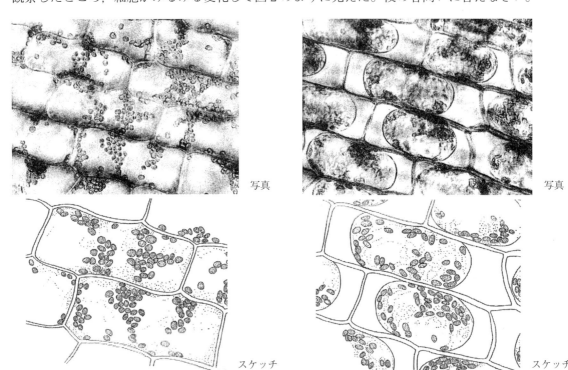

図1　水で封入したオオカナダモの葉(600倍)　　　　図2　食塩水に浸ったオオカナダモの葉(600倍)

1．図1でははっきりと観察できなかったが，図2では観察できるようになった細胞のつくりは何ですか。

2．観察結果から，ひろかずさんは野菜に食塩をふると水が出てきたしくみについて次のように考察した。次の文の(①)と(②)に最も適当なものをそれぞれ選びなさい。

　「植物細胞が食塩水に浸ると，1つ1つの（　①　）ために，野菜に食塩をふると水が出てきたのではないだろうか。1つ1つの（　②　）と考えることもできるが，それを確かめるには図2のオオカナダモの葉を水に浸し直して観察してみないと分からない。図2のオオカナダモの葉を水に浸し直してから観察したとき，もし（　②　）のであればそれ以上変化しないと考えられるが，もし図1のように細胞が元に戻って見えたら，（　②　）のではなかったといえるのではないだろうか。」

　ア　細胞が壊れて水が入ってきた　　　　イ　葉緑体が壊れて水が入ってきた
　ウ　細胞が壊れて水が外に出た　　　　　エ　葉緑体が壊れて水が外に出た
　オ　細胞が壊れずに水が入ってきた　　　カ　葉緑体が壊れずに水が入ってきた
　キ　細胞が壊れずに水が外に出た　　　　ク　葉緑体が壊れずに水が外に出た

3．ひろかずさんは，ナメクジに食塩をふるととけていくように見えるが，野菜に食塩をふってもナ

メクジのようにはならない理由についても考察した。次の文の（③）に入る細胞のつくりは何ですか。
「植物細胞の（③）の形は、図1と図2でほとんど変化が見られなかった。野菜に食塩をふっても
ナメクジのようにならないのは、（③）そのものは食塩による影響をあまり受けないためではない
だろうか。」

2 以下の文を読んで、後の各問いに答えなさい。

養蚕は、5000年以上の歴史を持つ、人間の生活や文化に欠か
せない産業のひとつである。養蚕で飼育されるカイコは、現在
の中国でクワコというガの仲間の昆虫が家畜化されて誕生した
といわれている。卵からふ化したカイコの幼虫は、クワの仲間
の葉を食べて成長する。水を飲んだり、サクラなど他の種類の
葉をえさにしたりすることはない。4回脱皮して5齢になると、
葉を大量に食べて体を大きく成長させる。カイコはふ化からお
よそ26日程度でえさを食べなくなり、最後に大きな緑色のふん
をして、口から糸を吐き出して繭を作り始める。糸を吐き終わ
るとカイコは最後の脱皮を行い、繭の中でさなぎになる。繭の

カイコ（左）とクワコ（右）の幼虫

糸はフィブロインとセリシンという2種類のタンパク質からな
る非常に細くて長い繊維で、この糸を紡いだものが絹糸になる。
さなぎが羽化するとき、カイコの成虫は口から糸を溶かす液体
を出しながら繭の外へ出る。成虫が羽化した後の繭は一部溶か
されてしまっているため、絹糸をとる繭はカイコが羽化する前
にゆでられる。成虫となったカイコは、水を一切飲まず、エサ
も食べない。クワコの成虫は飛ぶことができるが、カイコの成

カイコの成虫（メス）

虫は腹部が重いわりに翅が小さく、羽ばたきはするが飛ぶことはない。成虫のオスとメスが交尾をし
て、メスが数百個の卵を産卵し、その後数日のうちにじっと動かぬままカイコは一生を終える。クワ
の葉をどのように加工しても、葉から直接絹糸を作り出すことは不可能であり、人間は小さなカイコ
の力を借りることなしに絹糸を作ることはできないのである。

1．繭の糸やクワの葉について述べた次の文のうち、正しいと考えられるものを2つ選びなさい。
　ア　クワの葉には、繭の糸の材料となるフィブロインとセリシンが豊富に含まれている。
　イ　クワの葉には、カイコが動き回る主なエネルギー源となるデンプンが含まれている。
　ウ　繭の糸は、カイコの幼虫がクワの葉を消化して吸収したアミノ酸をもとにしてできている。
　エ　クワの葉に多く含まれる食物繊維が繭の糸を作る材料になる。

2．カイコがクワの葉ばかり食べる理由について、仮説を立てて実験したい。次の〔仮説〕を確かめる
　とき、どのような実験を行うと次の〔実験1〕と〔実験2〕、また〔実験1〕と〔実験3〕がそれぞれ対照
　実験になると考えられるか。次の（①）と（②）として最も適当なものをそれぞれ選びなさい。
　〔仮説〕　カイコは、葉そのものの形ではなく、葉の表面の成分を味覚で感知してクワの葉を認識し
　　　　ている。
　〔実験1〕　四角く切り取って何も塗らないクワの葉を置き、カイコが食べるかどうか観察する。
　〔実験2〕　（　①　）クワの葉を置き、カイコが食べるかどうか観察する。
　〔実験3〕　（　②　）サクラの葉を置き、カイコが食べるかどうか観察する。
　ア　クワの葉の形に切り取って両面にうすく寒天を塗った
　イ　切り取らずに両面にうすく寒天を塗った

ウ 四角く切り取って両面にうすく寒天を塗った

エ 四角く切り取って何も塗らない

3. 次の【X】に入る文を12字以内で書きなさい。

　人間が飼育していたクワコが長い時間をかけて世代を重ねていくなかで，クワコの【　X　】結果，翅が小さく，腹部が大きくなり，体色は白っぽくなって，カイコが誕生した。

3　次の文を読み，後の各問いに答えなさい。なお，地層の逆転はなかったものとする。

　国際地質科学連合の国際層序委員会は2020年1月15日，房総半島のほぼ中央にある「千葉セクション」と呼ばれる地層（図1）が「中期更新世」とその前の時代の境界をよく表していることから，ここをこれらの時代の境界の模式地とし，今まで正式な名称の無かった「中期更新世」を，これからは「チバニアン」と呼ぶことに決定した（図2）。地球の歴史を表す地質年代に日本由来の名称が付くのは初めてのことで，日本の地質学上，まさに快挙と呼べる出来事であった。

　千葉セクションは水深500mの海底で堆積した地層が標高70mまで持ち上げられて露頭となった地層で，そのうち堆積した時代がはっきりしている厚さ数cm程度の白尾火山灰層の下面がチバニアンとその前の時代の境界と認定された。2022年5月21日には，ここに国際標準地の目印であるゴールデンスパイク（金色の鋲）が設置された。

図1　千葉セクションに打たれたゴールデンスパイク（中央）
（中央の白い破線は白尾火山灰層の位置を表す）

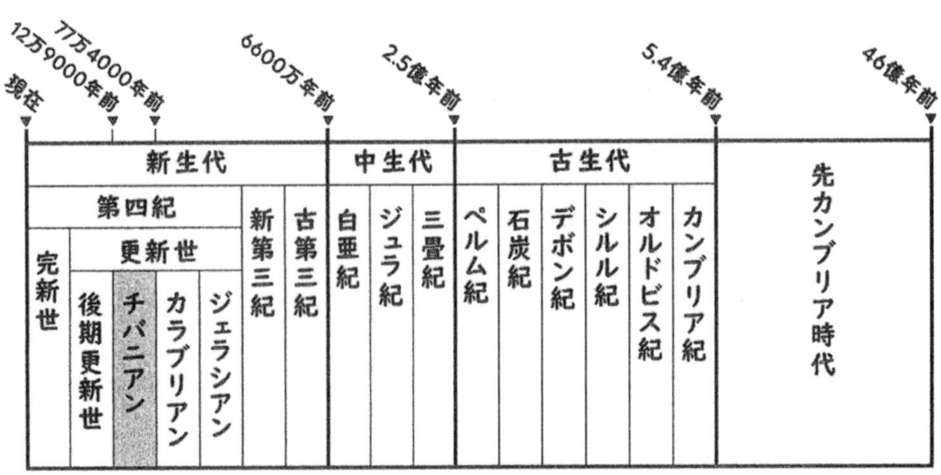

図2　地球史の略図

1. 図1のAとBは，更新世のうち，それぞれどの時代の地層ですか。

2．千葉セクションの地層を構成する主な岩石と考えられるのはどれですか。

　ア　花こう岩　　イ　せん緑岩　　ウ　泥岩　　エ　れき岩

3．チバニアンの時代に繁栄していた生物はどれですか。

　ア　ナウマンゾウ　　イ　フズリナ　　ウ　フクイラプトル(恐竜)

　エ　アンモナイト　　オ　サンヨウチュウ

4．千葉セクションが今まで一定の速さで隆起してきたと仮定した場合，1年間あたりの隆起量として最も近い値はどれですか。

　ア　0.4mm　　イ　0.7mm　　ウ　4mm　　エ　7mm　　オ　4cm

　カ　7cm　　キ　40cm　　ク　70cm　　ケ　4m　　コ　7m

5．白尾火山灰層をもたらした火山として最も適当なものはどれですか。

　ア　有珠山(北海道)　　イ　岩木山(青森県)　　ウ　御嶽山(長野県・岐阜県)

　エ　西之島(東京都)　　オ　磐梯山(福島県)

6．千葉セクションを含む房総半島は，太平洋側の海洋プレートが日本列島をのせる大陸プレートの下にもぐり込むことによって隆起してきたと考えられている。房総半島の地層について述べた次の文のうち，間違っているものはどれですか。

　ア　しばしば化石が含まれ，その多くは貝やサンゴである

　イ　しばしば断層が見られ，その多くは正断層である

　ウ　しばしば地層の傾斜やしゅう曲が見られる

4　次の【操作1】〜【操作3】を行い，水酸化ナトリウム水溶液と塩酸の中和について調べた。後の各問いに答えなさい。

【操作1】　質量パーセント濃度が2.0％の水酸化ナトリウム水溶液200gをビーカーにとり，pH試験紙でpHを調べた。

【操作2】　質量パーセント濃度が3.7％の塩酸100gを【操作1】のビーカーに加えて，pH試験紙でpHを調べたところ，pHは7になった。

【操作3】　【操作2】でpHが7になった水溶液15gを蒸発皿にとって水を完全に蒸発させたところ，白い固体が0.29g得られた。

1．【操作2】の中和でできた水の質量と塩の質量として，最も近いものはそれぞれどれですか。

　ア　0.3g　　イ　1.9g　　ウ　2.4g　　エ　3.7g　　オ　4.0g　　カ　5.8g　　キ　6.4g

2．【操作1】，【操作2】で用いた水酸化ナトリウム水溶液100gと塩酸100gを混ぜ合わせたときの水溶液に存在しているイオンをすべて示している組み合わせとして最も適当なものはどれですか。ただし，存在しているイオンは，溶質から生じるもののみとする。

　ア　H^+，Cl^-　　イ　H^+，Na^+，Cl^-　　ウ　Na^+，Cl^-　　エ　Na^+，OH^-，Cl^-

5　次の【実験1】，【実験2】のような手順で，塩化銅水溶液や塩酸に電流を流し，電極付近に起こる変化を観察して，電極に生じる物質の性質を調べた。

【実験1】　ビーカーにうすい塩化銅水溶液を入れ，2本の炭素棒を浸した。一方は電源装置の＋極に，もう一方は−極につなぎ，ビーカー内の塩化銅水溶液に適切な電圧を加えて電流を流し，電極に生じた物質や電極付近の水溶液の性質を調べた。

【実験2】　ビーカーにうすい塩酸を入れ，2本の炭素棒を浸した。一方は電源装置の＋極に，もう一方は−極につなぎ，ビーカー内のうすい塩酸に適切な電圧を加えて電流を流した。

1．【実験1】に関する記述として正しいものをすべて選びなさい。

ア　電源装置の＋極につないだ炭素棒電極に白い固体が付着した。

イ　電源装置の－極につないだ炭素棒電極に白い固体が付着した。

ウ　電源装置の＋極につないだ炭素棒電極に付着した固体の物質をろ紙にとり，乳棒でこすると金属光沢が見られた。

エ　電源装置の－極につないだ炭素棒電極に付着した固体の物質をろ紙にとり，乳棒でこすると金属光沢が見られた。

オ　電源装置の＋極につないだ炭素棒電極付近の水溶液をとり，赤インクで色をつけた水に加えると，インクの色は消えた。

カ　電源装置の－極につないだ炭素棒電極付近の水溶液をとり，赤インクで色をつけた水に加えると，インクの色は消えた。

2．【実験2】について書いた次の文の(①)と(②)に入る組み合わせとして，最も適当なものはどれですか。

「電源装置の＋極につないだ電極には(　①　)し，－極につないだ電極には(　②　)した。」

ア　①　水素が発生　　　　　　　②　酸素が発生

イ　①　水素が発生　　　　　　　②　塩素が発生

ウ　①　塩素が発生　　　　　　　②　酸素が発生

エ　①　塩素が発生　　　　　　　②　水素が発生

オ　①　塩化ナトリウムが付着　　②　水素が発生

カ　①　水素が発生　　　　　　　②　塩化ナトリウムが付着

3．前問2．で考えた反応を化学反応式で表しなさい。

6　理科の問題集を解いていたまさきさんは，図1のような問題を見つけた。後の各問いに答えなさい。

以下のような装置を作り，LEDをつないだところ，明るく点灯しているようすが見られた。このことについて，……

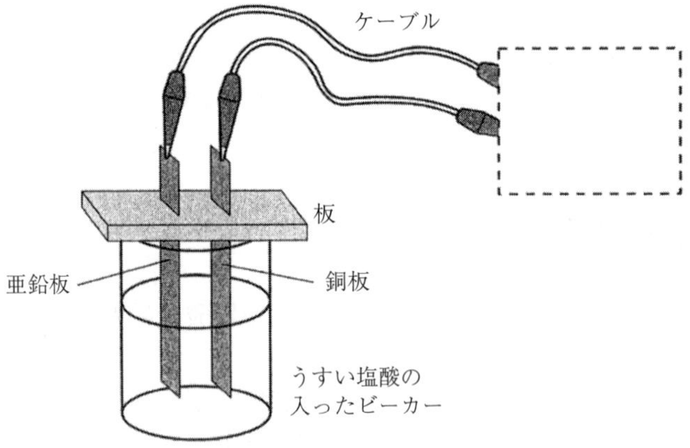

ケーブル

板

亜鉛板　　　銅板

うすい塩酸の入ったビーカー

図1

まさきさんは，実際にこの実験をやってみたくなり，電子部品を売っているお店に行き，赤色LEDを購入し，問題集と同じように装置を作って実験をしてみた。図2は，お店に掲示してあった

このLEDに関する情報である。

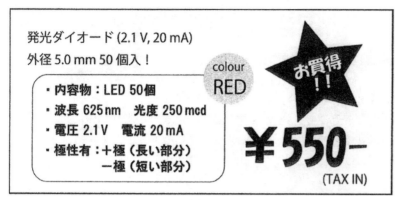

発光ダイオード (2.1 V, 20 mA)
外径 5.0 mm 50 個入！

colour
RED

・内容物：LED 50個
・波長 625 nm　光度 250 mcd
・電圧 2.1 V　電流 20 mA
・極性有：＋極（長い部分）
　　　　　－極（短い部分）

お買得！！

¥550-
(TAX IN)

図2

1．図1の問題集の点線枠内の部分に描かれていると考えられるものとして，最も適当なものはどれですか。

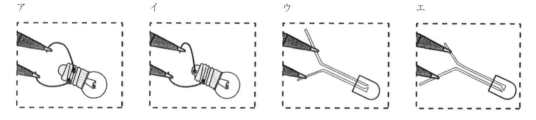

ア　　　　　　　イ　　　　　　　ウ　　　　　　　エ

　ところが，実際に問題集どおりに実験してみると，LEDが点灯しなかった。疑問に思ったまさきさんは，その原因を究明するため，電圧計と電流計を用いて，この回路について調べてみることにした。

2．下線部のときの回路図を描きなさい。ただし，「ビーカー内の
水溶液と金属で作られた装置」や「LED」については，それぞ
れ図3の回路図用の記号を用いて表すこと。なお，LEDは図3
の向きの場合，左から右に電流が流れるときにのみ，点灯し得る。

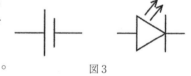

図3

　まさきさんはこの測定を行った結果，電圧計，電流計の目盛り
は図4のようになり，LEDには電流が流れていないようすであることがわかった。

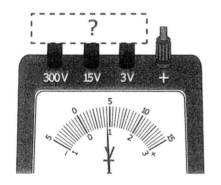

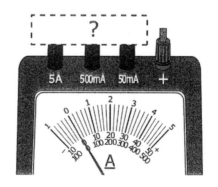

図4

3．図4で，電圧計，電流計の−側はそれぞれどの端子につながっていると考えられますか。

4．この測定を行ったときのLEDを1つの電気抵抗だと考えたとき，その抵抗値について最も適当なものを次の選択肢から答えなさい。また，このときのLEDで消費される電力(消費電力)を数値で答えなさい。

　ア　0Ω　　イ　0.91Ω　　ウ　1.1Ω　　エ　5.5Ω

　オ　55Ω　　カ　0.11kΩ　　キ　1.1kΩ　　ク　1.1kΩより大きい

　まさきさんは，これまでの測定結果から，図1の装置でLEDを点灯させることが困難であることを突きとめた。そこで，違う方法で点灯させてみたいと考え，紙筒の中央外側にコイルを巻き，それをLEDと接続したうえで，紙筒の内部に磁石(ネオジム磁石)を落下させた。図5はこのときのようすを模式的に表したものである。この装置では，一瞬，LEDが点灯するのが確認できた。

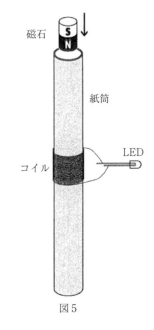

図5

5．図5の装置で起こった現象を何といいますか。また，磁石のN極とS極を逆にして同じように落下させた場合にどうなるか，最も適当なものを次の中から選びなさい。

　ア　磁石のN極とS極を逆にしても，この現象は起こるので，LEDは一瞬点灯する。

　イ　磁石のN極とS極を逆にすると，この現象は起こるものの，流れる電流の向きが逆になるので，LEDは点灯しない。

　ウ　磁石のN極とS極を逆にすると，この現象は起こらなくなるので，LEDは点灯しない。

　エ　磁石のN極とS極を逆にすると，磁石にはたらく磁気的な力の向きが逆になり，磁石がコイルの少し上の部分で浮遊して静止してしまうので，LEDは点灯しない。

　オ　磁石のN極とS極を逆にすると，磁石にはたらく磁気的な力の向きが逆になり，磁石の速さが遅くなるので，LEDは点灯しない。

6．図1のような「疑問の残る出題」はたびたび見られる。理科でこのタイプの問題が出題されてしまうという事象が起こらないようにするには，出題者はどうしたらよいだろうか。最も効果的な対策を具体的，かつ簡潔に述べなさい。

三 次の文章を読んで後の問いに答えなさい。

　魏の文侯と申すおほやけ、群臣を召して、「われと昔のおほやけと如何」と問ひ給ふに、みな、「賢君なり」と讃め申しけり。次第に①問はるるに、任座に至りて、「賢君にあらず」と申しけり。ゆゑを問はるるに、「中山を討ち取りては、弟に封じ給はずして、王子に封じ給へり」と答へ申しければ、文侯、怒りて、追ひ立てられにけり。

　次、翟璜にいたりて、「賢の君におはす」と申す。ゆゑを問はるるに、「臣聞く。その君、賢なる時は、その臣、②直なり。任座が答へ申す言葉の直なるは、君の賢なればなり」と申しけるとき、文侯、③ことわりを喜びて、任座を召し返して、拝して上卿とし給ひけり。

　④天の原道なき空をうしと見し心は月のとがむべきかは

（『蒙求和歌』より）

注　おほやけ…君主。
　　任座…臣下の一人。
　　中山…中国の戦国時代の国の名前。
　　封じ給はずして…領土を与えて諸侯になさらないで。
　　翟璜…臣下の一人。
　　上卿…高位の役職。
　　うし…嫌だ。

問一　──①「問はるる」を現代かなづかいに直して、すべてひらがなで書きなさい。

問二　──②「直なり」について、もっとも意味の近い言葉をア〜エから一つ選び記号で答えなさい。
　　ア　安直　　イ　率直　　ウ　直感　　エ　直列

問三　──③「ことわり」は翟璜の言った理屈を指しています。それはどのようなものですか。

問四　──④「天の原道なき空をうしと見し心は月のとがむべきかは」は、本文の内容に即して詠よまれたものです。この和歌の意味に合うものをア〜エから一つ選び記号で答えなさい。
　　ア　臣下は、君主の優劣を判断すべきではない。
　　イ　臣下は、君主に対して好き嫌いを表明すべきではない。
　　ウ　君主は、臣下の厳しい意見を非難すべきではない。
　　エ　君主は、臣下に君主の優劣を質問すべきではない。

新聞社への弾圧やスタッフの（政府にとって都合のいい人員への）総入れ替え、出版社へのモスクワ中心地からの立ち退き要請といった現象がたて続けに起こった。

大学ではこれが教科書の問題として身近にあった。ソ連崩壊以降、大学はそれまでの画一的な教科書教育からいっとき解放されたかのようにみえたが、二〇〇〇年代に入ると次第に指定教科書に沿った教育が増えていく。私が入学したころはその過渡期で、たいへん情熱的で面白い講義だったこの先生はプラトン以前の哲学が専門だったので、プラトンに到達するまで半年以上かかったが、授業は先生が自由にやっていた。この先生はプラトン以前の哲学が専門だったので、プラトンに到達するまで半年以上かかったが、たいへん情熱的で面白い講義だった。

大国主義者のロシア史の教授は自ら著した教科書を使っていたが、ある年から講義の科目名を「ロシア史」から「祖国史」に変えた。③こういうところには慣れたつもりだった私もさらに幻滅し、暗い気持ちになった（これはさすがに数年でもとに戻った。ロシアを「祖国」と言われて困惑したり疎外感を感じたりするはずの学生はもちろんたくさんいる。ウクライナやベラルーシから来た学生もそうだし、アルタイ共和国などから来た学生も複数いた）。

ソ連時代から高名な文体論のゴルシコフ教授は古い教科書を改良してそのまま使っていた。八〇代にもかかわらず矍鑠としていつも見事な講義だった。「私くらいの歳になるまで教員をやってると、チェーホフの『退屈な話』の老教授と同じで、日常生活では（おや、私もぼけてきたかな）なんて思っても、教壇に立つと不思議とさらさら言葉が出てくるんですよ。それにしてもチェーホフはどうしてあんなに若くして、私みたいなおじいさん先生の頭のなかがどうなっているのかを、ああも巧みに描きだせたんでしょう。すごいですね」と話していた。学問としての文体論に対する敬意を大切にするゴルシコフ教授を持ちながら、いつも作家に対する敬意を豊かな学識で生き抜いた人だからこそ、その、ただならぬ存在感があった。には、社会変動と思想の移り変わりを大切にするゴルシコフ教授を持ちながら、いつも作家に対する並々ならぬこだわりを

③こういうところには慣れたつもりだった

アントーノフ先生はかたくなに教科書を使わなかったが、私が最初の授業で「そろそろ教科書を定めなきゃいけないって話があるんですが……いずれその可能性もありますが、ちょっと保留にさせてください」と言っていた。大学側からのなにかしらの圧力があったのだろう。

さて、話を戻すと、ゲルツェンの記念会の最後には、『過去と思索』からの言葉が引用された——

つらいときもあり、頰を涙がつたうことも幾度となくあった。けれども、喜ばしいとはいえないまでも、勇気の湧く瞬間というものもあった。私は内なる力を感じ、もはや誰にも望みをかけるわけではないが、自分に対する望みは強くなり、誰にも頼らずにいられるようになっていくのだった。

そのメッセージは不思議と学生たちの空気に溶け込む。まるで、中庭に辛抱強く立ち続けていたゲルツェンが、不意に言葉を発したかのように。

時代ごとに変わりゆく思想の流れに惑わされすぎず、私たちが自ら本を読み考え続ける限り、④中庭のゲルツェンはいつでも、学生たちを見守ってくれるだろう。

（奈倉有里「ゲルツェンの鐘が鳴る」）

注　文学大学…筆者が留学していたロシアにある大学。

アレクサンドル・ゲルツェン…一八一二年生～一八七〇年没。帝政ロシアの哲学者・作家・編集者。

問一　――①「鐘の音のように教室に響いた」とは何か説明しなさい。

問二　――②「ゲルツェンの現代性」とは、どういうことですか。

問三　――③「こういうところ」とは、どういうところですか。

問四　――④「中庭のゲルツェンはいつまでも、学生たちを見守ってくれるだろう」とは、どういうことですか。

二　次の文章を読んで後の問いに答えなさい。

　文学大学の中庭には、ここがアレクサンドル・ゲルツェンの生家であることを記念して彼の銅像が立っている。だからゲルツェンは学生たちにとって常になんとなく親しみのある存在で、中庭で談話しているときに「ゲルツェンもそう言ってるぜ、なあ？」と銅像に同意を求める学生がいたり、中庭に面した読書室で試験勉強をしているときに、勉強に飽きると「もうやだ、ゲルツェンと遊んでくる」と外に出ていく学生がいたりする。微妙である。しかしではゲルツェンの作品も愛読されていたかというと、毎日飽きもせずに文学談義ばかりしていた私たちは、プーシキンやトルストイやドストエフスキーやツルゲーネフはもちろん、ネクラーソフとパナーエワやなんかのことも、まるで知り合いのことを話すように好きだ嫌いだどこがいい悪いといった話で盛りあがっていたけれど、ゲルツェンとなると──ゲルツェンを嫌いだという話も聞いたことがないが、好きだと熱弁する学生も見たことがなかった。
　そんななか二〇〇七年の春に、ゲルツェンの誕生日にちなんで大学で記念会が開かれた。記念会といっても事前になにか議論を担うわけではなく、ただ大学に行くと二人の教授が仲良く授業をつぶして「今日はゲルツェンの日です」と、大教室での記念会を提案した。私はそのうちの一人、文学史のミネラーロフ教授の授業に出るはずだったので、自動的に会に出席することになった。アントーノフ先生がエセーニンの誕生日を祝ったのと同じような流れだが、あのにぎやかで楽しい朗読会とはだいぶ趣が異なっていた。
　学生はゲルツェンの文学的功績について特別講義のような形で語り、学生たちは（なんだ、記念会っていったってついつもの授業とたいして変わらないじゃないか）という顔で聴いていたが、終盤になってこの会を開催した理由が明かされた──
　「いま、ゲルツェンはあまりにも不遇な評価を受けています。ソ連崩壊後、手のひらを返したようにさまざまな批判にさらされました。そ

ういった批判は一過性のブームのようにもみえましたが、ゲルツェンにかんして言えば、状況はますます悪くなる一方です。まるで、いまゲルツェンを出版するためには彼のようにロンドンに渡り、向こうでこっそり印刷しなければいけないのではないかと思えるほどの風当たりの強さです。このような状況に対し、もはや実際には『鐘』を鳴らす必要があるとも言えるでしょう。みなさんは文学を担う人間ですから、覚えておいてください。ものごとを──とりわけゲルツェンという類稀なる理知と心をもった作家を──そう簡単に切り捨てていいわけがないのです！」
　いつも淡々とした口調でどちらかというと保守的なものの言いかたをするミネラーロフ教授のその突然の熱弁は、確かに①鐘の音のように教室に響いた。学生たちは少なからず驚いた顔で聴いている。
　新聞『鐘』は、ゲルツェンが友人オガリョフと一緒に一八五七年から約一〇年間にわたり発行していた新聞で、最初の革命新聞とも称される。検閲を逃れロンドンで発行されたこの新聞は、それ以前からゲルツェンが出していた『北極星』の付録として刊行がはじまり、『北極星』から引き継いで「検閲から言葉を解放せよ」「地主から農奴を解放せよ」「体罰から納税階層を解放せよ」を訴えていた。『鐘』という紙名は一二世紀のノヴゴロドでさまざまな身分・階層の人々が参加していた民会（ヴェーチェ）の鐘に由来している。鐘を鳴らすことは集会のはじまりを意味していた。いま突然の鐘で開かれた文学大学の集会は、ゲルツェンに対する風当たりの強さを訴えることで、②ゲルツェンの現代性をも示唆していたわけである。ちなみに帰国して数年が経ったころ、日本では長縄光男先生の『評伝ゲルツェン』という1848年革命の人びと』も出た。ゲルツェンの現代性はもちろん日本においても考えられる。
　ロシアでは、言論の画一化があきらかに進んでいた。ソ連時代のようなわかりやすい「検閲」の形ではないが、その動きは言葉をめぐる各界にみられた。まず、マスコミの変化──独立系テレビ局や

かつ明快な改訂稿に直して突き返すことだろう。

ところが、今回あらためて『それから』を読み返してみると、その無意味にすら思えるほど長い記述のおかげで、当初はどう考えても救いようがないとしか思えなかった代助に徐々に感情移入できる自分がいることに気づいた。私が年をとったせいかも知れないが、自分と異なる視点からの世界の記述法に共感できるようになったようだ。

いくら美しい花であろうと、細胞レベルに分割してしまえば、その美しさはすべて消え失せてしまう。したがってその美しさを議論するためには、無数の異なる種に名前をつけるのみならず、その名前に、形、色、香り、原産地、開花時期といった情報を適切にリンクしておくことが必須である。要素還元主義者からみると冗長で圧縮可能でしかない情報なのだが、そこには、ありのままの姿でなくては表現できない世界が個別に実在するのも確かだ。ひょっとすると、それは植物学と文学に共通する何ものなのかもしれない。

例えば、「立てば芍薬(しゃくやく)、座れば牡丹(ぼたん)、歩く姿は百合(ゆり)の花」という言葉がある。これらの花の実物を知らない私にとっては、単に「すごい美人」という皮相的なイメージを想起させるに過ぎない。しかし、それぞれの花の色、形状、香り、季節を㋓ジュクチしている、この短い表現から生み出されるイメージは、③無限の深さを持ちうる。世界の多様性を切り刻むことなく、あえてありのままの姿で理解するには、冗長で㋔チョウフクするがゆえに膨大な情報量が必要だ。そのような非効率な記述法でなくては語り尽くせない世界も確実にある。「漱石の白くない白百合」は、それを端的に教えてくれた。

子供の頃に見た鉄腕アトムのテレビ放送で、今でも忘れられない場面がある。アトムが人間の友達と花火大会を見に行ったとき、皆が花火の美しさに大喜びしている横で、アトムの目に映っていたのは元素記号のみ。アトムは「なんで人間はこんなものをきれいだと思って喜んでいるのだろう」と、ぽそっと呟(つぶや)く。

細部は別として、大まかにはこのようなシーンであった。当時の「科学の子」たるアトムが必然的に要素還元的世界観しか持ち得ないことを表象した④名場面である。しかし、近い将来、世界をありのままに愛でることができるAIが出現する可能性は高い。芸術作品の鑑定も怪しげな人間ではなく、AIに任せるほうが信頼できる時代もすぐそこに来るかもしれない。そうなれば、SFや科学論文を執筆するAIのみならず、芍薬、牡丹、百合を表象として駆使する純文学を創作するAIも生まれるに違いない。その時代のAIアトムは「　　A　　」と寂しそうに独白してしまうかもしれない。

「　　A　　」

(須藤靖(すとう やすし)「世界を切り刻む科学とありのままに愛でる科学」による)

注
　修辞…たくみな言い回しを用いたりして美しく効果的に表現すること。
　素粒子…他の物の複合体ではない、それ以上細かくできないもの。
　系…ある関係をもって、つながりをなすもの。
　博物学…動物・植物・鉱物などの形状・性質・分布を分類することを目的とする学問。
　皮相的…うわべだけの表面的なとらえかたをするさま。
　鉄腕アトム…昭和期の漫画・テレビアニメの作品名ならびに主人公である架空の少年ロボット。

問一　──①「納得できるものではない」とありますが、それはなぜですか。

問二　──②「負け惜しみ」とありますが、なぜ「負け惜しみ」になるのですか。

問三　──③「無限の深さを持ちうる」とは、どういうことですか。

問四　──④「名場面である」について、どういう点で名場面と言えるのか説明しなさい。

問五　空欄Aにふさわしい発言を考えて答えなさい。

問六　──㋐〜㋔のカタカナを漢字に直しなさい。

二〇二三年度

筑波大学附属駒場高等学校

【国語】　（四五分）〈満点：一〇〇点〉

[注意]　本文には、問題作成のための省略や表記の変更があります。

一　次の文章を読んで後の問いに答えなさい。

　T先生が送ってくださった本は、植物好きが見ることのできる世界の驚異的深さを思い知らせてくれたのだった。

　まずその本の書名にも一部用いられている、最初の文章「漱石の白くない白百合」の内容を簡単に紹介しておこう。最初の文章「漱石の作品には、しばしば百合が登場する。なかでも『それから』において「白百合（しろゆり）」は重要な役割を果たしている。私レベルの読み手であれば、白く美しいものを象徴する花という漠然としたイメージを抱いて読み進めるだけであるが、漱石と植物をともに愛してやまないT先生がそれで満足できるはずはない。色、香り、形態、季節など、小説中の記述を総動員して、その種類を徹底的に絞り込み、どちらかといえば山百合を見たことがあるとの結論に至る。

　しかし、本当に山百合であるのか、あるいは『それから』において「白百合」と形容するにはかなり無理があるとも悩む。とすればこれは漱石の文学的修辞に過ぎないのか、あるいは、この科学的推論のどこかに誤りがあるのか。この（一般人にはやや病的にすら思える）漱石愛好家かつ植物学者による問題提起と自問自答の過程が、科学的に極めて理路整然と綴られた名作である。

　物理学の目標の一つは、この世界を構成する物質と法則の基礎を突き詰めることである。そしてそれは、いわゆる要素還元主義をその方法論にもとづいてかなり大きな成功を収めてきた。すべての物質はクォークとレプトンと名付けられた素粒子からなり、それらは四つの相互作用と呼ばれる物理法則に支配されている、という標準素粒子モデルは、その到達点である。

　一方で、そのように世界を切り刻み細かく分割してしまうことで、かえって本質が失われる現象も数多い。無数の自由度を持つ系が互いに相互作用することで、予想もしないような性質を⑦ハツゲンすることがある。それらもまた素粒子と四つの相互作用だけで完全に説明できるに決まっている、と原理主義的な主張を繰り返したところで、①納得できるものではない。物理現象以外に端的な例を挙げれば、生物と無生物の違い、意識の起源もまた同じである。それらを理解する上では、標準素粒子モデルはほぼ無力である。

　言い換えれば、この世界の多様性をありのままに愛でる姿勢なくしては、世の中の森羅万象は理解できないのだ。植物学、あるいはより一般に博物学とはその種の科学である。

　正直に告白するならば、私が天体や花の名前を知らない（覚えられない）のは、自分の記憶力が悪いためでしかない。そもそも数学や物理学方面を④ココロザした理由の一つも、いろいろなことを覚える必要性が低い学問だと思ったからだった気がする。植物、動物、昆虫、恐竜などに関して膨大な知識をもつ人を見るにつけ、驚きは尊敬したことはなかった。いくら名前を覚えていたとしても、世界の本質の理解とは無関係だと信じていたからである。ところが、ある意味ではそれが偏狭な考え、あるいは負け惜しみ以外の何ものでもないことを今回痛感した。

　いうまでもなく、世界を記述し理解する方法論は必ずしも科学には限らない。特に、人間の感情が絡んでくると、狭い意味での科学は（まだ）成功しているとは言い難い。文学の存在価値の一つはまさにそこにあるのだろう。

　②『それから』では、代助の価値観や人となり、生き様と葛藤が、これでもかとしつこく記述されている。また、本筋とは関係ないとしか思えない逸話の類が長々と続く。要素還元主義的価値観に支配されている人間が読んでいると、あまりに冗長で退屈に思えてくる。仮に私の学生がそのようなスタイルで論文の草稿を書いてきたならば、容赦なく九割以上を削除し、はるかに⑦カンケツ

英語解答

1 放送文未公表

2 問1　(例)ドリトル先生と同じように，ロフティングも動物と話せるのかということ。

問2　(例)ロフティングがふだんからどれだけ自然を注意深く観察していたかを強調しようとした。(40字)

問3　not only could enjoy watching living things active

問4　no relationship　問5　against

問6　Anyone getting near the baby cats was attacked by the mother cat

問7　(例)ネズミの家族を飼い，その世話を息子である筆者にさせること。

問8　not sure

3 問1　(例) We are going to die soon.

問2　lucky

問3　(例)妻の浮気相手であるビジネスパートナーを道連れに，男は爆弾を使って自殺しようと思っていたという意味。

問4　(例) I wouldn't shout like that there are only a few of them left to

問5　there are only a few of them left to

問6　(例)全てがうまくいかないという不運を嘆く男の自殺の道連れにされかけた私が，男の不運さゆえに助かったこと。(50字)

4 (例) I think Otaru, Hokkaido is a good place for sightseeing. The city is famous for Otaru Canal, which is surrounded by many historic buildings with an exotic atmosphere. In addition, it has a lot of good seafood restaurants, serving sushi at a reasonable price because it is a harbor city. (50語)

---

1 〔放送問題〕放送文未公表

2 〔長文読解総合―エッセー〕

≪全訳≫❶私の父はヒュー・ロフティング，『ドリトル先生物語』を書いた男だ。彼自身は，動物の言葉を話せる田舎の気さくな医者になぜ多くの人がひきつけられるのか理解できなかった。読者は，自分の好きな登場人物がどこからきたのか――作家の想像からなのか，作家が自分の人生の中で知っている実在のある人物からなのか――をいつも知りたがっている。ドリトル先生の場合，主人公とそれを生み出した人物であるヒュー・ロフティングとの間に強い関係があると，多くの読者が信じていた。❷本のサイン会やインタビュー，そして他の公の場に出る機会では，父はしばしば彼の発想がどこからくるのかを尋ねられた。彼は動物と話すことができたのか。彼はドリトル先生なのか。本物のドリトル先生探しは延々と続いた。だがいつも，違うと父は答え，これは彼の想像の産物で，子ども向けの楽しい物語にすぎないのだと説明した。それ以上のものではなかった。ドリトル先生を書くことは，生きるためのお金を稼ぐ手段だった。それはそれくらい単純なことにすぎず，そしてそれが真実だと父は信じていた。❸私が父とともにいた時間は，ひどく短かった。父がなくなったとき私は11歳だった。彼の人生の最後の数年間は体調が良くなく，その多くの時間を最後の本を書き終えることに費やした。しかし今でも，その年月の光景は私にはとても鮮明に残っている。私たちは彼のオフィスを兼ねた寝室で，何時間

も人生のさまざまなことを話して過ごした。❹父の好きな運動はウォーキングで，ときには私も加わるよう誘われた。それはとても大変だったが，もちろん肉体的な意味ではない。私たちは400メートルほどしか歩かなかったが，その距離の中で，周りのものを注意深く見て，自然界のことを詳細に話し合った。ほんの少し進む間に何かが彼の注意を引く。ときには鳥の巣を見るために立ち止まり，巣の持ち主をその近くで見つけようとしたこともあった。木をじっくり見て，葉の形の違いを比較して話し合ったこともあった。❺夜の散歩もわくわくした，なぜなら，私たちは夜に③活動している生き物たちを観察して楽しめただけでなく，月やその他の星について，異なる季節における星の動き方を知ることもできたからだ。❻私たち家族は何度か引っ越したが，私がその時期のほとんどを田舎で過ごしたのは幸運だったと思う。父が働いている間，友人たちと野原や森で何時間も過ごした。たいていの場合春のことだったが，ひとりぼっちにされた動物の赤ちゃん——小さなウサギや幼すぎて空を飛べない小鳥——を見つけることがしばしばあった。❼私が病気の小鳥を家に持ち帰ったことが2度あった。いとこがけがをした子ウサギを手にして私たちの所に来たこともあった。彼女はヒューおじさんを捜していた。いずれの場合も，自分はドリトル先生と全く関係がないと言った男は突然自分の仕事を中断し，ウサギはおそらく生き残れないだろうと説明した。しかし，彼はすぐに小さな箱と綿でウサギのための小さなベッドをつくり，傷ついたウサギをそのベッドに寝かせた。台所で，彼は小さな皿の中で不思議な何かを混ぜ合わせた。それから「患者」が明かりの下に横たわり，その不思議なものがけがをした場所につけられた。私は覚えているが，全てが生き延びて数週間後に自然の中に送り返された。❽かつて南カリフォルニアで，私たちは4匹のネコが暮らす家を借りたが，それらはすぐに11匹になった。このネコたちには誰も近づけなかった——私の父を除いては。彼らは家の外で暮らしていた。ある日，ネコのうちの1匹——とても小さな雌のネコ——に赤ちゃんが産まれようとしていた。父は彼女を家の中で飼うことに決めた。すると彼女は，自分の赤ちゃんのネコたちを産むための安全な場所を探し始めた。家中を調べた後，父の寝室のクローゼットの中にある汚れた服の山を選んだ。母はこの計画に反対だったが，父はネコを支持した。彼は「ここは母ネコが必要とする場所だ」と言い，そして続けて言った。「それに彼女はここでネコの赤ちゃんたちを産みたがっている。私も彼女にここでネコの赤ちゃんたちを産んでほしいと思っている！」　そして，ついにネコの赤ちゃんたちが産まれた。次の数週間，父だけが赤ちゃんたちに近づけた。⑥ネコの赤ちゃんたちに近づく人は誰であれ母ネコに攻撃された。彼らは自分で歩いて外に行けるくらい大きくなるまで，そこで過ごした。❾父の死後何年かたってから，私が父の書類に目を通していたら，母が買い物に行ったときに父が母に自分の代わりに買ってくるよう頼んだもののリストを見つけた。鉛筆やノートや他の日用品と一緒に書かれていたのは，「白いネズミ」だった。私が母にそのことを尋ねると，彼女は私にこう言った。「あなたのお父さんは，あなたが世話をするネズミの家族を確かに欲しがっていたわ」　少年とそのネズミ？　母は彼の考えに同意せず，お店でネズミが見つからなかったとだけ彼に伝えた。彼女はあまり熱心に探さなかったのだと思う。❿『ドリトル先生物語』の中に，ジョン・ドリトルが家で飼っていた白いネズミの一家がいるが，それは彼の妹をとても困惑させた。父の唯一の姉妹であるメアリーおばさんは，彼女の6人兄弟のうちの1人がロフティング家のリネンのクローゼットに白いネズミの一家を隠しているのを見つけたときに両親が怒ったのを覚えていた。誰がそれをしたのか，推測できるだろう。⓫これは全て，ドリトル先生は自分の活発な想像力の中で生まれたのだと信じていた男から出てきたのだ。そのことについて私には確信がないが。

問1＜英文解釈＞主語の *he* は前文の my father, つまりヒュー・ロフティングを指す。質問の背景には，ドリトル先生が動物の言葉を話せること(第1段落第2文)，人々が登場人物と筆者のつながりを見出したがること(第1段落最終文)がある。

問2＜語句解釈＞散歩の距離は短いので肉体的な疲労はないが，道中で父が自然に関することならどんな些細(ささい)なことでも興味を示すので，それにつき合うのが大変だったと考えられる。これが散歩という日常的な行為の中での出来事であることも注目に値する。

問3＜整序結合＞'not only 〜 but (also) …'「〜だけではなく…も」の構文。この後の but also could に対応して not only could とし，その後は enjoy 〜ing「〜することを楽しむ」の形で enjoy watching とすれば，その目的語は living things「生き物」とまとまる。形容詞 active「活発な」は living things を修飾すると考えられるが，後ろにある at night と合わせて'形容詞＋語句'のひとまとまりとして，名詞 living things を後ろから修飾する形にする。

問4＜適語句補充＞ロフティングがウサギや鳥の治療をしていたことを描写する場面。ロフティングは自分とドリトル先生との relationship「関係」(第1段落最終文)について一貫して no と否定していたが(第2段落最後から4文目)，あたかもドリトル先生のように振る舞っていたので，そんな父を筆者である息子は the man who said ... と皮肉とユーモアを込めて表現しているのである。have no relationship with 〜「〜と関係がない」

問5＜適語補充＞文後半に'逆接'の but があるので，ネコの味方をしたロフティングと反対の意見を持ったと考えられる。　support「〜を支持する」

問6＜整序結合＞語群から was attacked by というまとまりができる。ネコの赤ちゃんに近づけたのは父だけだったという前文の内容より，赤ちゃんに近づこうとすると母ネコに攻撃されたという内容が推測できる。主語を anyone とし，これを'現在分詞＋語句'の getting near the baby cats で後ろから修飾する。残った the mother cat は by の後に置く。

問7＜語句解釈＞his idea の内容は2文前の母が発した言葉の中にある。a mouse family for you to take care of は to不定詞の形容詞的用法で，for you は to take care of の意味上の主語。

問8＜適語句補充＞第9，10段落から，ドリトル先生の物語の中の白いネズミのエピソードはロフティングの実生活での経験を反映している可能性があるとわかる。よって筆者は，ドリトル先生がロフティングの想像力の産物だということ(前文の that 以降)を疑っているのである。

3 〔長文読解総合─物語〕

≪全訳≫**1**エレベーターが7階と8階の間で故障したとき，私の横にいた男が奇妙なことを言った。彼は，「こんなことが起こるかもしれないと思っていたんですよ」と言ったのだ。**2**私は幾分驚いて彼を見た。「エレベーターが故障すると思っていたのですか？」**3**「あるいはもっとひどいことですがね」私が操作パネルのボタンを押していると彼は言った。彼は落ち着いているように見えた。**4**「あなたはこのエレベーターについて何か知っているか，悲観主義者なのかのどちらかですね」と私は言った。**5**彼はほほ笑んで言った。「実はこういうことです。私はそういったことを予期するようになったのですよ。私の身にいつも起こるものですから」**6**「本当ですか？」と私は尋ねた。**7**彼はうなずいた。「何しろ，私は世界で一番不運な男なのです」　これを理解するための少しの時間を彼は私に与え，それから彼は言った。「あなたにお話ししたいことがあります。①(例)<u>私たちはもうすぐ死にます</u>」**8**「何ですっ

て？」9「そう，それは本当に悲しいことです」　彼は自分の腕時計を見た。「あと５分ちょっとしかありません」10私は彼の言っていることが理解できなかった。私は急に不安そうな笑みを浮かべて話し始めたが，彼は私を沈黙させた。11「あと５分ちょっとで私たち２人は消えてしまう。どういうふうに消えるか知りたいですか？」12彼の表情には，彼が冗談を言っていることを示すものは何もなかった。彼は革製の書類かばんを持った，金持ちに見える男だった。13「いいですか」と彼は言った。「私に関してはもう何もうまくいかないのです。３年ほど前までは，全く逆だったのですがね。一度，友人が私に競馬のヒントをくれたのですが，間違えて違う馬に賭けてしまいました。すると，大金を得ました。それが私の人生の筋書きでした。いつも幸運だったのです。物事が誤って進んだときでも，それが結局は一番いい結果になったのです」14「私たちが死ぬことについて知りたいのです」と私は静かに言った。15「そしてその後」と彼は続けた。「物事が逆行し始めたのです。私は車の鍵をなくしました。車を盗まれました。それは見つかり，戻ってきて，また盗まれたのです。父が死に，兄〔弟〕も死にました。私は自分の不運にうんざりしました。しまいには私のビジネスパートナーが会いに来て，どこかに行って休むよう私にすすめました。それはいい考えのように思えたので，スコットランドのホテルに行ったのですが，そこでの３日目の夜，それは全焼してしまったのです。私が家に戻ると，私のビジネスパートナーが私の妻とひそかにつき合っていることがわかり，そして彼は私を仕事から離れさせるためにできることは何でもしていたのです。それが３週間前のことです。その後，私はこれをつくりました」16彼は書類かばんを持ち上げた。「この中に爆弾があります」と彼は言った。17私は彼を見て，自分の足から力が抜けるのを感じた。何も言わずに，私は振りかえって操作パネルのボタンを押し始めた。18「私は今，パートナーに会いに行くところでした」と男は続けて言った。「私の人生は終わりました。せめて，彼を道連れにしようと思ったのです」19私は助けを求めて叫び出したが，返事はなかった。20「私があなたなら，④(例)そんな大声は出しませんよ」と男は言った。「こいつは騒音に敏感でしてね」21私は全く恐怖を感じず，代わりに怒りを覚えた。なぜ私なのか？　私は操作ボタンを何度も押した。他に何ができただろう？22「20秒」と彼は言った。彼の視線は時計に注がれていた。23⑤秒数があなたに少ししか残されていないとき，それがどれだけゆっくりと過ぎていくのかは驚くべきことだ。私は自分の妻のことしか考えることができなかった。私がどのように死んでいくのか彼女が知ることはあるのだろうか，あるいはそれは彼女にとって永遠に謎なのだろうか？24「10秒」と男は言い，それから長いカウントダウンを始めた。25「９…８…７…６…５…４…３…２…」26私は目を閉じ，それがどう感じられるのだろうかと思った。長い沈黙があった。何も起こらなかった。27私は目を開けた。男は自分の書類かばんを見ていた。彼はそれを耳に当てると，１回振って，いまいましげにそれを突き出した。28「おわかりですか？」と彼は言った。「もう何もうまくいかないのです」

問１＜適文補充＞第９段落の sad「悲しい」，第11段落の be gone「なくなる」，第14段落の dying「死ぬこと」などから推測できる。「私たちはもうすぐ死ぬ」といった意味の文にすればよい。

問２＜適語補充＞同じ段落で the very opposite was the case と言っていることに注目(この case は「事実，実情」の意味)。世界一不運な男(第７段落第２文)が３年ほど前までは全く反対の状況だったということは，いつでも「幸運」だったのである。直前で述べられている競馬にまつわるエピソードからも推測できる。

問３＜英文解釈＞下線部③の直訳は「私はせめて彼を私と一緒に連れていこうと思った」。文中の

him は 2 文前に出てくる my partner，つまりビジネスパートナーを指す。この前で男は，I was on my way to see my partner just now, My life is finished. と言っていることから，妻の浮気相手であるビジネスパートナーを道連れに爆弾で自殺しようと考えていることが読み取れる。

問4＜適語句補充＞この後で男が I'm afraid this thing is noise sensitive. と言っていることに注目する。この this thing は男の持つ爆弾のことで，noise sensitive「騒音に敏感な」とは大きな音に反応して爆発する可能性があることだと考えられる。直前で私が助けを求めて大きな声を出したのを見た後の男の言葉なので，（私なら）大きな声は出さない，声を小さくする，といった内容が考えられる。If I were you という仮定法過去の従属節に対応して，主節は I would〔wouldn't〕で始める。

問5＜整序結合＞前段落で男が言った「20秒」は爆弾が爆発するまでの時間と考えられるので，わずかな時間しかないという内容の文を予想して，まず 'There ＋ be 動詞 ＋ 主語...'「～がいる〔ある〕」の構文をつくる。'主語' を only a few「ほんのわずか」とすると，それを補足する of them が続く（them は同じ文中の the seconds を指す）。残りは left to you「あなたに残された」とまとまる。これは '過去分詞 ＋ 語句' のまとまりが名詞を後ろから修飾する形（leave － left － left）。

問6＜要旨把握＞男は全てがうまくいかないという不運の持ち主だった。この不運は男が自殺を考えた理由であり，私は巻き込まれて命を失うところだった。だがその不運さのおかげで爆弾が不発に終わり私の命が助かった。ここに皮肉なユーモアがあると考えられる。

4 〔テーマ作文〕

「観光するのにおすすめの場所です」は a good place for sightseeing や a good place to visit などで表せる。形容詞には great, perfect, fantastic, ideal などを使うこともできる。理由としては観光名所の存在，自然の美しさ，スポーツなどのアクティビティ，食や名産品などさまざまなものが挙げられるので，自分にとって理由が説明しやすい場所を選ぶとよい。

数学解答

1 (1) $A_1(2, 2)$, $B_1(4, 8)$, $C_1(6, 18)$

　　(2) (ア) 98　(イ) $\dfrac{121}{9}$

2 (1) $\langle 2, 3 \rangle$　(2) 89番目

　　(3) $\langle 32, 30 \rangle$

3 (1) $\dfrac{1}{8}S\,\mathrm{cm}^2$　(2) $\dfrac{5}{8}S\,\mathrm{cm}^2$

(3) $8 - 4\sqrt{2}$ cm

4 (1) $\dfrac{500\sqrt{2}}{3}\,\mathrm{cm}^3$

　　(2) (ア) $8000\sqrt{2}\,\mathrm{cm}^3$　(イ) $700\,\mathrm{cm}^2$

　　　(ウ) $60 + \dfrac{9\sqrt{6}}{2}$ cm

1 〔関数—関数 $y = ax^2$ と一次関数のグラフ〕

(1)<座標>右図において，関数 $y = \dfrac{1}{2}x^2$ のグラフ上の点で，x 座標，y 座標がともに正の整数となる点の x 座標は 2 の倍数である。3 点 A_1，B_1，C_1 は x 座標の小さいものから順になっているので，x 座標は順に 2，4，6 であり，y 座標はそれぞれ，$y = \dfrac{1}{2} \times 2^2 = 2$，$y = \dfrac{1}{2} \times 4^2 = 8$，$y = \dfrac{1}{2} \times 6^2 = 18$ となる。よって，$A_1(2, 2)$，$B_1(4, 8)$，$C_1(6, 18)$ である。

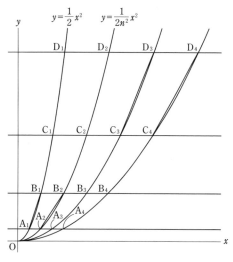

(2)<面積，面積比>(ア)右図で，(1)より，点 C_1 の y 座標は 18 だから，2 点 C_3，C_4 の y 座標は 18 である。点 D_1 の x 座標は 8 だから，y 座標は $y = \dfrac{1}{2} \times 8^2 = 32$ となり，2 点 D_3，D_4 の y 座標は 32 である。よって，台形 $C_3C_4D_4D_3$ の高さは $32 - 18 = 14$ である。また，$n = 3$ のとき，$\dfrac{1}{2n^2} = \dfrac{1}{2 \times 3^2} = \dfrac{1}{18}$ だから，2 点 C_3，D_3 は関数 $y = \dfrac{1}{18}x^2$ のグラフ上の点である。$18 = \dfrac{1}{18}x^2$ より，$x^2 = 18^2$，$x = \pm 18$ となり，$32 = \dfrac{1}{18}x^2$ より，$x^2 = 576$，$x = \pm 24$ となるから，$C_3(18, 18)$，$D_3(24, 32)$ である。$n = 4$ のとき，$\dfrac{1}{2n^2} = \dfrac{1}{2 \times 4^2} = \dfrac{1}{32}$ だから，2 点 C_4，D_4 は関数 $y = \dfrac{1}{32}x^2$ のグラフ上の点である。$18 = \dfrac{1}{32}x^2$ より，$x^2 = 576$，$x = \pm 24$ となり，$32 = \dfrac{1}{32}x^2$ より，$x^2 = 32^2$，$x = \pm 32$ となるから，$C_4(24, 18)$，$D_4(32, 32)$ である。したがって，$C_3C_4 = 24 - 18 = 6$，$D_3D_4 = 32 - 24 = 8$ となるので，$S = 〔台形 C_3C_4D_4D_3〕 = \dfrac{1}{2} \times (6 + 8) \times 14 = 98\,(\mathrm{cm}^2)$ である。　(イ)上図で，(1)より，$A_1(2, 2)$，$B_1(4, 8)$ である。これより，台形 $A_1A_2B_2B_1$ の高さは $8 - 2 = 6$ であり，2 点 A_2，B_2 の y 座標はそれぞれ 2，8 である。また，$n = 2$ のとき，$\dfrac{1}{2n^2} = \dfrac{1}{2 \times 2^2} = \dfrac{1}{8}$ だから，2 点 A_2，B_2 は関数 $y = \dfrac{1}{8}x^2$ のグラフ上の点である。$2 = \dfrac{1}{8}x^2$ より，$x^2 = 16$，$x = \pm 4$ となり，$8 = \dfrac{1}{8}x^2$ より，$x^2 = 8^2$，$x = \pm 8$ となるから，$A_2(4, 2)$，$B_2(8, 8)$ である。よって，$A_1A_2 = 4 - 2 = 2$，$B_1B_2 = 8 - 4 = 4$ となるから，$P = 〔台形 A_1A_2B_2B_1〕 = \dfrac{1}{2} \times (2 + 4) \times 6 = 18$ である。次に，2 点 E_1，F_1 の x 座標はそれぞれ 10，12 だから，y 座標はそれぞれ $y = \dfrac{1}{2} \times 10^2 = 50$，$y = \dfrac{1}{2} \times 12^2 = 72$ であり，2 点 E_5，E_6 の y 座標は 50，2 点 F_5，F_6 の y 座標は 72 である。また，$n = 5, 6$ のとき，$\dfrac{1}{2n^2} = \dfrac{1}{2 \times 5^2} = \dfrac{1}{50}$，$\dfrac{1}{2 \times 6^2} = \dfrac{1}{72}$ だから，2 点 E_5，F_5 は関数 $y = \dfrac{1}{50}x^2$

のグラフ，2点 E_6，F_6 は関数 $y=\dfrac{1}{72}x^2$ のグラフ上の点である。台形 $E_5E_6F_6F_5$ の高さは $72-50=22$ となり，同様にして，4点 E_5，F_5，E_6，F_6 の座標を求めると，$E_5(50,\ 50)$，$F_5(60,\ 72)$，$E_6(60,\ 50)$，$F_6(72,\ 72)$ となるから，$E_5E_6=60-50=10$，$F_5F_6=72-60=12$ となり，$Q=〔台形\ E_5E_6F_6F_5〕=\dfrac{1}{2}\times$ $(10+12)\times22=242$ となる。以上より，$\dfrac{Q}{P}=\dfrac{242}{18}=\dfrac{121}{9}$ となる。

2 〔数と式―数の性質〕

(1)<8番目の値>〈2, 3〉，〈3, 2〉，〈3, 3〉の値を考えると，$2^2\times3^3=4\times27=108$，$2^3\times3^2=8\times9=72$，$2^3\times3^3=8\times27=216$ より，$72<108<216$ だから，$2^3\times3^2<2^2\times3^3<2^3\times3^3$ となる。また，a，b の少なくともどちらかが2けた以上の整数で最小の値は $2^{20}\times3^0$ であり，$2^{20}\times3^0=2^3\times(2^2)^3\times2^{11}\times1=2^3\times4^3\times2^{11}$ だから，$2^3\times3^3<2^3\times4^3\times2^{11}$ より，$2^3\times3^3<2^{20}\times3^0$ である。よって，7番目が〈3, 2〉となり，8番目は〈2, 3〉である。

(2)<順番>a，b がともに2けた以下の整数のとき，a，b は 0，2，3，20，22，23，30，32，33 の9通りあるから，〈a, b〉は $9\times9=81$(個)ある。また，a，b の少なくともどちらかが3けた以上の整数のとき，最小の値は $2^{200}\times3^0$ である。$2^{200}\times3^0=2^{33}\times(2^2)^{33}\times2^{101}\times1=2^{33}\times4^{33}\times2^{101}$ より，$2^{33}\times3^{33}<2^{33}\times4^{33}\times2^{101}$ だから，$2^{33}\times3^{33}<2^{200}\times3^0$ である。よって，〈33, 33〉が81番目の値であり，82番目以降は，a，b の少なくともどちらかが3けた以上の整数である。小さい順に並べたときの1番目から6番目の値と，(1)を利用すると，a が3けた以上の整数であるときの値は，小さい順に，$2^{200}\times3^0$，$2^{202}\times3^0$，$2^{203}\times3^0$，$2^{200}\times3^2$，$2^{200}\times3^3$，$2^{202}\times3^2$，$2^{203}\times3^2$，$2^{202}\times3^3$，……となるので，〈202, 3〉は，a が3けた以上の整数の中では8番目である。b が3けた以上の整数であるときの最小の値は $2^0\times3^{200}$ である。$2^{202}\times3^3=2^{188}\times2^{14}\times3^3=2^{188}\times16384\times27=2^{188}\times442368$，$2^0\times3^{200}=1\times3^{188}\times3^{12}=3^{188}\times531441$ より，$2^{188}\times442368<3^{188}\times531441$ だから，$2^{202}\times3^3<2^0\times3^{200}$ となり，〈202, 3〉は，a，b の少なくともどちらかが3けた以上の整数の中でも8番目となる。したがって，〈202, 3〉は $81+8=89$ (番目)となる。

(3)<74番目の値>(2)より，81番目は〈33, 33〉の $2^{33}\times3^{33}$ である。a，b が 30，32，33 のときの値は $3\times3=9$(個)あり，小さい順に，$2^{30}\times3^{30}$，$2^{32}\times3^{30}$，$2^{33}\times3^{30}$，$2^{30}\times3^{32}$，$2^{30}\times3^{33}$，$2^{32}\times3^{32}$，$2^{33}\times3^{32}$，$2^{32}\times3^{33}$，$2^{33}\times3^{33}$ となる。a，b がともに2けた以下で，少なくともどちらかが30より小さい整数のとき，最大の値は $2^{23}\times3^{33}$ である。$2^{23}\times3^{33}=2^{23}\times3^{30}\times3^3=2^{23}\times3^{30}\times27$，$2^{30}\times3^{30}=2^{23}\times3^{30}\times2^7=2^{23}\times3^{30}\times128$ より，$2^{23}\times3^{30}\times27<2^{23}\times3^{30}\times128$ だから，$2^{23}\times3^{33}<2^{30}\times3^{30}$ である。よって，〈23, 33〉が $81-9=72$(番目)，〈30, 30〉が73番目となり，74番目は〈32, 30〉である。

3 〔平面図形―三角形〕

(1)<面積>右図で，点 D と点 C を結ぶ。$AD=AB-BD=16-(8+4\sqrt{2})=8-4\sqrt{2}$ だから，$\triangle ADC$，$\triangle ABC$ の底辺をそれぞれ辺 AD，辺 AB と見ると，高さが等しくなり，$\triangle ADC:\triangle ABC=AD:AB=(8-4\sqrt{2}):16=(2-\sqrt{2}):4$ となる。よって，$\triangle ADC=\dfrac{2-\sqrt{2}}{4}\times\triangle ABC=\dfrac{2-\sqrt{2}}{4}S$ である。同様にして，$AG=AC-CG=2\sqrt{2}-(\sqrt{2}-1)=\sqrt{2}+1$ より，$\triangle ADG:\triangle ADC=AG:AC=(\sqrt{2}+1):2\sqrt{2}$ となるから，$\triangle ADG=\dfrac{\sqrt{2}+1}{2\sqrt{2}}\triangle ADC=\dfrac{\sqrt{2}+1}{2\sqrt{2}}\times$

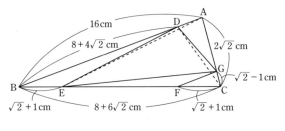

$\dfrac{2-\sqrt{2}}{4}S=\dfrac{1}{8}S(\mathrm{cm}^2)$ と表せる。

(2)＜面積＞前ページの図で，(1)と同様に考えると，△BDC：△ABC＝BD：AB＝$(8+4\sqrt{2})$：$16=(2+\sqrt{2})$：4，△BDE：△BDC＝BE：BC＝$(\sqrt{2}+1)$：$(8+6\sqrt{2})$ となるから，△BDC＝$\dfrac{2+\sqrt{2}}{4}\times$ △ABC＝$\dfrac{2+\sqrt{2}}{4}S$ となり，△BDE＝$\dfrac{\sqrt{2}+1}{8+6\sqrt{2}}$△BDC＝$\dfrac{\sqrt{2}+1}{8+6\sqrt{2}}\times\dfrac{2+\sqrt{2}}{4}S=\dfrac{4+3\sqrt{2}}{2(4+3\sqrt{2})\times4}S$ $=\dfrac{1}{8}S$ と表せる。点Aと点Eを結ぶと，CE＝BC－BE＝$(8+6\sqrt{2})-(\sqrt{2}+1)=7+5\sqrt{2}$ より，△CEA：△ABC＝CE：BC＝$(7+5\sqrt{2})$：$(8+6\sqrt{2})$，△CEG：△CEA＝CG：AC＝$(\sqrt{2}-1)$：$2\sqrt{2}$ となるから，△CEA＝$\dfrac{7+5\sqrt{2}}{8+6\sqrt{2}}$△ABC＝$\dfrac{7+5\sqrt{2}}{8+6\sqrt{2}}S$ となり，△CEG＝$\dfrac{\sqrt{2}-1}{2\sqrt{2}}$△CEA＝ $\dfrac{\sqrt{2}-1}{2\sqrt{2}}\times\dfrac{7+5\sqrt{2}}{8+6\sqrt{2}}S=\dfrac{3+2\sqrt{2}}{2\sqrt{2}\times2(4+3\sqrt{2})}S=\dfrac{2\sqrt{2}+3}{2\sqrt{2}\times2\sqrt{2}(2\sqrt{2}+3)}S=\dfrac{1}{8}S$ となる。以上より，△DEG＝△ABC－△ADG－△BDE－△CEG＝$S-\dfrac{1}{8}S-\dfrac{1}{8}S-\dfrac{1}{8}S=\dfrac{5}{8}S(\mathrm{cm}^2)$ と表せる。

(3)＜長さ―相似＞前ページの図で，$\dfrac{FC}{BC}=\dfrac{\sqrt{2}+1}{8+6\sqrt{2}}=\dfrac{\sqrt{2}+1}{2(4+3\sqrt{2})}=\dfrac{(\sqrt{2}+1)\times(4-3\sqrt{2})}{2(4+3\sqrt{2})\times(4-3\sqrt{2})}=$ $\dfrac{\sqrt{2}-2}{2\times(-2)}=\dfrac{2-\sqrt{2}}{4}$，$\dfrac{GC}{AC}=\dfrac{\sqrt{2}-1}{2\sqrt{2}}=\dfrac{(\sqrt{2}-1)\times\sqrt{2}}{2\sqrt{2}\times\sqrt{2}}=\dfrac{2-\sqrt{2}}{4}$ より，FC：BC＝GC：AC＝$(2-\sqrt{2})$：4であり，∠GCF＝∠ACB だから，△GFC∽△ABC である。よって，FG：BA＝$(2-\sqrt{2})$：4だから，FG＝$\dfrac{2-\sqrt{2}}{4}$BA＝$\dfrac{2-\sqrt{2}}{4}\times16=8-4\sqrt{2}$ (cm)である。

4 〔空間図形―正四角錐，多面体〕

(1)＜体積＞右図1のように，底面が1辺10cmの正方形，側面が1辺 10cmの正三角形である正四角錐の各頂点をO，P，Q，R，Sとする。点Oから面PQRSに垂線OTを引くと，点Tは正方形PQRSの対角線PR，QSの交点と一致する。また，△POR≡△PQRとなるから，OT ＝QTである。△PQTは直角二等辺三角形だから，QT＝$\dfrac{1}{\sqrt{2}}$PQ＝ $\dfrac{1}{\sqrt{2}}\times10=5\sqrt{2}$ となり，OT＝QT＝$5\sqrt{2}$ である。よって，正四角錐 O-PQRSの体積は，$\dfrac{1}{3}\times$〔正方形PQRS〕$\times$ OT＝$\dfrac{1}{3}\times10^2\times5\sqrt{2}=\dfrac{500\sqrt{2}}{3}(\mathrm{cm}^3)$ である。

図1

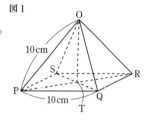

(2)＜体積，面積，長さ＞(ア)右図2のように，多面体の容器の手前の正六角形，上の正方形の8個の頂点をA〜Hとし，正六角形の辺を延長してできる八面体の頂点をI〜Nとする。容器の容積は，八面体IJKLMNの体積から，八面体IJKLMNの頂点I，J，K，L，M，Nのところにできる6個の四角錐の体積をひいて求められる。正六角形の1つの外角の大きさが$360°\div6=60°$ より，∠IAF＝∠IFA＝60° となり，△IAFは正三角形である。同様に，△IFG，△IGH，△IAHも正三角形となる。四角形AFGHは1辺が10cmの正方形だから，

図2

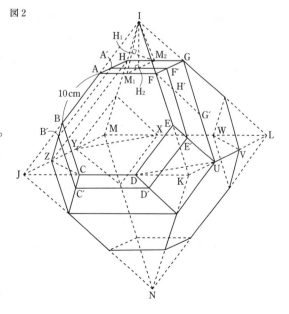

四角錐 I-AFGH は，前ページの図1の正四角錐 O-PQRS と合同である。図2で，八面体 IJKLMN の頂点 J，K，L，M，N のところにできる四角錐も，図1の正四角錐 O-PQRS と合同となる。また，∠AIF = ∠BJC = ∠DKE = 60° より，△IJK は正三角形となり，△IKL，△ILM，△IJM，△NJK，△NKL，△NLM，△NJM も正三角形となる。これより，四角錐 I-JKLM と四角錐 N-JKLM は合同であり，四角錐 I-JKLM は四角錐 I-AFGH と相似となる。IA = JB = 10 より，IJ = 10 + 10 + 10 = 30 となるから，四角錐 I-JKLM と四角錐 I-AFGH の相似比は IJ : IA = 30 : 10 = 3 : 1 であり，体積比は，$3^3 : 1^3 = 27 : 1$ となる。(1)より，〔四角錐 I-AFGH〕=〔正四角錐 O-PQRS〕$= \dfrac{500\sqrt{2}}{3}$ だから，〔四角錐 I-JKLM〕$= 27$〔四角錐 I-AFGH〕$= 27 \times \dfrac{500\sqrt{2}}{3} = 4500\sqrt{2}$ となり，〔八面体 IJKLMN〕$= 2$〔四角錐 I-JKLM〕$= 2 \times 4500\sqrt{2} = 9000\sqrt{2}$ となる。よって，容器の容積は，$9000\sqrt{2} - 6 \times \dfrac{500\sqrt{2}}{3} = 8000\sqrt{2}$ (cm³) である。　　(イ)図2のように，6点 U ～ Z を定めると，容器の容積の $\dfrac{1}{2}$ 倍の量の水を入れたときの水面がつくる図形は，八角形 CDUVWXYZ となる。四角形 JKLM は，JK = IJ = 30 より，1辺が 30cm の正方形である。また，△JCZ は JC = JZ = 10 の直角二等辺三角形であり，△KDU，△LVW，△MXY も合同な直角二等辺三角形である。よって，水面がつくる図形の面積は，〔正方形 JKLM〕$- 4\triangle JCZ = 30^2 - 4 \times \dfrac{1}{2} \times 10 \times 10 = 700$ (cm²) である。　　(ウ)図2で，辺 AF，辺 GH の中点をそれぞれ M_1，M_2 とする。3点 I，M_1，M_2 を通る平面は六角形 ABCDEF を含む平面に垂直だから，点 M_2 から六角形 ABCDEF を含む平面に垂線 M_2H_1 を引くと，点 H_1 は線分 IM_1 上の点となる。3点 I，M_1，M_2 を含む平面は面 AFGH に垂直だから，点 I から面 AFGH に垂線 IH_2 を引くと，点 H_2 は線分 M_1M_2 上の点となる。よって，△IM_1M_2 の面積について，$\dfrac{1}{2} \times IM_1 \times M_2H_1 = \dfrac{1}{2} \times M_1M_2 \times IH_2$ となる。△IAM_1 は3辺の比が $1 : 2 : \sqrt{3}$ の直角三角形だから，$IM_1 = \dfrac{\sqrt{3}}{2}IA = \dfrac{\sqrt{3}}{2} \times 10 = 5\sqrt{3}$ である。また，$M_1M_2 = FG = 10$ であり，線分 IH_2 は図1の線分 OT と等しいから，$IH_2 = OT = 5\sqrt{2}$ である。したがって，$\dfrac{1}{2} \times 5\sqrt{3} \times M_2H_1 = \dfrac{1}{2} \times 10 \times 5\sqrt{2}$ が成り立ち，$M_2H_1 = \dfrac{10\sqrt{6}}{3}$ となる。次に，正六角形 ABCDEF の面を下にして水平な床の上に置くことを考える。$3 < \dfrac{10\sqrt{6}}{3}$ より，$3 < M_2H_1$ だから，水面の高さが床から 3cm のとき，水面を含む平面は線分 M_2H_1 と交わり，水面は辺 AH，辺 FG と交わる。水面は面 ABCDEF と平行になるから，水面と容器の辺との交点を図2のように A′ ～ F′ とすると，水面がつくる図形は，六角形 A′B′C′D′E′F′ となる。A′F′ = AF = 10 であり，同様にして，B′C′ = D′E′ = 10 である。また，3点 G，H，U を通る平面は面 A′B′C′D′E′F′ に平行であるから，水面の高さが 3cm，$M_2H_1 = \dfrac{10\sqrt{6}}{3}$ より，F′F : FG = 3 : $\dfrac{10\sqrt{6}}{3}$ = 9 : $10\sqrt{6}$ である。△IKL が正三角形より，△GUL も正三角形であるから，UG = UL = 10 + 10 = 20 である。点 F を通り辺 EU に平行な直線と線分 UG，線分 EF′ の交点をそれぞれ G′，H′ とする。四角形 EUGF，四角形 EE′H′F は平行四辺形だから，UG′ = E′H′ = EF = 10 となり，GG′ = 20 - 10 = 10 である。さらに，△FF′H′ ∽ △FGG′ となるから，F′H′ : GG′ = FF′ : FG = 9 : $10\sqrt{6}$ より，F′H′ = $\dfrac{9}{10\sqrt{6}}$GG′ = $\dfrac{9}{10\sqrt{6}} \times 10 = \dfrac{3\sqrt{6}}{2}$ となる。したがって，E′F′ = $10 + \dfrac{3\sqrt{6}}{2}$ である。同様にして，A′B′ = C′D′ = $10 + \dfrac{3\sqrt{6}}{2}$ となる。以上より，水面がつくる六角形 A′B′C′D′E′F′ の周の長さは，$3A′F′ + 3E′F′ = 3 \times 10 + 3 \times \left(10 + \dfrac{3\sqrt{6}}{2}\right) = 60 + \dfrac{9\sqrt{6}}{2}$ (cm) である。

社会解答

1　1　ア，イ，ウ　　2　ア，エ
　　　3　ア，オ　　4　イ，エ　　5　E
　　　6　(例)災害時の被害を防止し，景観を
　　　　良好にするため。(22字)
　　　7　ア，ウ
2　1　A→C→D→B　　2　ア，エ
　　　3　日光　　4　イ，オ

　　　5　(例)鎖国体制の下で，海外の情報を
　　　　得ようとした。(21字)
　　　6　ア，ウ
3　1　ア，エ　　2　ウ，オ　　3　ウ
　　　4　ア，エ　　5　ア，ウ
　　　6　ウ，エ　　7　ア，エ
　　　8　ア，オ

---

1 〔三分野総合─横浜を題材とした問題〕

1 ＜日米修好通商条約＞1858年に結ばれた日米修好通商条約で開港されたのは，函館，神奈川(横浜)，新潟，兵庫(神戸)，長崎の5港である。アは札幌市(北海道)について，イは金沢市(石川県)について，ウは豊田市(愛知県)について述べている。なお，エは神戸市(兵庫県)について，オは新潟市(新潟県)について述べている。

2 ＜地形＞大陸棚とは，陸に続く水深がおよそ200mまでの傾斜が緩やかな海底を指す(イ…×)。河口に細かい土砂が堆積してできる平らな地形は三角州で，扇状地は河川が山地から平地に出る所に，やや大粒の土砂が堆積してできる傾斜のある扇状の地形である(ウ…×)。干潟とは，遠浅の海岸などで，引き潮のときに現れる地形である(オ…×)。

3 ＜貿易＞スエズ運河は，地中海と紅海を結んでいる(ア…×)。フェアトレードとは，発展途上国の生産者によってつくられた製品を適正な価格で売買することによって，生産者が不利な価格を強制されたり，生産者の生活が不安定になったりすることがないようにする取り組みを指す(オ…×)。

4 ＜各国の輸出品＞バナナは冷蔵コンテナ船で運ばれる(ア…×)。ばら積み貨物船〔バルクキャリア〕は，主に鉄鉱石や石炭などを梱包せずに輸送する船であり，石油はタンカーで運ばれる(ウ…×)。ロシアがパイプラインを通じて輸出しているのは，石油や天然ガスである(オ…×)。

5 ＜小麦，牛肉，鉄鉱石の生産量・産出量＞小麦生産量上位には，小麦の国内消費量が多いことや，小麦の輸出先に近いことなどの要素があり，小麦の生育に適した気候に属する国が入る。したがって，小麦生産量が第1位のAには中国，第2位のBにはインド，第3位のCにはロシア，第4位のDにはアメリカ合衆国が当てはまる。残ったEとFのうち，鉄鉱石産出量が最も多いFがオーストラリア，鉄鉱石産出量と牛肉生産量が第2位のEがブラジルとなる。

6 ＜電線・電話線の埋設＞電線や電話線を地下に埋設すると，電柱を建てる必要がなくなる。これによって，大地震などの災害時に電柱が倒れることによる被害を防ぐことができる。同時に，電柱がなくなることによって，都市の景観もよくなる。

7 ＜文章読解＞文の第2段落に，アメリカは神奈川の開港を要求したが，日本側が，開発しやすい横浜を開港することにしたとある(ア…×)。高崎は内陸部の群馬県の都市で，正しくは川崎である(ウ…×)。

2 〔歴史─人の移動や旅に関連する問題〕

1 <資料の年代整序>年代の古い順に，A（平安時代に書かれた『土佐日記』），C（鎌倉時代に書かれた『十六夜日記』），D（江戸時代に書かれた『海游録』），B（江戸時代末から明治時代に書かれた『日本旅行日記』）となる。

2 <国風文化>史料Aの『土佐日記』は，平安時代に紀貫之が書いたものである。平安時代の文学には，『古今和歌集』，『源氏物語』，『枕草子』などがある。なお，『新古今和歌集』は鎌倉時代の和歌集，『東海道中膝栗毛』は江戸時代の作品である。また，連歌が流行したのは，室町時代のことである。

3 <江戸時代の街道>文中にある目的地までの地名（千住，越谷，草加，宇都宮）や，目的地にある仁王門，陽明門，唐門などの建築物の名から，一行の目的地が，日光街道の終着地点の日光だったことがわかる。

4 <19世紀の世界>史料Cの『十六夜日記』の著者が旅をしていたのは鎌倉時代で，文中に「文永」という年号が見られることからも13世紀のことだとわかる（第1回目の元寇である文永の役は，1274年）。チンギス＝ハンがモンゴル帝国を築いたのは13世紀初めのこと，道元が宋から帰って永平寺を建てたのは13世紀半ばのことである。なお，ミケランジェロが壁画や彫刻を制作したのは，ルネサンス期の15世紀末から16世紀のこと，ピカソが「ゲルニカ」を描いたのは，第二次世界大戦前にスペイン内戦が起こった20世紀のこと，鄭和が大航海したのは，15世紀前半のことである。

5 <鎖国下の日本人>『海游録』は，江戸時代に日本を訪れた朝鮮通信使に同行した高官の紀行文である。史料では，通信正使が訪問する先々で，奉公や儒学者，文士などと暇がなくなるほど交流を求められる様子，音楽や踊りを披露する場には観衆が多く集まり，観衆から書を求められる様子などが述べられている。これらの様子から，日本人たちが通信正使一行のもとを訪れたのは，鎖国体制の下で，貴重な外国の情報を得るためであったことが読み取れる。

6 <交通の歴史>平安時代の『更級日記』や鎌倉時代の『十六夜日記』に女性の旅の記録が見られるように，古代，中世に女性が旅をすることが認められていなかったとは考えられない（ア…×）。日本からブラジルへの移民が本格的に始まったのは明治時代末の1908年のことで，昭和恐慌が発生したのは1930年である（ウ…×）。

3 〔歴史・公民総合―学校教育を題材とした問題〕

1 <資料の読み取り>アメリカで南北戦争が起こったのは1861年のことなので，18世紀に「新世界」への輸出額が増えている原因とは考えられない（イ…×）。ナポレオンによる一連の戦争が行われたのは1796～1815年のことなので，1752～54年に西欧への食品輸出額が多くなった原因とは考えられない（ウ…×）。インド帝国の成立は1877年のことなので，1854～56年に「アジア・アフリカ」へ綿布が大量に輸出されたことに影響を与えたとは考えられない（オ…×）。

2 <言語や文字>琉球王国でつくられた「おもろさうし」は，主にひらがなで記されている（ウ…×）。1910年の韓国併合以来，日本は朝鮮に対して日本語の使用を強制するなどの同化政策をとっていたため，1919年に三・一独立運動が起こると運動自体は強く弾圧した。しかし，日本は翌年宥和的政策である文化政治を実施し，ハングルによる新聞発行を許可するなどした（オ…×）。

3 <明治初期の教育政策>1872年の「学事奨励に関する被仰出書」には，「勉励して之に従事し…産を興し，業を昌にする」とあり，『学問のすゝめ』には「身も独立し…天下国家も独立すべきなり」

とあるように，明治初期の日本の学校教育制度創設期には，学校教育の目的は個人の学問による立身を国家・社会の発展に結びつけることにあった。

4＜大日本帝国憲法と日本国憲法＞憲法によって国の政治権力を制限して人々の人権を守る考えを立憲主義といい，日本国憲法は人権の保障と政治の仕組みについて定めている（イ…×）。日本国憲法には自衛隊に関する規定はない（ウ…×）。文の第3段落に「大日本帝国憲法では教育に関する直接的な規定はありませんでしたが，その体制下では，教育を受けることは事実上臣民の義務とされていました」とある（オ…×）。

5＜地方財政＞地方公共団体も国と同様に公債を発行することができる（イ…×）。国から地方に与えられる財源のうち，義務教育費国庫負担金は使い道が特定されている国庫支出金にあたる。地方交付税交付金は地方公共団体間における財政格差を抑える目的で国から配分される使い道が特定されていない依存財源である（エ…×）。国庫支出金や地方交付税交付金の支出額は，都道府県の人口規模などによって異なる（オ…×）。

6＜家計＞税や社会保険料を除いた所得が，可処分所得である（ア…×）。日本の家計の金融資産の中で最も大きな割合を占めているのは，銀行などの金融機関への預貯金である（イ…×）。株式や債券の購入による投資は，預貯金に比べると高リスク高リターンである（オ…×）。

7＜ジェンダー不平等＞社会におけるジェンダー不平等とは，男女の性差によって社会で不平等な扱いを受けることである。日本の国会議員に占める女性の割合は，2022年現在約15％となっており，政治分野における男女共同参画推進法には罰則はない（イ…×）。日本の女性の20歳代後半から30歳代前半の労働力率が，結婚や出産の影響で低下する傾向は，近年小さくなっている（ウ…×）。日本の平均賃金における男女格差は依然として存在し，欧米諸国と比べても大きい（オ…×）。

8＜人間の安全保障＞安全保障とは，元来，国家レベルで外国からの攻撃から国家や国民を守ることを意味していたが，近年，貧困，疾病などによる恐怖や欠乏から，個々の人間の権利や生活をどのように守るかという人間の安全保障の考え方や取り組みが重要と考えられるようになった。アやオは，旧来の国家レベルの安全保障について述べている。

理科解答

1 1　細胞膜　　2　①…キ　②…ウ
　　3　細胞壁
2 1　イ，ウ　　2　①…ウ　②…エ
　　3　(例)形質がしだいに変化した
3 1　A…チバニアン　B…カラブリアン
　　2　ウ　3　ア　4　ウ　5　ウ
　　6　イ
4 1　水…イ　塩…カ　　2　イ
5 1　エ，オ　　2　エ
　　3　2HCl ⟶ H₂＋Cl₂
6 1　エ

2

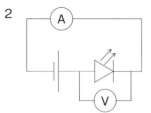

3　電圧計…3 V　電流計…50mA
4　抵抗値…ク　電力…0 W
5　現象…電磁誘導　記号…ア
6　(例)出題の前に自分で同じ実験を行って，実験が成り立つか確認する。

---

1 〔生物の体のつくりとはたらき〕

1 ＜細胞膜＞植物の細胞を細胞内の液よりも濃い液に浸すと，細胞から水が外に出て細胞が小さくなるため，図2のように，細胞膜が細胞壁から離れ，観察できるようになる。なお，この現象を原形質分離という。

2 ＜細胞＞細胞が壊れずに水が外に出たのであれば，図2の細胞を水に浸すと図1のようにもとに戻ると考えられる。一方，細胞が壊れて水が外に出たのであれば，図2の細胞を水に浸してももとには戻らず，変化しないはずである。

3 ＜細胞壁＞植物細胞には細胞壁があり，図1と図2で細胞壁の形にほとんど変化が見られないことから，細胞壁は液の濃度の差による影響をあまり受けないと考えられる。そのため，細胞壁を持たない動物細胞からなるナメクジとは異なり，植物に塩をふってもとけていくようには見えないと考えられる。

2 〔生物の体のつくりとはたらき，生命・自然界のつながり〕

1 ＜生物のはたらき＞イ…正しい。クワの葉は光合成を行ってデンプンをつくる。カイコはこのクワの葉を食べることでデンプンを取り入れ，活動のエネルギー源としている。　　ウ…正しい。繭の糸をつくっているフィブロインとセリシンは，アミノ酸がつながってできているタンパク質であり，これらのタンパク質は，葉を食べることで消化・吸収したアミノ酸をもとに，カイコの体内でつくられている。　　ア…誤り。クワの葉にフィブロインやセリシンが豊富に含まれていても，これらをそのまま材料として繭の糸をつくるわけではない。よって，クワの葉にフィブロインやセリシンが豊富に含まれているかはわからない。　　エ…誤り。食物繊維はブドウ糖などの糖が多数つながった多糖類と呼ばれる物質で，繭の糸をつくるアミノ酸やタンパク質の原料とはならない。なお，食物繊維は，食物の成分のうち，ヒトの消化酵素では消化されない成分である。

2 ＜対照実験＞実験2と実験3は，どちらも実験1の対照実験になるので，調べたい事柄以外の条件は同じにしなければいけない。また，葉の両面にうすく寒天を塗ると，葉の表面の成分を味覚で感知することができなくなる。実験2では，実験1と同じクワの葉を用いているので，クワの葉の形

は実験1と同じように四角く切り取り，葉の表面の条件だけが異なるように両面にうすく寒天を塗ったものを用いる。実験2でカイコが葉を食べなければ，仮説が正しいことが確かめられる。一方，実験3では，実験1とは異なりサクラの葉を用いているので，葉の形や表面の様子は実験1とそろえて行う。カイコがサクラの葉を食べなければ，仮説が正しいことが確かめられる。

3 <カイコ>カイコは，5000年以上前に中国で，絹糸を得るためにクワコを品種改良し，家畜化したものと考えられている。クワコは，人間が長い年月をかけて，品質の良い絹糸をたくさん得ることができる個体を，また，飼育しやすい個体を選抜する中で，その形質を変化させた結果，カイコとなった。なお，カイコは人間が飼育しないと生きられず，野生では生きていけない。

3 〔大地の変化〕

1 <地層>図1の千葉セクションの白尾火山灰層の下面がチバニアンとその前の時代の境界であり，地層の逆転がない場合，地層は下のものほど古いから，白尾火山灰層の上のAがチバニアンのA地層で，下のBがその前の時代の地層である。図2より，チバニアンの前の時代はカラブリアンである。

2 <岩石の種類>千葉セクションは水深500mの深い海底で堆積した地層なので，この地層を構成する主な岩石は，粒の小さい土砂が堆積してできた泥岩と考えられる。なお，アの花こう岩，イのせん緑岩は火成岩なので適さない。

3 <示準化石>図2より，チバニアンは新生代に属している。ア～オのうち，新生代に栄えた生物はナウマンゾウである。なお，フズリナとサンヨウチュウは古生代，フクイラプトル(恐竜)とアンモナイトは中生代に栄えた生物である。

4 <大地の変化>図2より，チバニアンの後の後期更新世の始まりは129000年前なので，千葉セクションの地層は深い海底で堆積した129000年前から現在までの間に，500＋70＝570(m)，つまり，570000mm隆起したと考えられる。よって，1年間当たりの隆起量は，570000÷129000＝4.4…より，約4mmとなる。

5 <偏西風>火山の噴火で噴出した火山灰は，偏西風に運ばれて火山の東側の地域に降り積もるので，白尾火山灰層をもたらした火山は，房総半島の西側にある御嶽山と考えられる。なお，有珠山，岩木山，磐梯山はいずれも房総半島から北に遠く離れた位置にあり，西之島は房総半島から南に遠く離れた位置にあるため適さない。

6 <大地の変化>房総半島は，大陸プレートの下に海洋プレートがもぐり込むことによって隆起してできたことから，この地域には両側から押す力がはたらいたと考えられる。両側から押す力がはたらいたときにできる断層は逆断層なので，間違っているのはイである。なお，正断層は，両側から引く力がはたらいたときにできる断層である。

4 〔化学変化とイオン〕

1 <中和>操作1より，2.0％の水酸化ナトリウム水溶液200gに含まれる水酸化ナトリウムの質量は，$200 \times \dfrac{2.0}{100} = 4.0 (g)$，操作2より，3.7％の塩酸100gに含まれる塩化水素は，$100 \times 3.7 \div 100 = 3.7 (g)$である。操作2で，2.0％の水酸化ナトリウム水溶液200gに3.7％の塩酸100gを加えると，混合液のpHが7になったことから，混合液は過不足なく中和して，中性になっていることがわかる。よって，操作3で得られた白い固体は，中和でできた塩である塩化ナトリウムだから，その質量は，

$0.29 \times \dfrac{300}{15} = 5.8(g)$ である。水酸化ナトリウムと塩酸の中和では，水と塩化ナトリウムができるから，中和でできた水の質量は，$4.0 + 3.7 - 5.8 = 1.9(g)$ である。

2 ＜イオンの数＞水溶液中で，水酸化ナトリウム$(NaOH)$はナトリウムイオン(Na^+)と水酸化物イオン(OH^-)に電離し，塩化水素(HCl)は水素イオン(H^+)と塩化物イオン(Cl^-)に電離している。操作2より，2.0％の水酸化ナトリウム水溶液200gと3.7％の塩酸100gが過不足なく中和しているから，2.0％の水酸化ナトリウム水溶液100gと3.7％の塩酸100gを混ぜ合わせると，水溶液は酸性になり，酸性の水溶液中にはH^+が存在している。このとき，OH^-は，中和により全てH^+と結びつき，水(H_2O)になるので，水溶液中には存在しない。また，中和によって，塩として塩化ナトリウム$(NaCl)$ができるが，塩化ナトリウムは水溶液中でNa^+とCl^-に電離している。よって，水溶液中に存在するイオンは，H^+，Na^+，Cl^-である。

5 〔化学変化とイオン〕

1 ＜電気分解＞実験1で，塩化銅$(CuCl_2)$は水溶液中で，銅イオン(Cu^{2+})と塩化物イオン(Cl^-)に電離している。そのため，水溶液に電極を入れて電圧を加えると，電源装置の－極につないだ炭素棒電極(陰極)にはCu^{2+}が引かれて移動し，電極から電子を受け取って原子となり，電極の表面に赤色の銅(Cu)が付着する。電極に付着した銅をろ紙に取り，乳棒などでこすると金属光沢が見られる。一方，電源装置の＋極につないだ炭素棒電極(陽極)にはCl^-が引かれて移動し，電極に電子を渡して原子となり，原子が2個結びつき，塩素分子(Cl_2)となって気体の塩素が発生する。塩素は水に溶けやすい気体で，その水溶液は漂白作用を示すので，赤インクで色をつけた水に加えると赤色が消える。以上より，正しいのはエとオである。

2 ＜電気分解＞塩酸は，塩化水素(HCl)の水溶液で，塩化水素は水溶液中で，水素イオン(H^+)とCl^-に電離している。実験2で，電源装置の＋極につないだ電極にはCl^-が引かれて移動し，塩素(Cl_2)が発生し，－極につないだ電極にはH^+が引かれて移動し，水素(H_2)が発生する。

3 ＜化学反応式＞実験2では，塩化水素(HCl)が電気分解され，水素(H_2)と塩素(Cl_2)が発生している。化学反応式は，矢印の左側に反応前の物質の化学式，右側に反応後の物質の化学式を書き，矢印の左右で原子の種類と数が等しくなるように化学式の前に係数をつける。

6 〔電流とその利用〕

1 ＜電池＞図1の電池では，銅板が＋極，亜鉛板が－極になる。また，LEDは長いあしを電池の＋極側，短いあしを－極側につなぐと点灯する。図1で，LEDは明るく点灯したので，銅板はLEDの長いあしにつながったことになる。

2 ＜回路図＞電池の＋極から電流が流れ出て，LEDには点灯する向きに電流が流れるように接続する。電流計は電池やLEDに対して直列に，電圧計はLEDに対して並列につなぐ。解答参照。

3 ＜電圧計，電流計のつなぎ方＞図2より，LEDに2.1Vの電圧を加えると点灯し，そのときに20mAの電流が流れることがわかる。よって，問題集の問題で，図1の電池につないでLEDが点灯していることから，電池の電圧はおよそ2.1Vで，流れる電流はおよそ20mAである。そのため，電圧計の－端子は3V，電流計の－端子は50mAにつながっていると考えられる。

4 ＜抵抗と電力＞3より，電圧計は0.9V，電流計が0mAを示している。これより，LEDを1つの電気抵抗だと考えたとき，その抵抗値は非常に大きく1.1kΩより大きいため電流が流れない(測定

できないくらい小さい）ことになる。また，電流は流れていないので，LEDで消費される電力は0Wである。

5 ＜電磁誘導＞コイルの中の磁界が変化すると，コイルには電圧が生じ，電流が流れる。この現象を電磁誘導といい，流れた電流を誘導電流という。図5のように磁石のN極を下にしてコイルを通過させると，磁石のN極がコイルの上端に入るときに，N極が近づくのを妨げるよう，コイルの上端にN極が生じる向きの電流を流そうとする電圧が生じる。このとき，LEDの短いあしに電流が流れ込むので，LEDは点灯しないが，磁石がコイルの下端から出るとき，S極が遠ざかるのを妨げるよう，コイルの下端にN極が生じる向きの電流を流そうとする電圧が生じる。このとき，LEDの長いあしに電流が流れ込むので，LEDは一瞬点灯する。磁石のN極とS極を逆にして同じように落下させた場合には，電磁誘導による電圧，電流の向きが逆になるため，磁石がコイルの上端に入るときにLEDは一瞬点灯する。

6 ＜総合＞図1のような電池をつくった場合，その電圧は電極に用いた金属の種類により予想することができるが，出題者は，同じ電池をつくって実験を行い，実際に予想通りの電圧が生じるか確かめるのが望ましい。そうすれば，「疑問の残る出題」がされてしまうという事象は起こらない。

国語解答

一 問一 対象をありのままに愛でる姿勢を持たず，要素還元主義で世界を切り刻み細かく分割してしまうと，かえって本質が見失われ，対象を理解することができなくなるから。

問二 知識の量と世界の本質の理解とは無関係だと信じていたが，ありのままの姿でなくては表現できない世界があり，それを理解するには膨大な量の情報が必要だから。

問三 膨大な量の情報とリンクさせることによって，短い表現の中に，要素還元主義では見失われてしまう世界の多様性を見出すことができる，ということ。

問四 要素還元的世界観では対象をありのままの姿で理解できないことを，花火の美しさがわかる人間の友達とわからないアトムの対比で鮮やかに示した点。

問五 人間はなぜこの世界の真の美しさを愛でることができないのだろう

問六 ⑦ 発現　④ 志　⑦ 簡潔　④ 熟知　⑦ 重複

二 問一 教授の熱弁は，ゲルツェンに対する風当たりが強い現状を打破するために皆で立ち上がるようにと学生たちに訴えかける力を持っていた，ということ。

問二 ゲルツェンの思想は，現状に立ち向かうよう訴える点で，言論の画一化が明らかに進んでいる現代ロシアにおいても意義を持つ，ということ。

問三 時代の政治的状況に合わせて講義の科目名を「ロシア史」から「祖国史」に変えてしまうような，大国主義的な態度。

問四 学生たちが時代ごとの思想の変化に惑わされずに，自ら本を読み考える姿勢を持ち続けようとするとき，ゲルツェンは手本として勇気を与えてくれるだろう，ということ。

三 問一 とわるる　問二 イ

問三 賢君のもとでは，臣下は率直に自分の考えを言うもので，任座が率直に意見を述べたのは，文侯が賢明であるからこそできたことである，というもの。

問四 ウ

一 〔随筆の読解―自然科学的分野―科学〕出典；須藤靖「世界を切り刻む科学とありのままに愛でる科学」（東京大学出版会「UP」2022年9月号掲載）。

≪本文の概要≫漱石と植物を愛してやまないT先生の本は，植物好きが見ることのできる世界の驚異的深さを思い知らせてくれた。物理学の目標の一つは，この世界を構成する物質と法則の基礎を突き詰めることであり，それは要素還元主義に基づいてかなり成功を収めてきた。しかし，要素還元主義で世界を切り刻み細かく分割してしまうことで，かえって本質が失われる現象も多い。この世界の多様性をありのままに愛でる姿勢なくしては，世の中の森羅万象は理解できないのである。いくら美しい花でも，細胞レベルに分割してしまえば，その美しさは全て消え失せてしまう。花の美しさを深く理解するには，無数の異なる種に名前をつけ，その名前に，形，色，香り，原産地，開花時期といった，要素還元主義者から見ると冗長で圧縮可能でしかない情報を持っていることが必要である。近い将来，世界をありのままに愛でることができるAIが出現すれば，そのAIは，人間以上に世界の

真の美しさがわかるようになっているかもしれない。

問一＜文章内容＞「無数の自由度を持つ系が互いに相互作用すること」で発現した「予想もしないような性質」について、「それらもまた素粒子と四つの相互作用だけで完全に説明できるに決まっている」と主張するのは、「世界を切り刻み細かく分割」する「要素還元主義」である。このような対象のとらえ方では「かえって本質が失われる」ことになるのであり、世の中の森羅万象を理解するためには、「この世界の多様性をありのままに愛でる姿勢」が必要である。

問二＜文章内容＞「私」は、「いくら名前を覚えていたとしても、世界の本質の理解とは無関係だ」と信じていた。しかし、「私」は、美しい花の美しさを議論するためには「無数の異なる種に名前をつけるのみならず、その名前に、形、色、香り、原産地、開花時期といった情報を適切にリンクしておくことが必須」であること、文学や植物学では「ありのままの姿でなくては表現できない世界が個別に実在する」こと、「ありのままの姿で理解するには、冗長で重複するがゆえに膨大な情報量が必要」であることに気づいた。今の「私」は、たくさんの名前を覚えている必要が実際あるとわかっているので、「いくら名前を覚えていたとしても、世界の本質の理解とは無関係だ」というのは「負け惜しみ」になる。

問三＜文章内容＞美しい花があったとき、「その美しさを議論するためには、無数の異なる種に名前をつけるのみならず、その名前に、形、色、香り、原産地、開花時期といった情報を適切にリンクしておくことが必須」である。それができると、「立てば芍薬、座れば牡丹、歩く姿は百合の花」という言葉を前にしても、「それぞれの花の色、形状、香り、季節を熟知している」ので、その花のありのままの姿を理解し、奥行きのある美しさを想起できる。要素還元主義では「冗長」に思える「膨大な情報量」があるからこそ、本質を理解することができるのである。

問四＜文章内容＞アトムは、「当時の『科学の子』」で、「要素還元的世界観しか持ち得ない」という点で人間とは異なる。人間は、対象を「ありのままの姿で理解する」ことができるので、花火の美しさに大喜びできるのに、アトムには花火が元素記号にしか見えず、花火の美しさを理解できない。この場面は、要素還元主義で世界を切り刻んでしまうと本質を理解することができず、美しいものを美しいと感じることもできないということを、花火を見るという場面設定のもと、鮮やかに、印象的に表現している。

問五＜文章内容＞「私」が子どもの頃にテレビで見たアトムは、要素還元的世界観しか持たず、対象をありのままの姿で理解したり愛でたりすることはできなかった。しかし、近い将来、「世界をありのままに愛でることができるAI」が登場する可能性は高い。これからの時代の「科学の子」の「アトム」は、そのようなAIを搭載したものであろうから、花や花火の美しさを人間と同じかそれ以上に感じて愛でることができると考えられる。

問六＜漢字＞⑦「発現」は、現れ出ること、また、現し出すこと。　　⑦「志す」は、目指す、という意味。　　⑦「簡潔」は、簡単な表現で要領よくまとまっていること。　　⑦「熟知」は、よく知っていること。　　⑦「重複」は、同じ物事が重なり合っていること。

二　〔随筆の読解―芸術・文学・言語学的分野―文学〕出典；奈倉有里「ゲルツェンの鐘が鳴る」（『夕暮れに夜明けの歌を　文学を探しにロシアに行く』所収）。

問一＜表現＞「鐘」は、「最初の革命新聞とも称される」新聞の名前になっており、その名前は「一二世紀のノヴゴロドでさまざまな身分・階層の人々が参加していた民会（ヴェーチェ）の鐘に由来して」いた。「鐘を鳴らすことは集会のはじまり」を意味しており、学生たちを集めた記念会の場で、ミネラーロフ教授が現代におけるゲルツェンへの風当たりの強さを批判する「熱弁」を振るったこ

とは，現状を打破するために立ち上がるよう学生たちに訴えかけるものだったのである。

問二＜文章内容＞ゲルツェンは，「最初の革命新聞とも称される」新聞『鐘』を発行していた。この新聞は，「検閲から言葉を解放せよ」「地主から農奴を解放せよ」「体罰から納税階層を解放せよ」というように，現状の打破・改革を訴えるものだった。ゲルツェンのそのような思想は，今のロシアで「言論の画一化があきらかに進んで」いることを考えると，現状に立ち向かって行動することを人々に訴えかけるという点で，現代においても意義のあることとしてとらえられる。

問三＜文章内容＞このロシア史の教授は，科目名を「ロシア史」から「祖国史」に変えて，ロシアを持ち上げようとした。「ロシアを『祖国』と言われて困惑したり疎外感を感じたりするはずの学生はもちろんたくさんいる」にもかかわらず，この教授は，他の小国を見下す「大国主義」の態度を取ったのである。

問四＜表現＞ゲルツェンは，体制に屈せず，「最初の革命新聞」と称される新聞を自ら発行していた人である。言論の画一化が明らかになっている今のロシアにおいて，学生たちが「時代ごとに変わりゆく思想の流れに惑わされすぎず」に自ら考えて正しいことを追求しようとするなら，ゲルツェンは学生たちの手本となりうる。学生たちは，ゲルツェンから勇気を与えられ続けるのである。

三 〔古文の読解―説話〕出典；『蒙求和歌』。

≪現代語訳≫魏の文侯と申し上げる君主が，大勢の臣下をお呼びになり，「私と昔の君主を比べて（私は）どうか」とお尋ねになると，皆，「賢君です」と褒め申し上げた。順にお尋ねになり，任座に至ると，（任座は）「賢君ではいらっしゃいません」と申し上げた。理由を問われると，「中山を討ち取ったとき，弟を（領土を与えて）諸侯になさらないで，王子を（領土を与えて）諸侯になさりました（ので）」とお答えしたので，文侯は，怒って，（任座を）追い出しなさった。

次いで，翟璜になって，（翟璜は）「賢君でいらっしゃいます」と申し上げた。理由を問われると，「私は聞いております。君主が，賢明であるときは，その臣下は，率直にものを言います。任座がお答えした言葉が率直であったのは，君主が賢明だからこそです」と申し上げたとき，文侯は，その理屈を喜んで，任座を呼び戻して，頭を下げて高位の役職におつかせになった。

道のない大空を嫌だと思った臣下の心を，月のように世の中を照らす君主はとがめるべきではない。

問一＜歴史的仮名遣い＞語頭以外のハ行は，現代仮名遣いでは原則として「わいうえお」になる。

問二＜古文の内容理解＞任座は，思ったとおりにはっきりと，文侯のことを賢君ではないと答えている。翟璜は，君主が賢明であるときは，その臣下はありのままにものを言うと，文侯に言ったのである。ここでの「直なり」は，まっすぐである，ありのままである，という意味。

問三＜古文の内容理解＞翟璜は，文侯のことを賢君だと答えた理由を問われると，君主が賢明であるときは，その臣下は「直」であると聞いており，そうだとすれば，今，任座が思っていることを「直」に言ったのは，君主が賢明だからだと答えた。

問四＜和歌の内容理解＞「月」は，ここでは君主を表している。「とがむべきかは」は反語で，とがめるべきだろうか，いやとがめるべきではない，という意味。任座は，君主の文侯が王子に領土を与えたのは道理に外れたことだと思い，それを理由に文侯のことを賢君ではないと言った。文侯にとって，これは不快なことだった。しかし，臣下が率直にものを言えるのは君主が賢明だからこそだという翟璜の言葉を聞いて，文侯は，耳の痛いことであっても率直に発言する臣下は大事にしなければならないことに気づいた。

2022 年度 筑波大学附属駒場高等学校

【英　語】 (45分) 〈満点：100点〉

［注意］　リスニング問題は開始約10分後に始まります。あらかじめ説明・指示をよく読んでおきなさい。リスニング問題が始まるまで、他の問題を解いていなさい。

1 リスニング問題 〈編集部注：放送文は未公表につき掲載してありません。〉

> このリスニング問題は**問1**・**問2**の二つの部分に分かれています。
>
> **問1**は英語の「書き取り」で、**問2**は内容の「聞き取り」です。
>
> **問1** （　）内に必要な英語を書き取り、読まれた短い文章を完成させなさい。
>
> 　　英文はそれぞれ**2回ずつ**放送されます。
>
> **問2** 放送される英文を聞き、以下の質問に答えなさい。質問はAとBの二つがあります。
>
> 　【質問A】については、それぞれの問いに<u>日本語</u>で答えなさい。
>
> 　【質問B】については、正しいものを一つ選び、その記号を答えなさい。
>
> 　英文は**1回だけ**放送されます。放送中、メモを取ってもかまいません。

問1 ＜文の書き取り＞

1．Your garden is small but beautiful with many flowers. — Thanks, (　　　　　　　　　).

2．Was Shibuya station crowded ? — Yes, but (　　　　　　　　　).

問2 ＜内容の聞き取り＞

【質問A】 （<u>日本語</u>で答えなさい。）

1．Why did Alex and Brian shout at each other ?

2．Why was their trouble difficult to solve ?

3．What did David do to have the time to think of the solution ?

4．What was David's idea ?

【質問B】 （<u>記号</u>で答えなさい。）

How many cars will Chris get ?

(ア)　2　　(イ)　3　　(ウ)　4　　(エ)　6　　(オ)　9

2　　次の文章を読んで問いに答えなさい。（＊印の付いた語・語句は本文の後に［注］があります。）

①He really was an impossible person.　Too shy to say anything about himself.　Once he was in the cafe with other people, but just drank coffee and sat on and on until they almost got angry.　The strange thing was that ＊at first sight he looked most interesting.　Everyone agreed about that.　He had black hair, gray eyes with long ＊lashes, and white ＊cheeks.　When someone came near him, he became red.　People around him thought to themselves, "It's strange.　Does he have any secrets ?"　In a word, he was ②[everyone / got / in / interested / just / of / person / the type] or wanted to take care of.

"Who is he ?　Do you know ?"

"Yes, his name is Oliver Williams.　Painter.　Very ＊clever, they say.　Once someone tried to take care of him like his mother and she went around to his ＊studio, ＊rang the bell again and again — and though she did think there was someone inside, the door was not answered . . . no hope !"

Someone else tried to take him out for a date. She went to his studio and rang the bell — again there was no answer . . . no hope !

"What does the poor boy really want ?" said a third. She took him to a *bar and offered him a lot to drink — he got very drunk and his cheeks were getting (ア), but he just sat there . . . no hope !

So many other women tried to attract him but finally they stopped doing so. Still, some people said to themselves, "Very strange. He can't be just as shy as he looks ! Why come to *Paris if you want to be just a shy, lonely painter ?"

He lived at the top of a tall old building. From his studio he could see the boats and people who were walking along the river. The side window looked across to another house, older and still smaller and down below there was a flower market. You could see people who were selling flowers and plants down there and some people buying them — really ③[for / go / him / need / no / there / to / was] out. If he sat at the window, he could watch a lot of things he wanted to draw. . . .

Every day was much the same. While the light was good, he kept working on his painting, then cooked his meals. And in the evenings, he went off to the cafe or sat at home reading books and so on. No mystery about him. ④However, it wasn't all.

One evening he was sitting at the side window eating some fruit. It was raining during the *daytime — the first real spring rain of the year. He looked at the house across the way, the small, old house. Suddenly the windows opened and a girl came out to the little *balcony — she was carrying a pot of *daffodils. She was a thin girl in a dark *pinafore, with a pink handkerchief over her hair.

"Yes, it is quite warm enough. ⑤It will do them good," she said while she was putting down the pot and turning to someone in the room inside. She looked down at the market and then she disappeared.

His heart fell out of the side window of his studio and down to the balcony, and hid itself in the pot of daffodils. That room with the balcony was the *sitting-room and the one next to it was the kitchen. After washing the dishes, she came to the windows. She wore the same, dark pinafore and the pink handkerchief over her hair. . . . Who did she live with ? Nobody else came to those windows, and yet she was always talking to someone in the room. Her mother, he decided, was sick in bed. The father was dead. . . .

By working all day the girl's family just made enough money to live on, but they never went out and they had no friends. Now when he sat down at his table, he wrote down the following thing : ⑥Do not go to the side window during work.

It was quite simple. She was the only person he really wanted to know, because she was, he decided, the only other person who was just his age. He couldn't be with any younger girls who were just laughing, and he had no use for grown-up women. She was his age, she was — well, just like him. He sat in his rather dark studio in the evening, and looked at her windows. He saw himself in there with her. They had a *quarrel at times, but most of the time they sat together very quietly. He was painting her pictures. . . . But how could he get to know her ?

Then he discovered that once a week, on Thursday evenings, she went out shopping with a *basket. So one Thursday evening, he decided to follow her. She walked very quickly, with small, light steps. First, she went to the meat shop, then to the fruit shop and bought a lemon. As he watched her, he knew he had to get to know her now.

But now she was on her way home — then suddenly she went into a small shop . . . to buy an egg. When she came out of the shop, he went in after her.   In a moment, he was out again and started to follow her through the flower market and up to the stairs.   Finally, she stopped on the *landing, and took the key out of her pocket.   As she put it into the door, he ran up and faced her.   His face became (イ) than ever.   He looked at her and said, "Excuse me, but you dropped this."

⑦He showed her an egg.

[注]　at first sight：一見したところは　　lash：まつ毛　　cheek：頬（ほお）　　clever：利口な

studio：スタジオ　　rang：ring の過去形　　bar：バー，酒場　　Paris：パリ

daytime：昼間　　balcony：バルコニー　　daffodil：スイセン《花》

pinafore：ピナフォア《女性用エプロン》　　sitting-room：居間，茶の間　　quarrel：口論

basket：バスケット，かご　　landing：階段の頂上の踊り場

＊本文中の人名を解答に使用する場合には，Oliver Williams をオリバーとすること。

問1　下線部①に an impossible person とありますが，ここでの impossible はどのような意味ですか。本文の内容を踏まえて日本語で答えなさい。

問2　下線部②，③の[　]内の語を，文脈に従って意味が通るように並べ替えなさい。

問3　（ア），（イ）には本文中の形容詞の比較級が共通して入ります。その比較級の形を書きなさい。

問4　下線部④に it wasn't all とありますが，その後オリバーに起こったことを日本語で答えなさい。

問5　下線部⑤の意味を日本語で具体的に説明しなさい。

問6　下線部⑥のようにオリバーが書いたのはなぜですか。日本語で説明しなさい。

問7　下線部⑦について，この結末の滑稽（こっけい）さを40字以内の日本語で説明しなさい。

問8　以下の選択肢の中で，本文中で事実として述べられていないものを全て選びなさい。

(ア)　Oliver jumped out of the side window of his studio and went into the balcony of the girl's house.

(イ)　Oliver sometimes had a quarrel with the girl, but they mainly sat quietly together.

(ウ)　The girl went out shopping once a week.

(エ)　The girl lived with her mother after her father died.

3　　次の文章を読んで問いに答えなさい。（＊印の付いた語・語句は本文の後に[注]があります。）

A　　When I was a small boy, I learned some *Aesop's fables.   Among those was 'The Ant and the *Grasshopper.'   It teaches ①an important lesson to the young.   In this fable, in summer time, the ant gathers food, while the grasshopper sings on the grass.   When winter comes, the grasshopper has nothing to eat.   He goes to the ant and asks for a little food.   Then the ant gives him her common answer.

I could never agree to the lesson because I was poor in *moral sense.   I didn't believe life was *fair.

I thought of this fable when the other day I saw George Taylor alone in a restaurant.   I never saw anyone look so depressed.   I knew at once that he was having trouble with his brother again.   I went up and spoke to him.

"Is it Tom again ?"

"Yes, it's Tom again."

"You must know by now that there is no hope for him."

B I think every family has ②a black sheep. When he was twenty, he was quite a common young man. He went into business, married and had two children. But one day, he suddenly left his family and his office, and went to Europe. ③George [happen / his / money / spent / was / what / when / wondered / would]. He soon found out : Tom borrowed. He was so *charming that he could easily make friends and get money from them. He got the *habit of borrowing money.

When Tom promised George that he would make a fresh start, George believed his brother and gave him a lot of money. But Tom bought cars and some very nice clothes. After that, George realized that his brother would never be better. ④He decided to wash his hands of Tom. But it was not so easy.

Once Tom almost went to *prison. A man *cheated by Tom told George that he would take the matter into *court. George took so much trouble and paid five hundred *pounds to the man. However, in fact, Tom and that man enjoyed themselves together in *Monte Carlo soon after that. ⑤George got very angry again.

For twenty years, Tom danced with the prettiest girls, ate in the most expensive restaurants, and wore beautiful clothes. Though he was forty-six, nobody took him for more than thirty-five. He was a charming and *amusing man.

Poor George, only a year older than Tom, looked sixty. He was an honest and *industrious man who had a good wife and four daughters. He saved a lot and his plan was to stop working at fifty-five to enjoy himself in the country. His life was perfect. He was glad that he was growing old because Tom was growing old too. He said :

"In four years, he'll be fifty. He won't find life so easy then. I will have enough *savings when I'm fifty, and he will *end up in the gutter. He will also know it really pays best to work."

C Poor George ! I felt sorry for him. What has Tom done this time ? George surely looked very much *upset.

"⑥It's not fair, it's not fair !" he shouted. "All my life I've been industrious and honest. After such a life, I can look forward to living on my savings."

"True."

"And Tom has been lazy. He should have no place to live in."

"True."

George grew red in the face. "A few weeks ago, he got married to a woman old enough to be his mother. Soon she died and left him everything she had. Half a million pounds, expensive cars, a huge house in London."

George Taylor hit the table as hard as he could.

I began to laugh. I looked at George's angry face. I almost fell out of my chair. George got angry at me, too. Now Tom often invites me to excellent dinners. ⑦He still borrows a little money from me sometimes. It is never more than a pound.

[注] Aesop's fables：イソップ物語   grasshopper：キリギリス   moral sense：道徳心   fair：公正な
charming：魅力的な   habit：習慣   prison：刑務所   cheat：だます   court：法廷
pound：ポンド(通貨の単位)   Monte Carlo：モンテカルロ(モナコの行楽地；カジノで有名)
amusing：楽しい   industrious：勤勉な   savings：貯金   end up in the gutter：のたれ死にする
upset：気が動転して

＊本文中の人名を解答に使用する場合には，George をジョージ，Tom をトムとすること。

問1　下線部① an important lesson の内容を示す部分を，本文中の B から抜き出しなさい。

問2　下線部② a black sheep の意味として，最も適切なものを記号で答えなさい。

　㋐　a person who saves little money

　㋑　a person who causes a lot of trouble

　㋒　a person who does not like other family members

　㋓　a person who is not kind to other people

問3　下線部③の[　]内の語を，文脈に従って意味が通るように並べ替えなさい。

問4　下線部④ He decided to wash his hands of Tom. と同じ意味になるように，次の文の空所に入る一語を答えなさい。

　　He decided to (　　　) taking care of him.

問5　ジョージが下線部⑤のようになったのはなぜですか。日本語で説明しなさい。

問6　下線部⑥で，どのようなことが不公平だとジョージは言っているのですか。40字以内の日本語で説明しなさい。

問7　トムはなぜ下線部⑦のような行動をするのですか。日本語で説明しなさい。

4　以下の指示に従って英語で書きなさい。

　学校で出される宿題について，「長期休暇には宿題を出さないでほしい」と反対する立場に立って，以下の指示に従い40語以上50語以内の英文を書きなさい。

①　解答欄の冒頭に英文がすでに書かれています。この部分は語数には含まないこととします。

②　この英文に続けて，あなたが宿題に反対する理由を2つ，具体的に述べなさい。

③　最後に，使用した語数を数え，解答欄右下の(　)に記入しなさい。

　以下は下書きに使用してかまいません。

Teachers shouldn't give us homework during a long vacation.　I have two reasons.

_____

_____

_____

_____

　　　　　　　　　　　　　　　　　　　　　　　　　　(　　)語

【**数 学**】 （45分）〈満点：100点〉

【注意】 1．答えに根号を用いる場合，$\sqrt{}$ の中の数はできるだけ簡単な整数で表しなさい。

 2．円周率は π を用いなさい。

1 原点をOとし，関数 $y=x^2$ のグラフを①とします。

a，k を正の数として，①上にある3点P，Q，Rの x 座標をそれぞれ a，$a+2k$，$a-k$ とします。次の問いに答えなさい。なお，座標の1目盛りを1cmとします。

(1) (ア) 関数 $y=x^2$ において，x の値が $a-k$ から $a+2k$ まで増加したときの，x の増加量と y の増加量をそれぞれ求めなさい。

(イ) 直線QR上にあり，x 座標が a である点をSとします。Sの y 座標を求めなさい。

(ウ) 三角形PQRの面積を k の式で表しなさい。

(2) ①上にあり，x 座標が $a+4k$，$a+8k$ である点をそれぞれT，Uとします。五角形PQTURの面積を k の式で表しなさい。

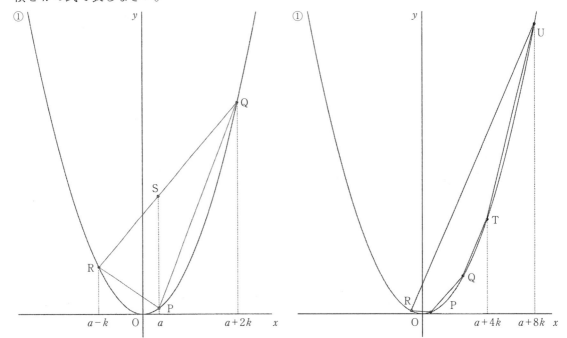

2 分母が222であり，分子が222以下の正の整数である分数について考えます。これらの分数のうち，分母と分子が1以外の公約数をもつものすべてを，次のように小さい順に並べます。

$$\frac{2}{222},\ \frac{3}{222},\ \frac{4}{222},\ \frac{6}{222},\ \cdots\cdots,\ \frac{220}{222},\ \frac{222}{222}$$

並べた分数について，次の問いに答えなさい。

(1) 並べた分数の個数を求めなさい。

(2) 並べた分数のすべての和 $\dfrac{2}{222}+\dfrac{3}{222}+\dfrac{4}{222}+\dfrac{6}{222}+\cdots\cdots+\dfrac{220}{222}+\dfrac{222}{222}$ を求めなさい。

(3) 並べた分数のすべての積 $\dfrac{2}{222}\times\dfrac{3}{222}\times\dfrac{4}{222}\times\dfrac{6}{222}\times\cdots\cdots\times\dfrac{220}{222}\times\dfrac{222}{222}$ を，正の整数 M，N で $\dfrac{N}{M}$ と表します。ただし，M と N の最大公約数は1です。

M を素因数分解した結果を，累乗の指数を使って表しなさい。

3 図のように，正三角形 ABC の内部に点 P があ
り，AP＝1cm，BP＝√2 cm，CP＝√3 cm です。次
の問いに答えなさい。

(1) 点 Q を，三角形 APQ が正三角形となるようにと
ります。ただし，線分 PQ と辺 AB は交わります。
線分 BQ の長さを求めなさい。

(2) 三角形 ABP と三角形 ACP の面積の和を求めなさ
い。

(3) 正三角形 ABC の面積を求めなさい。

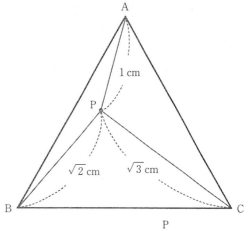

4 右の図のように，1辺の長さ
が1cmの立方体 ABCD-EFGH
と1辺の長さが1cmの正八面体
PQRSTU があります。立方体に
おいて，2つの辺 AE，CG の中
点をそれぞれ M，N とし，線分
MN の中点を I とします。また，
正八面体において，線分 QS の中
点を O とします。次の問いに答え
なさい。

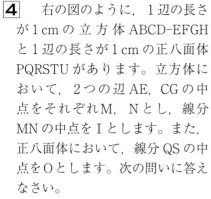
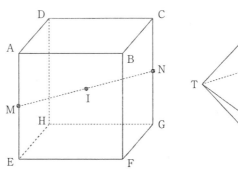

(1) 立方体と正八面体を，点 I と点 O が一致し，AD∥QS であり，正方形 ABCD を含む平面と正方
形 QRST を含む平面が平行であるように重ねた場合を考えます。ただし，線分 PQ と正方形
ABCD は1点で交わるとし，その点を X とします。

図1は，この場合を表した投影図の例です。投影図の破線は，頂点どうしの対応を表しています。

(ア). 線分 PX の長さを求めなさい。

(イ) 立方体と正八面体の共通部分の体積を求めなさい。

図1

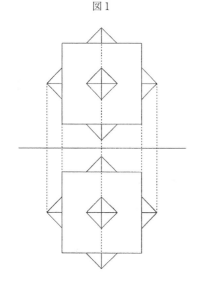

(2) 立方体と正八面体を，点 I が線分 QS 上にあり，AD∥QS であり，正方形 ABCD を含む平面と正方形 QRST を含む平面が平行であり，さらに，点 S が正方形 CDHG 上にあるように重ねた場合を考えます。

図 2 は，この場合を表した投影図の例です。投影図の破線は，頂点どうしの対応を表しています。

立方体と正八面体の共通部分の体積を求めなさい。

図 2

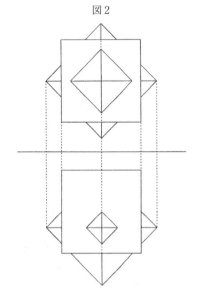

【社　会】（45分）〈満点：100点〉

1　次の文を読んで，後の1から7までの各問いに答えなさい。

　近年，大きな環境の変化が世界各地で起こっています。これまでの観測記録を更新するような異常な高温や，激しい風雨などが増えています。こうした事象が温暖化によるものであるか，これまでは明確に示すことが困難でした。しかし，コンピューターの発達により膨大な計算を行うことが可能になった結果，地球温暖化が異常気象の発生確率をどの程度変化させているかを推定できるようになったのです。これを可能にした手法がイベント・アトリビューションです。気候を再現したモデルを用いて，温暖化した状態と温暖化しなかった状態それぞれに対して大量のシミュレーションを行うことで，異常気象がどれだけ発生するかを統計的に把握します。これにより，温暖化の影響による異常気象の発生確率を数字で表せるようになったのです。気候モデルといえば，2021年にノーベル物理学賞を受賞した真鍋淑郎さんが，気候モデルの基礎を研究開発していたことで話題となったので，知っている人もいるかもしれません。

　このような温暖化をめぐる議論は，国連の気候変動に関する政府間パネル（IPCC）により進められてきました。IPCCは，1988年に世界気象機関などにより設立され，世界中の研究者が協力して，温暖化に関する最新の研究成果をまとめ，各国が共有することを目的としています。1990年に出された第1次評価報告書は，「人為起源の温室効果ガスがこのまま大気中に排出され続ければ，生態系や人類に重大な影響をおよぼす気候変化が生じるおそれがある」と警鐘を鳴らしました。それが，1992年にブラジルのリオデジャネイロで開催された国連環境開発会議で，気候変動に関する国際連合枠組条約を採択する科学的根拠となりました。

　以降も，温暖化をめぐる議論は継続して行われてきました。そして，2021年に発表された最新の第6次評価報告書は，「人間の影響が大気，海洋及び陸域を温暖化させてきたことには疑う余地がない」と断定しました。これは，これまで「人間の影響が20世紀半ば以降に観測された温暖化の支配的な要因であった可能性が極めて高い」という表現をして，多少ぼかしてきた部分に踏み込んだものとなりました。実際のデータでも，2019年における二酸化炭素の大気中濃度はこれまでで最も高い数値を示しました。過去2000年間で見ると，1970年から2020年の世界平均気温は，かつてない速度で上昇しました。このままだと，工業化以前（1850年〜1900年）からの気温上昇が，2040年には1.5℃に達するとの見通しが示されました。この報告書を受けて，国連のアントニオ・グテーレス事務総長は，「これは人類に対する赤信号だ」と声明を発表しました。

　温暖化といっても1.5℃ぐらいの変化ならば，大した影響がないと考えるかもしれません。しかしながら，イベント・アトリビューションによる結果を見るとそうではないことがわかってきます。例えば，50年に一度の異常な高温が起こる頻度は，工業化以前と比べて，1.5℃の気温上昇なら8.6倍，2℃では13.9倍，4℃では39.2倍に達するとされました。実際，2020年には，浜松で国内最高気温である41.1℃を記録しました。また，アメリカ合衆国のデスバレーで54.4℃，イラクのバグダッドで51.8℃，南極で18.4℃というように，世界各地で観測史上に残る高温となりました。かつて，気温－67.8℃を記録したことで知られるロシアのベルホヤンスクでは38℃に達し，北極圏での最高気温を更新しました。

　また，温暖化の影響により「大雨は多くの地域で強く，より頻繁になる可能性が非常に高い」とされています。2021年7月には，東海地方から関東地方南部を中心に断続的に雨が降り，静岡県の複数の地点で72時間の降水量が観測史上1位となる大雨が記録されました。8月にも，前線に向かって暖かく湿った空気が流れ込んだ影響により，西日本から東日本の広い範囲で大雨となりました。降り始めからの総降水量は，多いところで1400ミリを超えるところもありました。

　こうした地球環境の状況を考えたとき，温暖化への対策は一刻の猶予もありません。世界の平均気

温は，工業化以前から1.09℃の気温上昇になっています。この状況で，世界各国が協力して温暖化対策に取り組まなければ，取り返しがつかないことになります。そのため，それぞれの国や地域が自分たちの経済だけ良ければ問題ないとする考えを改める必要があります。日本政府もエネルギー政策を転換し，より一層の温室効果ガス削減を目指すことが求められるかもしれません。こうした国家間の協力に加えて，企業や人々が国を超えて，温暖化対策という人類共通の課題に取り組んでいくことで，一人一人の未来が守られるはずです。

1　温暖化に関連して述べた文として正しくないものを，次のアからカまでの中から二つ選び，その記号を書きなさい。

ア　パリ協定は，先進国に対して拘束力のある温室効果ガス削減目標を設定している。

イ　海洋は，二酸化炭素を吸収することで，海水のアルカリ化を引き起こしている。

ウ　海面上昇が起こることで，オセアニアにあるサンゴ礁の島では土地が水没することが心配されている。

エ　海水の温度が上昇することで，台風が増加すると予測されている。

オ　気温が上昇することで，マラリアなどの熱帯性感染症が増加すると予測されている。

カ　気温や降水量が変化することで，農作物の従来の適地が変わると予測されている。

2　コンピューターや情報技術に関連した内容について述べた文として正しくないものを，次のアからオまでの中から二つ選び，その記号を書きなさい。

ア　日本では，インターネットが普及し始めた2010年代以降，個人利用の端末としてはパーソナルコンピューター（パソコン）が最も使われている。

イ　日本のスーパーコンピューター「富岳」は，室内環境における新型コロナウイルスの飛沫感染の予測と対策などに活用された。

ウ　日本の防衛省は，安全保障にかかわる防災関連情報を地図上に示すために，データを分析・判断・編集したハザードマップを作成している。

エ　アメリカ合衆国のシリコンバレーは，先端技術を研究する大学や研究機関，半導体工場が集まった地域であり，最先端のコンピューターやソフトウェアがつくられている。

オ　インドは，情報通信技術の大きな市場であるアメリカ合衆国と昼夜が逆転する位置関係から，コールセンターの受け入れなど関連する産業が発展している。

3　ブラジルについて述べた文として正しくないものを，次のアからオまでの中から二つ選び，その記号を書きなさい。

ア　コルコバードの丘のキリスト像は，スペインからの独立を記念して建てられたものである。

イ　ラテンアメリカ諸国の中で，日本からの移民が最も多く渡った国である。

ウ　アマゾン川流域の森林面積の減少は，焼畑農業より企業による農地開発の影響が大きい。

エ　大豆，砂糖の生産量は世界有数であり，鉄鉱石を用いたバイオ燃料の導入も進んでいる。

オ　BRICSと呼ばれる国の一つで，鉄鋼，自動車，航空機産業が発達している。

4　アメリカ合衆国について述べた文として正しいものを，次のアからオまでの中から二つ選び，その記号を書きなさい。

ア　移民や難民の受け入れ制限を強化した結果，人口が減少し続けている。

イ　トウモロコシや大豆は，国内消費を上回る生産量があり，遺伝子組み換えによる品種の生産が多い。

ウ　地域の環境に適した農作物を大規模に栽培するフィードロットが行われている。

エ　ラストベルトは西海岸にあり，移民などの労働力を得やすい地域である。

オ　郊外では自動車が必需品となっており，フリーウェイや広い駐車場をもつショッピングセンタ

ーが発達している。

5　ロシアのシベリア地域では，地盤沈下や家屋の倒壊が起きている。温暖化の影響と思われるその具体的な原因について15字以内で書きなさい。

6　静岡県について述べた文として正しくないものを，次のアからオまでの中から二つ選び，その記号を書きなさい。

ア　熱海市は，2021年７月の記録的大雨により，土石流が発生し，住宅などを巻き込み大きな被害が出た。

イ　富士市周辺は，富士山からのわき水などの豊富な水資源を活かした製紙・パルプ産業が盛んである。

ウ　静岡市は，繊維産業から発展したオートバイ製造会社が多くあり，全国的に知られる。

エ　牧ノ原台地は，日当たりと水はけが良く全国有数の茶の産地である。

オ　浜松市は，木曽川の豊富な水資源を利用して，伝統的に木材加工産業が行われている。

7　エネルギー政策に関連した各国の発電量のうち，次の表は，ドイツ，フランス，アメリカ合衆国，カナダの2017年におけるおもな発電量とその割合（単位は％）を示したものである。A・B・C・Dにあてはまる国名を書きなさい。なお，この場合のフランスはモナコを含む。

国名	発電量合計(億kWh)	火力	水力	原子力	再生可能エネルギー
A	6,537	52.9	4.0	11.7	31.4
B	42,864	62.8	7.6	19.6	10.1
C	5,621	11.2	9.8	70.9	8.1
D	6,584	18.9	59.6	15.4	6.1

ただし，再生可能エネルギーは水力を除く　　　　　『データブック　2021』より

2　次の文を読んで，後の１から７までの各問いに答えなさい。

　人類の歴史は感染症とともに歩んできたと言っても過言ではない。人類の間に感染症が蔓延するようになったのは，農耕と定住，都市化により人口が増加し，さらに野生動物を家畜化するようになってからである。日本列島においては，縄文時代でも寄生虫に悩まされていたようだが，農耕が本格化した弥生時代以降，感染症の拡大がみられるようになった。古い時代になればなるほど，実際にどの感染症が流行していたのかを断定するのは難しく，あくまで推測の域を出ないが，例えば3世紀後半には結核が広がっていたことが，同時代の遺跡から出土した人骨よりうかがわれる。

　奈良時代には，大宰府に天然痘が持ちこまれ，その後，平城京でも流行して，藤原四子も相次いで亡くなった。東大寺大仏の造立は，天然痘の平癒を願ったものでもあった。麻疹は，平安時代の文献にたびたび登場し，江戸時代でも十数回の大流行があったとされている。17世紀の前半から19世紀の半ばまで，江戸幕府の外交政策によって外国との貿易や人の交流が制限されていたが，感染症の流行は引き続き発生したのである。（　A　）社会では，松前藩などとの交易を通じて天然痘が持ちこまれ，（　A　）の人口が減少した。（　B　）では，明や東南アジア諸国との盛んな貿易が感染症を流入させ，八重山諸島ではマラリアが流行するようになった。この流行は，オランダ船漂着後に始まったと言い伝えられた。

　18世紀半ばから20世紀前半にかけて，感染症はそれまで以上に急速に拡大するようになった。19世紀後半に猛威を振るったのがコレラである。日本には1822年に持ちこまれて長崎を中心に広がり，1858年には江戸で大流行して，10万人とも20万人ともいわれる多くの死者が出た。明治時代になってもコレラはたびたび流行したが，コレラ対策を契機に，公衆衛生が重視されるようになり，国民の健康を管理することが国家の役割の一つとして意識されることとなった。

1　農耕，定住，都市化に関連して述べた文として正しくないものを，次のアからオまでの中から二つ選び，その記号を書きなさい。

　ア　中国で古代文明が栄えたのは，黄河流域で大規模な水稲耕作ができたからである。

　イ　地中海を囲む地域を支配したローマ帝国では，温暖な気候を利用して小麦やトマト，ジャガイモが栽培された。

　ウ　中国東北部の女真族を統一した清〔シン〕は，その後南下して定住民の漢民族を支配した。

　エ　江戸時代には，新田開発で耕地面積が増えただけでなく，備中ぐわや千歯こきの普及で農業生産力も向上した。

　オ　高度経済成長期の日本では，農村から都市に人口が流入し，交通渋滞や住宅不足を引き起こした。

2　3世紀から奈良時代の間の出来事について述べた文として正しいものを，次のアからキまでの中からすべて選び，その記号を書きなさい。

　ア　朝鮮半島を経由して九州に稲作が伝わった。

　イ　中国皇帝から倭の奴国〔なこく〕王に対して「親魏倭王〔しんぎわおう〕」の金印が授けられた。

　ウ　大王〔おおきみ〕の墓として巨大な前方後円墳がつくられた。

　エ　百済〔くだら〕から仏教が伝えられ，豪族たちは寺院を建てた。

　オ　壬申〔じんしん〕の乱に勝利した天武天皇が藤原京を完成させた。

　カ　中国の歴史書にならって『日本書紀』が編纂〔へんさん〕された。

　キ　朝廷は坂上田村麻呂〔さかのうえのたむらまろ〕を征夷大将軍〔せいい〕に任命し，東北地方の支配を強めた。

3　平安時代から17世紀の前半までの間の出来事を次のアからキまでの中から選んで時代順に並べ替えたとき，2番目と4番目となるものをそれぞれ選び，その記号を書きなさい。

　ア　内乱の最中，京都や奈良で天然痘などの疫病が流行し，後土御門天皇〔ごつちみかど〕や足利〔あしかが〕義政の子の義尚〔よしひさ〕も罹患〔りかん〕した。

　イ　長崎からインフルエンザが流入して各地に広がったが，これは江戸幕府による貿易統制が始まった時期に起こった流行以来，約100年ぶりのことだった。

　ウ　相次ぐ政争と天災に加えてペストが流行したことで，モンゴル帝国は解体にいたり，中国では明が成立した。

　エ　コロンブスのアメリカ大陸到達以降，ヨーロッパ人により天然痘などがもたらされ，アメリカ先住民の人口減少の一因となった。

　オ　内乱の最中，平清盛は熱発作と頭痛をともなう熱病に冒されて亡くなった。

　カ　光明皇后の発願によって，施薬院・悲田院が設立され，病人や孤児の保護・治療が行われた。

　キ　藤原道長六女の嬉子〔きし〕は麻疹で亡くなり，子の後冷泉天皇〔ごれいぜい〕も世継ぎのないまま亡くなったため外戚関係が途絶えた。

4　19世紀の世界について述べた文として正しくないものを，次のアからキまでの中からすべて選び，その記号を書きなさい。

　ア　ヨーロッパではキリスト教が国境をこえた影響力をもち，神の下での平等を訴えたので，各国で「国民」としての意識が高まった。

　イ　ドイツは長い間小国が分立していたが，プロイセンがビスマルクの下で富国強兵を進めて統一を果たし，ドイツ帝国を成立させた。

　ウ　ロシアは南下政策を進め，バルカン半島・中央アジア・中国東北部へ進出しようとして，フランスやイギリス，日本などと対立した。

　エ　アヘン戦争後の中国では，社会不安の高まりと賠償金のために課した重税への不満を背景に，

太平天国が清にとって代わろうとした。

オ　インドでは，イギリス製の安い綿布が流入したため伝統的な手織りの綿布産業が衰退し，かわって原料の綿花をイギリスに輸出するようになった。

カ　ヨーロッパや中国から多くの移民を受け入れて発展したアメリカ合衆国は，南北戦争後，海外への膨張を目指して日本にペリーを派遣し，開国をうながした。

キ　ラテンアメリカでは，ナポレオンによる戦争でヨーロッパが混乱したこともあり，メキシコやブラジルなどがスペインやポルトガルの支配を脱して独立した。

5　本文中の（A），（B）に入る語をそれぞれ書きなさい。

6　オランダについて述べた文として正しいものを，次のアからオまでの中から二つ選び，その記号を書きなさい。

ア　16世紀に東インド会社を設立し，インドのカリカットを根拠地にしてアジアでの貿易を行った。

イ　江戸幕府から長崎における貿易を認められたが，日本人との自由な交流は禁じられた。

ウ　生麦事件の報復として，イギリス・フランス・アメリカとともに鹿児島を攻撃し，砲台を占拠した。

エ　第二次世界大戦が始まると，国境を接するドイツから侵攻を受け，占領された。

オ　1940年代に，支配していたベトナムやカンボジアが独立し，東南アジアの植民地を失った。

7　18世紀半ばから20世紀前半にかけて，感染症がそれまで以上に急速に拡大するようになった背景を二つ，それぞれ15字以上25字以内で書きなさい。

3　次の文を読んで，後の1から6までの各問いに答えなさい。

　2020年12月22日，公正取引委員会は，リニア中央新幹線建設工事受注の際に談合があったとして，建設会社2社に独占禁止法違反のペナルティ（課徴金）として合計約43億円を納めるように命じました。談合とは，公共工事などを受注する業者を競争で決めるとき，競争するはずの業者同士が内密で話し合い，受注する業者や価格を前もって決めることです。この事件は，談合に参加した建設会社が公正取引委員会に自主申告したことで注目を集めました。なぜ，談合を自ら申告したのでしょうか。

　まず，事件の経緯を確認してみましょう。リニア中央新幹線の建設は，2011年に計画が決められ，2014年に工事が始められました。計画では，2027年に品川駅―名古屋駅間で開業し，2037年に東京から大阪の全線開業が目指されていました。このリニア中央新幹線の工事受注をめぐって談合があったのです。公正取引委員会によれば，2015年ごろ，建設会社A社，B社，C社，D社の4社はリニア中央新幹線の品川駅と名古屋駅の新設工事について談合し，A社とB社が工事を受注することに決めました。しかし，その後に談合が疑われると，A社とB社は談合を自主申告しました。この自主申告がきっかけとなって捜査が進み，2018年3月に検察はA社，B社，C社，D社の4社などを起訴しました。起訴内容を認めたA社とB社に対しては，2018年10月に罰金刑が言い渡されました。C社とD社などは無罪を主張していましたが，2021年に裁判所は有罪判決を下しました。刑事罰の他に，公正取引委員会は，工事を受注したA社とB社に課徴金を納めるように命じました。この命令が下されたのが，冒頭に示した2020年12月だったのです。

　次に，なぜ談合を自主申告したのかを考えてみましょう。談合は，参加した企業同士が内密に話し合います。そのため，公正取引委員会が証拠を手に入れるためには，内部からの申告が必要になることが多いのです。しかし，市場での競争にさらされずに利益を得ることができる談合を，自ら申告する企業はあまりありませんでした。こうした状況を変えるために，2006年から課徴金減免制度が導入されました。これは，談合を自主申告した企業に対して課徴金の額を減らすというものです。具体的には，公正取引委員会の調査が始まる前に申告した場合，最初の申告者は100％，2番目の申告者は

50％，３～５番目は30％減免されるという仕組みです。公正取引委員会の調査が始まってから申告した場合は，最大３社一律30％減免とされました。この制度によって，談合に参加した相手企業が申告していない状況で自社が申告すると，相手企業は大損をすることになりますが，自社は損失を防げるという状況が生まれたのです。

　本来談合は，参加した企業が自主申告しなければ露見しにくいはずです。しかし，課徴金減免制度によって，企業の自主申告を促す状況が生まれました。これは，「囚人のジレンマ」を応用したものです。「囚人のジレンマ」とは，経済学で用いられるゲーム理論の一種で，互いに協力することが自分たちにとってよい結果になることが分かっていても，協力しない者が得をする状況では互いに協力しなくなるというものです。リニア中央新幹線工事の談合の場合，談合に参加したＡ社やＢ社がともに申告しなければ談合が露見せずに得をするはずですが，この制度のもとでは，相手が申告すると自社が大損をします。それを避けるために，自主申告をすることになるのです。実際，Ａ社とＢ社は自ら申告して，課徴金が30％減額されました。なお，課徴金は違反行為があった業務の売り上げを元に算出されるため，工事を受注しなかったＣ社とＤ社は対象になりませんでした。談合を自主申告した背景には，経済学の考え方を法制度に応用した課徴金減免制度があったのです。

　リニア談合への処分命令がでた直後の2020年12月25日，改正独占禁止法が全面施行され，課徴金減免制度は新しくなりました。改正法では，公正取引委員会の調査が始まる前に申告した場合，最初の申告者が100％，２番目は20％，３番目から５番目が10％，６番目以下は５％減免となりました。また，捜査への貢献度に応じて更に最大40％が減免されることになりました。つまり，調査に協力するインセンティブ（行動を変容させる誘因）が高められることになったのです。

　課徴金減免制度のように経済的な考え方を法制度に取り入れることで，成果があがっています。みなさんも，法制度の背景にある経済的な考え方に注目してみてはいかがでしょうか。

１　公正取引委員会，検察，裁判所に関連して述べた文として正しくないものを，次のアからカまでの中から二つ選び，その記号を書きなさい。

　ア　公正取引委員会は，企業が正当な理由なく商品の原価を著しく下回る価格で継続して販売することがないように市場の動向を注視している。

　イ　公正取引委員会は，労働市場を監督しており，給与が最低賃金を下回ったり残業代を支払わなかったりする企業に対しては，業務停止命令などを出すことができる。

　ウ　検察官が裁判員裁判の対象となる事件の被疑者を取り調べるとき，録画や録音をすることが義務化されている。

　エ　検察官が刑事裁判で被告人の有罪を証拠に基づいて立証できない場合は，被告人が自白をしていたとしても有罪にすることはできない。

　オ　地方裁判所や高等裁判所は，「憲法の番人」とよばれる最高裁判所と違って，違憲立法審査権をもっていない。

　カ　裁判所は国会や内閣などの他の権力から干渉されず，裁判官は自分の良心に従って憲法と法律にのみ拘束される。

２　談合はなぜ独占禁止法で規制されているのか，その理由を「競争」「消費者」という二つの語句を用いて30字程度で書きなさい。

３　企業に関連して述べた文として正しくないものを，次のアからオまでの中から二つ選び，その記号を書きなさい。

　ア　グーグルやアップルといった企業は，ITサービスやデジタル製品でそれぞれ世界的に高いシェアをもっており，アメリカの議会は規制の強化を進めている。

　イ　日本政府は，経済活性化や新規産業・雇用の創出につなげるために，スタートアップ支援を行

っている。

ウ　企業と政治家の不正な結びつきを防ぐために，企業から政治家への政治献金は政治資金規正法で制限されている。

エ　企業は，独立行政法人などの利潤を目的とする私企業と，合同会社などの国や地方公共団体の資金で運営される公企業に分類できる。

オ　企業には，社会的責任として法令を遵守するという意味のソーシャル・インクルージョンが求められている。

4　右の図は，ある商品の需要曲線と供給曲線を示している。この商品の市場と需要供給曲線についての記述として正しいものを，次のアからオまでの中から二つ選び，その記号を書きなさい。

ア　価格がP１のとき，超過供給であり商品は売れ残る。

イ　価格がP２からP１へ変化したとき，需要量は増加する。

ウ　商品が流行すると，需要曲線が右に移動する。

エ　消費者の所得が増えると，需要曲線が左に移動する。

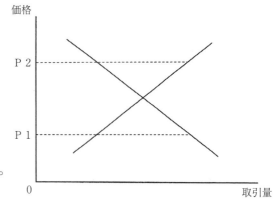

オ　技術革新によって今までと同じ費用でより多く生産できるようになると，供給曲線は左に移動する。

5　「囚人のジレンマ」は，国際政治を分析するときにも用いられる。右の図は，国際政治におけるA国とB国の立場を示している。A国とB国は互いに話し合いができず相手の考えが分からないという前提で，それぞれ「協調」の政策をとるか「非協調」の政策をとるかいずれかの選択をする。選択は両国とも同時に１回限りで行われる。その際，両国が得る利益を点数で表すと右の表になる。両国が自国の利益の最大化

		B国	
		協調	非協調
A国	協調	A国に３点 B国に３点	A国に０点 B国に５点
	非協調	A国に５点 B国に０点	A国に１点 B国に１点

のみに関心をもつとする場合の記述として正しいものを，次のアからカまでの中から二つ選び，その記号を書きなさい。

ア　A国が最も利益を得るためには，自国が「協調」を選び，かつB国が「非協調」を選ぶことが必要である。

イ　A国にとって，B国が「協調」を選んだ場合，「協調」を選ぶことでより利益が得られる。

ウ　B国が最も利益を得るためには，自国が「協調」を選び，かつA国が「協調」を選ぶことが必要である。

エ　B国にとって，A国が「非協調」を選んだ場合，「非協調」を選ぶことでより利益が得られる。

オ　この状況では，A国は「協調」を選び，B国は「非協調」を選ぶため，国際協調は難しい。

カ　この状況では，A国，B国ともに「非協調」を選ぶため，国際協調は難しい。

6　本文で用いられている意味でのインセンティブの具体例として最も適切なものを，次のアからオまでの中から一つ選び，その記号を書きなさい。

ア　選挙の投票率を上げるために，投票した人は有名店のコーヒー料金が半額になるキャンペーンを行う。

イ　感染症拡大を防ぐワクチンの接種を促進するために，政府が国民に「ワクチンは国民の１割に

対して効果がない」と伝えるのではなく、「ワクチンは国民の９割も救うことができる」と伝える。

ウ　歩きながらスマートフォンを操作する人を減らすために、駅に「歩きスマホは危険なので、やめましょう」と注意喚起のポスターを掲示する。

エ　個人情報を保護するために、個人の買い物の記録などを集めたビッグデータの販売を規制する。

オ　コンビニエンスストアのレジの前に距離をとって並ばせるために、足跡のマークがついたステッカーを床に貼る。

　［注意］　指示されたもの以外は，ア〜タなどのなかから選び，記号で答えなさい。

1　筑波大学附属駒場中学校３年生の生徒３人は，科学コンテスト出場に向けて準備するため，今年の文化祭で科学的な内容の展示を見てまわって勉強することにした。以下の　　　内の文章を読み，後の各問いに答えなさい。

> さとしくん：まずは天文部から行こう。すごくきれいな展示の部屋だね。テーマは「月と太陽」だって。
>
> あらたくん：まさきくんは日食見たことある？
>
> まさきくん：日食，見たことあるよ。だんだんと欠けていくのが観察できて感動したよ。
>
> さとしくん：最近，月食もあって日本全国で見られたね。しかもその日はスーパームーンと重なったよね。
>
> まさきくん：そのとき，ぼくはちょうど関西に行ってたんだけど，月が欠けている状態で昇ってきたよ。
>
> あらたくん：へ〜。関東では月の欠け始めを最初から見ることができたよ。
>
> さとしくん：もし宇宙飛行士になって月に行ったら，日食のときに月からどんなふうに見えるのかな？

1．次のうち，間違っているものを2つ選びなさい。ただし，月食や日食の観察時は快晴であるとする。

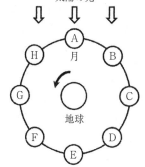

太陽の光

　ア　月食のときの月の位置は右の図のAである。

　イ　同じ観測地点で月の出る時刻が異なるのは，月が地球の周りを公転しているからである。

　ウ　日本で日食を観察するとき，太陽は左側から欠けていくように見える。

　エ　日食が起こったときに月から地球の方向を観察することができたとすると観察者には地球の上に月の影が見える。

　オ　同じ観測地点で毎月，月食や日食を頻繁に見ることができない理由のひとつに，公転面が月と地球でずれていることがあげられる。

> あらたくん：星座の展示もあるね。ぼくも天文部に入りたくなってきた。
>
> さとしくん：見て見て，この星空のシミュレーションソフトすごいよ。地球のあちこちから見える星座も表示できるんだって。
>
> まさきくん：いろんな星座があるね。うお座とは別に，とびうお座なんてのもあるね。

2．とびうお座は，日本の大部分の地域からは一年中どの季節も見ることができないが南半球の地域では見ることができる。このことから，とびうお座について考えられることはどれですか。

　ア　天の南極に近いところにある

　イ　北極星の近くにある

　ウ　星座をつくっている星が暗い

　エ　星座の大きさが小さい

あらたくん：ここは火山についてのクラス展示か。中1にしては火山模型がよくできているね。どこの火山？

さとしくん：長崎県雲仙普賢岳だよ。火砕流が起きたのはちょうど30年前か。本物の岩石標本もあるね。

まさきくん：「雲仙普賢岳の溶岩ドームは火成岩の一種であるデイサイトからなる」だって。ふ～ん……ところで，デイサイトって何？

3．デイサイトの性質として考えられるものはどれですか。

　ア　はん状組織で白色や無色の鉱物の割合が低い

　イ　等粒状組織で白色や無色の鉱物の割合が低い

　ウ　はん状組織で白色や無色の鉱物の割合が高い

　エ　等粒状組織で白色や無色の鉱物の割合が高い

さとしくん：次は農芸部だ。この模型もすごい。ビニールハウスの中に石が積まれてイチゴが植えてある。

まさきくん：「石垣いちごを再現」って書いてあるね。石垣の角度はだいたい60°くらいだけど，どうして？

あらたくん：たしか，太陽の光が当たる角度によって温度上昇に差が出るんだ。「石垣いちご」は，まだ温室のなかった明治時代，南向きの斜面に石垣を置くことで冬のイチゴ栽培が可能になったんだ。

まさきくん：なるほど。石垣の角度を変えれば，寒いところでもイチゴ栽培できるのかな？　例えば北海道とか。

4．次の文章の（①）と（②）にあてはまるものをそれぞれ選びなさい。

「夏至の日，北海道は東京に比べて昼の時間は（　①　），太陽の光による温度上昇が最も大きくなる石垣の角度は（　②　）。」

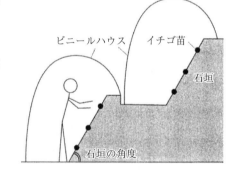

ビニールハウス　　イチゴ苗
石垣
石垣の角度

　ア　長く

　イ　短く

　ウ　同じであり

　エ　北海道の方が大きい

　オ　北海道の方が小さい

　カ　北海道と東京で同じである

まさきくん：中2のクラス展示は「気象予報士になろう！」だって。面白そうなワークショップもあるね。

さとしくん：ラジオで流れる気象通報を地図にかきこめば天気図ができるのか。誰かの作品が貼ってあるね。

5．この天気図から読み取れる情報として【天気に関する情報】の中から正しいものをすべて選びなさい。また，【前線に関する情報】の（①）と（②）に，適切な前線の名称を入れなさい。

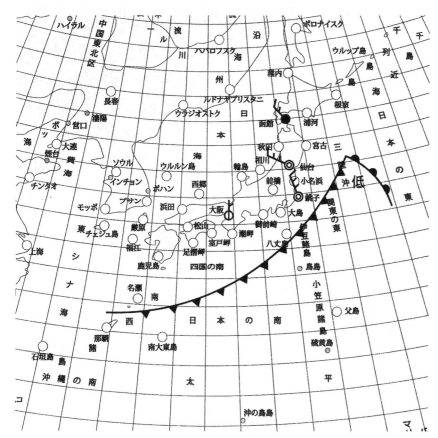

貼られていた天気図の一部分

【天気に関する情報】

ア	大阪	北の風	風力1	晴れ	イ	大阪	北の風	風力1	曇り
ウ	大阪	南の風	風力1	雨	エ	大阪	南の風	風力1	雪
オ	銚子	北北西の風	風力3	晴れ	カ	銚子	北北西の風	風力3	曇り
キ	銚子	南南東の風	風力3	雨	ク	銚子	南南東の風	風力3	雪
ケ	仙台	西北西の風	風力3	晴れ	コ	仙台	西北西の風	風力3	曇り
サ	仙台	東南東の風	風力3	雨	シ	仙台	東南東の風	風力3	雪
ス	函館	北西の風	風力2	晴れ	セ	函館	北西の風	風力2	曇り
ソ	函館	南東の風	風力2	雨	タ	函館	南東の風	風力2	雪

【前線に関する情報】

「三陸沖にある低気圧の中心から沖縄にかけて（ ① ）前線，南東方向に（ ② ）前線がのびている。」

2 次の文を読んで，後の各問いに答えなさい。

市販の食酢には酸として含まれる成分が酢酸だけであると考えて，中和反応の実験を行い，実験結果から食酢の質量パーセント濃度を求めた。

【実験1】 電子てんびんを用いて，6％酢酸水溶液をビーカーに正確に10.0gとった。ビーカーに指示薬としてフェノールフタレイン溶液を1滴入れてから，駒込ピペット（スポイト）を用いて，5％水酸化ナトリウム水溶液を少しずつ加えた。

【実験2】 電子てんびんを用いて，市販の食酢をビーカーに正確に10.0gとった。ビーカーに指示薬

としてフェノールフタレイン溶液を1滴入れてから，駒込ピペットを用いて，5％水酸化ナトリウム水溶液を少しずつ加えた。

1．【実験1】の結果，水溶液の色がうすい赤色になるまでに加えた水酸化ナトリウム水溶液は8.0gであった。酢酸と水酸化ナトリウムが反応する質量比を求めなさい。

2．【実験1】をもう一度行ったところ，水酸化ナトリウム水溶液を入れすぎて，水溶液の色が赤くなりすぎてしまった。そこで，6％酢酸水溶液を少しずつ入れたところ，1.4g入れたときに，1度目の実験結果と同じ色の水溶液に戻すことができた。【実験1】の結果が正しいと考えると，入れすぎた分の水酸化ナトリウム水溶液の質量はどれくらいか。小数第2位まで求めなさい。

3．【実験2】の結果，中和に必要な水酸化ナトリウム水溶液は6.0gであった。この実験結果から，市販の食酢の質量パーセント濃度を小数第1位まで求めなさい。

3　亜鉛板を硫酸銅水溶液に浸すと，亜鉛板が溶けるとともに，亜鉛板の表面に銅が付着してくる。この現象を利用すると電池を作ることができる。確認のために，硫酸銅水溶液に亜鉛板と銅板を浸してプロペラ付きモーターに接続すると，しばらくプロペラが回転し，電池ができたことがわかる。次の各問いに答えなさい。

1．銅板，亜鉛板，硫酸銅水溶液，硫酸亜鉛水溶液，セロハンを適切に用いると，確認のために作った電池よりも長持ちする電池ができる。長持ちする電池の表現として最も適切なものはどれですか。ただし，金属板Aと金属板Bを水溶液に浸して電池を作った場合は，次の例のように表現するものとする。

【例】　（－極）　金属板A　水溶液　金属板B　（＋極）

ア　（－極）　銅板　　硫酸銅水溶液　　セロハン　硫酸亜鉛水溶液　亜鉛板　（＋極）
イ　（－極）　銅板　　硫酸亜鉛水溶液　セロハン　硫酸銅水溶液　　亜鉛板　（＋極）
ウ　（－極）　亜鉛板　硫酸銅水溶液　　セロハン　硫酸亜鉛水溶液　銅板　　（＋極）
エ　（－極）　亜鉛板　硫酸亜鉛水溶液　セロハン　硫酸銅水溶液　　銅板　　（＋極）

2．亜鉛板と銅板と次のどれかを用いると電池を作ることができる。電池を作ることができると考えられるものをすべて選びなさい。

ア　食塩水　　イ　砂糖水　　ウ　塩酸　　エ　エタノール　　オ　レモン汁

4　斜面をすべり下りる物体の運動を，記録タイマーを用いて調べる。次の各問いに答えなさい。

1．運動を調べるために，力学台車と記録タイマーを用いる。どのような実験を行ったらよいか。実験のようすがわかるように，力学台車のほかに実験に必要なものを描き加え，図1の模式図を完成させなさい。ただし，描き加えたものの名称を，図1の「力学台車」のようにあわせて記すこと。

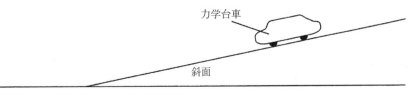

図1　実験の模式図(ただし，必要なものの一部が描かれていない)

この実験を行う際，図2のように，5打点ごとに記録テープ(以後，「テープ」とよぶ)を切るところを，4打点ごとに切ってしまっ

図2　5打点ごとに切ったテープの例(左)，4打点ごとに切ったテープの例(右)

た。このとき，スタートから5本目のテープの長さは9.0cmだった。

2．もしテープを5打点ごとに切っていたとしたら，そのときの5本目のテープの長さはどうなるかを考える。

(1)　テープの長さを求めるために，さらにあと1つどのような情報があればよいですか。

　　ア　力学台車の質量を測定すると1.0kgであった。

　　イ　4打点ごとに切ってしまったときの3本目と7本目のテープの長さをたすと18.0cmだった。

　　ウ　4打点ごとに切ってしまったときの6本目と9本目のテープの長さをたすと26.0cmだった。

　　エ　4打点ごとに切ってしまったときの1本目から9本目までのテープの長さを合計すると81.0cmであった。

　　オ　4打点ごとに切ってしまったときの13本目以降のテープの長さは，12本目までのテープの長さの増え方と違い，あまり変化が見られなかった。

(2)　テープを5打点ごとに切った場合の5本目のテープの長さは何cmになるか。前問(1)で選んだ情報をふまえて答えなさい。

3．テープを4打点ごとに切ってしまったとき，テープの長さが一定の割合で増えていくのは，1本目から12本目までだった。もし5打点ごとにテープを切っていたとしたら，テープの長さが一定の割合で増えるのは，1本目から何本目までになると考えられますか。ただし，考えられる答えが複数ある場合は，それらをすべて答えること。

4．テープを5打点ごとに切った場合，次の①～④はそれぞれ，4打点ごとに切ってしまったときのそれの何倍になるか。整数または分数で答えなさい。

①　1本目のテープの部分を進むのにかかった時間

②　テープの長さが一定の割合で増えているときの，テープの長さの増加量

③　測定し始めてから台車が実験机に到達するまでの時間

④　台車が実験机の上を運動しているときの速さ

5．次の式で表される比Xを考える。

$$X = \frac{5打点ごとに切ったときのN本目のテープの長さ}{4打点ごとに切ったときのN本目のテープの長さ}$$

　このとき，この比Xの値が整数Nによってどのように変化するか。その変化を表したグラフとして，適当なものを選びなさい。ただし，どのグラフも，横軸と交わるところの縦軸の値を「1」としている。

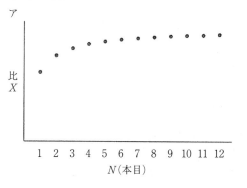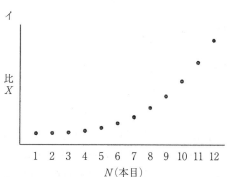

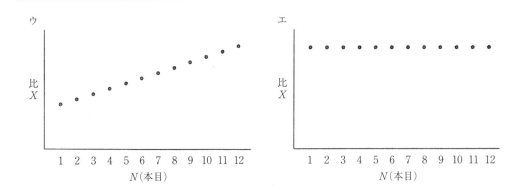

5 　細胞分裂のようすを観察するため，ある植物の球根を水につけて伸びてきた根を切り取り，次の【操作1】～【操作5】を行った。

【操作1】　切り取った根を酢酸オルセイン溶液に一晩つける。

【操作2】　根を，湯せんしたうすい塩酸で数分間温める。

【操作3】　根を水ですすぎ，スライドガラスにのせる。

【操作4】　根の先端から1～2mmの部分をカミソリで切り，先端だけを残して他の部分は取り除く。

【操作5】　根の先端に水を1滴たらし，カバーガラスをかけて押しつぶす。

　このようにして作成したプレパラートを顕微鏡で観察したところ，下の図のように見えた。図のA～Eはそれぞれ1つの細胞を示す。後の各問いに答えなさい。

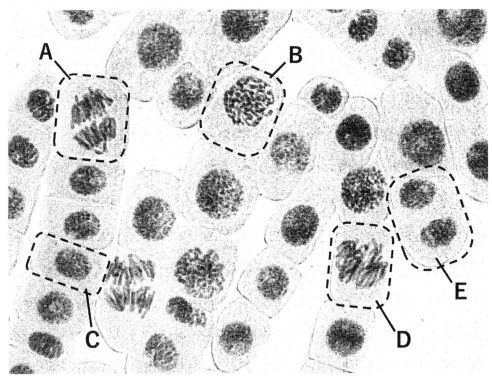

顕微鏡で観察した根の先端の細胞のようす(600倍)

1．1回の細胞分裂について考察した次の文のうち，適当なものをすべて選びなさい。

ア　Aのような細胞は，このあと細胞Eのような状態になると考えられる。

イ　Bのような細胞では，このあとひも状の染色体が徐々に見えなくなると考えられる。

ウ　Cのような細胞では，分裂する前に染色体が複製されると考えられる。

エ　Dのような細胞は，このあと細胞Bのような状態になると考えられる。

オ　Eのような細胞は，このあと細胞Cが2つ並んだような状態になると考えられる。

2．根が伸びていくしくみとして正しいものはどれですか。

ア　根の先端で細胞が増加し，細胞が増加した数に長さが比例するように根が伸びる。

イ　根の先端から付け根にかけて全体的に細胞が増加し，細胞が増加した数に長さが比例するように根が伸びる。

ウ　根の先端と付け根で細胞が増加し，細胞が増加した数に長さが比例するように根が伸びる。

エ　根の先端で細胞が増加し，分裂しなくなった細胞が肥大することで根が伸びる。

オ　根の先端と付け根で細胞が増加し，分裂しなくなった細胞が肥大することで根が伸びる。

6　以下の文を読んで，後の各問いに答えなさい。

小浜島の林道に姿を現したメスのインドクジャク

インドクジャクは，インドやスリランカなど南アジア原産の大型の鳥類で，オスが目玉模様のある美しい大きな飾り羽を丸く広げてメスに求愛行動をとることでおなじみである。インドクジャクは森林や草原，農耕地などに生息し，夜は樹上で休む。ハクチョウのように渡りを行うことはしない。雑食性で，穀物や果実，草や葉など植物のほか，比較的大きな昆虫や貝類，カエルやトカゲなど両生類やハ虫類，ネズミなど小型の哺乳類も食べる。

近年，沖縄県の宮古島や石垣島，小浜島など先島諸島を中心に，飼育されていたインドクジャクが逃げ出して野生化し，問題となっている。特に小浜島では約30年間にわたり駆除が続けられているが，インドクジャクの個体数は依然として多く，現在もインドクジャクによって農作物や牛の飼料が食害されるなど影響が出ている。本来，生態系に生息するさまざまな生物の個体数は，増加や減少を繰り返しながら数量的なバランスが保たれるはずだが，先島諸島のインドクジャクは増加の一途をたどっている。

1．インドクジャクのように，人間活動によって本来の生息地ではない場所に持ち込まれて繁殖している生物を何といいますか。また，先島諸島でインドクジャクが増加した原因として考えられるものをすべて選びなさい。

ア　希少生物の個体数が減少しているため。

イ　インドクジャクが毎年のように南アジアから先島諸島へ飛来するため。

ウ　天敵となる生物が少ないため。

エ　エサとなる生物や農作物などが豊富にあるため。

2．インドクジャクの増加によって起こりうる先島諸島の生態系への影響として考えられるものを2つ選びなさい。

ア　先島諸島におけるカエルやトカゲの希少な種の個体数が減る。

イ　それまでカエルやトカゲに食べられていた小さな昆虫が減る。

ウ　もともと先島諸島に生息する動物がエサとしている生物が減る。

エ　インドクジャクのねぐらとなるような樹木が減る。

3．インドクジャクの個体数を減らす方法として，先島諸島の他の生物に影響が少ないと考えられるものを2つ選びなさい。

ア　インドクジャクのエサとなりそうなものに毒を入れる。

イ　インドクジャクを生きたまま捕獲できるわなを設置する。

ウ　インドクジャクの天敵となる生物を新たに導入する。

エ　インドクジャクのねぐらとなるような樹木を伐採する。

オ　インドクジャクの巣から卵を回収する。

問四 ——④「あたらしく」とは「惜しい」という意味ですが、どのようなことについて惜しいと言っているのですか。

問三 ——③「いとほしく」を現代かなづかいに直して、全てひらがなで書きなさい。

エ 若い宮内卿には、思いつけないほど素晴らしい和歌であった。

問二 ——②「まだしからん人は、いと思ひよりがたくや」の解釈として最も適当なものを次のア〜エより一つ選び、記号で答えなさい。

ア 後鳥羽院には、このような結末は思いもよらなかったはずだ。

イ まだ和歌を詠んでいない人は、思わず言葉を失ったに違いない。

ウ 和歌の未熟な詠み手には、思いつきがたいものであっただろう。

問一 ——①「面起こすばかり」とは「面目が立つように」という意味ですが、どのようなことに対して自分の面目を気にしているのですか。

好きのほど…風流な和歌の道に打ち込むさま。

かまへて…必ず。

けしうはあらず…差し支えない。

宮内…宮内卿。後鳥羽上皇に仕えた女流歌人。

許りたる…認められている。

〈注〉

ほしく——④あたらしくなん。

（『増鏡』による）

「小説書くのもそう？　死なない？」

「死なない」

そうでなかったら、つまり書かなければ死んでしまうくらい気負いでなく自然に受け入れられたら、②カワウのようになれるかも知れなかった。

「メッシって一冊も本読んだことないんだよ」驚いている私に亜美は続けた。「伝記に書いてあったもん。あこがれのマラドーナの自伝なら大丈夫かもって読み始めたけど、半分でやめちゃったんだって！」さも楽しそうに言って、笑いながら付け加える。「でも、あたしはそのメッシの本、全部読めちゃったんだよね」

③私は何も言えなかった。本を読めたらメッシのようにはなれないなんてことはない。本を読まない人間は山ほどいたが、誰もあんな風にはならなかった。しかし、まるで動物と人間の断絶のように思えてしまうこの違いについて、何を考えればいいのか。どう生きれば、メッシのようになれるのか。逆に、サッカーをしなかったメッシがどう生きるか想像することは、なぜこんなにも難しいのか。こんなにも難しい私に亜美はなれないのか。

「回数、数えてる？」ぽんやりしていたに違いない私に亜美は言った。「結構いきそうなんだけど」

「七十二、七十三」とそれらしく数えてやる。

当たらずとも遠からずだろうが、亜美はへらへら笑って心を乱されたのか、そこで落とした。悔しがるでもなく川面を眺め、また遠くにとまって羽を広げている別のカワウを指さして、その名を口に出す。歩き出す亜美に歩調を合わせて、少し後ろを進む。

「どうやったらサッカーをするために生まれた人間になれる？」

「昨日シューズ磨いてないだろ」

「ぎく」わざとらしく手を前に出して体が止まった。

「体を乾かさないカワウがいるか？」

「④すごい！」勢いよく振り向いた目は見開かれていた。「今の、ぜったい日記に書くからね」

実際、この話は日記に書かれた。むしろ、亜美の日記によってこの会話を思い出したから私はこうして書いていると言った方がいいかも知れない。

そのあと、亜美はカワウを見習わなくっちゃと言ってベンチコートを着て、ボタンも一番上までとめた。

（乗代雄介『旅する練習』による）

問一　——①「亜美は習ったことを復唱するような調子で言った」とありますが、それはなぜですか。

問二　——②「カワウのようになれる」とは、どういうことですか。

問三　——③「私は何も言えなかった」とありますが、それはなぜですか。

問四　——④「すごい！」とありますが、このように亜美が言うのはなぜですか。

三　次の文章は、『増鏡』の一節である。後鳥羽上皇（院の上）は、当時の代表的な歌人を三十人選び百首の歌を詠ませ、歌合（歌人を左右に分け、それぞれが詠んだ歌を一首ずつ組み合わせて勝敗を決める遊戯）を主催した。これを読んで、後の問いに答えなさい。

この千五百番の歌合の時、院の上のたまふやう、「こたみは、みな世に許りたる古き道の者どもなり。宮内はまだしかるべけれども、かまへてまろが①面起こすばかり、よき歌つかうまつれ」と仰せらるるに、面うち赤めて、涙ぐみてさぶらひけるほども、限りなき好きのほども、あはれにぞ見えける。さてその御百首の歌、いづれもとりどりなる中に、

薄く濃き野辺のみどりの若草に跡まで見ゆる雪のむら消え

草の緑の濃き薄き色にて、去年のふる雪の遅く疾く消えけるほどを、推し量りたる心ばへなど、②まだしからん人は、いと思ひよりがたくや。この人、年つもるまであらましかば、げにいかばかり、いと③いと目に見えぬ鬼神をも動かしなましに、若くて失せにし、いと

二

コロナ禍で予定がなくなった春休みに、サッカーに明け暮れる少女亜美と叔父で小説家の「私」とが、徒歩の旅に出た。次の文章は、その途上の一場面である。これを読んで、後の問いに答えなさい。

昨日の成果か、新記録にひとしきりはしゃいだ後、亜美は急に川の方に目を向け、その中ほどに視線を留めた。

「カワウ？」

指さして訊くのに正解だとうなずく。

「あれ」軽く広げた両手の指先をぴんと伸ばしてこちらを見上げ、仕草をまねているらしい。「何してるの？」

「羽を乾かしてる」

「なんで？」

「ほとんどの鳥は」言いながら、下でまだ羽繕いしているコブハクチョウを指さした。「自分の出した脂の粉で水を弾けるようにする。尾羽の付け根にそれを出す腺があるから、くちばしにつけて全身に塗る」

そこに突っ込んだくちばしを丁寧に色んな羽へこすりつけるコブハクチョウを見て、亜美は「おー」と感心する。「ほんとだ。たいへん」

「羽が水を弾くから雨除けになるし、毛の間に空気を含んだままにしておけるから体も冷えない。あと、水に浮かびやすくなる。草とか藻とかを食べるから、なるべく浮いてた方が都合がいい」

「ウソ！」と驚く声にもコブハクチョウは動じない。「魚、食べないの？」

「食べない。でもカワウは食べる。だから潜って獲らなきゃいけない」

「魚、食べないの……？」

もう一羽が草をぶちぶち引き抜いて食べ始めたのを見て、ようやくカワウの真似が解かれた。そのまま黙って身支度を調え、土手を

上がってきた。

「カワウは魚を獲るために潜る」① 亜美は習ったことを復唱するような調子で言った。「そんで？」

「えーっと」亜美は頭をかきながら照れくさそうに笑った。「何を考えてんだっけ？」

「カワウが羽を乾かす理由」歩きながら振り返ると、カワウはもう羽をたたんでいた。「脂の話までしたんだから」簡単だろう。

「あ」と頭に電球が灯ったのが見える。「脂を塗らないから、速く泳ぐために！」

「塗らないっていうか、そもそも脂がほとんど出ない。羽に水を十分含ませて空気を極力なくして、流線形の塊になって泳ぎ、魚を捕らえる」と解説したらもう一息だろう。「ということとは？」

「泳いだらびしょぬれで、だから、羽を乾かしてる！」

「そのままじゃ寒いし、羽にもよくないからな」

「なるほどなぁ」すっきりした顔でボールを上げ、リフティングを始める。「ハクチョウもカワウも、ちゃんと生きるために工夫してんだねぇ。でも、あたしはカワウの方が好きだな」

力を抜いた足先がボールの勢いを殺しながら膝のあたりまで持ち上げる。昨日今日で身につけたらしいそのやり方で、だいぶ数を稼げるようになったのだろう。少し腰を曲げ、視線はボールに落としたまま。「魚を獲るために生まれたみたいでかっこいいじゃん」

「だってさ」と訊いてもいないのに続きが始まる。

「そういう生き方をしないと死ぬから、カワウはみんなそうやって生きられる」そう言うことで溢れた感慨が「うらやましいな」と口をついた。

「人間は無理？ サッカーをするために生まれてきたみたいとかよく言うじゃん」

「やらなくても死なないから」

つもの分岐ルートが示されているように感じます。それぞれのルートに矢印で行き先が書かれていて、患者たちはリスクに基づく良くないルートを避け、「普通に生きてゆける」ルートを選び、慎重に歩こうとします。

けれど、本当は分岐ルートのどれを選ぼうと、示す矢印の先にたどり着くかどうかはわからないのです。なぜなら、それぞれの分岐ルートが一本道であるはずがなく、どの分岐ルートもそこに入ってしまえば、また複数の分岐があるからです。

そしてなにより重要なのは、その分岐ルートは、あらかじめわかっているものではなく、そのつどの選択と進行によって分岐の数や行き先をどんどん変えてゆくということです。磯野さんがアメリカで文化人類学を専攻することを決めたときに、摂食障害の当事者たちとの出会いという分岐が生まれたように。

でも、きっとまだその段階で、私とこんなふうに書簡をやりとりするという可能性、一緒に本を書くかもしれないという未来は磯野さんの前にはなかったでしょう。文芸共和国の会でご一緒したあのときにまた、新しい分岐ルートが生まれ、たくさんの可能性が生まれた。そして、今がある。

もちろん、その分岐ルートのうち違うものを選んでいれば、私たちがともに仕事する可能性はなかった。分岐ルートのいずれかを選ぶとは、一本の道を選ぶことではなく、そちらに入ることによって、また新たな可能性を無数に引き受けたということを意味するにすぎません。なぜなら、ある分岐ルートに入った段階で、また複数の分岐があり、そしてその分岐はもともとその人がもっていたはずの人生のさまざまな可能性をまるごと変えてしまっているからです。

分岐ルートのいずれかを選ぶとは、一本の道に入ってゆくことではなく、新しく無数に開かれた可能性の全体に入ってゆくことなのです。可能性とは、ルートが分岐しつつ、その行く先がわかった一本道などではなく、つねに、動的に変化していく全体でしかないのではないでしょうか。

もちろん、その変化する可能性のなかには多くの良くない可能性も含まれています。「普通に生きてゆける」ルートを進むため努力した豊子さんの可能性のなかに「再び心房細動が発症する」という可能性があったように。けれど、未来とはそうした可能性もふくんだまるっとしたⅮソウタイなのであって、私たちは、一本の道の先だけを生きているのではないはずなのです。

私が「いつ死んでも悔いがないように」という言葉に欺瞞（ぎまん）を感じるのは、死という行き先が確実だからといって、その未来だけを照らすようなやり方は、そのつどに変化する可能性を見落とし、今を生きることの大切さを忘れてしまうのではないか、と思うからです。そして、私が旅に出てまったく違う別々の人生を思い描いてみたいと願うのは、人生とはそれぞれにまったく別々で、今の私からはわからない無数の可能性を孕（はら）みながら進んでいるのだということを忘れないでいたいからなのです。

（宮野真生子・磯野真穂『急に具合が悪くなる』による）

〈注〉
ホスピス…末期ガンなど治癒困難な患者を受け入れ、支援する施設。
寛解…症状が落ち着いて安定すること。
エビデンス…治療法や薬が良いとされる証拠や根拠。
豊子さん…磯野氏が研究調査で出会った、循環器疾患の女性。

問一
──①「さすがに声をあげた」とありますが、それはなぜですか。

問二
──②「違う形で読める」とありますが、どのように読めるのですか。

問三
──③「このリスクをめぐる感覚はやっぱりどこか変なのです」について、次の問いに答えなさい。
(1)「リスクと可能性をめぐる感覚」とは、どのような感覚のことですか。
(2)「やっぱりどこか変」だと感じられるのはなぜですか。

問四
──A〜Ⅾのカタカナを漢字に直しなさい。
A メイジ　B ヒハン　C セッセイ　D ソウタイ

くる。「しかし今ではない」と、私は自分に言い聞かせていました。しかし逃げきれないところまで来たのだ。「死は来る」。

さて、困った。当たり前ですが、まだ人生は続くと思って日々の予定は組まれています。明日会議がある、来月のイベントはどうしよう、論文の校正が回ってくるはず……色んなことを考えます。ともかく「ちゃんとしなきゃ。迷惑をかけてはいけない」。そう思い、まだ準備の始まっていなかったイベントを一件キャンセルし、明日の会議の準備をして、いきなり入院になったら困るから、家を片づけようとゴミ袋一杯に服を詰めて捨てたりしました。今思うと意味不明です。

ホスピス探しも始まります。もちろん、新しい治療法を試してくれる病院を探すこともしないといけない。磯野さんからのメールが来たのはそんなときです。

そして、目から鱗が落ちた気がしました。ああ、そうだったと。みんな等しく「急に具合が悪くなる」かもしれないんだ。でも、目の前のことを生きている。

そのとき、ハイデガーの「死」についての語りが ② 違う形で読めることに気づきました。本来のハイデガーを「死の哲学」として読む文脈だと、「しかし今ではない」というふうに死を日常生活において回避していることは、自分の生と向き合うことを避けている B ヒハンの的になるわけですが、果たしてそうだろうか、と。

だって、いつだって未来に「死」はあります(それはハイデガーも指摘しています)。たしかに未来の死は確実ですが、しかし、なぜ、その未来の死から今を考えないといけないのでしょうか。それはまるで未来のために今を使うみたいじゃないですか。いつ死んでも悔いのないように、という言葉は美しいですが、私はこの言葉にいくばくかの欺瞞を感じてしまいます。

リスクと可能性の語りをしましょう。病気を得た人は、常にさまざまなリスクと可能性の語りのなかにいます。

いう数値をまとい、○○のうち△パーセント、□割の人が……と言われます。それを聞いた患者は脅えます。私だって、「この薬を飲んだ人のうち○○パーセントの人は間質性肺炎になります。咳が出たら慎重に」と言われれば、マスクをちゃんとするようになります。このリスクという名の可能性を前に患者にはいったい何が起こるのでしょう。

たとえば、リスクを提示された私の人生は、ガンをほどほどに抑えつつこのままやっていける人生と、副作用に苦しみながらも何とか生きていく人生、そして重篤な副作用で息も絶え絶えになる人生に分岐します。さらにその先に見えてくるのは「急に具合が悪くなる」可能性と、そうでない可能性です。

リスクと可能性によって、私の人生はどんどん細分化されていきます。しかも、病と薬をめぐるリスクはたくさんありますから、そのなかで、良くない可能性が人生の大半の可能性を占めるように感じ、何も起こらず「普通に生きてゆく」可能性はとても小さくなったような気がしてしまいます。

さらに厄介なことに、これらのリスクと良くない可能性は、その先の展開をとてもわかりやすく示してくれます。咳が出たら、息があがったり、間質性肺炎で、いったんなると治らなくて……、「急に悪くなる」と「階段を二つ踏み外した」(これは私が実際に言われた言葉)状態なので、ホスピスなのか。あるいはリスクはこういう状態につながっていって、最終的には必ず一定の結果にたどりつく。それを容易に想像させてしまう。リスクという可能性の語りがもつ力です。だからこそ、磯野さんのお手紙に登場する豊子さんは、「普通に生きてゆく」可能性を守るため、C セッセイにつとめた。とてもよくわかります。

でも、③ このリスクと可能性をめぐる感覚はやっぱりどこか変なのです。

おかしさの原因は、リスクの語りによって、人生が細分化されていくところにあります。そのとき患者は、いま自分の目の前にいく

二〇二二年度 筑波大学附属駒場高等学校

【国語】 （四五分） 〈満点：一〇〇点〉

【注意】 本文には、問題作成のための省略や表記の変更があります。

一 次の文章は、ガンの告知を受けた宮野真生子氏（哲学者）が、磯野真穂氏（人類学者）に向けて記した公開書簡の一部である。これを読んで、後の問いに答えなさい。

さて、「急に具合が悪くなるかもしれない」という懸念を磯野さんに伝えてから、もう半年も過ぎたんですね。結局私は相も変わらずバタバタと仕事をしていますし、楽しそうだからという理由だけでイベントを決めたり、勢いで依頼を引き受けたりしています。もちろん、ガンが治るはずはなく、今だって「急に具合が悪くなるかもしれない」わけですが、もうそのことに関してはあまり考えなくなりました（もちろん、心の隅っこには引っかかってはいますが）。こんなふうに脅えることなく仕事ができているのは磯野さんがあのときくれたメールのおかげです。今、改めて調べてみると、こんなふうに書いてくれていました。

私だって来月突然何か起こるかもしれないけど、単に病気を診断されてないからであって、もしかしたら私が何もできなくなる確率の方が、宮野さんのより高いかもしれないですね……。リスクってなんなんでしょう。よくわからなくなってきました。

そうなんですよね。これは別に磯野さんだから何もできなくなるもない人に比べればね、いくぶん死に近いかもしれないけれど、でも普通だよ、明日も仕事があるし、来月には旅行に行くんだ！そんな感じで日々を送っている患者さんは多いと思います。なにより意識の端にちらちら死という存在があるからこそ、健康な人よりも、もっとはっきりと「死はたしかにやってくる。しかし今ではないのだ」。

いし、リスクを考えろと促されることもない、今の自分の食生活や生活習慣から今後の人生におけるリスクと可能性が示唆され、自己管理を徹底せよという未来がくる気がします）。

主治医に「急に具合が悪くなるかもしれない」と言われたのは二〇一八年の秋でした。とりあえず反応に困ったことを覚えています。「えっと……」と質問しようとして、主治医（とても優しく良い医師です）が「念のためですけどね、ホスピスを早めに探しておいてほしいんですよ」と言ったとき、「具合が悪くなる」の先に何があるのかをようやく悟りました。それから何気ないふりをして彼に尋ねました。

「具合が悪くなってから、どれくらいもつものなのでしょうか」

「これはあくまでもひどい場合ですよ……ただやっぱり肝臓ですからね、悪くなるときは一気なんですよ……。たとえば急な方ですと三週間ほどで亡くなられた方もいます」

「え、三週間？ 三か月じゃなくて？」

① さすがに声をあげたことを覚えています。

マルティン・ハイデガーという哲学者が『存在と時間』で、日常生活に追われている人間にとって「死」とは何かを問うて、こんなふうに言っています。「死はたしかにやってくる。しかし今ではないのだ」。

「急に具合が悪くなる」と医師に告げられる前までの私にとって、死はまさにそれでした。

もちろんガンは今や治る病気です。早期発見なら当然。再発でもきちんと治療してゆけば、寛解とはいかなくても、うまく病気をコントロールして長く生きることができます。そりゃまあ、何の持病もない人に比べればね、いくぶん死に近いかもしれないけれど、でも普通だよ、明日も仕事があるし、来月には旅行に行くんだ！そんな感じで日々を送っている患者さんは多いと思います。なにより意識の端にちらちら死という存在があるからこそ、健康な人よりも、もっとはっきりと「死はたしかにやって

英語解答

1 放送文未公表

2 問1 (例)恥ずかしがり屋で何も話せないのに周囲の興味をひくという通常ではありえない性質であるという意味。

問2 ② just the type of person everyone got interested in
③ there was no need for him to go

問3 redder

問4 (例)向かいの家に住む少女を偶然見かけ，恋に落ちた。

問5 (例)暖かくなった気候のおかげでスイセンの花が咲きやすくなること。

問6 (例)少女のことを考えてしまい，想像が膨らんで仕事に集中できないから。

問7 (例)落ちた卵は割れているはずなので，オリバーの言葉がうそだとすぐにわかること。(37字)

問8 (ア)，(イ)，(エ)

3 問1 it really pays best to work

問2 (イ)

問3 wondered what would happen when his money was spent

問4 stop

問5 (例)自分がトムを助けるために支払った金を，トムたちがだまし取って遊びに使ったから。

問6 (例)真面目に働いた自分より，ろくでなしのトムの方がはるかに大きな財産を手にしたこと。(40字)

問7 (例)人の金に頼って人生を切り抜けてきたというこれまでの習慣が残っているため。

4 (例) First, it's inefficient. We can study most efficiently when teachers frequently check the progress of our study. However, it's impossible during a vacation. Second, it's unfair. Some students can get help from their parents when they are struggling, but others can't. Their homework grades may depend on their family backgrounds. (50語)

---

1 〔放送問題〕放送文未公表

2 〔長文読解総合―物語〕

≪全訳≫**1**彼は本当にありえない人だった。あまりに恥ずかしがり屋で，自分のことは何も言えない。かつて，カフェで他の人たちと一緒になったが，ただコーヒーを飲んでひたすら座っているだけなので，みんながとうとう怒り出しそうになった。不思議なのは，一目したところ彼が最も興味をそそったことだ。それは誰もが認めていた。黒い髪，灰色の目，長いまつ毛，そして白い頬。誰かが彼に近づくと，彼は赤くなった。周りの人たちは「不思議ね。何か秘密があるのかしら？」と思った。一言で言えば，彼は②まさに，誰もが興味を持ち，世話を焼きたくなるような人物だったのだ。**2**「彼は何者なの？あなたは知ってる？」**3**「ええ，彼の名前はオリバー・ウィリアムズよ。画家なの。とても賢いそうよ。一度，誰かが母親みたいに世話をしてあげようと，彼の仕事場に立ち寄って何度も何度もベルを鳴らして，中に誰かいるとその子は思ったんだけど，ドアから返事はなかったの…。期待しても無駄なのよ！」

4 他の誰かが彼をデートに連れ出そうとした。彼女は彼の仕事場に行き，ベルを鳴らしたが，またしても返事はなかった…。期待しても無駄なのだ！**5**「この気の毒な人は何を本当に求めているのかしら？」と，3人目が言った。彼女は彼をバーに連れていき，たくさんの酒を勧めた。彼はひどく酔ってしまい，頬が赤くなっていったが，ただそこに座っているだけだった…。期待しても無駄なのだ！**6**他にも非常に多くの女性が彼を引きつけようとしたが，結局はやめてしまった。それでも，こう考える人たちはいた。「とても不思議ね。見かけほど内気なわけがないわ！　内気で孤独な画家でいたいだけなら，なぜパリに来たの？」**7**彼は古くて高い建物の最上階に住んでいた。彼の仕事場からは，船や川沿いを歩く人々が見えた。側窓は，もっと古くてずっと小さい別の家に面していて，その下には花を売る市場があった。そこには花や植物を売っている人たちやそれを買っている人たちが見え，③彼が外出する必要は本当になかった。窓際に座っていれば，描きたいものをたくさん見られたのだから…。**8**毎日がおよそ同じことの繰り返しだった。明るさが十分なうちは絵を描き続け，その後食事をつくった。そして夜は，カフェに行ったり，家で本を読んだりしていた。彼に謎は何もない。しかし，それが全てではなかった。**9**ある日の夕方，彼は側窓の近くに座って果物を食べていた。昼間は雨が降っていた——今年初めての本格的な春の雨だ。彼は道を挟んだ向かいの小さな古い家に視線を向けた。突然窓が開き，少女が小さなバルコニーに出てきた。彼女はスイセンの鉢を持っていた。黒っぽいエプロンをかけた細身の少女で，髪にピンクのハンカチをつけていた。**10**「ああ，もう十分暖かいわ。きっとこのお花にもいいわね」と言いながら，彼女は鉢を置き，部屋の中にいる誰かの方を向いた。彼女は市場を見下ろすと，姿を消した。**11**彼の心は仕事場の側窓からあのバルコニーに落ち，あのスイセンの鉢の中に隠れてしまった。バルコニーのあるあの部屋は居間であり，その隣の部屋は台所だった。食器を洗った後，彼女は窓際に来た。彼女は同じ，黒っぽいエプロンをかけ，髪にピンクのハンカチをつけていた…。彼女は誰と一緒に暮らしているのだろう？　他の誰もあの窓には来ないのに，彼女はいつも部屋の中の誰かと話していた。彼女の母親が病気で寝ているのだろうと彼は考えた。父親は亡くなっているのだ…。**12**一日中働いて，少女の家族は生活していけるだけのお金を稼いでいるが，彼女たちは外出することもなく，友達もいないのだ。そして彼はテーブルにつくと，こう書きとめた。「仕事中は側窓には行かない」**13**とても単純なことだった。彼女は，彼が本当に親しくなりたいと思った唯一の人だった。なぜなら彼女は，ちょうど同い年の唯一の人だと彼が考えたからだ。ただ笑っているだけの若い女の子とはつき合えないし，大人の女性には用はない。彼女は彼と同い年で，まあ，自分と似ているだろう。彼は夕方，かなり暗い仕事場に座って，彼女のいた窓を眺めた。彼はそこに彼女と一緒にいる自分を見た。ときにはけんかをしたが，ほとんどの時間，2人はとても静かに一緒に座っていた。彼は彼女の絵を描いていた…。しかし，どうしたら彼女と知り合いになれるのだろう。**14**そして彼は，週に一度木曜日の夕方，彼女がかごを持って買い物に出かけることに気がついた。そこで，ある木曜日の夕方，彼は彼女のあとをつけることにした。彼女は小さな軽い足取りで，とても速く歩いた。最初に彼女は肉屋に行き，次に果物屋に行ってレモンを買った。彼女を見ているうち，今こそ彼女と親しくならなければと彼は思った。**15**しかし今や，彼女は家に帰る途中だった。突然，彼女は小さな店に入って…卵を買った。彼女が店から出てくると，彼はその後に入っていった。すぐにまた出てきて彼女のあとを追い始め，花の市場を通り抜けて階段まで来た。彼女はついに階段の踊り場で立ち止まり，ポケットから鍵を取り出した。彼女がそれをドアに差し込むと，彼はかけ上がって彼女に向き合った。彼の顔はこれまでになく赤くなった。彼は彼女を見

て，「すみませんが，これを落としましたよ」と言った。**16**彼は彼女に卵を見せた。

問1＜単語の意味＞オリバーについて何がimpossible「とてもありえない，理に合わない」であるのかを考える。極度の恥ずかしがり屋で自分を語らないこと（第1段落第2，3文）と，皆が彼に興味を持ち，世話を焼きたがること（第1段落第4文以降）は通常両立しがたいことである。

問2＜整序結合＞②前にあるIn a word「一言で言えば」から，ここまでで述べたオリバーについての説明を簡潔にまとめる文になると考えられる。he wasの後，'the type of＋名詞'の形でthe type of personとし，これを修飾する関係詞節の中でget interested in ～「～に興味を抱く」を使う。justは「ちょうど，まさに」という'強調'を表す副詞としてbe動詞wasの直後に置く。③語群から'There＋be動詞＋主語…'「～がいる〔ある〕」の構文を考え，'主語'を'no＋名詞'「少しの～もない」の形のno needとする。残りは，'for＋人＋to ～'「〈人〉が～すること」の形にまとまる。

問3＜適語補充─共通語＞(ア)は前にあるdrunk「酔った」から，(イ)は好きになった少女に初めて話しかけるときであることから，「赤く」なったと考えられる。redのように'短母音＋子音字'で終わる語を比較級（または最上級）にする場合，語尾の子音字を2つ重ねてからer（またはest）をつける。　red－redder－reddest

問4＜要旨把握＞下線部に含まれるitは，同じ段落で描かれた，何の変哲もないオリバーの生活を指す。その後彼の身に起きた，その生活とは異なる出来事とは，この後で描かれている，向かいの家の少女に関するエピソードである。その描写は長いが，解答欄の大きさからポイントをとらえた簡潔な解答が求められる。

問5＜英文解釈＞'do＋目的語＋good'で「～のためになる」という意味。Itは前文の「十分暖かくなってきた」という内容を，themは前段落で少女が持っていたdaffodils「スイセン」を指す。

問6＜文脈把握＞第11段落第1文のHis heart fell out of the side window ... and hid itself in the pot of daffodils.という一文から，この次の文から次の第12段落第1文までの描写は現実ではなく，オリバーの心の中の想像であることが読み取れる。長い想像の後，ようやく現実に戻ってきたオリバーは，仕事に支障をきたさないために下線部のように書きつけたと考えられる。

問7＜要旨把握＞第15段落第1，2文から，少女が卵を買ったすぐ後にオリバーも卵を買ったと推測できる。つまり，オリバーはとっさの考えで，少女が落とした卵を届ける振りをして彼女に近づこうとした。しかし，非常に恥ずかしがり屋なオリバーは舞い上がっていたので，卵は落とせば割れるという誰にでもわかることを忘れてしまっていたのである。

問8＜内容真偽＞(ア)「オリバーは仕事場の側窓から飛び出して，少女の家のバルコニーに入った」…×　第11段落第1文参照。少女の家のバルコニーに行ったのはオリバー自身ではなく，オリバーの心であり，ここからしばらくオリバーの中の想像が描かれている。　(イ)「オリバーはときにはその女の子とけんかをしたが，たいていは一緒に静かに座っていた」…×　第13段落第7文に同様の記述はあるが，ここも彼女の家の窓を眺めながらのオリバーの想像を描いた部分である。　(ウ)「少女は週に一度，買い物に出かけた」…○　第14段落第1文に一致する。これに気づいた彼は現実に彼女のあとをつけた。　(エ)「少女は父親が死んだ後，母親と一緒に住んでいた」…×　第11段落最後の2文の記述もオリバーの想像を描いた部分である。なお，ここのHer mother, he decided, was sick in bed. は He decided her mother was sick in bed. と書き換えられる。

3 〔長文読解総合―物語〕

≪全訳≫Ａ**1**私は小さい頃，イソップ寓話をいくつか覚えた。その中に『アリとキリギリス』があった。これは，若者たちに大切な教訓を与えてくれる。この寓話では，夏になるとアリは食べ物を集め，キリギリスは草の上で歌を歌う。冬がくると，キリギリスの食べ物がなくなる。そこでキリギリスはアリのところへ行き，少しの食料を求める。するとアリは，おなじみの答えをキリギリスに返す。**2**私は道徳心に乏しかったので，この教訓に納得できなかった。私は人生が公平であるとは思っていなかった。**3**私がこの寓話を思い浮かべたのは，先日レストランでジョージ・テイラーが１人でいるのを見たときだった。あんなに落ち込んでいる人間は見たことがなかった。私はすぐに，彼がまた弟との間にトラブルを抱えているのだとわかった。私は彼のところに行って話しかけた。**4**「またトムかい？」**5**「そうだ，またトムだ」**6**「彼はどうしようもないと，もう君もわかっているはずだ」／Ｂ**7**どこの家庭にもやっかいな人間はいるものだ。20歳の頃の彼はごく普通の青年だった。商売を始め，結婚し，２人の子どもがいた。しかしある日，彼は突然家族も会社も捨ててヨーロッパに渡った。③<u>トムの金が尽きたらどうなるのだろうと</u>ジョージは思った。その答えはすぐにわかった。トムは金を借りていたのだ。彼はとても魅力的で，簡単に仲間をつくり，彼らからお金を得ることができた。彼は金を借りる癖がついた。**8**トムがやり直すことをジョージに約束すると，ジョージは弟を信じて大金を与えた。しかしトムは車を買ったり，とても立派な服を買ったりした。その後，ジョージは弟がましになることはないと悟った。そしてトムと手を切ろうと決意した。しかし，それはそう簡単ではなかった。**9**かつてトムは刑務所行きになるところだった。トムにだまされた男が，その件を法廷に持ち込むとジョージに伝えたのだ。ジョージは大変な苦労をして，その男に500ポンドを支払った。しかし，実はこの後すぐに，トムとその男はモンテカルロで一緒に楽しんでいた。ジョージは再び激怒した。**10**20年の間，トムは最も美しい女性たちと踊り，最も高級なレストランで食事をし，すばらしい服を着ていた。彼は46歳だったが，誰も彼が35歳以上だとは思わなかった。彼は魅力的で愉快な男だった。**11**哀れなジョージは，トムと１歳しか違わないのに，60歳に見えた。彼は誠実で勤勉な男で，良き妻と４人の娘に恵まれていた。彼には多額の貯金があり，55歳になったら仕事を辞めて，田舎で楽しむ計画だった。彼の人生は完璧だった。彼は自分が年老いていくことを喜んでいた。なぜならトムも年老いていくからだ。彼は言った。**12**「今から４年であいつは50歳になる。そうなれば生活も楽じゃないだろう。私は50歳になれば十分な貯金があるだろうが，あいつはのたれ死にするだろう。働くことが一番報われることだと知ることにもなるだろう」／Ｃ**13**哀れなジョージ！　私は彼が気の毒だ。トムは今回何をしたのだろうか。間違いなくジョージはとても動揺しているように見えた。**14**「不公平だ！　納得できない！」と彼は叫んだ。「俺は人生でずっと勤勉で正直だった。そういう生活の後は，貯金で生活するのを楽しみにしてもいいはずだ」**15**「そのとおり」**16**「だがトムは怠け者だ。住む場所もないはずだ」**17**「そのとおり」**18**ジョージの顔が真っ赤になった。「数週間前，あいつは母親ほどの年齢の女と結婚した。すぐに彼女は死んで，持っていた全てをあいつに残した。50万ポンド，高級車，ロンドンの大きな家…」**19**ジョージ・テイラーはテーブルを思い切り強くたたいた。**20**私は笑い出した。私はジョージの怒った顔に視線を向けた。私は椅子から転げ落ちそうになった。ジョージは私に対しても怒っていた。今では，トムはよく私をすばらしい夕食会に招待してくれる。彼はいまだに，私から少々の金を借りることがある。それは決して１ポンド

を超えることはないが。

問1＜語句解釈＞lesson は「教訓」の意味。イソップ寓話『アリとキリギリス』は，夏に働き食べ物を集めていたアリが，食べ物のなくなる冬に報われるという話なので，その教訓に当たるのは，働くことの大切さを述べた内容となる。⑧の最終文後半がこれに当たる。pay には「〜に報いる」という意味がある。また，この it は to work を受ける形式主語。

問2＜語句解釈＞この後の内容から black sheep が問題児のトムを指していることを読み取る。a black sheep は「(組織や家族の中の)やっかい者」の意味。この意味を表すのは，(イ)「多くの問題を引き起こす人物」。

問3＜整序結合＞語群と直後の He soon found out: Tom borrowed. から，「彼のお金がなくなったらどうなるのだろうと(ジョージは)思った」といった意味になると推測できる。主語 George を受ける動詞に wondered を置き，その目的語として what would happen という間接疑問をつくる。残りは when を接続詞として使い，受け身の形にまとめる。　spend – spent – spent

問4＜書き換え─適語補充＞ここでの 'wash 〜's hands of …' は「〜が…と手を切る」の意味。これは言い換えれば「彼の世話をするのをやめることにした」ということ。弟が改心することはないと悟ったという直前の内容から，下線部の意味は推測できる。

問5＜文脈把握＞前文から，ジョージがトムを助けるために男に500ポンドを支払った直後に，トムはその男と遊んでいたことがわかる。つまり，正直で勤勉なジョージはトムとその男に大金をまんまとだまし取られたのだと考えられる。

問6＜要旨把握＞ジョージが何について不公平だと言っているかは，この後に続く彼の言葉から判断できる。イソップ寓話のアリのように真面目に働いてきたジョージは，キリギリスのように遊び好きで迷惑をかけるトムよりも報われるべきだと考えているが，現実ではトムの方が大きな財産を得たことを不公平だと言っているのである。

問7＜文脈把握＞第7段落最終文より，トムには金を借りる癖がついていることがわかる。その後もトムはジョージに金を払わせたり，亡くなった妻の遺産を手に入れたりするなど，人から金を得て生きてきた。それが人生の習慣となり，金持ちになっても抜けていないと考えられる。

4 〔テーマ作文〕

「長期休暇中の宿題の是非」という受験生に身近なテーマではあるが，反対する立場からという指定があるので，賛成意見を持つ人には書きづらいかもしれない。理由を柔軟に発想する力とそれを英語で的確に表現する力が問われる。意見が分かれるテーマに対して，あえて自分とは異なる視点に立って議論をする練習をふだんからしておくとよいだろう。

数学解答

1 (1) (ア) x の増加量…$3k$

　　　　　y の増加量…$6ak+3k^2$

　　　(イ) a^2+2k^2　(ウ) $3k^3\,\mathrm{cm}^2$

　(2) $108k^3\,\mathrm{cm}^2$

2 (1) 150 個　(2) $\dfrac{151}{2}$

　(3) $3^{42}\times37^{144}$

3 (1) $\sqrt{3}\,\mathrm{cm}$　(2) $\dfrac{2\sqrt{2}+\sqrt{3}}{4}\,\mathrm{cm}^2$

　(3) $\dfrac{3\sqrt{2}+3\sqrt{3}}{4}\,\mathrm{cm}^2$

4 (1) (ア) $\dfrac{2-\sqrt{2}}{2}\,\mathrm{cm}$

　　　(イ) $\dfrac{21-13\sqrt{2}}{6}\,\mathrm{cm}^3$

　(2) $\dfrac{21-14\sqrt{2}}{3}\,\mathrm{cm}^3$

---

1 〔関数―関数 $y=ax^2$ と一次関数のグラフ〕

≪基本方針の決定≫(1)(ウ) 辺 PS を底辺とする 2 つの三角形の面積の和として求める。

(1)<x, y の増加量, y 座標, 面積>(ア)関数 $y=x^2$ で, x の値が $a-k$ から $a+2k$ まで増加するとき, x の増加量は, $(a+2k)-(a-k)=3k$ である。また, $x=a-k$ のとき $y=(a-k)^2=a^2-2ak+k^2$, $x=a+2k$ のとき $y=(a+2k)^2=a^2+4ak+4k^2$ だから, y の増加量は, $(a^2+4ak+4k^2)-(a^2-2ak+k^2)=6ak+3k^2$ となる。　(イ)右図 1 で, (ア)より, x の値が $a-k$ から $a+2k$ まで増 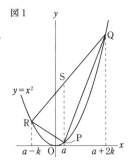 加するときの変化の割合は $\dfrac{6ak+3k^2}{3k}=2a+k$ だから, 直線 QR の傾きは $2a+k$ である。よって, 2 点 Q, R を通る直線が表す関数は, x の値が 1 増加すると, y の値は $2a+k$ 増加する。これより, x の値が $a-k$ から a まで $a-(a-k)=k$ 増加すると, y の値は $(2a+k)\times k=2ak+k^2$ 増加する。R$(a-k,\ a^2-2ak+k^2)$ だから, 点 S の y 座標は $(a^2-2ak+k^2)+(2ak+k^2)=a^2+2k^2$ となる。　(ウ)図 1 で, △PQR＝△PQS＋△PRS である。点 P は関数 $y=x^2$ のグラフ上にあり, x 座標は a だから, $y=a^2$ より, P$(a,\ a^2)$ である。(イ)より, S$(a,\ a^2+2k^2)$ だから, PS$=(a^2+2k^2)-a^2=2k^2$ である。辺 PS を底辺と見ると, △PQS の高さは $(a+2k)-a=2k$, △PRS の高さは $a-(a-k)=k$ だから, △PQR$=\dfrac{1}{2}\times2k^2\times2k+\dfrac{1}{2}\times2k^2\times k=3k^3\,(\mathrm{cm}^2)$ となる。

(2)<面積>右図 2 で, 点 R と点 T を結ぶと, 五角形 PQTUR の面積は, △PQR＋△QTR＋△TUR となる。直線 RT 上で x 座標が $a+2k$ である点を V, 直線 RU 上で x 座標が $a+4k$ である点を W とする。(1)(ウ) 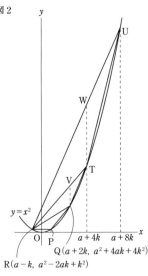 より, △PQR$=3k^3$ である。関数 $y=x^2$ で, x の値が $a-k$ から $a+4k$ まで増加するとき, x の増加量は $(a+4k)-(a-k)=5k$, y の増加量は $(a+4k)^2-(a^2-2ak+k^2)=10ak+15k^2$ だから, 直線 RT の傾きは $\dfrac{10ak+15k^2}{5k}=2a+3k$ である。よって, 2 点 R, T を通る直線が表す関数は, x の値が 1 増加すると, y の値は $2a+3k$ 増加する。これより, x の値が $a-k$ から $a+2k$ まで $(a+2k)-(a-k)=3k$ 増加すると, y の値は $(2a+3k)\times3k=6ak+9k^2$ 増加する。R$(a-k,\ a^2-2ak+k^2)$ だから, 点 V の y 座標は $(a^2-2ak+k^2)+(6ak+9k^2)=a^2+4ak+10k^2$ となり, V$(a+2k,\ a^2+4ak+10k^2)$ である。Q$(a+2k,\ a^2+4ak+4k^2)$ より, QV$=(a^2+4ak+10k^2)-(a^2+4ak+4k^2)=6k^2$ となり,

これを底辺と見ると，$\triangle \text{QTV}$ の高さは $(a+4k)-(a+2k)=2k$，$\triangle \text{QRV}$ の高さは $(a+2k)-(a-k)=3k$ だから，$\triangle \text{QTR}=\triangle \text{QTV}+\triangle \text{QRV}=\dfrac{1}{2}\times 6k^2\times 2k+\dfrac{1}{2}\times 6k^2\times 3k=15k^3$ となる。同様にして，x の値が $a-k$ から $a+8k$ まで増加するとき，x の増加量は $(a+8k)-(a-k)=9k$，y の増加量は $(a+8k)^2-(a^2-2ak+k^2)=18ak+63k^2$ だから，直線 RU の傾きは $\dfrac{18ak+63k^2}{9k}=2a+7k$ である。x の値が $a-k$ から $a+4k$ まで $(a+4k)-(a-k)=5k$ 増加すると，y の値は $(2a+7k)\times 5k=10ak+35k^2$ 増加するので，点 W の y 座標は $(a^2-2ak+k^2)+(10ak+35k^2)=a^2+8ak+36k^2$ となり，W$(a+4k,\ a^2+8ak+36k^2)$ である。T$(a+4k,\ (a+4k)^2)$ より，TW$=(a^2+8ak+36k^2)-(a+4k)^2=20k^2$ となり，これを底辺と見ると，$\triangle \text{TUW}$ の高さは $(a+8k)-(a+4k)=4k$，$\triangle \text{TRW}$ の高さは $(a+4k)-(a-k)=5k$ だから，$\triangle \text{TUR}=\triangle \text{TUW}+\triangle \text{TRW}=\dfrac{1}{2}\times 20k^2\times 4k+\dfrac{1}{2}\times 20k^2\times 5k=90k^3$ となる。以上より，五角形 PQTUR の面積は $3k^3+15k^3+90k^3=108k^3\text{(cm}^2)$ となる。

[2] 〔数と式―数の性質〕

《基本方針の決定》(1)　222 の素因数を考える。

(1)<並べた分数の個数>$222=2\times 3\times 37$ より，分母が 222 の分数で，分母と分子が 1 以外の公約数を持つ分数は，分子が少なくとも 2, 3, 37 のいずれかの素因数を含む数である。つまり，分子が 2 か 3 か 37 の倍数である分数である。分子は 222 以下なので，分子が 2 の倍数であるものは $222\div 2=111$（個）ある。また，分子が 3 の倍数であるものは $222\div 3=74$（個）ある。このうち，2 の倍数であるものは 6 の倍数であり，$222\div 6=37$（個）含まれている。よって，分子が 3 の倍数で 2 の倍数でないものは $74-37=37$（個）ある。分子が 37 の倍数で 2, 3 の倍数でないものは，$37\times 1=37$，$37\times 5=185$ の 2 個ある。以上より，並べた分数の個数は $111+37+2=150$（個）である。

(2)<分数の和>分子が 2 の倍数である分数は，$\dfrac{2}{222}$，$\dfrac{4}{222}$，$\dfrac{6}{222}$，$\cdots\cdots$，$\dfrac{218}{222}$，$\dfrac{220}{222}$，$\dfrac{222}{222}$ の 111 個だから，その和は $\dfrac{2}{222}+\dfrac{4}{222}+\dfrac{6}{222}+\cdots\cdots+\dfrac{218}{222}+\dfrac{220}{222}+\dfrac{222}{222}$ である。これと，項の順番を逆にした $\dfrac{222}{222}+\dfrac{220}{222}+\dfrac{218}{222}+\cdots\cdots+\dfrac{6}{222}+\dfrac{4}{222}+\dfrac{2}{222}$ で，同じ順番にある項どうしをたすと，$\dfrac{2}{222}+\dfrac{222}{222}=\dfrac{112}{111}$，$\dfrac{4}{222}+\dfrac{220}{222}=\dfrac{112}{111}$，$\cdots\cdots$，より，全て $\dfrac{112}{111}$ となり，$\dfrac{112}{111}$ が 111 個現れる。よって，分子が 2 の倍数である分数の和は $\dfrac{2}{222}+\dfrac{4}{222}+\dfrac{6}{222}+\cdots\cdots+\dfrac{218}{222}+\dfrac{220}{222}+\dfrac{222}{222}=\dfrac{112}{111}\times 111\div 2=56$ となる。分子が 3 の倍数で 2 の倍数でない分数は，$\dfrac{3\times 73}{222}=\dfrac{219}{222}$ より，$\dfrac{3}{222}$，$\dfrac{9}{222}$，$\dfrac{15}{222}$，$\cdots\cdots$，$\dfrac{219}{222}$ の 37 個である。分子が 2 の倍数のときと同様に考えると，$\dfrac{3}{222}+\dfrac{219}{222}=1$ より，$\dfrac{3}{222}+\dfrac{9}{222}+\dfrac{15}{222}+\cdots\cdots+\dfrac{219}{222}=1\times 37\div 2=\dfrac{37}{2}$ となる。分子が 37 の倍数で 2, 3 の倍数でない分数の和は $\dfrac{37}{222}+\dfrac{185}{222}=1$ だから，並べた分数全ての和は $56+\dfrac{37}{2}+1=\dfrac{151}{2}$ となる。

(3)<M の値>$\dfrac{2}{222}\times \dfrac{3}{222}\times \dfrac{4}{222}\times \dfrac{6}{222}\times \cdots\cdots\times \dfrac{220}{222}\times \dfrac{222}{222}$ の分母は，分数が 150 個あるから，$222^{150}=(2\times 3\times 37)^{150}=2^{150}\times 3^{150}\times 37^{150}$ となる。一方，分子は，2 の倍数が 111 個あり，このうち 2^2 の倍数は，$222\div 2^2=55$ あまり 2 より，55 個ある。これより，素因数 2 を 1 個含むものが $111-55=56$（個），2 個以上含むものが 55 個あるので，分子に含まれる素因数 2 の個数は，$1\times 56+2\times 55=166$（個）以上となる。3 の倍数は 74 個あり，このうち 3^2 の倍数は，$222\div 3^2=24$ あまり 6 より，24 個あり，さらに，3^3 の倍数は，$222\div 3^3=8$ あまり 6 より，8 個あり，3^4 の倍数は，$222\div 3^4=2$ あまり 60 より，2 個ある。3^5 の倍数はないので，素因数 3 を 1 個含むものが $74-24=50$（個），2 個含むものが $24-8$

$=16$（個），3 個含むものが $8-2=6$（個），4 個含むものが 2 個あり，分子に含まれる素因数 3 の個数は $1\times50+2\times16+3\times6+4\times2=108$（個）である。$37$ の倍数は $222\div37=6$（個）あり，37^2 の倍数はないので，素因数 37 を含むものが 6 個より，分子に含まれる素因数 37 の個数は $1\times6=6$（個）である。以上より，分子は，A を素因数 3，37 を含まない自然数として，$2^{166}\times3^{108}\times37^6\times A$ と表せるので，$\dfrac{N}{M}=\dfrac{2^{166}\times3^{108}\times37^6\times A}{2^{150}\times3^{150}\times37^{150}}=\dfrac{2^{16}\times A}{3^{42}\times37^{144}}$ となり，$M=3^{42}\times37^{144}$ である。

3 〔平面図形—正三角形〕

《基本方針の決定》(1) △ABQ と △ACP に着目する。

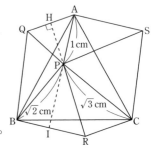

(1)＜長さ—合同，三平方の定理＞右図で，△APQ，△ABC が正三角形より，AQ＝AP，AB＝AC である。また，∠QAP＝∠BAC＝60° より，∠QAB＝∠QAP－∠BAP＝60°－∠BAP，∠PAC＝∠BAC－∠BAP＝60°－∠BAP となるから，∠QAB＝∠PAC である。よって，△ABQ≡△ACP となるから，BQ＝CP＝$\sqrt{3}$（cm）である。

(2)＜面積の和＞右図で，(1)より，△ABQ≡△ACP だから，△ABP＋△ACP＝△ABP＋△ABQ＝〔四角形 APBQ〕＝△APQ＋△BPQ である。△APQ は正三角形だから，点 P から辺 AQ に垂線 PH を引くと，△APH は 3 辺の比が $1:2:\sqrt{3}$ の直角三角形となり，PH＝$\dfrac{\sqrt{3}}{2}$AP＝$\dfrac{\sqrt{3}}{2}\times1=\dfrac{\sqrt{3}}{2}$ となる。AQ＝AP＝1 なので，△APQ＝$\dfrac{1}{2}\times$AQ$\times$PH＝$\dfrac{1}{2}\times1\times\dfrac{\sqrt{3}}{2}=\dfrac{\sqrt{3}}{4}$ である。また，PQ＝AP＝1 より，PQ^2＋BP^2＝$1^2+(\sqrt{2})^2=3$ となり，BQ$^2=(\sqrt{3})^2=3$ だから，PQ^2＋BP^2＝BQ^2 が成り立つ。これより，△BPQ は∠BPQ＝90° の直角三角形だから，△BPQ＝$\dfrac{1}{2}\times$BP$\times$PQ＝$\dfrac{1}{2}\times\sqrt{2}\times1=\dfrac{\sqrt{2}}{2}$ である。よって，△ABP＋△ACP＝△APQ＋△BPQ＝$\dfrac{\sqrt{3}}{4}+\dfrac{\sqrt{2}}{2}=\dfrac{2\sqrt{2}+\sqrt{3}}{4}$（cm^2）となる。

(3)＜面積＞右上図のように，△BPR，△CPS が正三角形になるように点 R，点 S をとる。(1)より，△ABQ≡△ACP であり，同様にして，△CBR≡△ABP，△ACS≡△BCP となる。よって，△ABC＝△ABP＋△BCP＋△ACP＝△CBR＋△ACS＋△ABQ となるので，△ABC＝$\dfrac{1}{2}$〔六角形 AQBRCS〕＝$\dfrac{1}{2}$（△APQ＋△BPQ＋△BPR＋△PRC＋△CPS＋△SAP）である。(2)より，△APQ＋△BPQ＝$\dfrac{2\sqrt{2}+\sqrt{3}}{4}$ である。また，PR＝BP＝$\sqrt{2}$，SP＝CP＝$\sqrt{3}$ であり，RC＝PA＝1，SA＝PB＝$\sqrt{2}$ となる。これより，PQ＝RC＝AP＝1，BP＝PR＝SA＝$\sqrt{2}$，BQ＝PC＝SP＝$\sqrt{3}$ となるから，△BPQ，△PRC，△SAP は合同であり，△PRC＝△SAP＝△BPQ＝$\dfrac{\sqrt{2}}{2}$ となる。さらに，△APQ，△BPR，△CPS は正三角形だから，相似である。相似比は AP：BP：CP＝$1:\sqrt{2}:\sqrt{3}$ だから，△APQ：△BPR：△CPS＝$1^2:(\sqrt{2})^2:(\sqrt{3})^2=1:2:3$ となり，△BPR＝2△APQ＝$2\times\dfrac{\sqrt{3}}{4}=\dfrac{\sqrt{3}}{2}$，△CPS＝$3$△APQ＝$3\times\dfrac{\sqrt{3}}{4}=\dfrac{3\sqrt{3}}{4}$ である。以上より，〔六角形 AQBRCS〕＝△APQ＋△BPQ＋△BPR＋△PRC＋△CPS＋△SAP＝$\dfrac{2\sqrt{2}+\sqrt{3}}{4}+\dfrac{\sqrt{3}}{2}+\dfrac{\sqrt{2}}{2}+\dfrac{3\sqrt{3}}{4}+\dfrac{\sqrt{2}}{2}=\dfrac{3\sqrt{2}+3\sqrt{3}}{2}$ となるので，△ABC＝$\dfrac{1}{2}\times\dfrac{3\sqrt{2}+3\sqrt{3}}{2}=\dfrac{3\sqrt{2}+3\sqrt{3}}{4}$（cm^2）である。

《別解》右上図で，△APQ と △ABC が正三角形より，△APQ∽△ABC であり，相似比は AP：AB で表されるから，△APQ：△ABC＝AP^2：AB^2 である。線分 AP の延長と線分 BR の交点を I とすると，∠APQ＝60°，∠BPQ＝90° より，∠BPI＝180°－∠APQ－∠BPQ＝180°－60°－90°＝30° とな

る。∠PBI = 60° なので，△BPI は3辺の比が $1:2:\sqrt{3}$ の直角三角形となり，∠AIB = 90° である。BI $= \dfrac{1}{2}$ BP $= \dfrac{1}{2} \times \sqrt{2} = \dfrac{\sqrt{2}}{2}$，PI $= \sqrt{3}$ BI $= \sqrt{3} \times \dfrac{\sqrt{2}}{2} = \dfrac{\sqrt{6}}{2}$ となるので，AI = AP + PI $= 1 + \dfrac{\sqrt{6}}{2}$ である。よって，△ABI で三平方の定理より，AB^2 = AI^2 + BI^2 $= \left(1 + \dfrac{\sqrt{6}}{2}\right)^2 + \left(\dfrac{\sqrt{2}}{2}\right)^2 = 3 + \sqrt{6}$ となる。したがって，△APQ：△ABC $= 1^2 : (3 + \sqrt{6}) = 1 : (3 + \sqrt{6})$ だから，△ABC $= (3 + \sqrt{6})$ △APQ $= (3 + \sqrt{6}) \times \dfrac{\sqrt{3}}{4} = \dfrac{3\sqrt{2} + 3\sqrt{3}}{4}$（cm^2）である。

4 〔空間図形─立方体，正八面体〕

《基本方針の決定》(1)(イ)，(2) 正八面体 PQRSTU の体積から，立方体 ABCD-EFGH の各面からはみ出している四角錐の体積をひく。

(1)<長さ，体積>(ア)右図1で，線分 PU と面 ABCD の交点を Y とすると，XY∥QI となるので，PX：PQ = PY：PI である。PQ = 1 であり，立体 PQRSTU が正八面体より，四角形 PQUS は正方形であるから，PI $= \dfrac{1}{2}$ PU $= \dfrac{1}{2} \times \sqrt{2}$ PQ $= \dfrac{1}{2} \times \sqrt{2} \times 1 = \dfrac{\sqrt{2}}{2}$ である。また，YI = AM $= \dfrac{1}{2}$ AE $= \dfrac{1}{2} \times 1 = \dfrac{1}{2}$ だから，PY = PI − YI $= \dfrac{\sqrt{2}}{2} - \dfrac{1}{2}$ である。よって，PY：PI $= \left(\dfrac{\sqrt{2}}{2} - \dfrac{1}{2}\right) : \dfrac{\sqrt{2}}{2} = (\sqrt{2} - 1) : \sqrt{2}$ だから，PX：PQ $= (\sqrt{2} - 1) : \sqrt{2}$ であり，PX $= \dfrac{\sqrt{2} - 1}{\sqrt{2}}$ PQ $= \dfrac{\sqrt{2} - 1}{\sqrt{2}} \times 1 = \dfrac{2 - \sqrt{2}}{2}$

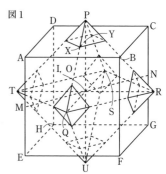

図1

（cm）となる。(イ)図1で，立方体 ABCD-EFGH と正八面体 PQRSTU の共通部分は，正八面体 PQRSTU から，立方体 ABCD-EFGH の各面からはみ出している6点 P，Q，R，S，T，U をそれぞれ頂点とする6個の四角錐を除いた部分と見ることができる。点 I と点 O が一致していることから，立方体 ABCD-EFGH の各面からはみ出している6個の四角錐は合同であり，体積は等しい。面 ABCD と面 QRST が平行であるから，面 ABCD からはみ出している点 P を頂点とする四角錐と，正四角錐 P-QRST は相似である。(ア)より，相似比は PY：PI $= (\sqrt{2} - 1) : \sqrt{2}$ だから，体積比は $(\sqrt{2} - 1)^3 : (\sqrt{2})^3 = (\sqrt{2} - 1)^2 \times (\sqrt{2} - 1) : 2\sqrt{2} = (3 - 2\sqrt{2})(\sqrt{2} - 1) : 2\sqrt{2} = (5\sqrt{2} - 7) : 2\sqrt{2}$ となる。正四角錐 P-QRST の体積は，$\dfrac{1}{3} \times$〔正方形 QRST〕$\times$ PI $= \dfrac{1}{3} \times 1^2 \times \dfrac{\sqrt{2}}{2} = \dfrac{\sqrt{2}}{6}$ だから，面 ABCD からはみ出している点 P を頂点とする四角錐の体積は $\dfrac{5\sqrt{2} - 7}{2\sqrt{2}}$〔正四角錐 P-QRST〕$= \dfrac{5\sqrt{2} - 7}{2\sqrt{2}} \times \dfrac{\sqrt{2}}{6} = \dfrac{5\sqrt{2} - 7}{12}$ である。正八面体 PQRSTU の体積は 2〔正四角錐 P-QRST〕$= 2 \times \dfrac{\sqrt{2}}{6} = \dfrac{\sqrt{2}}{3}$ だから，求める立体の体積は $\dfrac{\sqrt{2}}{3} - \dfrac{5\sqrt{2} - 7}{12} \times 6 = \dfrac{21 - 13\sqrt{2}}{6}$（cm^3）となる。

(2)<体積>右図2で，線分 QS と面 ABFE の交点を Z とする。点 S は面 CDHG 上にあるので，立方体 ABCD-EFGH と正八面体 PQRSTU の共通部分は，正八面体 PQRSTU から，立方体 ABCD-EFGH の5個の面からはみ出している5点 P，Q，R，T，U をそれぞれ頂点とする5個の四角錐を除いた部分と見ることができる。図2の正八面体 PQRSTU は，右上図1の正八面体 PQRSTU を，辺 AD に平行に移動した位置にあるから，立方体 ABCD-EFGH からはみ出している5個の四角錐のうち，4点 P，R，T，U をそれぞれ頂点とする4個の四角錐は，図1のはみ出している四角錐と合同であり，その体積は，(1)(イ)より，それぞれ $\dfrac{5\sqrt{2} - 7}{12}$ cm^3 である。また，正八面体 PQRSTU の

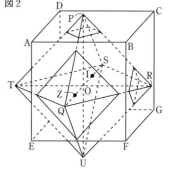

図2

体積は$\frac{\sqrt{2}}{3}$ cm³である。次に，立方体ABCD-EFGHからはみ出している点Qを頂点とする四角錐は正四角錐Q-PTURと相似であり，相似比はQZ：QOで表せる。QS＝PU＝$\sqrt{2}$，ZS＝AD＝1より，QZ＝QS－ZS＝$\sqrt{2}-1$であり，QO＝$\frac{1}{2}$QS＝$\frac{1}{2}\times\sqrt{2}=\frac{\sqrt{2}}{2}$だから，相似比はQZ：QO＝($\sqrt{2}$－1)：$\frac{\sqrt{2}}{2}$＝(2－$\sqrt{2}$)：1である。これより，はみ出している点Qを頂点とする四角錐と正四角錐Q-PTURの体積比は$(2-\sqrt{2})^3:1^3=(2-\sqrt{2})^2\times(2-\sqrt{2}):1=(6-4\sqrt{2})(2-\sqrt{2}):1=(20-14\sqrt{2}):1$である。〔正四角錐Q-PTUR〕＝〔正四角錐P-QRST〕＝$\frac{\sqrt{2}}{6}$だから，立方体ABCD-EFGHからはみ出している点Qを頂点とする四角錐の体積は，(20－14$\sqrt{2}$)×〔正四角錐Q-PTUR〕＝(20－14$\sqrt{2}$)×$\frac{\sqrt{2}}{6}=\frac{10\sqrt{2}-14}{3}$である。以上より，求める立体の体積は$\frac{\sqrt{2}}{3}-\frac{5\sqrt{2}-7}{12}\times4-\frac{10\sqrt{2}-14}{3}=\frac{21-14\sqrt{2}}{3}$(cm³)となる。

＝読者へのメッセージ＝

④では，正多面体を扱いました。正多面体は，正四面体，正六面体(立方体)，正八面体，正十二面体，正二十面体の5種類しかありません。その理由は説明できますか。これは1つの頂点に集めることができる正多角形の数に関係しています。立体ができるためには，1つの頂点には3つ以上の面が集まる必要があります。また，1つの頂点に集まっている角の和は360°より小さくならなくてはなりません。このことから，1つの頂点には，正三角形は5個までしか集めることができず，正方形と正五角形はともに3個しか集めることができません。

社会解答

1　1　ア，イ　　2　ア，ウ
　　3　ア，エ　　4　イ，オ
　　5　(例)永久凍土の一部が解けたため。
　　6　ウ，オ
　　7　A…ドイツ　B…アメリカ合衆国
　　　　C…フランス　D…カナダ

2　1　ア，イ　　2　ウ，エ，カ
　　3　2番目…オ　4番目…ア
　　4　ア，カ
　　5　A…アイヌ　B…琉球王国
　　6　イ，エ

　　7　・(例)産業革命によって都市に人口
　　　　が集中するようになった。(25字)
　　・(例)西洋諸国が植民地を広げ，国
　　　　際的な人の移動が増えた。(25字)

3　1　イ，オ
　　2　(例)公正な<u>競争</u>が妨げられ，<u>消費者</u>
　　　　が不当に高い価格などの不利益を受
　　　　けるから。(35字)
　　3　エ，オ　　4　イ，ウ
　　5　エ，カ　　6　ア

1　〔地理—地球温暖化に関連する問題〕

1　<地球温暖化>2015年に採択されたパリ協定(第21回国連気候変動枠組条約締約国会議〔COP21〕)では，途上国を含む国や地域がそれぞれ温室効果ガス削減の目標を立て，温暖化防止に取り組むことに合意した。また，海洋が二酸化炭素を吸収すると海水は酸性になる。なお，先進国に温室効果ガスの削減目標の設定を義務づけたのは，1997年の京都議定書である。

2　<情報技術>日本では，インターネットの普及に伴って，1990年代後半から2000年代前半にパソコンの普及率が上昇したが，2010年以降，スマートフォンが急激に普及し，2010年代後半にはパソコンよりスマートフォンの普及率の方が高くなっている。また，防災のためのハザードマップは，国土交通省の下に置かれている国土地理院が発行する地図などをもとに，主に市町村が作成している。

3　<ブラジル>ブラジルは，ポルトガルによる植民地支配から独立した。また，バイオ燃料の原料となるのは，とうもろこしやサトウキビである。

4　<アメリカ合衆国>アメリカ合衆国は，多くの移民を受け入れてきた国で，人口も増加し続けている(ア…×)。フィードロットとは，出荷前の肉牛を集め，栄養が多い飼料を与えて太らせるための肥育場を指す。地域の環境に適した農作物を大規模に栽培するアメリカ合衆国の農業の特色は，適地適作と呼ばれる(ウ…×)。アメリカ合衆国のラストベルト(さびついた工業地帯といった意味)とは，かつて工業が盛んだった五大湖周辺などのアメリカ合衆国北東部を指す(エ…×)。

5　<シベリアに見られる温暖化の影響>シベリア地域には，複数年にわたって凍ったままの土壌である永久凍土が広がっている。地球温暖化の影響を受けてこの永久凍土が解けると地盤沈下が起こり，その上に建てられている建物が倒壊するなどの被害が出ている。

6　<静岡県>繊維産業から発展したオートバイ製造会社が多くある静岡県の都市は，浜松市である。また，静岡県で伝統的に木材加工産業が行われているのは，天竜川流域である。

7　<世界各国の発電>風力や太陽光などを利用した再生可能エネルギーによる発電量の割合が高いAにはドイツが，発電量合計が多く，火力発電が中心となっているBにはアメリカ合衆国が，原

子力による発電量の割合が突出して高いＣにはフランスが，水力による発電量の割合が高いＤにはカナダが当てはまる。

2 〔歴史—感染症の歴史〕

1 ＜農耕，定住，都市化＞中国の古代文明で，大規模な水稲耕作が行われたのは長江流域で，黄河流域で栽培されたのは，粟などである。また，トマトやジャガイモの原産地は南アメリカで，ヨーロッパに伝わったのは，15世紀以降である。

2 ＜3世紀～奈良時代の出来事＞巨大な前方後円墳がつくられたのは5世紀頃のことである（ウ…○）。百済から仏教が伝えられたのは6世紀半ばのことである（エ…○）。『日本書紀』が完成したのは奈良時代の720年のことである（カ…○）。なお，九州に稲作が伝わったのは紀元前4世紀頃のことである（ア…×）。奴国王に授けられたのは「漢委奴国王」と刻んだ金印で，1世紀半ばのことである。また，「親魏倭王」の称号を得たのは邪馬台国の女王卑弥呼で，3世紀前半のことである（イ…×）。7世紀末に藤原京を完成させたのは，持統天皇である（オ…×）。桓武天皇が坂上田村麻呂を東北地方に派遣したのは，平安時代初めのことである（キ…×）。

3 ＜平安時代～17世紀前半の出来事＞年代の古い順に，キ（藤原氏と天皇家との外戚関係が途絶えたのは1068年），オ（1181年の平清盛の死），ウ（1368年の明の成立），ア（1467～77年の応仁の乱），エ（1492年のコロンブスのアメリカ大陸到達）となる。なお，イの江戸幕府による貿易統制が始まった17世紀前半の約100年後にインフルエンザが流行したのは，18世紀前半のこと，カの光明皇后が施薬院や悲田院を設立したのは，奈良時代のことである。

4 ＜19世紀の世界＞19世紀のヨーロッパで「国民」意識が高まったのは，フランス革命による国民主権や人間の平等の理念の広がりや，ナポレオンの支配に対する抵抗を通じてであった。また，ペリーが日本を訪れて開国を要求した1853年は，アメリカで南北戦争が始まる1861年より前のことである。

5 ＜江戸時代の蝦夷地と琉球王国＞Ａ．江戸時代に松前藩と交易を行っていたのは，蝦夷地（北海道）のアイヌの人々である。　Ｂ．八重山諸島とは，現在の沖縄県，江戸時代の琉球王国の一部である。

6 ＜オランダ＞インドのカリカットを根拠地としたのはポルトガルで，オランダの東インド会社は，17世紀初めに設立され，インドネシアのジャワ島を根拠地とした（ア…×）。1863年に砲撃を受けた報復として，翌年，オランダがイギリス，フランス，アメリカとともに砲撃を加えて砲台を占拠した（下関戦争）のは長州藩の下関である。また，1862年の生麦事件の報復として，翌年，鹿児島を攻撃した（薩英戦争）のはイギリスである（ウ…×）。オランダが東南アジアで植民地としていたのは，インドネシアで，ベトナムやカンボジアはフランスの植民地だった（オ…×）。

7 ＜感染症の拡大＞18世紀半ばから20世紀前半にかけて，感染症が急速に拡大するようになったのは，18世紀後半にイギリスで始まった産業革命によって工場のある都市部に人口が集中したことや，西洋諸国の植民地が世界中に広がったことで国際的な移動が盛んに行われたことが背景にあると考えられる。

3 〔公民—総合〕

1 ＜公正取引委員会，検察，裁判所＞労働市場を監督し，労働基準を守らない企業に対して業務停止

命令などを出すのは，労働基準監督署である。また，最高裁判所は三審制の終審裁判所として違憲の最終決定を行うことから「憲法の番人」と呼ばれるが，最高裁判所だけでなく全ての裁判所が違憲立法審査権を持っている。

2 <独占禁止法>市場経済では企業間の自由で公正な競争が行われることで，価格の適正化や技術革新などが起こっている。しかし，談合が行われると，企業間の競争が妨げられ，不当な価格が設定されることにつながるなどして，消費者の不利益の原因となる。

3 <企業>独立行政法人は，地方公共団体の資金で運営される地方公営企業とともに公企業に分類され，合同会社は，株式会社や有限会社とともに私企業に分類される。また，企業に求められる法令遵守を意味する言葉は，コンプライアンスである。

4 <需要と供給>図の右上がりの線が供給曲線，右下がりの線が需要曲線である。したがって，価格がP2からP1へ変化すると，需要量は増加し，供給量は減少する。また，商品が流行すると，その商品の需要量が増加するので，需要曲線は右に移動する。

5 <囚人のジレンマ>A国が最も利益を得るのは，自国が「非協調」を選び，かつB国が「協調」を選んだときである（ア…×）。A国にとって，B国が「協調」を選んだ場合，「非協調」を選んだ方がより利益を得られる（イ…×）。B国が最も利益を得るのは，自国が「非協調」を選び，かつA国が「協調」を選んだときである（ウ…×）。この状況では，A国，B国ともに「非協調」を選んだ方がより利益を得られる（オ…×，カ…○）。

6 <インセンティブ>インセンティブとは，やる気を起こさせる動機となるような金銭，報奨，利益などの誘因を意味する。したがって，「コーヒー料金が半額になる」が投票を促すためのインセンティブになる。

理科解答

1 1 ア，ウ　2 ア　3 ウ
4 ①…ア　②…エ
5 天気…ア，カ，コ
　前線 ①…寒冷　②…温暖

2 1 3：2　2 1.12g　3 4.5%

3 1 エ　2 ア，ウ，オ

4 1

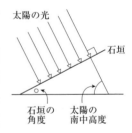

記録タイマー
力学台車
斜面　記録テープ
水平な実験机

2 (1)…ウ　(2) 13.5cm
3 9本目，10本目
4 ① $\frac{5}{4}$倍　② $\frac{25}{16}$倍　③ 1倍
　④ 1倍
5 ア

5 1 ア，ウ，オ　2 エ

6 1 生物…外来生物〔外来種〕
　原因…ウ，エ
2 ア，ウ　3 イ，オ

1〔小問集合〕

1＜日食，月食＞ア…誤り。月食のときの月の位置は図のEで，満月のときである。なお，月の位置がAのときに起こりうるのは日食である。　　ウ…誤り。太陽も月も東から昇り西に沈むが，太陽が1時間に15°ずつ移動して見えるのに対し，月は地球の周りを西から東に向かって公転しているため，太陽より移動の速さが遅く，地球上から見ると太陽が月を追い越していくように見える。そのため，日食のときは，太陽は右（西）側から欠けていくように見える。

2＜星座＞日本の大部分の地域からは一年中見ることができないが，南半球の地域では見ることができる星座は，天の南極に近い所にある星座である。

3＜火成岩＞雲仙普賢岳のような溶岩ドームは，ねばりけが強いマグマによってつくられる。ねばりけが強いマグマは二酸化ケイ素を含む割合が高く，二酸化ケイ素は無色鉱物に多く含まれるため，地表や地表付近でマグマが冷えると白っぽい色の火山岩ができる。よって，溶岩ドームをつくるデイサイトは白っぽい色をした火山岩で，斑状組織を持つ。

4＜太陽の動き＞夏至の頃は地軸の北極側が太陽側に傾いているので，北半球では緯度が高い北の地点ほど昼間の時間が長くなる。よって，東京よりも緯度が高い北海道では，昼の時間は東京より長くなる。また，石垣の面に当たる太陽の光の角度が垂直に近いほど，温度上昇が大きくなる。右図のように，石垣の面に垂直に太陽の光が当たるとき，石垣の角度は，太陽の南中高度が低いほど大きくなるので，石垣の角度は，東京よりも南中高度が低い北海道の方が大きい。

太陽の光
石垣
石垣の角度
太陽の南中高度

5＜天気図＞天気図より，大阪の天気記号は晴れ，天気記号から出ている風向を示す棒は真北を指していて，矢羽根は1本なので，風向は北，風力は1である。銚子の天気記号は曇り，風向は北北西，風力は3である。仙台の天気記号は曇り，風向は西北西，風力は3である。函館の天気記号は雨，風向は北西，風力は2である。また，低気圧の中心から南西方向にのびている前線は寒冷前線，南東方向にのびている前線は温暖前線である。

2〔化学変化とイオン〕

1 <質量比>フェノールフタレイン溶液の色がうすい赤色になったとき，酢酸水溶液と水酸化ナトリウム水溶液はちょうど中和してほぼ中性になったと考えられる。よって，6％酢酸水溶液10.0gと5％水酸化ナトリウム水溶液8.0gがちょうど中和しているので，酢酸と水酸化ナトリウムが反応する質量比は，$10.0 \times \dfrac{6}{100} : 8.0 \times \dfrac{5}{100} = 3 : 2$ である。

2 <中和>入れすぎた水酸化ナトリウム水溶液と，6％酢酸水溶液1.4gがちょうど中和したことになる。よって，入れすぎた水酸化ナトリウム水溶液の質量をx gとすると，酢酸と水酸化ナトリウムが反応する質量比について，1.より，$1.4 \times \dfrac{6}{100} : x \times \dfrac{5}{100} = 3 : 2$ が成り立ち，$x \times \dfrac{5}{100} \times 3 = 1.4 \times \dfrac{6}{100} \times 2$ より，$x = 1.12$ (g)である。

3 <濃度>市販の食酢10.0gに含まれる酢酸の質量をy gとすると，酢酸と水酸化ナトリウムが反応する質量比について，$y : 6.0 \times \dfrac{5}{100} = 3 : 2$ が成り立つ。これを解くと，$y \times 2 = 6.0 \times \dfrac{5}{100} \times 3$ より，$y = 0.45$ (g)である。これより，食酢10.0g中に酢酸が0.45g含まれているので，その質量パーセント濃度は，$0.45 \div 10.0 \times 100 = 4.5$ (％)である。

③〔化学変化とイオン〕

1 <電池>エはボルタ電池を改良してつくられたダニエル電池で，確認のためにつくった電池よりも長持ちする。ダニエル電池では－極として亜鉛板を硫酸亜鉛水溶液に浸し，＋極として銅板を硫酸銅水溶液に浸している。なお，しばらくすると確認のためにつくった電池に電流が流れなくなるのは，亜鉛板の表面に銅が付着し，亜鉛が水溶液中に溶けるのを妨げるためである。

2 <電池>電池は，異なる種類の金属板を電解質の水溶液に浸すことにより，つくることができる。よって，ア～オの中で電池をつくることができるのは，電解質の水溶液である食塩水と塩酸，レモン汁である。

④〔運動とエネルギー〕

1 <記録タイマー>力学台車の運動を記録タイマーを用いて調べるには，斜面の上で力学台車よりも上側に記録タイマーを設置し，力学台車に取りつけた記録テープを記録タイマーに通しておく。力学台車が斜面を下ると，記録テープに運動の様子を示す打点が記録される。解答参照。
〔編集部注：この実験では，力学台車が水平な実験机の上を運動するとき，実際には記録テープは水平面と平行にならないが，平行になるものとして問題を解いた。〕

2 <等加速度運動>(1)斜面を下る力学台車には，重力の斜面に平行な分力が一定の大きさではたらくため，速さが一定の割合で大きくなる。そのため，4打点ごとに切ったテープの長さは，時間とともに一定の割合で長くなる。よって，4打点ごとに切ったテープの長さの変化の割合がわかれば，5打点ごとのテープの長さを求めることができる。4打点ごとに切ったテープの長さがx cmずつ長くなるとすると，ア～オのうち，ウでは6本目のテープの長さは$9.0 + x$ cm，9本目のテープの長さは$9.0 + 4x$ cmと表され，6本目と9本目のテープの長さをたすと，$(9.0 + x) + (9.0 + 4x) = 26.0$ が成り立つ。これを解くと，$x = 1.6$ (cm)となる。よって，テープの変化の割合がわかるのは，ウである。なお，イでは3本目のテープの長さは$9.0 - 2x$ cm，7本目のテープの長さは$9.0 + 2x$ cmと表され，3本目と7本目のテープの長さをたすと，$(9.0 - 2x) + (9.0 + 2x) = 18.0$ が成り立つ。しかし，この式からはxの値を求めることができず，変化の割合を求めることはできない。同様に，エでも変化の割合を求めることはできない。　(2)(1)より，4打点ごとに切った6本目のテープの長さは

$9.0 + 1.6 = 10.6$（cm）である。ここで，4打点ごとに切った5本目のテープの長さは，$4 \times 4 = 16$，$4 \times 5 = 20$より，16打点目から20打点目までの長さであり，6本目のテープの長さは，$4 \times 6 = 24$より，20打点目から24打点目までの長さである。また，5打点ごとに切った5本目のテープの長さは，$5 \times 4 = 20$，$5 \times 5 = 25$より，20打点目から25打点目までの長さである。よって，24打点目から25打点目までの長さがわかれば，5打点ごとに切った5本目のテープの長さを求めることができる。隣り合う2打点間の長さは，一定の割合で増えるから，その長さが s cm ずつ長くなり，テープの20打点目から21打点目までの長さを t cm とすると，21打点目から22打点目までの長さは $t+s$ cm，以降の隣り合う2打点間の長さは，22打点目から23打点目までは $t+2s$ cm，23打点目から24打点目までは $t+3s$ cm，24打点目から25打点目までは $t+4s$ cm となる。これより，4打点ごとに切った6本目のテープの長さについて，$t + (t+s) + (t+2s) + (t+3s) = 10.6$より，$4t + 6s = 10.6$……①が成り立つ。同様に，4打点ごとに切った5本目のテープの19打点目から20打点目までは $t-s$ cm，18打点目から19打点目までは $t-2s$ cm，17打点目から18打点目までは $t-3s$ cm，16打点目から17打点目までは $t-4s$ cm となるから，5本目のテープの長さについて，$(t-s) + (t-2s) + (t-3s) + (t-4s) = 9.0$より，$4t - 10s = 9.0$……②が成り立つ。①－②より，$6s - (-10s) = 10.6 - 9.0$，$16s = 1.6$，$s = 0.1$となり，これを①に代入して，$4t + 6 \times 0.1 = 10.6$，$4t = 10.0$，$t = 2.5$となる。したがって，24打点目から25打点目までの長さは $2.5 + 4 \times 0.1 = 2.9$（cm）となるので，5打点ごとに切った5本目のテープの長さは，$10.6 + 2.9 = 13.5$（cm）である。

3 ＜等加速度運動＞テープの長さが一定の割合で増えるのは，力学台車の運動方向に力がはたらいているとき，つまり，力学台車が斜面上を運動しているときである。テープの長さが一定の割合で増えるのは，4打点ごとに切ったテープでは1本目から12本目までなので，力学台車が斜面上を運動しているのは，$4 \times 12 = 48$，$4 \times 13 = 52$より，48打点目から52打点目の前までである。よって，5打点ごとに切ったテープでテープの長さが一定の割合で増えるのは，$48 \div 5 = 9$あまり3，$52 \div 5 = 10$あまり2より，9本目か10本目までである。

4 ＜等加速度運動＞①実験で用いた記録タイマーが，a秒ごとに点を打つとすると，テープ1本当たりの時間は，4打点ごとに切った場合は$4a$秒，5打点ごとに切った場合は$5a$秒なので，$5a \div 4a = \dfrac{5}{4}$（倍）である。　　②2(1)より，テープの長さが一定の割合で増えているときの，テープの長さの増加量は，テープを4打点ごとに切ったときが1.6cmである。5打点ごとに切ったときは，5本目が13.5cm，4本目が$2.0 + 2.1 + 2.2 + 2.3 + 2.4 = 11.0$（cm）より，$13.5 - 11.0 = 2.5$（cm）である。よって，テープの長さの増加量は，$2.5 \div 1.6 = \dfrac{25}{16}$（倍）である。　　③，④力学台車が実験机に到達するまでの時間も，実験机の上を運動しているときの速さも，テープの切り方には関係しない。よって，どちらも1倍である。

5 ＜等加速度運動＞4②より，テープの長さは，5打点ごとに切ったときの4本目が11.0cm，5本目が13.5cm，6本目が$13.5 + 2.5 = 16.0$（cm）であり，4打点ごとに切ったときの4本目が$9.0 - 1.6 = 7.4$（cm），5本目が9.0cm，6本目が10.6cmである。よって，Xの値は，$N = 4$のとき，$X = 11.0 \div 7.4 = 1.4864\cdots$より $X = 1.486$，$N = 5$のとき，$X = 13.5 \div 9.0 = 1.5$，$N = 6$のとき，$X = 16.0 \div 10.6 = 1.5094\cdots$より，$X = 1.509$となる。これより，$N$の本数が増えるごとに$X$の増加量は，$1.5 - 1.486 = 0.114$，$1.509 - 1.5 = 0.009$と減少しているので，グラフはアのようになると考えられる。

〔編集部注：力学台車は斜面上をすべり下りる運動をし続けるものとして考えた。〕

5 〔生命・自然界のつながり〕

1 <細胞分裂>図のA〜Eの細胞は，C→B→D→A→Eの順に細胞分裂が進み，2個の細胞ができ，それぞれCのような状態になる。よって，アとオは適当である。また，Cは分裂前の細胞を表し，細胞はこの時期に染色体を複製するから，ウも適当である。

2 <細胞分裂>根の先端には成長点という，細胞分裂の盛んな場所がある。成長点では細胞の数は増えるが，分裂後の細胞の大きさは分裂前の細胞のおよそ半分である。しかし，分裂しなくなった細胞はしだいに肥大することで，もとの細胞の大きさになるため根は伸びる。

6 〔生命・自然界のつながり〕

1 <外来生物>人間の活動によって，本来の生息地ではない場所に持ち込まれて繁殖している生物を，外来生物(外来種)という。外来生物が繁殖する原因として，持ち込まれた場所に天敵が少ないこと(ウ)や，エサとなる生物や農作物が豊富なこと(エ)などが考えられる。

2 <生態系>インドクジャクがカエルやトカゲなどの両生類やハ虫類を捕食することで，先島諸島に特有の希少な種の個体数が減るおそれがある(ア)。また，もともと先島諸島に生息する動物(在来生物)がエサとしている生物を，インドクジャクがエサとすることで，エサとしている生物が減るおそれがある(ウ)。なお，インドクジャクに捕食されてカエルやトカゲが減ると，カエルやトカゲに捕食されていた小さな昆虫は逆に増えると考えられる。

3 <生態系>インドクジャクの個体数を減らす方法として，先島諸島の他の生物に影響が少ないと考えられるのはイとオである。イでは，在来生物が捕獲された場合は放してやればよい。オでは，インドクジャクの卵を回収して，ふ化する個体数を減らすことができる。なお，アでは在来生物もエサを捕食する可能性があるため，ウではインドクジャクの天敵となる生物が在来生物を捕食するおそれがあるため，エでは樹木の伐採により生態系を壊すおそれがあるため，他の生物への影響は大きいと考えられる。

国語解答

一 問一　具合が悪くなってからどれくらい持つものかという問いに対する返答の「三週間」という期間が，予想よりはるかに短かったために，驚き，動揺したから。

問二　未来にある死を基準にして今の生き方を決めることではなく，そのつど変化する可能性を見て今を生きることが大切である，と示しているように読める。

問三　(1)　リスクを提示されると，その先の可能性の中でよくない可能性が人生の大半の可能性を占めるように感じ，最終的には必ず死にたどり着くことを想像してしまう感覚。

(2)　人生の分岐ルートが一本道であるはずはないし，分岐ルートは，そのつどの選択と進行によって数や行き先をどんどん変えてゆくのに，その変化の可能性を見落としているから。

問四　A　明示　B　批判　C　節制

D　総体

二 問一　サッカーをするために生まれてきたような人間に心をひかれている亜美は，魚をとるために潜らなければならないというカワウを，魚をとるために生まれてきたようだと感じたから。

問二　当たり前のように小説を書いて生きていける，ということ。

問三　本が読めるからメッシのようになれないということはないが，どう生きればメッシのようになれるかはわからない，と思ったから。

問四　体を乾かさないカワウはいない，ということから，サッカーをするために生まれた人間になるには，サッカーに日々必要なことを確実にしていくことこそが重要だ，と気づけたから。

三 問一　まだ経験の浅い宮内卿を自分の判断で歌合に加えたこと。

問二　ウ　　問三　いとおしく

問四　優れた歌をよんでいた宮内卿が，若くして亡くなってしまったこと。

一〔論説文の読解—哲学的分野—人生〕出典；宮野真生子・磯野真穂『急に具合が悪くなる』「急に具合が悪くなる」。

≪本文の概要≫ハイデガーの「死はたしかにやってくる。しかし今ではないのだ」という言葉は，人間は死を日常生活において回避しているというように読める。だが，誰もが等しく「急に具合が悪くなる」かもしれないのに，目の前のことを生きていることを考えると，この言葉は違う形で読める。未来の死は確実であるが，その未来の死から今を考えようとするのはおかしい。病を得た人は，リスクの語りによって，目の前にいくつもの分岐ルートが示されているように感じ，リスクに基づくよくないルートを避けて「普通に生きてゆける」ルートを選んで慎重に歩こうとする。しかし，それぞれの分岐ルートにまた複数の分岐があり，その分岐ルートは，そのつどの選択と進行によって分岐の数や行き先をどんどん変えてゆく。だから，分岐ルートのいずれかを選ぶとは，一本の道を選ぶことではなく，新しく無数に開かれた可能性の全体に入ってゆくことである。可能性とは，常に，動的に変化していく全体でしかなく，未来とは，多くのよくない可能性も含んだ総体である。

問一＜文章内容＞主治医に「急に具合が悪くなるかもしれない」と言われた「私」が「具合が悪くなってから、どれくらいもつものなのでしょうか」と尋ねたところ、返ってきた返事は「たとえば急な方ですと三週間ほどで亡くなられた方もいます」というものだった。「三週間」という期間は、「私」の予想よりはるかに短く、「私」は驚き、動揺し、「え、三週間？　三か月じゃなくて？」と声をあげてきき返したのである。

問二＜文章内容＞「死はたしかにやってくる。しかし今ではないのだ」という言葉は、人間は「死を日常生活において回避している」というように読めるため、「自分の生と向き合うことを避けている」と批判される。しかし、「私」は、「死」はいつでも未来にあることに着目して、「たしかに未来の死は確実ですが、しかし、なぜ、その未来の死から今を考えないといけないのでしょうか」と問う。「私」の考えでは、人生にはいくつもの「分岐ルート」があり、私たちはそのいずれかを選んで生きていくことになるが、「いずれかを選ぶ」ということは「一本の道を選ぶことではなく、新しく無数に開かれた可能性の全体に入ってゆくこと」である。そう考えてハイデガーの言葉を読み直すと、死がやってくるのが「今ではない」ということは、人生において新たな「選択と進行」がまだ今はできることを示しているように読めるのである。

問三＜文章内容＞(1)「リスクを提示」されると、人生は、悪くなる可能性とそうでない可能性に「どんどん細分化されて」いく。人は、「そのなかで、よくない可能性が人生の大半の可能性を占めるように感じ、何も起こらず『普通に生きてゆく』可能性はとても小さくなったような気がして」しまう。そして、「最終的には必ず一定の結果」、すなわち死にたどり着くことを「容易に想像」してしまうことになる。　　(2)「おかしさの原因」は、「リスクの語りによって、人生が細分化されていくところ」にある。患者は、「人生が細分化されて」いくと、「自分の目の前にいくつもの分岐ルートが示されている」ように感じ、その中で「『普通に生きてゆける』ルートを選び、慎重に歩こうと」する。しかし、「分岐ルートが一本道であるはずがなく、どの分岐ルートもそこに入ってしまえば、また複数の分岐がある」うえに、「その分岐ルートは、あらかじめわかっているものではなく、そのつどの選択と進行によって分岐の数や行き先をどんどん変えてゆく」ものである。決まった一本道しかないわけではないのに、「普通に生きてゆける」特定の一本道があるように感じるのは、「変」だといわざるをえない。

問四＜漢字＞Ａ．「明示」は、はっきり示すこと。　　　Ｂ．「批判」は、誤りや問題点などを指摘して、正すべきであると論じること。　　　Ｃ．「節制」は、欲望を抑えて度を超えないように控えめにすること。　　　Ｄ．「総体」は、物事の全体のこと。

二　〔小説の読解〕出典；乗代雄介『旅する練習』。

問一＜文章内容＞亜美は、「サッカーに明け暮れる少女」であり、「サッカーをするために生まれてきたみたい」な人間に憧れている。そういう亜美には、カワウが「魚を獲るために潜る」ことは「魚を獲るために生まれたみたい」だと感じられた。カワウが潜って魚を獲らなければならないという、今教わったことは、亜美にとってはとりわけ印象的だったのである。

問二＜文章内容＞カワウは、「魚を獲るために潜る」が、「そういう生き方をしないと死ぬ」から「みんなそうやって生きられる」のである。人間は、小説を書かなくても「死なない」が、もし「書かなければ死んでしまう」ということを「自然に受け入れられたら」、小説を書いて生きられるかもしれない。つまり、迷いを感じることなく当たり前のように小説を書いて生きていけるかもしれないと、「私」は考えたのである。

問三 <文章内容>「サッカーをするために生まれてきたみたい」な人間であるメッシは，本は読めないというが，カワウとは違って人間の場合，本を読めないからメッシのようにサッカーをして生きていくことができて，本を読めたらメッシのようにサッカーをして生きていくことはできないというほど単純ではない。むしろ，「本を読まない人間は山ほどいた」けれども，誰もメッシのようにはならなかった。「サッカーをするために生まれた人間」になりたいと思っている亜美が，「メッシの本，全部読めちゃった」からといって「メッシのようにはなれないなんてことはない」が，だからといって，「どう生きれば，メッシのようになれるのか」という問いへの答えは簡単に出せないため，「私」は何も言えなくなってしまった。

問四 <文章内容>今の亜美にとっては，「どうやったらサッカーをするために生まれた人間になれる」かが，最大の関心事である。「昨日シューズ磨いてないだろ」と「私」に指摘され，さらに「体を乾かさないカワウがいるか？」と言われたことで，亜美は，「サッカーをするために生まれた人間」になるためには，シューズを磨くなどの，サッカーをするのに日常的に必須のことを確実にしていくことこそが大事だと気づかされた。亜美は，カワウの習性から自分の生き方のヒントを得られたように感じたのである。

三 〔古文の読解―物語〕出典；『増鏡』第一。

≪現代語訳≫この千五百番の歌合のとき，院の上が，「このたびは，皆（優れた歌人として）世に認められている（歌の）道の老練の者たちである。宮内卿はまだ時期が早いだろうが，差し支えないだろうと思って（加えた）。必ず私の面目が立つように，よい歌をおよみなさい」とおおせになると，（宮内卿は）顔を赤らめて，涙ぐんでおりました（その）様子は，このうえなく風流な和歌の道に打ち込むさまの程度も（うかがわれて），かわいらしく見えた。さてその御百首の歌は，どれもそれぞれ（優れた歌）である中に，（次のような歌があった。）

薄いところや濃いところのある野辺の緑色の若草に，痕跡まで見えるほど雪がまだらに消えていることだ

草の緑の濃い薄いで，去年降った雪が遅くあるいは早く消えた度合いを，推し量った風情などは，未熟なよみ手には，とても思いつきがたいものであっただろう。この人は，年を重ねるまで生きていたら，本当にどんなに，目に見えない鬼神をも感動させただろうに，若くしてなくなってしまったのは，とても気の毒で惜しいことであった。

問一 <古文の内容理解>後鳥羽院は，宮内卿が他のメンバーに比べるとまだ若く経験も浅いことを承知のうえで，この歌合に宮内卿を加えた。その宮内卿が歌合の場でよい歌をよむことができれば，後鳥羽院の面目は立つことになる。

問二 <現代語訳>「まだし」は，未熟である，という意味。「思ひよる」は，ここでは，考えつく，という意味。宮内卿の「薄く濃き〜」の歌は，野辺の草の緑色の濃淡から，去年降った雪が消えたのが遅かったのか早かったのかを推測したものである。そのことについて，作者は，未熟な歌よみにはなかなか思いつけないことだと述べている。

問三 <歴史的仮名遣い>歴史的仮名遣いの語頭以外のハ行は，現代仮名遣いでは原則として「わいうえお」となる。

問四 <古文の内容理解>宮内卿は，若いうちから優れた歌をよむことができた。そのことから，作者は，宮内卿は年を重ねていけば本当に感動的な歌をよめたに違いないのに，若くしてなくなってしまったのは，気の毒で惜しいことだと述べている。

2021 年度 // 筑波大学附属駒場高等学校

【英　語】（45分）〈満点：100点〉

[注意]　リスニング問題は開始約10分後に始まります。あらかじめ説明・指示をよく読んでおきなさい。リスニング問題が始まるまで，他の問題を解いていなさい。

1　リスニング問題　〈編集部注：放送文は未公表につき掲載してありません。〉

　このリスニング問題は**問1・問2**の二つの部分に分かれています。
　問1は英語の「書き取り」で，**問2**は内容の「聞き取り」です。

問1　（　）内に必要な英語を書き取り，読まれた短い文章を完成させなさい。
　　英文はそれぞれ**2回**ずつ放送されます。

問2　放送される英文を聞き，以下の質問に答えなさい。文中にはprison（刑務所）という語が使われています。質問はAとBの二つがあります。
　　【質問A】については，それぞれの問いに<u>日本語</u>で答えなさい。
　　【質問B】については，正しいものを一つ選び，その記号を答えなさい。
　　英文は<u>1回だけ</u>放送されます。放送中，メモを取ってもかまいません。

問1　＜文の書き取り＞
　1．Do you play sports ? — Well, (　　　　　　　　　　　　　　　　　　　　　) ?
　2．How did you like the town ? — Good.　It was (　　　　　　　　　　　　　　　　).

問2　＜内容の聞き取り＞

【質問A】　（<u>日本語</u>で答えなさい。）
　1．What was Joe's plan ?
　2．When Joe saw some university students on the street, what were they doing ?
　3．How did Joe change after hearing the song ?
　4．Why was Joe finally caught ?

【質問B】　（記号で答えなさい。）

　　Joe did <u>not</u> do one of these things.　Which one ?
　a．hit someone with an umbrella　　b．cry out loudly on a street
　c．break a window with a stone　　d．eat in a cheap restaurant
　e．visit an expensive restaurant

2　次の文章を読んで問いに答えなさい。（＊印の付いた語・語句は本文の後に[注]があります。）

　It was a fine September night.　A white moon was coming up over the mountains.　Peter, eleven years old, was looking at a red and black *blanket on the kitchen table.

　The blanket was a gift from his Dad to his *Granddad . . . ①a going-away gift.　They said that Granddad was going away.

　Peter did not really believe that his Dad would send Granddad away.　Dad bought the gift that morning.　This was the last evening for them together.

　Together the old man and the young boy washed the dishes.　Dad went out . . . with that woman he was going to *marry.　They would not be back for some time.　When the dishes were finished, the old man and the boy went outside and sat under the moon.

"I'll get my *harmonica and play for you," Granddad said. "I'll play some of the old songs."

But *instead of the harmonica, he brought out the blanket. It was a big, *double blanket.

"Now, it's a fine blanket, isn't it ?" said the old man. "And your father is a kind man to give me a nice blanket like this to go away with. There will be no other blanket like it ②up there."

Granddad always said it was his idea. Imagine — leaving a warm house and friends to go to that building, that government place with so many other old men. But Peter could not really believe Dad would do it . . . until this morning — he brought home the blanket then.

"Oh, yes, it's a fine blanket," Peter said and went into the house. He wasn't the kind to cry, and ③he was too old for that. He came back with the harmonica and *handed it to Granddad.

Granddad played a little and said, "You'll remember this one."

"This is the last time," Peter thought. He would never hear Granddad's harmonica again. Dad was moving to a new house — away from here. It was not bad, because he did not want to sit here outside on fine evenings under a white moon without Granddad. The music ended, and the two sat for a few minutes in *silence. Then Granddad spoke. "④Here is something happier."

Peter sat and looked out over the mountains. Dad would marry that girl. Yes, that girl who said she would try to be a good mother to him.

The song stopped suddenly and Granddad said, "It's a poor song, if you are not dancing to it." Then he continued.

"Your father's going to marry a fine girl. He will feel young again with a pretty wife like that. And what will an old man like me do around the house . . . an old *fool with all the talk about *pains ! Then there will be babies, and I don't want to listen to their cries all night. No, it's best that I (⑤). Well, one more song or two."

They did not hear the two people who came down the road — Dad and the pretty girl with a hard bright face like a doll. But they heard her *laughter and the song stopped suddenly.

Dad did not say a word, but the girl walked up to Granddad and said prettily, "I won't see you in the morning, so I came over to say good-bye."

"It's kind of you," Granddad said and picked up the blanket.

"And will you look at this ?" he said like a little boy. "It's a fine blanket. My son has given it to me to go away with."

She felt the *wool and said, "Yes. A fine blanket really."

She turned to Dad and said to him coldly, "It was very (⑥), wasn't it ?"

Dad *cleared his throat. "I . . . I wanted him to have the best . . ."

"Mmmm . . . it's a double one, too," she said.

The boy suddenly walked into the house. He could hear the girl who was still talking about the expensive blanket. He heard his Dad's voice ; he was getting angry in his slow way. And now, she was leaving. As Peter came out, the girl turned and called back, "He doesn't need a double blanket !"

Dad looked at her with a funny look in his eye.

"She is right, Dad," the boy said. "Here, Dad," — and he held out a pair of *scissors — "Cut it, Dad . . . cut the blanket in two."

Both of them were surprised and looked at the boy. "Cut it in two, Dad. And keep the other half !"

"That's not a bad idea," said Granddad *gently, "I don't need such a big blanket."

"Yes," the boy said, "a *single blanket is enough for an old man when he's sent away. We'll save the other half, Dad; ⑦it will be useful later."

"Now what do you mean by that ?" asked Dad.

"I mean," said the boy slowly, "that I'll give it to you, Dad — when you're old and I will send you away."

There was a big silence, and then Dad went over to Granddad and stood before him without a word.

But Granddad understood; he put his hand on Dad's shoulder and said, "It's all right, son. ⑧I knew you didn't want to do it."

And then Peter cried. But it didn't *matter because all three were crying together.

[注] blanket：毛布　　Granddad：おじいちゃん　　marry：結婚する　　harmonica：ハーモニカ
　　instead of：〜の代わりに　　double：二人用の　　hand：手渡す　　silence：沈黙　　fool：愚か者
　　pain：痛み　　laughter：笑い声　　wool：羊毛　　clear one's throat：せき払いする
　　scissors：はさみ　　gently：優しく　　single：一人用の　　matter：重要である

問1　下線部①は，文中の誰が誰に，何のしるしとして渡すものか，日本語で説明しなさい。

問2　下線部②は具体的には何を指しているのか。次の文に続くように本文中から該当部分を探し，その最初の2語と最後の2語を答えなさい。

　　There will be no other blanket like it in _____.

問3　下線部③と最も意味が近い英文を以下から一つ選び，その記号を答えなさい。

　ア．Granddad was so old that he couldn't play the harmonica well.
　イ．Granddad was so old and kind that he would easily cry.
　ウ．Peter was old enough to be kind to Granddad.
　エ．Peter was old enough so he would not cry.

問4　下線部④は具体的にはどのような意味か，日本語で説明しなさい。

問5　空所⑤に入る，適切な英単語1語を答えなさい。

問6　空所⑥に入る，適切な英単語1語を本文から抜き出しなさい。

問7　下線部⑦について，Peter(ピーター)は何がどのように役立つと言いたかったのか，日本語で説明しなさい。

問8　下線部⑧を具体的に言い換えた場合，空所に入る英語を5語以内で答えなさい。

　　I knew you didn't want _____.

3　次の文章を読んで問いに答えなさい。（*印の付いた語・語句は本文の後に［注］があります。）

なお，本文中の人名は Chris / Maggie Brown クリス／マギー・ブラウン，the Gingers ジンジャー夫妻 とする。

Chris and Maggie Brown decided to travel in *Turkey that summer. They began to talk about what to buy as a good memory for the trip there. After talking for a while, they agreed to buy a *carpet, as Turkey was famous for the most beautiful carpets in the world.

A few days later, the Browns went to the airport by bus, because it was cheaper than by train. "Money saved is ①[on / that / be / carpet / money / spent / can / the]," Maggie said to Chris.

On their plane, Maggie started reading a book to know more about *Turkish carpets.

"The reds and blues with a green *base are very popular among Turkish *collectors," she read to her husband. "But you should not buy the bright yellows and oranges, or ones with animals, birds or fishes on them. They are made only for (②) *travelers."

She continued, "In the *bazaars, you can find something nice for a few hundred *pounds." After a few hours, the plane arrived at *Istanbul airport.

The next morning they *came across their rich neighbor Mr. Ginger and his wife near the hotel. The Browns wanted to travel alone, but the Gingers *persuaded them to spend their holidays on their *yacht.

They tried to spend the last day by themselves to look for a carpet in the bazaar. But again, the Gingers found them just when they were entering the bazaar. ③They became sad and a little shocked as they were taken to the most expensive department store in Istanbul.

At the department store, a tall man in black came near them.

"Good morning, sir," he said to Mr. Ginger. "Can I help you ?"

"Yes, please. Show us your finest carpets."

The clerk smiled and *clapped his hands. Some beautiful carpets were brought in. Maggie found among them a carpet with a green base and small red *squares. ④[it / take / her / could / eyes / she / off / not].

"How do you feel about these ?" asked Mr. Ginger to his wife.

"They are all a little small," answered Mrs. Ginger.

The clerk clapped his hands again. The carpets were taken away and other larger ones were brought in.

This time, Mrs. Ginger decided to buy a yellow and orange one with bright birds running the outside. Mr. Ginger just asked the *price and paid twenty thousand pounds. The Gingers happily left the store.

"Well, have you seen a carpet you liked ?" the clerk asked Maggie.

"Yes," she answered, "the small carpet, but . . ."

He left her and then returned with the little green carpet with red squares. Maggie looked at it again and just said, "Perfect !"

Then they began to talk about the price, but the clerk didn't look happy with the price Maggie *offered. When she was giving up, she found ⑤an old man standing near them. The old man said something to the clerk in their language. The clerk still wasn't happy, but he finally agreed to sell the carpet to Maggie.

The old man said to Maggie, "I'm very sorry, madam. My clerk doesn't want to sell the little carpet at that price. But I remember your eyes when you first saw it. I am glad that it will go to the home of a *couple who really (⑥)."

"Thank you," Chris said and paid five hundred pounds to the clerk.

Chris and Maggie came back to England. At the airport, a *customs officer asked them to come to the office. There was a man with white hair in there. He said with a smile:

"Many people return to England with Turkish carpets, so we know a lot about them, of course their prices too. Today two carpets have been brought home, by you and the other couple. ⑦At first I thought the prices were both wrong. You made a great buy, didn't you ?"

[注] Turkey：トルコ(国名)　　carpet：じゅうたん　　Turkish：トルコの　　base：下地
　　collector：収集家　　traveler：旅行者　　bazaar：(中近東の)バザール・市場
　　pound：ポンド(通貨)　　Istanbul：イスタンブール(都市名)　　come across：偶然会う
　　persuade：説得して～させる　　yacht：ヨット　　clap：たたく　　square：正方形
　　price：値段　　offer：提示する　　couple：夫婦　　customs：税関

問1　下線部①の語句を意味が通るように並べ替えなさい。

問2　空所②に入る，fから始まる英単語1語を答えなさい。

問3　下線部③のようになったのはなぜか。日本語で説明しなさい。

問4　下線部④の語句を意味が通るように並べ替えなさい。なお，文頭の単語も小文字にしてあります。

問5　下線部⑤はどのような人物と考えられるか，日本語で答えなさい。

問6　空所⑥に入る英語を，本文中の表現を参考にして，6語以内で答えなさい。

問7　下線部⑦のように税関の男性が考えたのは，どのような事実に基づいていたか。60字以内の日本語で説明しなさい。

4　以下の指示に従って英語で書きなさい。

あなたのこれまでの英語学習の体験と，英語学習についての考えを，40語以上50語以内の英語で述べなさい。

①　第1文は，あなたがこれまでどれくらいの間，英語を学んできたかを書きなさい。

②　続けて，あなたのこれまでの英語学習の体験と，英語を学ぶことについて考えたことを，具体例を挙げながら書きなさい。

③　最後に，使用した語数を数え，解答欄右下の(　)に記入しなさい。

以下は下書きに使用してかまいません。

```
＿＿＿＿＿＿＿＿＿＿＿＿＿＿＿＿＿＿＿＿＿＿＿＿＿＿＿＿＿＿＿＿＿＿＿＿＿＿
＿＿＿＿＿＿＿＿＿＿＿＿＿＿＿＿＿＿＿＿＿＿＿＿＿＿＿＿＿＿＿＿＿＿＿＿＿＿
＿＿＿＿＿＿＿＿＿＿＿＿＿＿＿＿＿＿＿＿＿＿＿＿＿＿＿＿＿＿＿＿＿＿＿＿＿＿
＿＿＿＿＿＿＿＿＿＿＿＿＿＿＿＿＿＿＿＿＿＿＿＿＿＿＿＿＿＿＿＿＿＿＿＿＿＿
＿＿＿＿＿＿＿＿＿＿＿＿＿＿＿＿＿＿＿＿＿＿＿＿＿＿＿＿＿＿＿＿＿＿＿＿＿＿
　　　　　　　　　　　　　　　　　　　　　　　　　　　　　　(　　)語
```

【数　学】(45分)〈満点：100点〉

【注意】 1. 答えに根号を用いる場合，$\sqrt{}$ の中の数はできるだけ簡単な整数で表しなさい。

2. 円周率は π を用いなさい。

1 次の問いに答えなさい。なお，座標の1目盛りを1cmとします。

(1) 関数 $y=x^2$ のグラフと，傾き $\frac{1}{2}$ の直線が異なる2点 $(a,\ a^2)$，$(b,\ b^2)$ で交わっているとき，a を b の式で表しなさい。

(2) 原点をOとし，関数 $y=x^2$ のグラフを①とします。

　図のようにOから始まる折れ線OABCDEと，折れ線OPQRSTがあります。折れ線OABCDEをつくる各線分の傾きは，順に $\frac{1}{2}$，$-\frac{1}{4}$，$\frac{1}{2}$，$-\frac{1}{4}$，$\frac{1}{2}$ です。折れ線OPQRSTをつくる各線分の傾きは，順に $-\frac{1}{4}$，$\frac{1}{2}$，$-\frac{1}{4}$，$\frac{1}{2}$，$-\frac{1}{4}$ です。A，B，C，D，EおよびP，Q，R，S，Tは，それぞれの折れ線と①との交点です。また，K，L，M，Nは，2つの折れ線の交点です。

(ア) 四角形KQLBの面積は，四角形OAKPの面積の何倍ですか。

(イ) 四角形KQLB，四角形LCMR，四角形MSNDの面積の和は，四角形OAKPの面積の何倍ですか。

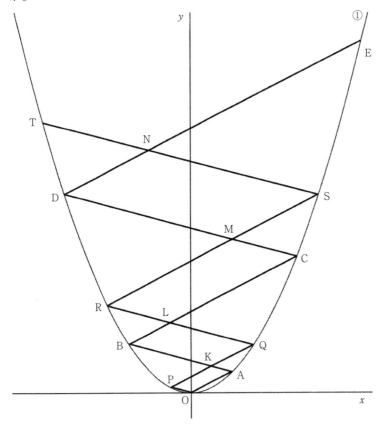

2 次の問いに答えなさい。

(1) 20^{21} は何桁の数ですか。なお，$2^{10} = 1024$ です。

(2) 21^{20} について考えます。

  (ア) 21^{20} は何桁の数ですか。なお，$3^{10} = 59049$，$7^4 = (50-1)^2 = 2401$ です。

  (イ) 21^{20} の上から3桁を答えなさい。なお，7^{10} は9桁の数で，上から5桁は28247です。

3 次の問いに答えなさい。

(1) 図1は AB $= 2$cm，$\angle A = 15°$，$\angle C = 90°$の
直角三角形ABCです。

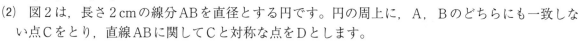

図1

  (ア) $\triangle$ABC の面積を求めなさい。

  (イ) AC $= p$ cm，BC $= q$ cm とするとき，
  $(p+q)^2$ と $(p-q)^2$ の値を求めなさい。

(2) 図2は，長さ2cmの線分ABを直径とする円です。円の周上に，A，Bのどちらにも一致しない点Cをとり，直線ABに関してCと対称な点をDとします。

  線分AC，AD，および，Bを含む弧CDで囲まれた図形をFとします。

  (ア) $\angle$BAC $= 15°$のとき，Fの面積を求めなさい。

  (イ) $\angle$BAC $= 7.5°$のとき，Fの面積を求めなさい。

図2

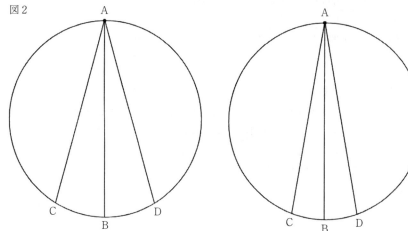

4   直線 l に球Oが接するとき，右図のようになっています。ここで，直線 l 上の点Hは球Oの表面上にあり，OH$\perp l$ です。

    次の問いに答えなさい。

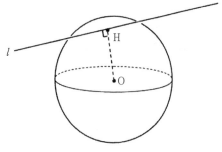

(1) 正四面体のすべての辺に，半径1cmの球が接しています。正四面体の1辺の長さを$2a$ cmとするとき，aの値を求めなさい。

(2) AB $=$ AC $=$ AD，$\angle$BAC $= \angle$CAD $= \angle$DAB $= 90°$である四面体ABCDがあり，この四面体のすべての辺に，半径1cmの球が接しています。

  (ア) 半径1cmの球と，辺ABが接する点をPとするとき，線分APの長さを求めなさい。

  (イ) 四面体ABCDの体積を求めなさい。

1　次の表と文を読んで，後の１から７までの各問いに答えなさい。

表１　都道府県別在留外国人数と全国に占める割合（2019）

都府県名	人数(人)	割合(%)
東　京　都	593,458	20.2
愛　知　県	281,153	9.6
大　阪　府	255,894	8.7
神奈川県	235,233	8.0
埼　玉　県	196,043	6.7
千　葉　県	167,512	5.7

「法務省　在留外国人統計」より

表２　東京都の国籍別在留外国人数と全国に占める割合（2020）

国名	人数(人)	割合(%)
中　　　国	231,196	40.0
韓　　　国	93,595	16.2
ベトナム	38,227	6.6
フィリピン	33,818	5.9
ネパール	26,150	4.5
アメリカ合衆国	19,129	3.3
インド	13,689	2.4

「東京都の統計　外国人人口」より

表３　東京23区内の国籍別外国人人口(2020)　　　　　　　　(人)

	総数	中国	韓国	ベトナム	フィリピン	ネパール	アメリカ	インド
新　宿	42,598	15,120	10,150	3,042	748	2,909	980	249
江戸川	38,172	16,553	4,391	2,771	2,921	1,199	354	5,035
足　立	34,040	15,310	7,345	1,983	3,686	495	310	169
江　東	31,021	15,657	4,553	1,093	1,603	642	492	2,363
豊　島	29,672	13,525	2,610	3,194	554	2,831	447	168
板　橋	28,782	15,367	3,401	1,754	1,618	1,259	390	127
23区計	485,967	198,579	79,795	30,540	25,289	22,756	15,721	12,691

「東京都の統計　外国人人口」より

　　表３を見ると，中国人は都区内にあまり偏りなく住んでいるように見えますが，豊島区には池袋駅北口周辺にチャイナタウンと呼ばれる中国人街があります。池袋の変化に早くから着目し，2003年に「池袋チャイナタウン」という言葉を使った立正大学の山下清海教授によると，2016年の調査で，周辺に中華料理店の他，食材店，旅行代理店，不動産屋，美容院，インターネットカフェなど中国人の関係する店舗が194件見られたといいます。西口や東口なども加えた池袋駅周辺ではその数が300を超すとみられています。ただ，新宿区大久保のコリアタウンとは異なり，日本人の店の方が圧倒的に多く，中国系の店が軒を連ねるというより，ぱらぱらと散在しているという街並みになっています。しかし北口からほど近いあるビルに入ると，中国人経営のテナントがずらりと入居している様子を目にすることができます。そこでは貿易，旅行，国際通信，翻訳・通訳，物販，IT(情報技術)，新聞，出版など様々な業種がみられました。池袋駅周辺にはこうした雑居ビルが数多くあり，池袋のチャイナタウン化が確実に進んできたといえそうです。

　　山下教授によると，中国の改革・開放政策の進展で1980年代以降に海外に移住したニューカマーと呼ばれる中国人が増え，彼らは世界各地にニューチャイナタウンを築いていったとのことです。例えば米国ロサンゼルスは，ダウンタウンに昔からのチャイナタウンがありますが，1990年代に入り，郊外にニューカマーの中国人による新しいチャイナタウンが広がりました。ニューヨークもマンハッタンのチャイナタウンとは別に，ブルックリン区やクイーンズ区にニューチャイナタウンができました。欧州にもその波は広がり，ローマのテルミニ駅周辺，パリ二十区のベルヴィル，バルセロナやマドリードの郊外にも中国人が進出しており，東欧のブダペストやワルシャワにもチャイナタウンが見られるようになりました。池袋チャイナタウンも，このニューカマー中国人による海外進出の世界的な流れの一つといえそうです。

（参考：藤巻秀樹『「移民列島」ニッポン　多文化共生社会に生きる』藤原書店）

1 愛知県と大阪府の在留外国人を国籍別に見たときに，最も多いものを次のアからオまでの中から
それぞれ選び，その記号を書きなさい。
ア 韓国 イ ベトナム ウ アメリカ合衆国 エ インド オ ブラジル

2 日本と中国の歴史に関連して述べた文として正しいものを，次のアからクまでの中からすべて選
び，その記号を書きなさい。
ア 日本に稲作が伝播したころ，黄河流域に殷がおこり，そこでは甲骨文字や青銅器が使われた。
イ 日本で巨大な古墳がつくられていたころ，漢の武帝は朝鮮半島から中央アジアまでの広大な領
域を支配した。
ウ 中大兄皇子が大津宮に都を移したころ，隋が南北朝を統一して強大な帝国をつくりあげた。
エ 雪舟が水墨画を描いていたころ，明は日本からの正式な貿易船に勘合を与え，倭寇の船と区別
する貿易を始めた。
オ 千利休がわび茶の作法を完成したころ，中国東北部からおこった清が中国を支配した。
カ 水野忠邦が天保の改革を行っていたころ，清はイギリスとの戦いに敗れ，南京条約を結んだ。
キ 日本が連合国に占領されていたころ，国民党と共産党の内戦を経て，毛沢東が中華人民共和国
の成立を宣言した。
ク 沖縄からベトナムに米軍の爆撃機がさかんに飛んでいたころ，中国では鄧小平が実権を握っ
て改革をすすめた。

3 ベトナム，フィリピン，ネパール，アメリカ合衆国，インドの5か国に最も多く共通しているこ
とがらを，次のアからオまでの中から一つ選び，その記号を書きなさい。
ア 英語を公用語にしている
イ キリスト教がもっとも広く信仰されている
ウ 領海を有していない
エ ロンドンから見て東半球にある
オ ASEANに加盟している

4 表1から表3に関連して述べた文として正しくないものを，次のアからオまでの中から二つ選び，
その記号を書きなさい。
ア 神奈川県・埼玉県・千葉県の在留外国人は，多くが農業に従事している。
イ 東京都在留の韓国人は，1980年以降，外国人労働者として住み始めた人が多くを占めている。
ウ 表3の6つの区において，外国人人口の総数に占める中国人の割合が最も大きいのは板橋区で，
江東区とともに50％を超えている。
エ 表3の6つの区に住むアメリカ人の数の合計は，23区全体に住むアメリカ人の数の5分の1に
満たない。
オ 23区内において，インド人が最も多く住むのは江戸川区である。

5 表3の6つの区のうち昼間人口が夜間人口よりも少なくなる区を次のアからカまでの中から三つ
選び，その記号を書きなさい。
ア 新宿区 イ 江戸川区 ウ 足立区
エ 江東区 オ 豊島区 カ 板橋区

6 IT（情報技術），新聞，出版に関連して述べた文として正しくないものを，次のアからオまでの
中から二つ選び，その記号を書きなさい。
ア イエズス会はカトリックを批判する書物を出版して，プロテスタントを広めた。
イ 資本主義を批判する社会主義の考えは，マルクスの著作などによって労働者の間に広まった。
ウ アメリカ合衆国で『アンクル・トムの小屋』が出版されると，奴隷解放をもとめる世論が高ま

った。

エ　第二次世界大戦中，日本では新聞が政府の統制下におかれ，情報を正確に報道しないこともあった。

オ　ソ連のアフガニスタン侵攻とそれを非難する西側陣営の様子は，インターネットニュースで世界中に配信された。

7　ニューチャイナタウンができた都市について述べた文として正しくないものを，次のアからカまでの中から二つ選び，その記号を書きなさい。

ア　ロサンゼルスは，世界有数の先端産業が集まるラストベルトに位置している。

イ　ニューヨークは，COVID-19の感染拡大に際し，都市封鎖(ロックダウン)を行った。

ウ　ローマは地中海性気候下にあり，周辺ではオリーブやブドウなどが生産されている。

エ　パリは地中海沿岸にあり，中東などからの移民を多く受け入れている。

オ　バルセロナを含むカタルーニャ地方では，スペインからの独立を目指す動きがある。

カ　ワルシャワは，冷戦時代に東側陣営に属していたポーランドの首都である。

2　次の文を読んで，後の1から7までの各問いに答えなさい。

2020年4月，緊急事態宣言について話す安倍晋三首相や外出自粛を要請する小池百合子東京都知事の傍らに手話通訳者がいたことを覚えていますか。COVID-19に関する緊急知事会見が全国で何度も行われましたが，5月下旬までにはすべての都道府県知事の会見に手話通訳がつくようになりました。これはCOVID-19関連の会見に限った話ではありません。新元号「令和」の発表記者会見にも手話通訳はいましたし，2019年3月から気象庁の緊急記者会見に手話通訳をつける試行が始まるなど，手話による情報保障の場面は増えています。こうした流れは，2006年に国連で採択された障害者権利条約に「『言語』とは，音声言語及び手話その他の形態の非音声言語をいう」と明記され，手話が単なる身振りのように音声言語の補助的なものではなく，独立した言語として認められたことが影響しています。日本は2007年にこの条約に署名し，2014年から条約の効力が発生しました。

手話は，耳が聞こえない人(聾者)が意思疎通を行おうとしたときに自然に生まれた言語です。ごく身近な人との間で行われた身振り手振りによる意思疎通が，1760年にフランスで創設された世界初の聾学校で手話として体系化され，手話を使った教育が始まります。その教育方法は欧米に広がり，各地で聾学校がつくられていきます。日本でも，幕末から明治初期にかけて，欧米から障害児教育に関する知識や情報が伝えられ，1872年に公布された学制に障害児のための学校に関する規定が定められたものの，少数の篤志家による慈善事業として展開していくことになりました。1878年に京都に盲唖院が創設され，日本における近代盲・聾教育が始まります。欧米の障害児教育が日本にもたらされる以前から，江戸時代の寺子屋には，視覚や聴覚に障害がある子どもや肢体不自由児が在籍していたという記録もありますし，徳川綱吉のころには鍼・按摩技術の取得教育を目的とした視覚障害者のための教育施設も設立されています。こうした社会の中での取り組みが土台となって日本の近代障害児教育が展開していきましたが，財政難や教員不足などによって運営は安定していませんでした。1923年になって，それまでの慈善事業への依存を脱し，盲・聾教育が公教育として発展していくこととなります。

18世紀以降，聾教育は世界で広がりを見せますが，手話が広く認められるまでの道のりは平坦なものではありませんでした。1880年，イタリア・ミラノで開催された世界聾教育国際会議が「口話法が手話より優れている」と決議したため，手話は聾教育の現場から排除され，聴者の教師による口話教育が中心となったのです。しかし，唇の動きを読んで内容を理解し，自分も言葉を発するという口話を身につけることは，生まれつき耳が聞こえない者にとって大きな困難を伴います。このため多くの

聾児は教師のいないところでは手話を使い続けたといいます。日本では，1990年代ごろから手話をコミュニケーション手段とする聴覚障害児への対応に関心が集まり，聾学校でも手話が使われるようになりますが，口話法のほうが聾者の社会進出につながるといった聴者の判断や手話を使える教師の不足もあいまって，聾学校の教育は口話法が主流だといえます。

　一方，1980年代のアメリカで，手話を基礎とし，聴覚でなく視覚や触覚を重視する「ろう文化」の独自性が強調され，口話教育は聴者を優位とする価値観の押しつけであるとの意見が主張されるようになりました。日本でも，1995年に雑誌で発表された「ろう文化宣言」をきっかけにこうした考えは徐々に知られるようになり，手話に対する認識も変化していったのです。

　障害者に対する福祉の推進を目的に1970年に制定された障害者基本法は，障害者権利条約批准のために2011年に改正され，「言語（手話を含む）」という文言が盛り込まれました。それをふまえ，手話が音声言語と対等に使える環境を整備するために，2013年には鳥取県が日本で初めての手話言語条例を制定しました。手話の普及と理解によって，聾者の人権が尊重され，聞こえる人と共に生きる社会を目指すこの条例は，2019年12月時点で297自治体（27道府県8区218市43町1村）まで広がり，今後ますます増えていくことが期待され，聾者の社会参加を支援するための手話通訳制度の拡充が求められています。

　現在NHKでは毎日のニュースを伝える「手話ニュース」や手話が学べる「みんなの手話」という番組が放映されており，身近なものとして手話に触れることができます。あなたも「こんにちは」や「ありがとう」といった基本的な手話から覚え，異言語コミュニケーションを始めてみませんか。

1　次のアからオは，世界で初めて聾学校が設立されてから，ミラノで世界聾教育国際会議が開かれるまでの間の出来事である。これを時代順に並べ替えた時，2番目と4番目となるものをそれぞれ選び，その記号を書きなさい。

　ア　岩倉使節団は，アメリカやフランスの聾学校で口話法による教育が行われているところを視察した。

　イ　天明の飢饉で窮乏する人々を救済するために江戸で人口調査が行われ，視覚障害者3,840人が確認された。

　ウ　日米修好通商条約批准のために渡米した使節は，アメリカの聾学校や盲学校などを訪問した。

　エ　渡辺崋山は，飢饉で困窮する民衆に衣服や医薬を施す活動を京都で行った。

　オ　大黒屋光太夫は，教育施設や貧民救済などを含むロシアの社会状況について，江戸で口述した。

2　音声言語に関連して述べた文として正しいものを，次のアからオまでの中からすべて選び，その記号を書きなさい。

　ア　『古今和歌集』には，天皇や貴族だけでなく，防人や農民が詠い継いできた和歌が収録されている。

　イ　『平家物語』は，盲目の琵琶法師が各地をめぐって語ったため，多くの人に広まった。

　ウ　一遍は，法華経の題目を唱えれば人も国も救われると説いた。

　エ　五箇条の御誓文は，天皇が臣下に対する誓いを読み上げる形で発布された。

　オ　アイヌは文字を持たないため，ユーカラという叙事詩を口承で伝えてきた。

3　学制にはじまる日本の近代教育に関連して述べた文として正しくないものを，次のアからオまでの中から二つ選び，その記号を書きなさい。

　ア　明治時代の小学校は男女別学が原則で，義務教育の期間は9年間と定められた。

　イ　明治時代に全国各地につくられた小学校は，地元の人々が建設費を負担した。

　ウ　明治政府は，帝国大学をはじめとする各種の高等教育機関をつくり，お雇い外国人を教師にした。

エ　大正時代には，デモクラシーの動きの中で，教育の機会均等などを定める教育基本法が制定された。

オ　1941年に小学校は国民学校に変えられ，軍国主義的な教育が強められた。

4　徳川綱吉のころの出来事について述べた文として適切なものを，次のアからオまでの中から二つ選び，その記号を書きなさい。

ア　人々に慈悲の心を持たせることを目的に，生類憐み政策を実行した。

イ　聴覚障害があったとされる杉山杉風が，松尾芭蕉の門人として活躍した。

ウ　参勤交代で大名が江戸にいる期間を半年に短縮するかわりに，1万石につき100石の米を幕府に納めさせた。

エ　湯島に昌平坂学問所をつくり，朱子学以外の学問を教えることを禁じた。

オ　厳しい倹約令を出す一方，旗本や御家人の借金を帳消しにした。

5　ろう文化宣言が発表された年よりも前の出来事として適切なものを，次のアからオまでの中からすべて選び，その記号を書きなさい。

ア　香港がイギリスから中国に返還された。

イ　日本と北朝鮮の首脳による初めての会談が行われ，北朝鮮拉致被害者の5人が日本に帰国した。

ウ　日本では，男女雇用機会均等法が制定され，女子差別撤廃条約が批准された。

エ　日本で，株価や地価が急激に上昇するバブル経済が崩壊した。

オ　細川護熙を首相とする非自民連立内閣が，政治改革をかかげて成立した。

6　福祉に関連して述べた文として正しくないものを，次のアからオまでの中から二つ選び，その記号を書きなさい。

ア　産業革命期に制定されたワイマール憲法は，労働者の基本的権利の保護や社会福祉政策の導入を定めた。

イ　ユニバーサルデザインは，国や自治体が障害のある人に対して優先的に利用する権利を保障している。

ウ　日本では，障害のある人に対する差別を禁止する障害者差別解消法が制定されている。

エ　公共の交通機関や施設では，補助犬の同伴を拒否してはならないことが法律で定められている。

オ　バリアフリーとは，障害のある人や高齢者などが，安全・快適に暮らせるよう，身体的，精神的，社会的な障壁を取り除こうという考えである。

7　本文を参考にして，聾文化や聾教育に関連して述べた文として適切なものを，次のアからオまでの中から二つ選び，その記号を書きなさい。

ア　日本で盲・聾教育が慈善事業でなく公教育として本格化したのは，第一次世界大戦よりも後である。

イ　手話が音声言語と対等な一つの言語であることは，国際的に明文化されている。

ウ　日本では，国の定める手話言語条例に基づき，手話言語を身につける機会が保障されている。

エ　世界聾教育国際会議の決議に基づいて，日本で初めての聾学校が設立され，口話による教育が行われた。

オ　京都に盲唖院が設立されるまで，日本では聾者が教育を受ける機会はなかった。

3　次の文を読んで，後の1から6までの各問いに答えなさい。

　2020年度は，長期にわたる臨時休校という異例の事態から始まりました。「ステイホーム」が呼びかけられた期間，みなさんはメディアを通してふだん以上に長い時間ニュースに接し，社会の動きを注視していたのではないでしょうか。

休校期間は，第201回通常国会が開かれていた期間と重なっています。この国会では，COVID-19への対応を含め，私たちの生活に関わる様々な重要法案が審議されました。「桜を見る会」や検察人事をめぐる疑惑に注目が集まる一方，内閣提出法案は59本提出されて55本が成立し，議員提出法案は57本提出されて8本が成立しています。どんな法律が成立したのか，例をみてみましょう。

●令和2年度予算　＊以下，法律名は通称を用います。

　令和2年度（2020年度）の当初予算（一般に会計年度の開始前に，年間予算として成立する予算）は，総額【　A　】円で過去最高額となりました。歳出は8年連続で過去最大を更新しています。幼児教育・保育の無償化や高等教育費の負担軽減などのため，全体の3分の1を占める社会保障費が前年より5％ほど増えたほか，米国製ステルス戦闘機の購入費用などを計上した防衛費も過去最大でした。2019年10月の【　B　】による歳入増を見通し，歳出の不足分を補う【　C　】の予定発行額は10年連続で減らしました。

　当初予算の成立後，COVID-19関連を中心に，2度にわたって補正予算が組まれました。4月30日に成立した第一次補正予算には，全国民に向けた一律10万円の特別定額給付金や，中小・小規模事業者に向けた最大200万円の持続化給付金などが盛り込まれています。さらに，6月12日には，企業の資金繰り支援や店舗の賃料補助などを含む第二次補正予算が成立しました。これらの歳出増は【　C　】の追加発行によってまかなうことになります。

●改正新型インフルエンザ等対策特別措置法

　新型インフルエンザ等対策特別措置法は，2009年に新型インフルエンザが流行した際の混乱をふまえ，感染症対応を法的に位置づけるために制定されました。この法律は，①国民の生命及び健康に著しく重大な被害を与えるおそれがある感染症が国内で発生し，②それが全国的かつ急速にまん延することで国民生活及び国民経済に甚大な影響を及ぼすおそれがある，という2つの要件を満たす場合に，緊急事態宣言を発出できることを定めています。これを改正し，COVID-19を特別措置法の対象として新たに加えたのです。改正法は3月13日に成立し，翌日から施行されました。

●改正著作権法

　著作権保護を目的とした規制対象を拡大する改正が行われ，6月5日に成立しました。音楽と映像に関しては以前から規制対象でしたが，この改正により，2021年からは漫画や写真などその他の著作物に対しても規制が適用されます。たとえば，権利者に無断でインターネット上に公開された漫画などを，無断公開されたものと知りながら反復・継続してダウンロードすれば，個人で楽しむ目的であっても違法となります。ただし，分量・画質の観点で軽微な場合や，スクリーンショットの際に写り込んだ場合，また二次創作などは違法とする対象から除外されました。

●年金改革法

　高齢化の進行を背景に，公的年金の受給開始年齢を75歳まで繰り下げられるように改正されました。年金を受け取り始める年齢は，60歳から75歳の幅で選択できることになります。また，パートなど短時間労働者への厚生年金の適用を段階的に拡大することになりました。

1　第201回国会において，内閣提出法案の成立率93％は議員提出法案の成立率14％と比べてきわめて高く，成立した法律の87％が内閣提出法案であった。このように内閣提出法案が成立しやすい傾向は，イギリスなど議院内閣制を採用する他国にもみられる。一般に，議院内閣制の下で内閣提出法案が成立しやすいのはなぜか，50字程度で説明しなさい。

2　文中の【A】に適する数字を次のアからエまでの中から一つ選び，その記号を書きなさい。また，【B】【C】に適する語句を答えなさい。

　ア　51兆6580億　　イ　102兆6580億　　ウ　510兆6580億　　エ　1020兆6580億

3　企業に関連して述べた文として正しいものを，次のアからオまでの中からすべて選び，その記号

を書きなさい。

ア　すべての企業が利益を目的とするわけではなく，バス事業など地方公共団体が資金を出して経営する企業もある。

イ　日本では，全企業数の１％にあたる大企業が全従業員数の50％以上を雇用し，総売上高の70％以上を占めている。

ウ　現代の企業は，環境保護などの活動に取り組み，企業の社会的責任(CSR)を果たすことを社会から求められている。

エ　株式会社は法人企業の一種であり，証券取引所で売買される株式の価格は取締役会で決める。

オ　株式会社に出資する株主は，企業が負債をかかえて倒産した場合でも，出資額を失う以上の責任は負わない。

4　緊急事態宣言に関連して述べた文として正しくないものを，次のアからオまでの中から二つ選び，その記号を書きなさい。

ア　特別措置法でこの規定を設ける根拠は，上位法である日本国憲法が定める国家緊急権(緊急事態条項)にある。

イ　発出に先立って，首相は要件を満たす状況かどうかを諮問委員会に諮問する必要がある。

ウ　発出は首相が行うが，住民や事業者への具体的な要請や指示をする権限は都道府県知事にある。

エ　休業要請によって収入が著しく減った事業主や従業員に対して，政府や自治体が休業補償を行うことを定めている。

オ　他国でみられるような罰則をともなう都市封鎖(ロックダウン)を実施する法的根拠を与えるものではない。

5　著作権とその保護のための規制に関連して述べた文として正しいものを，次のアからオまでの中から二つ選び，その記号を書きなさい。

ア　著作権は，個人が生み出した創作物を保護するプライバシーの権利の一種である。

イ　著作権は，著作者が死亡した後も無期限で保護される。

ウ　デジタルコンテンツは複製が容易なため著作権侵害が生じやすく，インターネット上の海賊版サイトなどが問題となっている。

エ　社会通念上好ましくない表現物や技術的に一定水準に達しない表現物については，著作権保護の対象とならない。

オ　違法となる対象の線引きがあいまいな場合，市民の情報収集を萎縮させ，知る権利を侵害するおそれがある。

6　日本における高齢化と公的年金に関連して述べた文として正しくないものを，次のアからオまでの中から二つ選び，その記号を書きなさい。

ア　日本の高齢化は短期間で急速に進んでおり，今世紀の半ばには高齢化率が４割程度に達すると推計されている。

イ　高齢化と同時に生産年齢人口の減少も進んでいるが，60歳定年制を定めた法律は改正されていない。

ウ　年金の受給開始年齢を繰り下げるほど，受け取ることができる月あたりの年金額が増える。

エ　現在の日本の年金制度は，加入者自身が積み立てた保険料を老後に支給するしくみを基本としており，物価変動の影響が大きい。

オ　厚生年金の適用範囲が拡大されると，企業の社会保険料負担が増える。

【理　科】（45分）〈満点：100点〉

　［注意］　指示されたもの以外の答えは，ア〜クなどのなかから選んで答えなさい。

1　　最近有料化されて話題となったレジ袋の成分を詳しく調べるために，【実験1】〜【実験3】を行った。後の問いに答えなさい。

【実験1】　図のような耐熱ガラス管でできた装置を用いて，皿に炭素の粉末0.45gをのせ，乾燥した酸素を送り込みながらガスバーナーで完全に燃焼させたところ，＊ソーダ石灰をいれた管の質量が1.65g増加した。

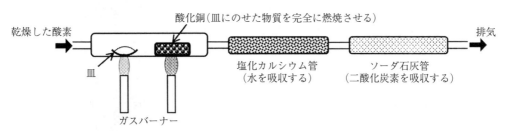

図　耐熱ガラス管でできた実験装置

【実験2】　【実験1】と同様に，皿にレジ袋を細かく切ったものをのせ，完全に燃焼させたところ，＊塩化カルシウムをいれた管の質量が0.45g，ソーダ石灰をいれた管の質量が1.10g，それぞれ増加した。

【実験3】　図とは異なる実験装置を用いて水素0.10gと乾燥した酸素を混合して完全に燃焼させ，生じた気体をすべて塩化カルシウムをいれた管に通じたところ，その質量が0.90g増加した。

　＊【実験1】〜【実験3】では，二酸化炭素はソーダ石灰にすべて吸収され，水（水蒸気）は塩化カルシウムにすべて吸収されたものと考えてよい。

1．【実験1】から，二酸化炭素に含まれる炭素と酸素の質量の割合を求め，最も簡単な整数比で表しなさい。

　　炭素：酸素＝（　　　）：（　　　）

2．レジ袋は，石油を原料として合成され，炭素と水素だけを成分として含んでいる。【実験1】〜【実験3】の結果から，【実験2】で燃焼させたレジ袋の質量を求めなさい。

3．【実験1】〜【実験3】の結果を踏まえて，レジ袋を構成する各原子の質量について考察し，レジ袋の化学式を求めた。次の文の（a）〜（c）にあてはまる数字や化学式を答えなさい。

　　原子は，その種類によって質量が異なることが知られている。

　　【実験1】では，二酸化炭素に含まれる炭素と酸素の質量の比が求められた。また，二酸化炭素分子は化学式CO_2で表される。このことから，炭素原子1個と酸素原子1個の質量の比は，3：（　a　）であることがわかる。

　　同様に，【実験3】では，水に含まれる水素と酸素の質量の比が求められた。また，水分子は化学式H_2Oで表される。このことから，水素原子1個と酸素原子1個の質量の比は，1：（　b　）であることがわかる。

　　以上より，炭素原子と水素原子と酸素原子それぞれ1個あたりの質量の比がわかったので，【実験2】の結果からレジ袋を構成する物質の化学式は（　c　）と求められる。

2 新型コロナウイルス感染予防のため，手指消毒用のさまざまな消毒液が市販されている。次の文を読んで，後の問いに答えなさい。

さとしくんの通う学校には，教室の入口に写真のような消毒液が置かれ，教室に入る際に手指を消毒するよう指導されている。その表示に80という数字があったので，保健室の先生にその意味を聞くと，エタノール濃度が80%であり，コロナウイルスの不活性化には，濃度70〜80%のものが適していると教えてくれた*。

＊日本薬局方による消毒用エタノール濃度は，76〜81%である。

さとしくんは，この消毒液のエタノール濃度が本当に80%であるのかを調べてみるために，理科実験室にあった無水エタノール（純粋なエタノール）と純水を使って，濃度80%のエタノール水溶液をつくり，市販品と比較することにした。

ビーカーＡに無水エタノール40ｇを取り，ビーカーＢに純水10ｇを取った後，ビーカーＡに移し混ぜ合わせた。

学校で使っている市販の消毒液50ｇをビーカーＣに量り取った。

次に，ビーカーＡのエタノール水溶液とビーカーＣの消毒液の密度を比較するために，それぞれを（ a ）に移して体積を量ったところ，ビーカーＡの水溶液のほうがビーカーＣの消毒液より密度が（ b ）いことがわかった。したがって，ビーカーＡの水溶液は，市販の消毒液よりエタノール濃度が（ c ）いことがわかった。

なぜそのような結果になったのか，さとしくんは疑問に思い理科の先生に質問したところ，次のような答えが返ってきた。

「パーセント（百分率）というのは，全体の中での注目する物質の量の割合を表しているだけなので，物質の何の割合を表しているのかを明らかにすることが必要なんだ。学校では，水溶液の質量パーセント濃度を学んだから，君は質量の割合だと考えたのだと思う。しかし，（ d ）が液体である水溶液の場合は，体積のパーセント濃度を用いることが多い。市販の消毒薬の表示は体積パーセント濃度で，エタノールの密度は0.79g/cm³なので，質量パーセント濃度より（ e ）い値になっているんだ。体積パーセント濃度は，次の式で表されるよ。」

$$体積パーセント濃度（\%）= \frac{（ d ）の体積（単位cm^3）}{（ f ）の体積（単位cm^3）} \times 100$$

1．文中の（ a ）〜（ f ）にあてはまる数字や語句を答えなさい。

2．ビーカーＡのエタノール水溶液のエタノールの体積パーセント濃度を求めなさい。ただし，水とエタノールの混合溶液の体積は，混合前の水およびエタノールの体積の和であるとみなし，小数第1位まで求めなさい。

3 　エーリヒ・ケストナーの児童文学「飛ぶ教室」では，ギムナジウムというドイツの寄宿舎の5年生（日本ではちょうど中学3年生くらい）の少年たちが創作劇のけいこをする。クラス全員が飛行機に乗って世界を回り，現地で「地理」の授業をするという楽しげな劇である。筑波大学附属駒場中学校3年生の生徒3人は，文化祭の劇で「地理」を「地学」に置き換えて劇を創作することにした。以下の　　内の文章を読み，後の問いに答えなさい。

> かつやくん：原作では5幕の劇なんだね。
> ゆうたくん：第1幕は，先生がクラス全員を連れて，空の旅に出発するところだよ。
> まさきくん：ところで，うちの地学の先生の専門って何？
> かつやくん：貝の化石らしいよ。地学教室のあちこちの引き出しに入ってる。この前，掃除のときに見たよ。
> ゆうたくん：へ〜。何かめずらしいものある？

1．地学教室の引き出しの中に示準化石である貝化石のビカリアが見つかった。ビカリアの標本の写真と示す地質時代はそれぞれどれですか。なお，各写真の下側にある黒線の長さは1cmを表している。

[標本写真]
ア　　　　　イ　　　　　ウ　　　　　エ　　　　　オ

[地質時代]　ア　古生代　　イ　中生代　　ウ　新生代新第三紀　　エ　新生代第四紀

> ゆうたくん：第2幕ではイタリアのベスヴィオ火山の火口に着陸するんだ。
> まさきくん：先生は火山について授業をすることになっているね。
> かつやくん：古代ローマの都市ヘラクラネウムやポンペイが火山の噴出物でうまってしまったんだ。
> まさきくん：火砕流も発生したらしいよ。

2．日本も世界有数の火山国で，大きな被害をもたらした噴火の記録もある。西暦79年のベスヴィオ火山の噴火と同様の激しい噴火をしたのはどれですか。
ア　1707年富士山　　　　　イ　1783年浅間山
ウ　1986年伊豆大島三原山　エ　1991年雲仙普賢岳

> かつやくん：第3幕は，古代エジプトのギザのピラミッドのそばに降り立つことになっている。
> ゆうたくん：先生は，古代の王の墓が作られたいきさつについて語るんだ。
> まさきくん：ピラミッドの底辺の四辺は正しく東西南北を指しているらしいよ。しかも，南側の側面はシリウス星の南中に対して垂直に面し，王のミイラを安置した霊室からの通路は北極星を指しているそうだ。
> かつやくん：すごいな。そんな昔に星を観測する技術が進んでいたんだね。

3. ギザ(北緯約30° 東経約31°)においてシリウスが真夜中に南中する季節と高度はそれぞれどれですか。

[季節] ア 春　イ 夏　ウ 秋　エ 冬

[高度] ア 東京より高い　イ 東京と同じ　ウ 東京より低い

> まさきくん：第4幕では、何と北極に降り立つんだ。そこでは、雪の中から突き出した地軸を見
> 物し、地球が極地でも平らなのを確かめることになっている。
>
> かつやくん：でも、最近の北極って氷がとけて海が広がっているんじゃないの？
>
> ゆうたくん：ああ、そうだね。でも地球の歴史の中では、地球全部が氷におおわれた時期もあっ
> たそうだよ。
>
> まさきくん：それなら生き物はすべて生き残れないんじゃないの？

4. 地球全部が氷でおおわれた時期の後、多細胞生物がどんどん進化していった。シダ植物が繁栄し
ていた時期に現れた陸上の動物の種類はどれですか。すべて答えなさい。

　　　ア 魚類　　イ 両生類　　ウ は虫類　　エ 鳥類　　オ ほ乳類

> ゆうたくん：第5幕では、先生がうっかりミスをおかし、おまけに昇降舵(だ)がきかなくなったため
> に、みんなは天国にやってくるんだ。
>
> まさきくん：ということは雲の上なの？
>
> かつやくん：天国は目に見えないものだから、撮影禁止というけど、そもそも撮影できないよね。
>
> ゆうたくん：じゃ、実際どんな舞台を作ったらいいのかな。

5. 雲はいろいろな高さにできる。最も高いところにできる雲の名前と、そのよく現れる高さはそれ
ぞれどれですか。

[雲の名前] ア 層雲　　　イ 層積雲　　　ウ 巻積雲　　　エ 高積雲

[高さ] 　　ア 2～7km　イ 5～13km　ウ 20～30km　エ 80～90km

4　お風呂に入っていたかおるくんは、半透明な洗面おけが浴槽の底にひっくり返って沈んでいる
のを見つけた。かおるくんは、その洗面おけを湯の中から拾い上げ、入った湯を捨て、中に何もな
い状態にしてから、底面を下にして湯に浮かべた。このとき、洗面おけの内側から水面の位置が観
察できることに興味を持ち、いろいろと試してみることにした。後の問いに答えなさい。

【実験方法】

　　洗面おけから湯を捨て、中に何もない状態にして湯に浮かせてから、コップに満たした湯を1杯
ずつ入れていき、洗面おけの内側と外側の水面の高さの差を測定する。

【実験結果】

　　1杯 2.1cm → 2杯 1.8cm → 3杯 1.6cm → 4杯 1.5cm

1. この洗面おけについて、下線部の表記からわかることを1つまたは2つ選びなさい。

　　ア 洗面おけの体積

　　イ 洗面おけの重さ

　　ウ 洗面おけの密度が風呂の湯のそれよりも大きいこと

　　エ 洗面おけに浮力がはたらいていないこと

　　オ 洗面おけにはたらく浮力の大きさと浴槽の底から受ける垂直抗力の大きさが等しいこと

　　カ 洗面おけと湯との境界面では光の反射や屈折が起こっていないこと

2. この実験で用いた洗面おけの形状は，図1のうちのどれ
かであった。どれですか。

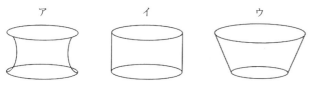

図1　洗面おけの形状

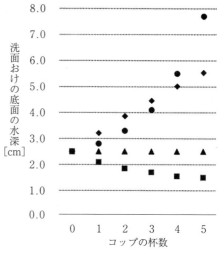

図2　コップの杯数と洗面おけの底面の水深
の関係

3. 図2のグラフにおいて，洗面おけの中に入れたコップの
湯の杯数と洗面おけの底面の水深(浴槽の水面からの深さ)
の関係を適切に表しているものはどれですか。ただし，コ
ップの杯数が0杯のときの洗面おけの底面の水深を2.5cm
とし，図2の0杯のときのデータは，◆，●，▲，■の印
がすべて重なっている。
　　ア　◆　　イ　●　　ウ　▲　　エ　■

4. 湯をさらに入れていくと，ある時点で洗面おけが沈んでしまった。沈む際の，洗面おけの内側と
外側の水面の高さの差について正しく述べたものはどれですか。
　　ア　差が0になったときに沈む
　　イ　差が0になる前に沈む
　　ウ　湯の温度によって，差が0になったときに沈んだり，差が0になる前に沈んだりする

5. 沈んだ洗面おけを，図3のように底面を上にした状態でそれが水面と平行になるようにしたまま
ゆっくり持ち上げ，湯がもれないように注意しながら洗面おけの一部が湯から出た状態にした。こ
のとき，「洗面おけの中で持ち上げている手を外の側面から見ると，手はどのように見えるだろ
う？」と思ったかおるくんは，上の図1の3つの形状の洗面おけをすべて用意し，後日，試してみ
た。指がいつもより太く見えるものをすべて選んで，図1の記号ア，イ，ウを用いて答えなさい。

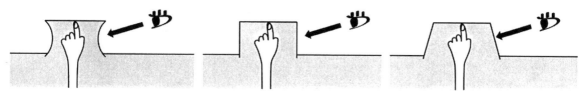

図3　図1の3つの洗面おけで実験しているようす

6. 後の文中の下線部の問いについて，最も関連の深いものはどれですか。
　　ア　虹彩　　イ　レンズ(水晶体)　　ウ　網膜　　エ　視神経
　　湯の中から指を見たらどう見えるか，興味を持ったかおるくんは湯の中にもぐって目を開けてみ
た。すると，指の輪かくがぼやけてよく見えなかった。水中でぼやけて見えてしまうのはどうして
なのか，疑問に思ったかおるくんは，ものが見えるしくみに注目し，魚とヒトの目のつくりの違い
などに注目して調べた。勉強して新たな知識を身に付けたかおるくんはまた新たに不思議に思った。
「逆に，トビウオが空中でものを見たら，どう見えるのだろう？」疑問のつきないかおるくんであ
った。

5 次の文章は，花の形状と遺伝子に関する説明文である。

　多くの植物にとって，花弁は花の存在を虫などに伝えるために必要な器官であり，アヤメやユリなどの植物では，花弁以外の器官を花弁状にして虫などを引き寄せている。この花弁状の器官と本来の花弁を含めて，一般的には「花びら」と呼んでいる。一部の植物では，その種の本来の数より花びらが多くなった八重型の花を咲かせることがある。自家受粉することが知られるアブラナ科の植物Ａは，八重型の花を咲かせることがある植物として知られており，この植物ＡのDNA配列はすべて解明され，花の形状を決定する遺伝子の変化によって八重型が生じることが明らかになっている。植物Ａのもともとの花（野生型）は図１のように中央からめしべ，おしべ，花弁の順に並ぶつくりの花を咲かせるが，花の形状に関係する遺伝子に変化が生じると，図２のようにすべてのめしべとおしべが花弁に変化し，花粉などを作ることができない八重型の花を咲かせることが知られている。この植物Ａの花の形状と遺伝子の組み合わせを調べたところ，野生型の花を咲かせる個体には，図３の組み合わせ①のように，花の形状に関して変化が生じていない遺伝子のみを持つ個体と，図３の組み合わせ②のように，片方の遺伝子に変化が生じている個体の2種類が確認された。八重型の花を咲かせる個体には，図３の組み合わせ③のように，変化が生じた遺伝子のみを持つ個体が確認された。1個体が咲かせる花の数に差はみられず，新たに遺伝子の変化は起こらないものとして，後の問いに答えなさい。

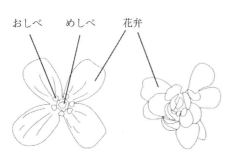

図１　野生型の花　　図２　八重型の花

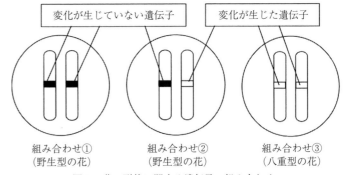

図３　花の形状に関する遺伝子の組み合わせ

1．組み合わせ①の遺伝子を持つ個体の花粉を，組み合わせ②の遺伝子を持つ個体のめしべに受粉させた。ここで得られた種子を育てた場合，野生型の花を咲かせる個体と八重型の花を咲かせる個体の割合は，どうなると考えられますか。

　ア　すべて野生型　　　　　イ　すべて八重型　　　　　ウ　野生型：八重型＝1：1
　エ　野生型：八重型＝1：2　オ　野生型：八重型＝2：1　カ　野生型：八重型＝3：1
　キ　野生型：八重型＝1：3

2．組み合わせ②の遺伝子を持つ個体を育て種子を得た。この種子の遺伝子の組み合わせと種子の数の割合は，どうなると考えられますか。組み合わせ①，組み合わせ②，組み合わせ③の割合を最も簡単な整数比で求めなさい。

　組み合わせ①：組み合わせ②：組み合わせ③＝（　　　）：（　　　）：（　　　）

3．組み合わせ②の遺伝子を持つ個体を育て得た種子を，すべて発芽させて育て種子を得た。ここで得たすべての種子をさらに発芽させて育てた場合，野生型の花を咲かせる個体と八重型の花を咲かせる個体の割合は，どうなると考えられますか。野生型の花と八重型の花の割合を，最も簡単な整数比で求めなさい。

　野生型：八重型＝（　　　）：（　　　）

6 ヒトの心臓の構造と働きについて，次の問いに答えなさい。

1．図1はヒトの心臓を模式的に示したものである。この図について説明している次の文を読んで，（①）～（④）にあてはまるものを選びなさい。

心臓につながる血管には大動脈，大静脈，肺動脈，肺静脈があり，酸素や二酸化炭素の含有量が異なる血液が流れている。図1の記号aは（①）と呼ばれる血管，図1の記号（②）は（③）と呼ばれる血管であり，どちらも（④）が流れている。

ア　b　　　　イ　c　　　　ウ　大動脈　　　エ　大静脈
オ　肺動脈　　カ　肺静脈　　キ　動脈血　　ク　静脈血

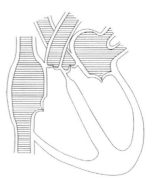
図1　ヒトの心臓の模式図

2．心臓は，血液を循環させるためのポンプとして働くために，規則的に収縮を繰り返している。ヒトの胸に聴診器をあてると，「どくっ　どくっ　どくっ」といった心音を聞くことができるが，この音は，心臓が血液を送り出す過程で，図1に示す2種類の弁が，図2のBやCのように閉じる時に生じている。図2のAをスタートとしたとき，心臓はどのように活動して血液を循環させているか。BからEを順番に並べなさい。

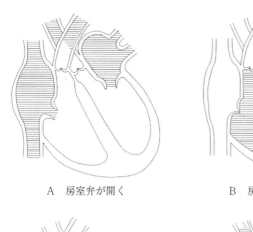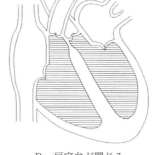

A　房室弁が開く　　　　　B　房室弁が閉じる　　　　C　半月弁が閉じる

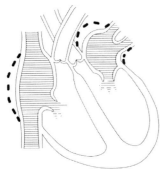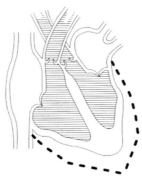

D　心房が収縮し，心房から心室へ血液が流れ込む　　　E　心室が収縮し，心室から血液が押し出される

図2　心臓の活動の様子（心房・心室内の横じま部分 ≡≡≡ は血液が多いことを示している）

二　次の文章を読んで、あとの問いに答えなさい。

　七日の日の若菜を、六日人の持て来、さわぎ取り散らしなどする
に、見も知らぬ草を、子どもの取り持て来たるを、「何とか、これ
をば言ふ」と問へば、とみにも言はず、「いま」など、これかれ見
合はせて、「①耳無草となむ言ふ」と笑ふに、またいとをかしげなる菊の、生ひ
出でたるを持て来たれば、
　　つめどなほ耳無草こそ②あはれなれあまたしあれば菊もありけ
　　り
と言はまほしけれど、またこれも③聞き入るべうもあらず。
　　　　　　　　　　　　　　　　　　　　　　（『枕草子』による）

〈注〉
　七日の日の若菜…正月七日に七種の若菜を食べて災いを払う風習。
　とみにも言はず…子どもたちは急にも答えないで。
　「いま」…「いますぐお答えします」の意。
　耳無草…なでしこ科の野草。
　をかしげなる菊…愛らしげな菊。
　つめどなほ…菜を摘む意と耳をつねる意の掛詞。
　あまたしあれば…草も子どももたくさんなので。
　言はまほしけれど…言いたいけれど。

問一　──①「むべなりけり」とは、ここでは「なるほど、そうだ
　　　ったのね」という意味ですが、どうして「なるほど」と言ったの
　　　ですか。

問二　──②「あはれ」を現代かなづかいに直して、全てひらがな
　　　で書きなさい。

問三　──③「聞き入るべうもあらず」とは、「分かりそうもな
　　　い」という意味です。どういうことが分かりそうもないのですか。
　　　「菊」という言葉にふれて説明しなさい。

んが愛されてるのを感じて、私までうれしいのですが、テレビやインターネットでそう呼ばれているのを見ると、とてもつらく、苦しい気持ちになります。」

理由は様々で、私の元に、何通か、このような手紙が届いた。文面や詳細は違うが、「村田さんと自分は似ていると感じるからかもしれませんが、自分が言われているような気持ちになります」という方もいれば、「村田さんのことを知らない人に村田さんが笑われているのを見るのが、残酷な構造を見ているようでつらいです」という方もいた。「村田さんはどう思っていらっしゃいますか?」という、心のこもった、丁寧な質問に、私はまだ返事を書くことができていない。

笑われて、キャラクター化されて、ラベリングされること。奇妙な人を奇妙なまま愛し、多様性を認めること。この二つは、ものすごく相反することのはずなのに、馬鹿な私には区別がつかないときがあった。

「村田さん、今は普通だけれど、テレビに出たらちゃんとクレージーにできますか?」

深夜の番組の打ち合わせでプロデューサーさんにそう言われたとき、あ、やっぱり、これは安全な場所から異物をキャラクター化して安心するという形の、受容に見せかけたラベリングであり、排除なのだ、と気が付いた。そして、自分がそれを多様性と勘違いをして広めたことにも。

私は、そのことをずっと恥じている。この罪を、自分は一生背負っていくことになるのだと思う。私は子供の頃、⑤「個性」という言葉の薄気味悪さに傷ついていた。それなのに、「多様性」という言葉の気持ちよさに負けて、自分と同じ苦しみを抱える人を傷つけて広めたことにも。

私には「一生背負っていこう」と思う罪がいくつもあるが、これは、本当に重く、そしてどう償っていいのかわからない一つだ。どうか、もっと私がついていけないくらい、私があまりの気持ち悪さに吐き気を催すくらい、私はそう願っている。何度も嘔吐を繰り返し、考え続け、自分を裁き続けることができますように。⑥世界の多様化が進んでいきますように。「多様性」とは、私にとって、そんな祈りを含んだ言葉になっている。

（村田沙耶香「多様性って何だ? 気持ちよさという罪」による）

問一 ——①「自分にとって気持ちがいい多様性」が怖い」のは、なぜですか。文章全体をふまえて答えなさい。

問二 ——②「驕った気持ち」について、どのような点が驕っていたのですか。

問三 ——③「人間ではなくキャラクターになった」とは、どういうことですか。

問四 ——④「最初はそのことが誰かを傷つけていることに気が付かなかった」について、(1)(2)に答えなさい。
(1)「そのこと」が、どうして誰かを傷つけていることになるのですか。
(2)気が付かなかったのは、なぜですか。

問五 ——⑤「個性」という言葉の薄気味悪さ」とは、どのようなものですか。

問六 ——⑥「世界の多様化が進んでいきますように」とありますが、筆者が願っている「多様化」とは、どのようなものだと考えますか。

担任の先生が言った。

「あなたが泣き虫の村田さんね。話は幼稚園の先生から聞いてるわよ。あなたの席はここ。先生のそばのここの椅子に座ってね」

そのとき、自分が異物であるということを、初対面の先生がもう知っているということがとても怖かった。よく考えればそれは、過敏な私に対して学校が柔軟に対応してくれていたのだと思うが、当時の私は、これ以上異物であることが周りの子供たちにばれたら、自分は迫害されると思った。

私は、周りのしゃべり方、行動、リアクションを、自分の心の中に違和感がない範囲で、トレースするようになった。みんなが笑っているところでは笑った。みんなが怒っているとき、あまり賛同できない場合には、曖昧な困った顔をした。

トレースすることで、いかに自分が平凡な人間かということを、発信し続けた。枠をはみ出したら、この世界を追われて、いつか殺される。大袈裟に聞こえるだろうが、当時の私は、それくらい真剣に思い詰めていた。

大人になってもその癖は続いた。だから、私の古くからの友人や、学生時代の仲間などは、私を「おとなしい無害な人」だと思っている。その枠をはみ出すことは、私にとってとてつもない恐怖だったから、私は決してぽろを出さないのだ。

大人になってだいぶ経って、たくさんの友人に出会い、私を取り巻く世界の価値観は急に変わった。相手の奇妙さを愛する、という意味で、「狂ってる」という言葉が飛び交うようになった。

それは、迫害ではなく受容の言葉だった。その言葉は、いつも愛情と一緒に渡された。○○ちゃんのこんなところが変で、大好き。△△さんのこんな不思議な行動が、愛おしい。みんな狂ってる、だからみんな愛おしい、大好き。そんな言葉が交わされるようになった。

私はそこで、初めて、異物のまま、お互い異物として、誰かと言葉を交わしたり、愛情を伝え合ったりするようになった。それがどれだけうれしいことだったか、原稿用紙が何枚あっても説明することができない。今まで殺していた自分の一部分を、「狂っていて、本当に愛おしい、大好き」と言ってくれる人が、自分の人生に突如、何人も現れたことが、どれほどの救いだったか。夜寝る前に、幸福感で泣くことすらあった。平凡にならなくてはと、自分の変わった精神世界をナイフで切り落とそうとしながら生きてきた私は、本当はその不思議な精神世界を嫌いではなく大切に思っていたのだと、本当にやっと理解できたのだった。同じように、誰かの奇妙な部分を好きだと、素直に伝えられるようになった。

そういうあたたかい、愛情深い世界は、わかりやすく見えないだけで本当はずっと遠くまで存在しているのではないかと、②驕った気持ちを持つようになった。

そうした日々の中で、私は、「多様性」という言葉で自分を騙し、私と同じように、「奇妙さ」を殺しながら生きている人を、深く傷つけてしまったのだった。

■

■

誤解なく伝えられるよう願っているが、あるときから、メディアの中で、私に「クレージーさやか」というあだ名がつくようになった。それは友人のラジオの中で、愛情あるお喋りの延長線上で出てきた言葉だった。だから、最初、私はうれしかった。

けれど、だんだんとそれが、単なる私のキャッチフレーズとして独り歩きするようになった。ある日、テレビに出たとき、そのフレーズをキャッチコピーのように使うことを、私はいいことだと思って許諾してしまった。多様性があって、いろいろな人が受容されるのは、とても素敵なことなのではないかと思ったのだ。

そのとき、私という人間は、③人間ではなくキャラクターになった。瓶に入れられ、わかりやすいラベルが貼られた。テレビに出ると、そのフレーズがテロップになり流れるようになった。私は馬鹿なので、④最初はそのことが誰かを傷つけていることに気が付かなかった。

「村田さんがお友達に『クレージー』と言われているのは、村田さ

二〇二一年度 筑波大学附属駒場高等学校

【国語】 （四五分）〈満点：一〇〇点〉

[注意] 本文には、問題作成のための省略や表記の変更があります。

一 次の文章を読んで、あとの問いに答えなさい。

子供の頃、大人が「個性」という言葉を安易に使うのが大嫌いだった。

確か中学生くらいのころ、急に学校の先生が一斉に「個性」という言葉を使い始めたという記憶がある。今まで私たちを扱いやすいように、平均化しようとしていた人たちが、急になぜ？ という気持ちと、その言葉を使っているときの、気持ちのよさそうな様子がとても薄気味悪かった。全校集会では「個性を大事にしよう」と若い男の先生が大きな声で演説した。「ちょうどいい、大人が喜ぶくらいの」個性的な絵や作文が褒められたり、評価されたりするようになった。「さあ、怖がらないで、みんなももっと個性を出しなさい！」と言わんばかりだった。そして、本当に異質なもの、異常性を感じさせるものは、今まで通り静かに排除されていた。

当時の私は、「個性」とは、「大人たちにとって気持ちがいい、想像がつく範囲の、ちょうどいい、素敵な特徴を見せてください！」という意味の言葉なのだな、と思った。私は（多くの思春期の子供がそうであるように）容易くその言葉を使い、一方で本当の異物はあっさりと排除する大人に対して、「大人の会議で決まった変な思い付きは迷惑だなあ。また大人たちが厄介なことを言い出したなあ」と思っていた。平凡さを求められたほうが、それを演じればいいのだから、私にとってはずっとましだったのだ。「大人が喜ぶ、きちんと上手に『人間』ができる人のプラスアルファとしての、ちょうどいい）個性」という言葉のなんだか恐ろしい、薄気味の悪い印象は、大人になった今も残っている。

■

大人になってしばらくして、「多様性」という言葉があちこちから、少しずつ、聞こえてくるようになった。

最初にその言葉を聞いたとき、感じたのは、心地よさと理想的な光景だった。例えば、オフィスで、様々な人種の人や、ハンデがある人、病気を抱えている人などが、お互いのことを理解しあって一緒に働いている光景。または、仲間同士の集まりで、それぞれいろいろな意味でのマジョリティー、マイノリティーの人たちが、互いの考え方を理解しあって、そこにいるすべての人の価値観がすべてナチュラルに受け入れられている空間。発想が貧困な私が思い浮かべるのは、それくらいだった。

それが叶えばいいという気持ちはずっとある。けれど、私は、「多様性」という言葉をまだ口にしたことがほとんどない。たぶん、その言葉の本当の意味を自分はまだわかっていないと感じているからだと思う。その言葉を使って、気持ちよくなるのが怖いのだと思う。私はとても愚かなので、そういう、なんとなく良さそうで気持ちいいものに、すぐに呑み込まれてしまう。だから、①自分にとって気持ちが悪い多様性が怖い。「自分にとって気持ちが悪い多様性」が何なのか、ちゃんと自分の中で克明に言語化して辿り着くまで、その言葉を使って快楽に浸るのが怖い。そして、自分にとって気持ちが悪い「多様性」のこともきちんと考えられるようになるまで、その言葉を使う権利は自分にはない、とどこかで思っている。

こんなふうに慎重になるのは、私自身が、「気持ちのいい多様性」というものに関連して、一つ、罪を背負っているからだ。

■

私は子供の頃から、異常といっていいほど内気な子供だった。とても神経質で気が弱く、幼稚園で他の子供に怒鳴られただけですぐに泣き、幼稚園の先生も両親も、この子はきちんと小学校に通えるのだろうか、と不安がっていたのをよく覚えている。学校に行くと、

英語解答

1 放送文未公表

2 問1 (例)ピーターの父がピーターの祖父に別れのしるしとして渡すもの。

問2 最初の2語…that government
最後の2語…old men

問3 エ

問4 (例)祖父が次に演奏するのはもっと明るい曲だということ。

問5 leave　　問6 expensive

問7 (例)もう半分の毛布は，ピーターがいずれ年老いる父を送り出すときの別れのしるしとして使える。

問8 to send me away

3 問1 money that can be spent on the carpet

問2 foreign

問3 (例)高級デパートに連れていかれたことで良いじゅうたんを手頃な値段で買えなくなると思ったから。

問4 She could not take her eyes off it

問5 (例)デパートの経営者

問6 knows a lot about Turkish carpets

問7 (例)価値の低い観光客向けのじゅうたんが2万ポンドだった一方で，収集家も欲しがる価値の高いものが500ポンドだったという事実。

(60字)

4 (例)I have studied English for five years in school. I listen to lectures and read textbooks on English. I think my learning is passive and I should have opportunities to use English actively. For example, I can talk to students all over the world in English using video conference systems.(50語)

---

1 〔放送問題〕放送文未公表
2 〔長文読解総合―物語〕

≪全訳≫**1**空が澄んだ9月の夜だった。白い月が山の上に上がろうとしていた。11歳のピーターは台所のテーブルに置かれた赤と黒の毛布を見ていた。**2**その毛布は彼の父から祖父への贈り物…別れの際の贈り物だった。祖父は行ってしまうのだと彼らは言った。**3**ピーターは父が祖父を送り出すとは本気で信じていなかった。父はその贈り物をその朝に買った。これは彼らがともに過ごす最後の夜だった。**4**老人と少年は一緒に皿を洗った。父は出かけた…結婚することになっていたあの女性と一緒に。彼らはしばらく帰ってこないだろう。皿を洗い終えると，老人と少年は外に出て月明かりの下に座った。**5**「ハーモニカを取ってきてお前のために吹いてあげよう」と祖父は言った。「古い曲をいくつか吹くよ」**6**だが彼はハーモニカではなく，あの毛布を持ってきた。それは大きな2人用の毛布だった。**7**「なあ，こいつはいい毛布だろう？」と老人は言った。「お前の父さんは親切な男だから，こういういい毛布を持っていけと私にくれたんだ。向こうにはこんな毛布はないだろうな」**8**祖父はいつもそれは自分の考えなのだと言っていた。想像してほしい。暖かい家と友人たちから離れてあの建物，他にも大勢の老人たちがいる政府の建物に行くのだ。だが父がそんなことをするとはピーターには実際には信じられなかった…今朝，彼がその毛布を家に持って帰ってきたときまでは。**9**「ああ，そうだね。いい毛布だね」

とピーターは言って家の中に入った。彼は泣くような子ではなかったし，もうそんな年でもなかった。彼はハーモニカを持って戻ってくると，祖父に手渡した。❿祖父は少し吹くと言った。「これは覚えておいてくれよ」⓫「これが最後なんだ」とピーターは思った。彼はもう祖父のハーモニカを聴くことはないだろう。父は新しい家に引っ越す。ここから離れた所へ。それは悪くはない。なぜなら祖父が一緒にいないのに，澄んだ夜に白い月の下でここに座りたくはなかったからだ。音楽が終わり，2人は数分の間黙ったまま座っていた。そして祖父は言った。「これはもっと楽しい曲だ」⓬ピーターは座ったまま山の彼方（かなた）を見た。父はあの女性と結婚するのだ。そう，ピーターにとって良い母親になるよう努力すると言ったあの女性だ。⓭曲が突然止まり，祖父が言った。「これに合わせて踊ってくれないと，つまらない曲だな」　そして彼は話し続けた。⓮「お前の父さんはすてきな女性と結婚するんだよ。あんなきれいな奥さんがいたら，また若返ったように感じるだろう。それに家の中でわしのような年寄りが何をするんだい…いつも痛い痛いとしか言わない，年老いた役立たずが！　いずれ赤ちゃんも生まれるだろうし，わしは赤ちゃんが夜通し泣いているのを聞くのはごめんだな。ごめんだ，わしが出ていくのが一番いいのさ。じゃあ，あと1つか2つ吹こう」⓯彼らは道をやってくる2人の人間に気がつかなかった。父，そして人形のように硬く光を放つ顔をした，あのきれいな女性だ。だが彼女の笑い声が聞こえると，曲は突然止まった。⓰父は何も言わなかったが，女性は祖父に歩み寄り，行儀よく言った。「朝にはもうあなたとお会いできませんから，お別れを言いに来ました」⓱「ご親切にどうも」と祖父は言い，毛布を持ちあげた。⓲「ほら，これを見てくれないかね？」と少年のように言った。「いい毛布だよ。息子が持っていけとくれたんだ」⓳彼女は羊毛を触ると，「ええ，本当にすてきな毛布ですね」と言った。⓴彼女は父の方を振り向くと，冷ややかに言った。「ずいぶん高かったでしょ？」㉑父はせき払いをした。「僕は…僕は親父に一番いいものを持っていって…」㉒「ふーん…それに2人用だわ」と彼女は言った。㉓少年は急に家の中に入っていった。女性が高価な毛布のことをまだ話しているのが聞こえた。父の声が聞こえた。父独特の，怒りが込みあげていく感じだった。そして今や彼女は帰ろうとしていた。ピーターが表に出てくると，女性は振り返って大声で言った。「2人用の毛布なんていらないわよ！」㉔父は何とも言えない妙な目つきで彼女を見た。㉕「彼女の言うとおりだよ，お父さん」と少年は言った。「ほら，お父さん」　そしてはさみを差し出した。「切りなよ，お父さん…その毛布を2つに切るんだ」㉖2人とも驚いて少年を見た。「2つに切るんだ，お父さん。そして残り半分を持っていなよ」㉗「それは悪くないね」と祖父は優しく言った。「わしにはこんな大きな毛布はいらないから」㉘「そうだよ」と少年は言った。「年寄りが送り出されるときには1人用の毛布で十分さ。僕たちは残り半分を持っていようよ，お父さん。後で役に立つよ」㉙「なあ，それって何が言いたいんだ？」と父は尋ねた。㉚「僕が言いたいのは」と少年はゆっくりと言った。「それをお父さんにあげるということだよ。お父さんが年を取って，僕がお父さんを送り出すときにね」㉛しんと静まり返った後，父は祖父のもとに歩み寄り，何も言わずに彼の前に立った。㉜だが祖父にはわかっていた。彼は片手を父の肩に置くと，「いいんだ，息子よ。お前がこうしたくなかったのはわかっていたよ」と言った。㉝そしてピーターは泣いた。だがそれは大したことではなかった。3人がみんな一緒に泣いていたからだ。

　問1＜語句解釈＞下線部①の直前の部分から父が祖父に渡したものとわかる。going-away は「別れの」の意味。これは第8段落の祖父が家を出て老人向けの施設に入るという描写などから推測できる。

問2＜語句解釈＞up there は「あそこで」の意味(高い所とはかぎらない)。次の第8段落第2文から祖父が政府のつくった老人向け施設に入るとわかるので，その部分を抜き出せばよい。

問3＜英文解釈＞直前部分の「彼(＝ピーター)は泣くような子ではない」がヒントになる(ここでのkind は「種類」を表す名詞)。for that は「泣くには」ということ。ピーターが祖父との別れに際して泣かなかった理由を彼の年齢から説明していると考えられるので，エ.「ピーターは十分大人だったので泣くことはなかっただろう」を選ぶ。

問4＜英文解釈＞2文前に The music ended とあり，祖父はいったん演奏を終えている。しかし2段落後に The song stopped とあるので，祖父は別の曲を演奏していたとわかる。つまり下線部④は自分が次に演奏する曲を説明したものと考えられる。Here is ～「こちらが～です」は人に物を示すのに使う表現。

問5＜適語補充＞第8段落第1文の it was his idea から，祖父は自分が家を出るべきだと考えていたことがわかる。空所⑤のある第14段落は祖父がそう考えた理由を述べたもの。よって空所⑤には「(家を)離れる」を表す leave を入れる。

問6＜適語補充＞前段落にある the wool および a fine blanket や，次の段落の父の返答にある the best がヒントとなる。この毛布が expensive「高価な」(第23段落第2文)ものであることに，女性はしつこく文句を言い続けているのである。

問7＜文脈把握＞下線部⑦の意味を父が尋ね，それにピーターが答えているので，その内容をまとめればよい。なお下線部⑦の it は毛布の the other half「残り半分」を指す。

問8＜英文解釈＞父は祖父を老人向け施設に送り出そうとしていたから，第3段落第1文や第30段落の send ～ away「～を送り出す」を使って(want) to send me away とする。祖父の言葉なので，祖父を me と表すことに注意。無言で祖父の前に立ち(第31段落)，涙を流す(第33段落)といった父の様子から，本当は祖父を老人向け施設に行かせたくなかったことが読み取れる。

3 〔長文読解総合―物語〕

《全訳》❶クリスとマギーのブラウン夫妻はその夏トルコを旅しようと決めた。彼らはその旅のよい思い出として何を買うべきか話し合いを始めた。しばらく話し合った後，じゅうたんを買うことにした。トルコは世界で最も美しいじゅうたんで有名だったからだ。❷数日後，ブラウン夫妻はバスで空港に行った。その方が電車よりも安かったからだ。「節約したお金は①じゅうたんに使えるお金よ」とマギーはクリスに言った。❸飛行機の中で，マギーはトルコじゅうたんについてもっと知ろうと本を読み始めた。❹「赤や青で下地が緑のものはトルコの収集家の間でとても人気があります」と彼女は夫に読んで聞かせた。「ですが明るい黄色やオレンジのもの，あるいは動物，鳥，魚(の柄)があるものは買うべきではありません。それは外国人旅行者向けにのみつくられています」❺彼女は続けた。「市場では数百ポンドですてきなものが見つけられます」　数時間後，飛行機はイスタンブール空港に着いた。❻次の朝，ホテルの近くで彼らは隣人でお金持ちのジンジャー氏とその妻に偶然出会った。ブラウン夫妻は自分たちだけで旅をしたかったが，ジンジャー夫妻が彼らのヨットで休暇を過ごすようブラウン夫妻を説得したのだ。❼彼らは最終日を自分たちで市場でじゅうたんを探すのに費やそうとした。だが市場に入ろうとしたちょうどそのとき，またしてもジンジャー夫妻が彼らを見つけた。彼らはイスタンブールで最も高級なデパートに連れていかれてしまい，気が滅入るとともに少し動揺した。❽デパートでは，黒

い服を着た背の高い男性が近づいてきた。**9**「おはようございます，お客様」と彼はジンジャー氏に言った。「何かお探しでしょうか？」**10**「ええ，お願いします。おたくの最高のじゅうたんを見せてください」**11**店員は笑みを浮かべて手をたたいた。数枚の美しいじゅうたんが運ばれてきた。マギーはその中に，下地が緑で赤い小さな四角形のついたじゅうたんを見つけた。<u>彼女はそれから目を離すことができなかった。</u>**12**「これはどうだい？」とジンジャー氏は妻に尋ねた。**13**「どれも少し小さいわ」とジンジャー夫人は答えた。**14**店員が再び手をたたいた。それらのじゅうたんは持ち去られ，他のもっと大きなじゅうたんが運ばれてきた。**15**今度はジンジャー夫人は，外面に色鮮やかな鳥たちが走っている黄色とオレンジ色のじゅうたんを買うと決めた。ジンジャー氏はただ値段を聞いて2万ポンドを払った。ジンジャー夫妻は満足げに店を出た。**16**「あの，お気に召したじゅうたんはございましたか？」と店員がマギーに尋ねた。**17**「ええ」と彼女は答えた。「あの小さなじゅうたんです，でも…」**18**彼は彼女のもとを離れると，赤い四角形のついたあの小さな緑のじゅうたんを持って戻ってきた。マギーは再びそれを見ると，ただ一言言った。「完璧だわ！」**19**その後彼らは値段の話を始めたが，店員はマギーの示した値段には満足していないようだった。彼女が諦めようとしていたとき，そばに高齢の男性が立っているのに気がついた。高齢の男性は店員に彼らの言語で何かを話した。店員はまだ不満そうだったが，ついにそのじゅうたんをマギーに売ることに同意した。**20**高齢の男性はマギーに言った。「奥様，申し訳ございません。うちの店員はその小さなじゅうたんをその値段では売りたくないのです。しかし私はあなたが初めてそれを見たときのまなざしを覚えています。そのじゅうたんが，トルコじゅうたんのことを本当によく知っているご夫妻のお宅に行くことが，私にはうれしいのです」**21**「ありがとうございます」とクリスは言い，店員に500ポンドを支払った。**22**クリスとマギーはイギリスに戻った。空港で税関の職員が彼らに事務所に来るよう求めた。そこには白髪の男性がいた。彼は笑みを浮かべて言った。**23**「トルコじゅうたんを持ってイギリスに戻ってくる人はたくさんいますから，私たちはじゅうたんのことをよく知っています。もちろんその値段のことも。今日は2枚のじゅうたんが持ち帰られました。あなた方ともう一組の夫妻のものです。最初私はどちらも値段が間違っていると思いました。あなた方はいい買いものをしましたね？」

問1＜整序結合＞Money saved is spent on ～「節約したお金は～に費やされる」という受け身の文にしてしまうとその後がまとまらない。そこで is の後は名詞句になると考え money を置くと，be や spent といった動詞が残るので，money を関係代名詞節で修飾すると考える。that を主格の関係代名詞として使い，残った語句を can be spent on ～「～に費やせる」という形にまとめる。

問2＜適語補充＞下線部②を含む文の主語である They は前文で述べられている黄色やオレンジの，または動物などが描かれている買うべきでないじゅうたんを指すが，これらはその前で説明されている下地が緑で赤や青のじゅうたんと対比関係になっていることを読み取る。これらが「トルコの」収集家に人気の一方で，黄色などの買うべきではないものは「外国の」旅行者向けなのである。

問3＜文脈把握＞下線部③の直後の as 以下が理由になっている。ここをまとめるだけでも可だが，ブラウン夫妻はもともと市場で良いじゅうたんを探して手頃な値段で買うつもりだったことが読み取れる（第5段落第1文）ので，それを含めると理由としてより説得力が出る。

問4＜整序結合＞'主語＋動詞'を She could not take とまとめる。take の目的語に her eyes を置き，残りを off it とすればよい。'take ～'s eyes off …'で「～が…から目を離す」という意味

を表し，通例否定文で使われる。

問5＜文脈把握＞直後の2文から，店員が不満を持ちながらもこの男性の言うことに従いマギーにじゅうたんを売ったことがわかる。また，次の第20段落第2文にあるこの男性の言葉にMy clerk「私の店員」という表現がある。よってこの男性はデパート内で権力を持つ存在（経営者などの幹部社員）である。

問6＜適語句補充＞下線部⑥にはブラウン夫妻がそのじゅうたんの所有者たるにふさわしいことを示す語句が入る。夫妻は下調べをして良いじゅうたんがどういうものかを理解しており，ジンジャー夫妻が買ったような外国人観光客向けのものには手を出さなかった。デパートの売り場にいた高齢の男性はそのことに感服したと考えられる。夫妻の鑑識眼を表すのに参考となる本文中の表現を探すと，第3段落にknow more about Turkish carpetsとあるので，この表現を利用する。

問7＜文脈把握＞この前の内容より，税関の職員はトルコじゅうたんのことをその値段も含めてよく知っていることがわかる。よってこの職員には，ジンジャー夫妻のじゅうたんはその本当の価値に対して割高で，逆にブラウン夫妻のじゅうたんは割安であることがすぐにわかったのである。この内容を具体的に記してまとめる。

4 〔テーマ作文〕

第1文の「どれくらいの間，英語を学んできたか」には'have/has＋過去分詞...＋for＋期間の長さ'や'have/has＋過去分詞...＋since ～'といった現在完了の構文が使える。第2文以降は解答例では現在の自分の英語学習法を挙げ，その改善点について自分なりの案を具体的に挙げている。テーマの大きさに対して与えられた語数が少ないので，簡潔な表現で要領よくまとめたい。

数学解答

1 (1) $a = \dfrac{1}{2} - b$

   (2) (ア) 4倍　(イ) 29倍

2 (1) 28けた

   (2) (ア) 27けた　(イ) 278

3 (1) (ア) $\dfrac{1}{2}$ cm²

      (イ) $(p+q)^2 = 6$, $(p-q)^2 = 2$

   (2) (ア) $\dfrac{1}{2} + \dfrac{1}{6}\pi$ cm²

      (イ) $\dfrac{\sqrt{6} - \sqrt{2}}{4} + \dfrac{1}{12}\pi$ cm²

4 (1) $\sqrt{2}$

   (2) (ア) $\dfrac{\sqrt{2}}{2}$ cm　(イ) $\dfrac{7 + 5\sqrt{2}}{6}$ cm³

---

1 〔関数—関数 $y = ax^2$ と直線〕

≪基本方針の決定≫(2)　x 座標の差を利用して線分の長さの比を求める。

(1)＜関係式＞関数 $y = x^2$ のグラフ上の2点 (a, a^2), (b, b^2) を通る直線の傾きは，$\dfrac{b^2 - a^2}{b - a} = \dfrac{(b+a)(b-a)}{b-a} = b + a$ と表せる。この2点を通る直線の傾きが $\dfrac{1}{2}$ だから，$b + a = \dfrac{1}{2}$ が成り立ち，$a = \dfrac{1}{2} - b$ となる。

(2)＜面積比＞(ア)右図で，直線 OA，PQ，BC の傾きはいずれも $\dfrac{1}{2}$，直線 OP，AB，QR の傾きはいずれも $-\dfrac{1}{4}$ だから，OA∥PQ∥BC，OP∥AB∥QR であり，四角形 OAKP，四角形 KQLB は平行四辺形である。直線 OA の傾きは $\dfrac{1}{2}$，点 O の x 座標は0だから，(1)より，点 A の x 座標は $\dfrac{1}{2} - 0 = \dfrac{1}{2}$ となる。また，関数 $y = x^2$ のグラフと傾き $-\dfrac{1}{4}$ の直線が異なる2点 (m, m^2), (n, n^2) で交わるとき，(1)と同様に考えて，$n + m = -\dfrac{1}{4}$ より，$m = -\dfrac{1}{4} - n$ となる。点 A の x 座標が $\dfrac{1}{2}$ より，点 B の x 座標は $-\dfrac{1}{4} - \dfrac{1}{2} = -\dfrac{3}{4}$，点 O の x 座標が0より，点 P の x 座標は $-\dfrac{1}{4} - 0 = -\dfrac{1}{4}$ となり，点 Q の x 座標は $\dfrac{1}{2} - \left(-\dfrac{1}{4}\right) = \dfrac{3}{4}$ となる。$y = \left(\dfrac{1}{2}\right)^2 = \dfrac{1}{4}$ より，A$\left(\dfrac{1}{2}, \dfrac{1}{4}\right)$ である。

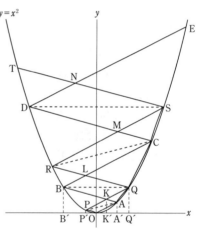

直線 AB の式を $y = -\dfrac{1}{4}x + p$ とおくと，点 A を通ることから，$\dfrac{1}{4} = -\dfrac{1}{4} \times \dfrac{1}{2} + p$，$p = \dfrac{3}{8}$ となり，直線 AB の式は $y = -\dfrac{1}{4}x + \dfrac{3}{8}$ である。$y = \left(-\dfrac{1}{4}\right)^2 = \dfrac{1}{16}$ より，P$\left(-\dfrac{1}{4}, \dfrac{1}{16}\right)$ である。直線 PQ の式を $y = \dfrac{1}{2}x + q$ とおくと，点 P を通ることから，$\dfrac{1}{16} = \dfrac{1}{2} \times \left(-\dfrac{1}{4}\right) + q$，$q = \dfrac{3}{16}$ となり，直線 PQ の式は $y = \dfrac{1}{2}x + \dfrac{3}{16}$ となる。点 K は2直線 AB，PQ の交点なので，$-\dfrac{1}{4}x + \dfrac{3}{8} = \dfrac{1}{2}x + \dfrac{3}{16}$ より，$x = \dfrac{1}{4}$ となり，点 K の x 座標は $\dfrac{1}{4}$ である。ここで，点 A と点 P，点 A と点 Q，点 B と点 Q を結び，5点 A，B，P，Q，K から x 軸に垂線 AA′，BB′，PP′，QQ′，KK′ を引き，△AKP の面積を Z とする。PP′∥KK′∥QQ′ より，PK：KQ = P′K′：K′Q′ = $\left\{\dfrac{1}{4} - \left(-\dfrac{1}{4}\right)\right\} : \left(\dfrac{3}{4} - \dfrac{1}{4}\right) = 1 : 1$ だから，△AKP：△AKQ = 1：1 となり，△AKQ = △AKP = Z である。BB′∥KK′∥AA′ より，BK：KA = B′K′：K′A′ = $\left\{\dfrac{1}{4} - \left(-\dfrac{3}{4}\right)\right\} : \left(\dfrac{1}{2} - \dfrac{1}{4}\right) = 4 : 1$ だから，△BKQ：△AKQ = 4：1 となり，△BKQ

$=4\triangle AKQ=4Z$ となる。よって，□OAKP$=2\triangle AKP=2Z$，□KQLB$=2\triangle BKQ=2\times4Z=8Z$ だから，$8Z\div2Z=4$ より，四角形 KQLB の面積は四角形 OAKP の面積の4倍である。　　(イ)前ページの図で，(ア)と同様に，四角形 LCMR，四角形 MSND は平行四辺形である。点Cのx座標は$\dfrac{1}{2}-\left(-\dfrac{3}{4}\right)=$ $\dfrac{5}{4}$，点Dのx座標は$-\dfrac{1}{4}-\dfrac{5}{4}=-\dfrac{3}{2}$，点Rの$x$座標は$-\dfrac{1}{4}-\dfrac{3}{4}=-1$，点Sの$x$座標は$\dfrac{1}{2}-(-1)$ $=\dfrac{3}{2}$ となり，$y=\left(-\dfrac{3}{4}\right)^2=\dfrac{9}{16}$，$y=\left(\dfrac{5}{4}\right)^2=\dfrac{25}{16}$，$y=\left(\dfrac{3}{4}\right)^2=\dfrac{9}{16}$，$y=(-1)^2=1$ より，B$\left(-\dfrac{3}{4},\ \dfrac{9}{16}\right)$，C$\left(\dfrac{5}{4},\ \dfrac{25}{16}\right)$，Q$\left(\dfrac{3}{4},\ \dfrac{9}{16}\right)$，R$(-1,\ 1)$ となる。また，直線 BC の式は$y=\dfrac{1}{2}x+\dfrac{15}{16}$，直線 CD の式は$y=-\dfrac{1}{4}x+\dfrac{15}{8}$，直線 QR の式は$y=-\dfrac{1}{4}x+\dfrac{3}{4}$，直線 RS の式は$y=\dfrac{1}{2}x+\dfrac{3}{2}$ となる。点Lは2直線 BC，QR の交点だから，この2直線の式より，$x=-\dfrac{1}{4}$ となり，点Lのx座標は$-\dfrac{1}{4}$である。これより，BL：LC$=\left\{-\dfrac{1}{4}-\left(-\dfrac{3}{4}\right)\right\}:\left\{\dfrac{5}{4}-\left(-\dfrac{1}{4}\right)\right\}=1:3$，RL：LQ$=\left\{-\dfrac{1}{4}-(-1)\right\}:\left\{\dfrac{3}{4}-\left(-\dfrac{1}{4}\right)\right\}=3:4$ となるので，点Cと点Q，点Cと点Rを結ぶと，$\triangle QLB:\triangle QLC=1:3$，$\triangle RLC:\triangle QLC=3:4$ となり，$\triangle RLC=\dfrac{3}{4}\triangle QLC=\dfrac{3}{4}\times3\triangle QLB=\dfrac{9}{4}\triangle QLB=\dfrac{9}{4}\triangle BKQ=\dfrac{9}{4}\times4Z=9Z$ となる。同様にして，点Mは2直線 CD，RS の交点より，x座標は$\dfrac{1}{2}$ となり，RM：MS$=3:2$，DM：MC$=8:3$ となる。点Cと点S，点Dと点Sを結ぶと，$\triangle CMR:\triangle CMS=3:2$，$\triangle DMS:\triangle CMS=8:3$ だから，$\triangle DMS=\dfrac{8}{3}\triangle CMS=\dfrac{8}{3}\times\dfrac{2}{3}\triangle CMR=\dfrac{8}{3}\times\dfrac{2}{3}\triangle RLC=\dfrac{8}{3}\times\dfrac{2}{3}\times9Z=16Z$ となる。よって，□LCMR$=2\triangle RLC=2\times9Z=18Z$，□MSND$=2\triangle DMS=2\times16Z=32Z$ より，〔四角形 KQLB〕＋〔四角形 LCMR〕＋〔四角形 MSND〕$=8Z+18Z+32Z=58Z$ となるので，$58Z\div2Z=29$ より，四角形 KQLB と四角形 LCMR と四角形 MSND の面積の和は，四角形 OAKP の面積の29倍である。

2 〔数と式―数の性質〕

≪基本方針の決定≫(1)　$1000<2^{10}<1100$ である。

(1)＜けた数＞$20^{21}=(2\times10)^{21}=2^{21}\times10^{21}=(2^{10})^2\times2\times10^{21}$ となる。$2^{10}=1024$ より，$1000<2^{10}<1100$ だから，$1000^2\times2\times10^{21}<(2^{10})^2\times2\times10^{21}<1100^2\times2\times10^{21}$ となり，$1000^2\times2\times10^{21}<20^{21}<1100^2\times2\times10^{21}$ である。$1000^2\times2\times10^{21}=1000000\times2\times10^{21}=10^6\times2\times10^{21}=2\times10^{27}$ となり，2は1けたの数だから，2×10^{27} は$1+27=28$（けた）の数である。$1100^2\times2\times10^{21}=1210000\times2\times10^{21}=242\times10^4\times10^{21}=242\times10^{25}$ となり，242は3けたの数だから，242×10^{25} は$3+25=28$（けた）の数となる。よって，20^{21} も28けたの数である。

(2)＜けた数，上から3けたの数＞(ア)$21^{20}=(3\times7)^{20}=3^{20}\times7^{20}=(3^{10})^2\times(7^4)^5$ となる。$3^{10}=59049$，$7^4=2401$ より，$59000<3^{10}<60000$，$2000<7^4<3000$ だから，$59000^2\times2000^5<(3^{10})^2\times(7^4)^5<60000^2\times3000^5$ となり，$59000^2\times2000^5<21^{20}<60000^2\times3000^5$ である。$59000^2\times2000^5=(59\times10^3)^2\times(2\times10^3)^5$ $=59^2\times10^6\times2^5\times10^{15}=3481\times32\times10^{21}$，$60000^2\times3000^5=(6\times10^4)^2\times(3\times10^3)^5=6^2\times10^8\times3^5\times10^{15}=36\times243\times10^{23}$ だから，$3481\times32\times10^{21}<21^{20}<36\times243\times10^{23}$ となる。これより，$3400\times32\times10^{21}<21^{20}<36\times250\times10^{23}$ であり，$108800\times10^{21}<21^{20}<9000\times10^{23}$ となる。108800×10^{21} は$6+21=27$（けた）の数，9000×10^{23} は$4+23=27$（けた）の数だから，21^{20} は27けたの数である。　　(イ)$21^{20}=3^{20}\times7^{20}=(3^{10})^2\times(7^{10})^2$ となる。7^{10} は，9けたの数で上から5けたが28247であるから，$282470000<7^{10}<282480000$ より，$28247\times10^4<7^{10}<28248\times10^4$ である。これより，$59049^2\times(28247\times10^4)^2<(3^{10})^2\times(7^{10})^2<59049^2\times(28248\times10^4)^2$ となり，$3486784401\times797893009\times10^8<21^{20}<3486784401\times797949504\times10^8$ となるので，$3486000000\times797800000\times10^8<21^{20}<3487000000\times798000000\times10^8$，

$3486 \times 10^6 \times 7978 \times 10^5 \times 10^8 < 21^{20} < 3487 \times 10^6 \times 7980 \times 10^5 \times 10^8$, $27811308 \times 10^{19} < 21^{20} < 27826260 \times$
10^{19} である。27811308×10^{19}, 27826260×10^{19} はけた数が同じで，ともに上から3けたが278である
から，21^{20} の上から3けたは278である。

3 〔平面図形—直角三角形，円〕

《基本方針の決定》(2) 点Oと点Cを結び，点CからABに垂線を引いてできる直角三角形に着
目する。

(1)＜面積，長さの和・差の2乗＞㋐右図1のように，直線ACについて
点Bと対称な点をB′として，点B′と点A，点Cを結ぶ。∠ACB＝90°

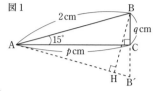

図1

だから，3点B，C，B′は一直線上にある。∠B′AC＝∠BAC より，
∠BAB′＝2∠BAC＝2×15°＝30° となるので，点BからAB′に垂線
BHを引くと，△ABH は3辺の比が $1:2:\sqrt{3}$ の直角三角形となる。
よって，$BH=\dfrac{1}{2}AB=\dfrac{1}{2}\times 2=1$ となる。また，AB′＝AB＝2だから，$\triangle ABB'=\dfrac{1}{2}\times AB'\times BH=\dfrac{1}{2}$
$\times 2\times 1=1$ となり，$\triangle ABC=\dfrac{1}{2}\triangle ABB'=\dfrac{1}{2}\times 1=\dfrac{1}{2}(\text{cm}^2)$ である。　　　㋑図1で，△ABC は直角三
角形だから，三平方の定理 $AC^2+BC^2=AB^2$ より，$p^2+q^2=2^2$ が成り立ち，$p^2+q^2=4$ となる。また，
㋐より，$\triangle ABC=\dfrac{1}{2}$ だから，$\dfrac{1}{2}\times p\times q=\dfrac{1}{2}$ が成り立ち，$pq=1$ となる。よって，$(p+q)^2=p^2+2pq+$
$q^2=p^2+q^2+2pq=4+2\times 1=6$，$(p-q)^2=p^2-2pq+q^2=p^2+q^2-2pq=4-2\times 1=2$ である。

(2)＜面積＞㋐右図2で，2点C，Dが直線ABに関して対称だから，図形F

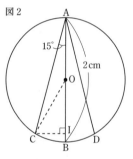

図2

の面積は，線分AB，線分AC，$\overset{\frown}{BC}$ で囲まれた図形の面積の2倍である。
円の中心をOとし，点Oと点Cを結ぶ。$\overset{\frown}{BC}$ に対する円周角と中心角の
関係より，∠BOC＝2∠BAC＝2×15°＝30° となるから，点Cから直径AB
に垂線CIを引くと，△OCI は3辺の比が $1:2:\sqrt{3}$ の直角三角形とな
る。$OC=OA=\dfrac{1}{2}AB=\dfrac{1}{2}\times 2=1$ だから，$CI=\dfrac{1}{2}OC=\dfrac{1}{2}\times 1=\dfrac{1}{2}$ となり，
$\triangle OAC=\dfrac{1}{2}\times OA\times CI=\dfrac{1}{2}\times 1\times \dfrac{1}{2}=\dfrac{1}{4}$ となる。また，おうぎ形OBCの面
積は，$\pi \times 1^2\times \dfrac{30°}{360°}=\dfrac{1}{12}\pi$ となる。よって，図形Fの面積は，2(△OAC＋〔おうぎ形OBC〕)＝2
$\times \left(\dfrac{1}{4}+\dfrac{1}{12}\pi\right)=\dfrac{1}{2}+\dfrac{1}{6}\pi(\text{cm}^2)$ である。　　　㋑右図3で，$\overset{\frown}{BC}$ に対する円周

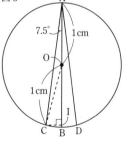

図3

角と中心角の関係より，∠BOC＝2∠BAC＝2×7.5°＝15° となるから，
△OCI は右上図1の △ABC と相似である。(1)㋑より，$(p+q)^2=6$，$(p-$
$q)^2=2$ だから，$p+q=\pm\sqrt{6}$，$p-q=\pm\sqrt{2}$ となり，$p+q>0$，$p-q>0$ だ
から，$p+q=\sqrt{6}$……①，$p-q=\sqrt{2}$……②となる。①－②で p を消去する
と，$2q=\sqrt{6}-\sqrt{2}$，$q=\dfrac{\sqrt{6}-\sqrt{2}}{2}$ となるから，図1の △ABC で，AB：
$BC=2:\dfrac{\sqrt{6}-\sqrt{2}}{2}=4:(\sqrt{6}-\sqrt{2})$ である。よって，図3の △OCI で，
$OC:CI=4:(\sqrt{6}-\sqrt{2})$ となるので，$CI=\dfrac{\sqrt{6}-\sqrt{2}}{4}OC=\dfrac{\sqrt{6}-\sqrt{2}}{4}\times 1=\dfrac{\sqrt{6}-\sqrt{2}}{4}$ である。こ
れより，$\triangle OAC=\dfrac{1}{2}\times OA\times CI=\dfrac{1}{2}\times 1\times \dfrac{\sqrt{6}-\sqrt{2}}{4}=\dfrac{\sqrt{6}-\sqrt{2}}{8}$ となる。また，おうぎ形OBCの面
積は，$\pi \times 1^2\times \dfrac{15°}{360°}=\dfrac{1}{24}\pi$ となる。したがって，図形Fの面積は，2(△OAC＋〔おうぎ形OBC〕)＝2
$\times \left(\dfrac{\sqrt{6}-\sqrt{2}}{8}+\dfrac{1}{24}\pi\right)=\dfrac{\sqrt{6}-\sqrt{2}}{4}+\dfrac{1}{12}\pi(\text{cm}^2)$ である。

4 〔空間図形—四面体，球〕

《基本方針の決定》(1) 球と正四面体の辺との接点は，全て正四面体の辺の中点となる。

(1)<長さ—三平方の定理>右図1のように，正四面体の4つの頂点をA，B，C，D，球の中心をOとする。球Oが正四面体ABCDの全ての辺に接するとき，図形の対称性より，その接点は全て正四面体ABCDの辺の中点となる。また，2点A，Oを通る直線と面BCDの交点をHとすると，BH＝CH＝DHとなり，AH⊥〔面BCD〕である。球Oと辺ABの接点をPとすると，∠APO＝∠AHB＝90°，∠OAP＝∠BAHより，△AOP∽△ABHだから，OP：BH＝AP：AHである。点Pは辺ABの中点だから，$AP＝\dfrac{1}{2}AB＝\dfrac{1}{2}\times2a＝a$である。BH＝CH＝DH，BC＝CD

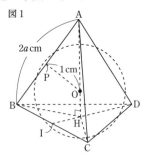

図1

＝DBより，△BCH，△CDH，△DBHは合同な二等辺三角形だから，$\angle BHC＝\dfrac{1}{3}\times360°＝120°$となる。点Hから辺BCに垂線HIを引くと，$\angle BHI＝\dfrac{1}{2}\angle BHC＝\dfrac{1}{2}\times120°＝60°$となるから，△BHIは3辺の比が$1:2:\sqrt{3}$の直角三角形となる。よって，BI＝AP＝aだから，$BH＝\dfrac{2}{\sqrt{3}}BI＝\dfrac{2}{\sqrt{3}}\times a＝\dfrac{2\sqrt{3}}{3}a$となる。さらに，△ABHで三平方の定理より，$AH＝\sqrt{AB^2-BH^2}＝\sqrt{(2a)^2-\left(\dfrac{2\sqrt{3}}{3}a\right)^2}＝\sqrt{\dfrac{24}{9}a^2}＝\dfrac{2\sqrt{6}}{3}a$となる。以上より，$1:\dfrac{2\sqrt{3}}{3}a＝a:\dfrac{2\sqrt{6}}{3}a$が成り立つ。これを解くと，$\dfrac{2\sqrt{3}}{3}a\times a＝1\times\dfrac{2\sqrt{6}}{3}a$より，$a^2-\sqrt{2}a＝0$，$a(a-\sqrt{2})＝0$ ∴$a＝0$，$\sqrt{2}$ $a＞0$だから，$a＝\sqrt{2}$である。

(2)<長さ，体積>(ア)右図2で，AB＝AC＝AD，∠BAC＝∠CAD＝∠DAB＝90°より，△ABC，△ACD，△ADBは合同だから，BC＝CD＝DBとなり，△BCDは正三角形である。これより，四面体ABCDは底面を△BCDとする正三角錐だから，球Oが四面体ABCDの全ての辺に接するとき，辺BC，辺CD，辺DBとの接点は，それぞれの辺の中点となる。また，(1)と同様に，BH＝CH＝DH，AH⊥〔面BCD〕となる。球Oと辺CDとの接点をQとすると，∠BAC

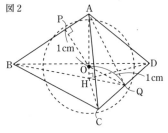

図2

＝∠DAB＝90°より，AB⊥〔面ACD〕だから，∠BAQ＝90°となる。∠OPA＝90°だから，∠OPA＝∠BAQ＝90°である。また，PO∥AQとなるから，∠AOP＝∠QAHである。△BAQと△AHQで，∠BAQ＝∠AHQ＝90°，∠BQA＝∠AQHより，残りの角も等しいから，∠QBA＝∠QAHである。よって，∠AOP＝∠QBAである。したがって，△OPA∽△BAQとなるから，AP：OP＝AQ：ABである。△ACDは直角二等辺三角形で点Qは辺CDの中点だから，△ACQも直角二等辺三角形であり，AQ：AC＝$1:\sqrt{2}$である。これより，AQ：AB＝AQ：AC＝$1:\sqrt{2}$となるから，AP：OP＝$1:\sqrt{2}$であり，$AP＝\dfrac{1}{\sqrt{2}}OP＝\dfrac{1}{\sqrt{2}}\times1＝\dfrac{\sqrt{2}}{2}$(cm)となる。　(イ)図2において，△OPAで三平方の定理より，$AO＝\sqrt{AP^2+OP^2}＝\sqrt{\left(\dfrac{\sqrt{2}}{2}\right)^2+1^2}＝\sqrt{\dfrac{6}{4}}＝\dfrac{\sqrt{6}}{2}$だから，AP：OP：AO＝$\dfrac{\sqrt{2}}{2}:1:\dfrac{\sqrt{6}}{2}$＝$1:\sqrt{2}:\sqrt{3}$である。(ア)より，△OPA∽△BAQだから，AQ：AB：BQ＝$1:\sqrt{2}:\sqrt{3}$となる。よって，AQ＝x(cm)とすると，AB＝$\sqrt{2}x$，BQ＝$\sqrt{3}x$と表せる。また，△BAQ∽△AHQとなるから，HQ：AH：AQ＝$1:\sqrt{2}:\sqrt{3}$となり，$HQ＝\dfrac{1}{\sqrt{3}}AQ＝\dfrac{1}{\sqrt{3}}\times x＝\dfrac{\sqrt{3}}{3}x$，$AH＝\sqrt{2}HQ＝\sqrt{2}\times\dfrac{\sqrt{3}}{3}x＝\dfrac{\sqrt{6}}{3}x$となる。$OH＝AH-AO＝\dfrac{\sqrt{6}}{3}x-\dfrac{\sqrt{6}}{2}$となるから，△OQHで三平方の定理 OH^2+

$HQ^2 = OQ^2$ より，$\left(\dfrac{\sqrt{6}}{3}x - \dfrac{\sqrt{6}}{2}\right)^2 + \left(\dfrac{\sqrt{3}}{3}x\right)^2 = 1^2$ が成り立つ。これを解くと，$\dfrac{2}{3}x^2 - 2x + \dfrac{3}{2} + \dfrac{1}{3}x^2 =$ 1，$x^2 - 2x + \dfrac{1}{2} = 0$，$2x^2 - 4x + 1 = 0$ より，$x = \dfrac{-(-4) \pm \sqrt{(-4)^2 - 4 \times 2 \times 1}}{2 \times 2} = \dfrac{4 \pm \sqrt{8}}{4} = \dfrac{4 \pm 2\sqrt{2}}{4} = \dfrac{2 \pm \sqrt{2}}{2}$ となる。AB＞AP より，$\sqrt{2}x > \dfrac{\sqrt{2}}{2}$，$x > \dfrac{1}{2}$ だから，$x = \dfrac{2 + \sqrt{2}}{2}$ となり，AC＝AD＝AB＝ $\sqrt{2}x = \sqrt{2} \times \dfrac{2 + \sqrt{2}}{2} = \sqrt{2} + 1$ である。したがって，四面体 ABCD の体積は，$\dfrac{1}{3} \times \triangle ACD \times AB =$ $\dfrac{1}{3} \times \left\{ \dfrac{1}{2} \times (\sqrt{2} + 1) \times (\sqrt{2} + 1) \right\} \times (\sqrt{2} + 1) = \dfrac{1}{3} \times \dfrac{1}{2}(3 + 2\sqrt{2}) \times (\sqrt{2} + 1) = \dfrac{7 + 5\sqrt{2}}{6}$（cm³）となる。

社会解答

1
1 愛知県…オ　大阪府…ア
2 カ，キ　　3 エ
4 ア，イ　　5 イ，ウ，カ
6 ア，オ　　7 ア，エ

2
1 2番目…オ　4番目…ウ
2 イ，オ　　3 ア，エ
4 ア，イ　　5 ウ，エ，オ
6 ア，イ　　7 ア，イ

3
1 (例)議会で多数を占める政党を中心に内閣が組織されるため，内閣提出法案は議会で多数の賛成を得やすいから。(49字)
2 A…イ　B…消費税率引き上げ　C…国債
3 ア，ウ，オ　　4 ア，エ
5 ウ，オ　　6 イ，エ

1 〔地理，歴史総合─在留外国人の人口に関する問題〕

1 ＜在留外国人＞1990年に出入国管理及び難民認定法(入管法)が改正され，日系3世(日本から外国へ移住した人たちの孫の世代にあたる世代)までに就労に制限のない在留資格が与えられると，日系人の多いブラジルから仕事を求めて多くの人が来日するようになった。こうした人たちの多くは，自動車産業の盛んな愛知県や静岡県，群馬県で工場の労働者として働き，そこに暮らすようになったため，これらの県ではブラジル国籍の在留外国人が多い。また，明治時代以降，紡績業などが発展した大阪府には，大正時代頃から労働者として朝鮮半島から多くの人が来るようになり，そうした人たちが定住して文化圏を形成するようになった結果，現在でも韓国籍の在留外国人が多い。

2 ＜日本と中国の歴史＞水野忠邦が天保の改革を行ったのは1841～43年のことである。この時期，清は1840年に始まったイギリスとのアヘン戦争に敗れ，1842年に南京条約を結んだ。また，毛沢東の率いる共産党が国民党に勝利して中華人民共和国の成立を宣言したのは1949年のことで，当時，日本は連合国に占領されていた。なお，一般に，日本に稲作が伝播したのは縄文時代末期にあたる紀元前4世紀頃のことと考えられている。中国最古の王朝である殷がおこったのは，紀元前16世紀頃のことである(ア…×)。古墳がつくられるようになったのは3世紀後半のことで，5世紀頃には畿内にいくつもの巨大な古墳がつくられた。漢(前漢)の武帝が中国を中心とする大帝国をつくり上げたのは紀元前2～紀元前1世紀のことである(イ…×)。中大兄皇子が大津宮に都を移したのは667年のことで，隋が南北朝を統一したのは581年のことである(ウ…×)。雪舟は1467年に明に渡って画法を学び，帰国後に日本風の水墨画を大成した。明の皇帝が足利義満との間で正式に国交を開き，勘合と呼ばれる合い札によって倭寇の船と正式な貿易船を区別する方法で貿易を始めたのは，1404年のことである(エ…×)。16世紀後半，千利休はわび茶の作法を完成し，織田信長や豊臣秀吉に仕えた。中国東北部に満州族の国である清が成立し，中国を支配するようになったのは17世紀前半のことである(オ…×)。1965年，アメリカ合衆国がベトナム戦争に本格的に介入すると沖縄から米軍の爆撃機がベトナムに出撃するようになった。アメリカ合衆国は，1973年に結ばれた和平協定に基づいてベトナムから撤退した。中国で鄧小平が実権を握り，改革・開放を目指して改革を進めたのは，1970年代後半以降のことである(ク…×)。

3 ＜世界の国々＞ベトナム，フィリピン，ネパール，インドの4か国は，経度が東経の東半球に位置している。なお，英語を公用語にしているのはインドとフィリピンの2か国で，実質的に英語が公

用語となっているアメリカ合衆国を含めても 3 か国である。キリスト教が広く信仰されているのはフィリピンとアメリカ合衆国の 2 か国，領海を有していない内陸国はネパール 1 か国，ASEAN〔東南アジア諸国連合〕加盟国はベトナムとフィリピンの 2 か国である。

4 <資料の読み取り>表 1 から表 3 には，在留外国人の従事している職業についてのデータはなく（ア…×），日本に住み始めた時期に関するデータもない（イ…×）。なお，表 3 の 6 つの区において，在留外国人に占める中国人の割合は，板橋区が約53％，江東区が約50％で，他の区は50％に満たず（ウ…○），6 つの区のアメリカ人の合計は2973人で，23区全体の15721人の 5 分の 1 に満たない（エ…○）。また，江戸川区に住むインド人は5035人で，23区に住むインド人の数から 6 つの区に住むインド人の数を引いた4580人より多いので，23区で最も多いことになる。

5 <昼夜間人口>夜間人口に対する昼間人口は，通勤や通学などで人が多く集まる都心部ほど多く，そこから離れるにしたがって少なくなる傾向にある。よって，東で千葉県と接する江戸川区，北で埼玉県，東で千葉県と接する足立区，北で埼玉県と接する板橋区の 3 区と判断できる。

6 <IT，新聞，出版>1517年，ドイツのルターがカトリックを批判する論題を示して宗教改革を始め，プロテスタントが広がりを見せると，これに対する反動で，1534年にカトリックの会派であるイエズス会が結成され，ザビエルらが熱心に海外で布教活動を行った。また，1979年，ソ連はアフガニスタンにアメリカ合衆国寄りの政権が樹立されると，アフガニスタンへの侵攻を開始したが，西側陣営はこれを厳しく非難した。インターネットが普及したのは，1990年代後半以降のことである。

7 <世界の都市>ロサンゼルスは，アメリカ合衆国のサンベルト（北緯37°以南の温暖な地域）に位置している。ラストベルトとは，鉄鋼業や自動車産業といった旧来の産業が衰退している地域のことで，アメリカ合衆国北東部の五大湖周辺の地域にあたる。また，フランスの首都パリは，フランス北部の内陸に位置しており，地中海には面していない。

2 〔歴史，公民総合—手話に関する問題〕

1 <18〜19世紀の出来事>年代の古い順に，1782〜87年の天明の飢饉（イ），1792年のロシア使節ラクスマンの来航に伴う大黒屋光太夫の帰国（オ），19世紀前半の渡辺崋山の活動（エ），1858年の日米修好通商条約締結（ウ），1871〜73年の岩倉使節団の派遣（ア）となる。

2 <文学の歴史>天皇や貴族だけでなく，防人や農民の和歌が収録されているのは奈良時代に編さんされた『万葉集』である（ア…×）。法華経の題目を唱えれば人も国も救われると説いたのは，日蓮である（ウ…×）。五箇条の御誓文は，天皇が神に誓うという形で発布された（エ…×）。

3 <日本の近代教育>明治時代初めの1872年（明治 5 年）に出された学制では，教育年限が 8 年とされ，その後，1886年（明治19年）に出された小学校令では義務教育の期間が 4 年とされた。1907年（明治40年），さらに 6 年に延長された（ア…×）。教育基本法が制定されたのは1947年（昭和22年）である（エ…×）。この法律により義務教育の期間が 9 年とされた。

4 <徳川綱吉の時代>参勤交代の制度を緩和する上げ米の制は，江戸幕府第 8 代将軍徳川吉宗が行った享保の改革の中で実施された（ウ…×）。幕府の学問所で朱子学以外の学問を教えることを禁止した寛政異学の禁や，旗本や御家人の借金を帳消しにする棄捐令は，老中松平定信が行った寛政の改革の中で実施された（エ，オ…×）。

5 <1995年以前の出来事>男女雇用機会均等法が制定されたのは1985年のこと，バブル経済が崩壊したのは1991年のこと，細川内閣が成立したのは1993年のことである。なお，香港がイギリスから中

国に返還されたのは1997年のこと（ア…×），初の日朝首脳会談が行われ，拉致被害者5人が日本に帰国したのは2002年のことである（イ…×）。

6 ＜福祉＞18世紀後半にイギリスで始まった産業革命は，19世紀にはヨーロッパ各国に広がった。ドイツでワイマール憲法が制定されたのは，20世紀前半の1919年のことである（ア…×）。ユニバーサルデザインとは，障害者や高齢者も含めて，誰にとっても利用しやすいような建築物や製品などの設計やデザインのことをいう（イ…×）。

7 ＜聾文化，聾教育＞条例は，地方議会が法律の範囲内で制定するきまりである（ウ…×）。本文より，日本初の聾学校として京都に盲唖院が創設されたのは1878年，世界聾教育国際会議が開かれたのは1880年のことである（エ…×）。本文によると，京都に盲唖院が創設される以前の江戸時代に，寺子屋で聴覚に障害のある子どもが教育を受けていたという記録がある（オ…×）。

3 〔公民─総合〕

1 ＜議院内閣制＞議院内閣制では，議会で多数を占める政党を中心に内閣が組織されるので，内閣提出法案は基本的に，議会の多数派の支持が得られることになる。そのため，賛成多数によって法案が成立しやすくなるのである。

2 ＜予算の規模＞A．日本の国家予算の総額は年々増加し，2019年度に100兆円を超えた。2020年度予算も100兆円を超え，102兆円余りとなった。　　B．2019年10月，一部の生活必需品を除き，消費税率がそれまでの8％から10％へと引き上げられた。　　C．歳出が歳入を上回る場合，政府は借金にあたる国債を発行して不足分を補うことができる。

3 ＜企業＞企業には，利益を目的とした私企業と，利益目的ではなく公共の目的のために活動する公企業がある。公企業には，水道事業，公立病院，バス事業など，地方公共団体が資金を出して経営する企業がある。現代の企業には，利潤の追求だけでなく，社会的責任〔CSR〕を果たすことも求められる。株式会社の株主は，企業が倒産した場合，出資額を失う以上の責任を負う必要はない。なお，日本では，全企業数の0.3％の大企業が全従業員数の約30％を雇用し，総売上高のおよそ半分を占めている（2016年）（イ…×）。株式会社の株式は証券取引所で売買され，その価格は株式市場における需要と供給の関係で変動する（エ…×）。

4 ＜緊急事態宣言＞日本国憲法には，国家緊急権〔緊急事態条項〕に関する規定はない（ア…×）。緊急事態宣言で休業要請を受けた事業者や従業員に対する休業補償について定めた法律は，2021年2月時点ではつくられていない（エ…×）。

5 ＜著作権＞著作権は，知的財産権の一種である（ア…×）。著作権の保護期間は，原則として著作者の生存中から死後70年までとされている（イ…×）。創作性の認められる著作物は，内容にかかわらず，著作権保護の対象となる（エ…×）。

6 ＜高齢化と年金＞高齢化の進行に伴う生産年齢人口の減少と労働力の不足に対応するため，2012年に法律が改正され，希望すれば65歳まで働けるようになった。さらに，2021年3月の法改正では，70歳定年制が努力目標として掲げられた（イ…×）。日本の公的年金制度において，高齢者に給付される年金は，年金加入者自身が積み立てた保険料ではなく，現役世代が支払っている保険料でまかなうことを基本としている（エ…×）。

理科解答

1　1　3:8　　2　0.35g　　　　　　　　　3　季節…エ　高度…ア　　4　イ，ウ
　　　3　a…4　b…16　c…CH_2　　　　　　　5　雲…ウ　高さ…イ

2　1　a…メスシリンダー　b…小さ　　**4**　1　ウ　　2　ウ　　3　ア　　4　イ
　　　　c…大き　d…溶質　e…大き　　　　　5　ア，イ，ウ　　6　イ
　　　　f…水溶液〔溶液〕　　　　　　　　**5**　1　ア　　2　1:2:1　　3　5:1
　　　2　83.5%　　　　　　　　　　　**6**　1　①…ウ　②…イ　③…カ　④…キ

3　1　写真…エ　時代…ウ　　2　イ　　　2　(A)→D→B→E→C

1　〔化学変化と原子・分子〕

1　<質量比>実験1より，炭素0.45gが完全に燃焼すると，二酸化炭素が1.65g生じるので，炭素0.45gと結びついた酸素の質量は，$1.65 - 0.45 = 1.20(g)$である。よって，二酸化炭素に含まれる炭素と酸素の質量の割合は，$0.45 : 1.20 = 3 : 8$である。

2　<反応と質量>実験2では，水が0.45g，二酸化炭素が1.10g生じている。実験3より，水素0.10gが完全に燃焼すると0.90gの水が生じるので，0.45gの水が生じる水素の質量，つまり，実験2で，皿に載せたレジ袋に含まれる水素の質量は，$0.45 \times 0.10 \div 0.90 = 0.05(g)$である。また，1より，二酸化炭素1.10gに含まれる炭素の質量，つまり，皿に載せたレジ袋に含まれる炭素の質量は，$1.10 \times \frac{3}{3+8} = 1.10 \times \frac{3}{11} = 0.30(g)$である。よって，実験2で燃焼させたレジ袋の質量は，$0.05 + 0.30 = 0.35(g)$となる。

3　<原子の質量比>1より，二酸化炭素分子に含まれる炭素原子1個と酸素原子2個の質量の比が3:8なので，炭素原子1個と酸素原子1個の質量の比は，$3 : \frac{8}{2} = 3 : \underline{4}_a$である。また，実験3より，水素0.10gと結びついた酸素の質量は，$0.90 - 0.10 = 0.80(g)$となるから，水分子に含まれる水素原子2個と酸素原子1個の質量の比は$0.10 : 0.80 = 1 : 8$である。よって，水素原子1個と酸素原子1個の質量の比は，$\frac{1}{2} : 8 = 1 : \underline{16}_b$となる。以上より，水素原子1個と酸素原子1個と炭素原子1個の質量の比は，$1 : 16 : 16 \times \frac{3}{4} = 1 : 16 : 12$となる。2より，レジ袋を構成する物質0.35gのうち，水素が0.05g，炭素が0.30gだから，レジ袋を構成する物質に含まれる水素原子と炭素原子の数の比は，$0.05 \div 1 : 0.30 \div 12 = 2 : 1$である。よって，レジ袋を構成する物質の化学式は$\underline{CH_2}_c$と表される。

2　〔身の回りの物質〕

1　<濃度>液体の体積を量るには，$\underline{メスシリンダー}_a$を用いる。エタノールの密度は0.79g/cm^3であり，水の密度は1.0g/cm^3だから，無水エタノール40gの体積は$40 \div 0.79 = 50.63\cdots$より，約50.6$cm^3$，水10gの体積は$10 \div 1.0 = 10.0(cm^3)$だから，ビーカーAのエタノール水溶液の体積は$50.6 + 10.0 = 60.6(cm^3)$となり，密度は$50 \div 60.6 = 0.8250\cdots$より，約0.825g/$cm^3$である。一方，ビーカーCに入れた消毒液は体積パーセント濃度が80%なので，水と無水エタノールが，$(100 - 80) : 80 = 1 : 4$の体積の割合で含まれている。これより，ビーカーCの消毒液は，水1.0cm^3当たりに無水エタノール

を4.0cm^{3}混ぜ合わせることになるから，密度は，$(1×1.0+4×0.79)÷(1.0+4.0)=4.16÷5.0=0.832$ (g/cm^3)となる。よって，ビーカーAの水溶液の方がビーカーCの消毒液より密度が小さ$_b$い。また，ビーカーAの水溶液の質量パーセント濃度は80.0%であり，ビーカーCの消毒液は，水1.0g当たりエタノールを3.16g混ぜ合わせているので，質量パーセント濃度は$3.16÷4.16×100=75.96…$より，約76.0%となる。したがって，ビーカーAの水溶液は，市販の消毒液よりエタノールの質量パーセント濃度は大き$_c$い。さらに，水溶液に溶けている溶質$_d$が液体の場合，体積パーセント濃度がよく用いられる。体積パーセント濃度が80%の市販の消毒液では，エタノールの質量パーセント濃度が76.0%なので，体積パーセント濃度は質量パーセント濃度より大き$_e$い。なお，体積パーセント濃度は，水溶液(溶液)$_f$の体積に対する溶質の体積の割合を百分率で表す。

2 <体積パーセント濃度> 1より，ビーカーAのエタノール水溶液に含まれる無水エタノール40gの体積は50.63cm^3，10gの水の体積は10.0cm^{3}なので，エタノールの体積パーセント濃度は，$50.63÷(10.0+50.63)×100=83.50…$より，約83.5%である。

3 〔小問集合〕

1 <化石> ビカリアは新生代新第三紀(約2300万年前～500万年前)の示準化石で，殻の長さが10cmほどの巻き貝で，殻の表面に突起がある。よって，ビカリアの標本の写真はエである。なお，アはホタテ，ウはアンモナイトの化石である。

2 <火山> 西暦79年のベェスヴィオ火山の噴火と同様の激しい噴火をしたのは，1783年(天明3年)の浅間山の噴火である。この噴火では大規模な火砕流や溶岩流が発生し，火砕流によって全滅した村が出たり，溶岩流などが川に流れ込んで洪水を引き起こしたりするなど，大きな被害が出た。また，噴き上げられた火山灰などにより日射がさえぎられ，冷害が起きて大飢饉(天明の大飢饉)となった。なお，雲仙普賢岳は1990年11月に噴火し，1991年6月には大火砕流が発生して多くの犠牲者が出たが，被害の大きさでは1783年の浅間山の噴火に及ばない。また，1707年の富士山の噴火と1986年の伊豆大島三原山の噴火では，火砕流は発生していない。

3 <星の動き> 真夜中に南中する星や星座は，地球から見て太陽と反対の方向にあるので，ある季節に見える星座は，北半球上ではほぼ同じである。東京でシリウスが真夜中に南中する季節は冬であることから，緯度が東京に近いエジプトのギザでも真夜中にシリウスが南中するのは冬である。また，北半球では，星や星座の南中高度は，緯度が低い地点(南の地点)ほど高くなるため，シリウスの南中高度は，東京(北緯約35°)よりギザ(北緯約30°)の方が高くなる。

4 <地質時代> シダ植物が繁栄したのは，古生代の後半の石炭紀(約3億6000万年～3億年前)で，この時期に現れたのは両生類やは虫類である。なお，魚類が現れたのはもっと古く古生代の中頃，鳥類が現れたのは古生代の後の中生代，ほ乳類が現れたのは新生代である。

5 <雲> ア～エのうち，最も高い所にできる雲は巻積雲(うろこ雲)で，よく現れる高さは5～13kmである。なお，層雲(霧雲)は地上付近～1kmの高さに現れ，層積雲は地上付近～2km，高積雲(ひつじ雲)は2～7kmの高さに現れる。

4 〔身近な物理現象〕

1 <密度> 物体を液体に入れたとき，物体の密度が液体の密度よりも大きいとその物体は沈み，小さいと浮く。よって，洗面おけが浴槽の底にひっくり返って沈んでいることから，洗面おけの密度は風呂の湯の密度よりも大きいことがわかる。なお，物体の体積や重さは，見ただけではわからず，

水中にある物体には物体が沈んでいても浮力ははたらいている。浮力と垂直抗力の大きさが等しいかどうかは，洗面おけの重さと体積がわからないと判断できない。また，洗面おけと湯との境界面で光の反射や屈折が起こっていなければ，水の外から洗面おけを見ることは困難である。

2 ＜浮力＞洗面おけの中にコップに満たした湯を１杯ずつ入れていくと，洗面おけと中に入れた湯の重さはコップ１杯分の湯の重さだけ増加していくため，浮力も同じコップ１杯分の湯の重さだけ増加していく。このときの浮力の増加分は，コップ１杯の湯を入れたときにさらに洗面おけが沈んで押しのける湯の重さ（さらに洗面おけが沈んだ体積と同じ体積の湯の重さ）に等しい。つまり，コップ１杯ごとに洗面おけが押しのける湯の体積は，コップ１杯分の湯の体積にほぼ等しい。実験結果より，湯をコップ１杯から４杯まで入れたときの洗面おけの内側と外側の水面の高さの差が，2.1－1.8＝0.3(cm)，1.8－1.6＝0.2(cm)，1.6－1.5＝0.1(cm)と一定の割合で減少していることから，洗面おけの形状は，図１のウのように上方にいくにつれて一定の割合で広がっていると考えられる。なお，アのような形状の場合には，内側と外側の水面の高さの変化の割合が一定にはならないので適さない。イのような形状の場合は，内側と外側の水面の高さの差の変化が一定になるので適さない。

3 ＜浮力＞洗面おけの中にコップ１杯の湯を入れるごとに，コップ１杯分の湯の体積にほぼ等しい体積分だけ洗面おけは沈む。２より，ウの形状の洗面おけを用いた場合，洗面おけは上方にいくにつれて広くなっているので，洗面おけが沈む割合はしだいに小さくなる。よって，底面の水深の増加の割合はしだいに小さくなるから，このときの洗面おけの中に入れたコップの湯の杯数と底面の水深の関係を適切に表しているのは，図２の◆のグラフである。

4 ＜浮力＞洗面おけが沈む直前には，洗面おけの重さとおけの中に入れた湯の重さの和が，浮力，つまり，洗面おけの体積と洗面おけの容積の和と同じ体積の湯の重さと等しくなる。よって，１より洗面おけの密度は湯の密度よりも大きいので，洗面おけは，洗面おけの内側と外側の水面の高さの差が０になる（湯で満たされる）前に沈む。

5 ＜光の屈折＞図３の３つの洗面おけを水面と平行な面で切断すると，いずれの洗面おけの場合も断面は円形となる。このとき，洗面おけの中で持ち上げている手を外の側面から見ると，凸レンズを通して見たときのように，横に膨らんで見える。よって，ア，イ，ウの形状の洗面おけ全てで，指はいつもより太く見える。

6 ＜光の屈折＞ヒトの目では，物体から目に入った光を角膜とレンズ（水晶体）で屈折させ，網膜上に像ができるようになっている。ヒトの目は空気中で物体がよく見えるようにできているため，水中では空気中でものを見るときとは角膜やレンズで光が屈折する角度が変化し，網膜上に鮮明な像ができにくくなる。このため，水中ではものがぼんやり見える。

5 〔生命の連続性〕

1 ＜遺伝の規則性＞植物Ａで，花の形状に関して変化が生じていない遺伝子をR，変化が生じた遺伝子をrとすると，図３の組み合わせ②が野生型であることからRはrに対して優性（顕性）である。組み合わせ①の遺伝子を持つ個体の精細胞は全てRを持ち，組み合わせ②の遺伝子を持つ個体の卵細胞はRとrを持つものが同数存在する。よって，受粉により得られた種子の遺伝子の組み合わせは，RRとRrの２種類となり，全て野生型となる。

2 ＜遺伝の規則性＞１と同様に考える。組み合わせ②の遺伝子を持つ個体(Rr)の自家受粉により得

られる種子の遺伝子の組み合わせとその数の比は，右表のように，RR：Rr：rr＝1：2：1となる。よって，RR は組み合わせ①に，rr は組み合わせ③にあたるから，組み合わせ①：組み合わせ②：組み合わせ③＝1：2：1となる。

/	R	r
R	RR	Rr
r	Rr	rr

3　＜遺伝の規則性＞2より，組み合わせ②の遺伝子を持つ個体(Rr)の自家受粉により得られる種子の遺伝子の組み合わせとその数の比は，RR：Rr：rr＝1：2：1となる。この RR の個体の自家受粉により得られる種子の遺伝子の組み合わせは全て RR となり，得られる種子の数の比を4とする。Rr の個体数は RR の個体数の2倍で，Rr の個体の自家受粉により得られる種子の遺伝子の組み合わせは右上表のようになるので，得られる種子の数の比は RR が1×2＝2，Rr が2×2＝4，rr が1×2＝2となる。また，rr の個体は八重型の花を咲かせ，花粉などをつくることができないので，種子は得られない。以上より，得られた種子のうち，RR の数の比は4＋2＝6，Rr の数の比は4，rr の数の比は2となり，RR と Rr では野生型の花が咲き，rr では八重型の花が咲くから，野生型の花と八重型の花の割合は，野生型：八重型＝(6＋4)：2＝10：2＝5：1となる。

6　〔動物の生活と生物の変遷〕

1　＜心臓のつくり＞図1の a は左心室から全身に送り出される血液が流れる血管で，大動脈を表している。大動脈を流れる血液は酸素を多く含む動脈血で，同じ動脈血が流れているのは，肺から左心房に向かう血液が流れる c の肺静脈である。

2　＜心臓の動き＞図2の A のように，房室弁が開くと心房が収縮して心室へ血液を送り出す(D)。そして，心室が血液で満たされると房室弁は閉じ(B)，心室が収縮したときに心房へ血液が逆流するのを防ぐ。続いて，半月弁が開いて心室が収縮し血液を送り出す(E)。血液が送り出されると半月弁が閉じる(C)。その後，A のように再び房室弁が開き，以下同じ動きを繰り返す。

国語解答

一 問一 多様な社会のよい面だけに目を奪われて「多様性」を肯定することにより，自分の「奇妙さ」に苦しんでそれを殺しながら生きている人を傷つけてしまうかもしれないから。

問二 自分が異物のまま受けいれられたと思って満足し，異物であることを受けいれる世界を無批判に肯定して，「奇妙さ」を殺しながら生きている人の存在に気づこうともしなかった点。

問三 自分が一人の人間として受けいれられているわけではなく，キャッチフレーズとしてあだ名が利用されるだけの存在になった，ということ。

問四 (1) 「奇妙さ」をキャッチフレーズとすることを歓迎している姿を見せれば，「奇妙さ」を殺しながら生きている人にとって自分が受けいれられないことが，明確になるから。

(2) 子どもの頃に異物として扱われて苦しんだせいで，「多様性」という言葉に心地よさしか感じられず，キャラクター化されラベリングされることと「多様性」を認めることを，区別できなかったから。

問五 大人たちが気持ちよく受けいれることができる範囲にあるものだけを「個性」として受容し，本当に異質で異常性を感じさせるものは排除する，という偽善性。

問六 奇妙な人が奇妙なまま人間として受けいれられ，想像を超えるほど奇妙で異質な人でも排除されることなく共存・共生できるようなもの。

二 問一 草の名前を尋ねたときに子どもたちがすぐには答えなかったのは，その草が耳がないという意味の耳無草という名だからだ，と解釈できたから。

問二 あわれ

問三 「菊」と「聞く」を掛けて，多くの草の中には「きく」もあるのだから耳がないという名の耳無草はかわいそうだ，とよんでいるが，そこには，たくさんの子どもたちの中にはきちんと聞いて答えた子もいたという意味が込められている，ということ。

一 〔随筆の読解—哲学的分野—人間〕出典；村田沙耶香「多様性って何だ？ 気持ちよさという罪」。

≪本文の概要≫中学生くらいの頃，「個性」という言葉がよく使われるようになった。それは，大人たちにとって気持ちがよく，想像がつく範囲の個性のみを認め，本当に異質なもの，異常性を感じさせるものは排除するという，薄気味悪い言葉だった。大人になってから，「多様性」という言葉を聞くようになった。相手の奇妙さを愛するという意味で「狂ってる」という言葉が使われ，幼い頃に自分が「異物」扱いされるのを知ってから，自分の奇妙さを隠して生きてきた私は，このとき初めて異物のままでいられるようになって，とてもうれしかった。しかし，そうした日々の中で，私は，「奇妙さ」を殺しながら生きている人を深く傷つけてしまった。テレビに出るとき，「クレージーさやか」という私のあだ名を使うことを，許諾してしまったのである。笑われて，キャラクター化されて，ラベリングされることと，奇妙な人を奇妙なまま愛し，多様性を認めることとは全く相反することで，

キャラクター化は受容に見せかけた排除であることに、私は気づいていなかった。そのことによって人を深く傷つけた罪を、私はどう償っていいのかわからない。私がついていけないくらい、あまりの気持ち悪さに吐き気を催すくらい、世界の多様化が進んでいくことを祈っている。

問一＜文章内容＞「私」は、子どもの頃、「個性」という言葉は「『大人たちにとって気持ちがいい、想像がつく範囲の、ちょうどいい、素敵な特徴を見せてください！』という意味の言葉」で、「本当の異物はあっさりと排除」するものだと思った。「多様性」という言葉も、同じように、人々にとって「気持ちがいい」、都合のよいものだけを認め、本当に「奇妙」なものは排除しようとしている言葉に思える。実際、「私」自身も、その「多様性」のよい面だけを見て「多様性」を歓迎したことで、「『奇妙さ』を殺しながら生きている人を、深く傷つけてしまった」経験がある。「多様性」という言葉は、それが「気持ちがいいもの」であるかぎり、誰かを傷つけてしまいかねない言葉なのである。

問二＜文章内容＞「私」は、「相手の奇妙さを愛するという意味で、『狂ってる』という言葉が飛び交うようになった」ことを、「異物であること」が受けいれられるということだと感じて、とてもうれしく思い、「そういうあたたかい、愛情深い世界は、わかりやすく見えないだけで本当はずっと遠くまで存在しているのではないか」とまで思った。そして「私」は、自分が受けいれられたことに甘んじ、その「あたたかい、愛情深い世界」に見えるものを全面的に認めるだけで、かつての自分と同じように「『奇妙さ』を殺しながら生きている」人たちの存在を考えようともしなかったのである。

問三＜文章内容＞「クレージーさやか」というあだ名がついたことを自分が受けいれられたと感じた「私」は、テレビに出るとき、「そのフレーズをキャッチコピーのように使うこと」を、「多様性があって、いろいろな人が受容される」ということであり、「いいことだ」と思って許諾した。しかし、その番組が「そのフレーズをキャッチコピーのように使うこと」は、「私」という人間を受けいれているわけではなく、「クレージーさやか」という類型化された「キャラクター」を演じることを「私」に求めていることを意味した。

問四＜文章内容＞(1)「私」が「クレージーさやか」というフレーズを「キャッチコピーのように使うこと」を、許諾したということは、「クレージー」というキャラクターを演じるのを喜んでいる姿を、見せることになる。しかし、「笑われて、キャラクター化されて、ラベリングされること」と、「奇妙な人を奇妙なまま愛し、多様性を認めること」とは、全く別のことである。「私」が「クレージーさやか」というフレーズを使って「クレージー」と「キャラクター化」されるのを歓迎している姿を、人に見せたところで、「奇妙な人を奇妙なまま愛し、多様性を認めること」にはならない。それだけでなく、「キャラクター化」されて「笑われて」いる姿を見せることで、「異物であること」は受けいれられないと感じさせ、自分の「奇妙さ」に苦しんで「『奇妙さ』を殺しながら生きている人」をさらに苦しめることにもなる。　(2)「私」は、子どもの頃、「異物」と見なされることに苦しんだ。そのため、「異物であること」をそのまま認めて「奇妙さ」を愛するかのような「多様性」尊重の世界を知ったとき、それを気持ちがいいものと感じることしかできなかった。そのときの「私」は、「笑われて、キャラクター化されて、ラベリングされること」と「奇妙な人を奇妙なまま愛し、多様性を認めること」の区別がつかなかったのである。

問五＜文章内容＞学校の先生が一斉に「個性」という言葉を使い始めた頃、先生たちがその言葉を使うときの「気持ちのよさそうな様子」を、「私」はとても薄気味悪く感じた。なぜなら、「個性を大事にしよう」とは言っても、実際には「『ちょうどいい、大人が喜ぶくらいの』個性的な絵や作文

が褒められたり，評価されたりする」だけで，「本当に異質なもの，異常性を感じさせるものは，今まで通り静かに排除されていた」からである。「私」から見ると，「個性」とは，「『大人たちにとって気持ちがいい，想像がつく範囲の，ちょうどいい，素敵な特徴を見せてください！』という意味の言葉」であった。そのような意味の「個性」という言葉を「容易く」使う一方で，「本当の異物はあっさりと排除する」ということが，「私」に「薄気味悪さ」を感じさせた。

問六＜文章内容＞「自分にとって気持ちがいい多様性」は，自分にとって都合がよく，受けいれやすい「奇妙さ」だけを認めて受けいれた結果の「多様性」でしかなく，「奇妙な人を奇妙なまま愛し，多様性を認めること」とは違う。「奇妙な人を奇妙なまま」愛していくことの中には，「自分にとって都合が悪く，絶望的に気持ちが悪い『多様性』」があるかもしれないが，そのような「多様性」こそ，「薄気味悪さ」のないものであり，その「多様性」が認められる世界なら，奇妙な人がその「奇妙さ」を殺しながら生きる必要もないはずである。「私」が中学生の頃の学校で「排除」されていた「本当に異質なもの，異常性を感じさせるもの」も，「排除」されることなく，一人の人間として受けいれられ，さまざまに異なる人たちが共存しているような状態が，「私」の求める「多様性」であろう。

[二] 〔古文の読解―随筆〕出典；清少納言『枕草子』。

≪現代語訳≫（正月）七日の若菜を，六日に人が持ってきて，騒いで取り散らかしたりなどしていたところ，見たこともない草を，子どもが取って持ってきたのを，「これは何という（草な）の」と尋ねると，（子どもたちは）急にも答えないで，「今すぐお答えします」などと，お互いに顔を見合わせて（いたが，やがて），「耳無草といいます」と言う者がいたので，「なるほど，そうだったのね。（尋ねても）聞かない顔をしていたのは」と笑うと，またたいそう愛らしげな菊が，生え出ていたのを持ってきたので，

　摘んでもやはり耳無草はかわいそうだ。たくさん（草が）あるから（その中には，聞く耳を持った）菊もあったのだった。

と言いたかったが，またこれもわかりそうもない。

問一＜古文の内容理解＞子どもたちが見たこともない草を持ってきたとき，作者はその草の名前を尋ねたが，子どもたちは，すぐには答えなかった。やがて一人が「耳無草」というのだと教えてくれたが，その名は，耳がない，つまり，聞く耳を持たないという意味である。そこから作者は，子どもたちが聞く耳を持たないかのようにすぐには答えなかった理由を解釈できたのである。

問二＜歴史的仮名遣い＞歴史的仮名遣いの語頭以外のハ行は，現代仮名遣いでは原則として「わいうえお」にする。

問三＜古文の内容理解＞作者が子どもたちに草の名前を尋ねたとき，子どもたちはすぐには答えず，やがて一人が「耳無草」というのだと答えた。そこへ今度は菊を持ってきた子どもがいた。それをふまえて，作者は，摘んでもやはり耳無草はかわいそうだ，たくさん（草が）あるから（その中には，聞く耳を持った）菊もあったよ，とよんだ。この歌では，「菊」と「聞く」が掛けられており，草と子どもたちが重ね合わされている。すなわち，たくさんの草の中には，「耳無草」だけではなく「菊」もあったという言葉どおりの意味の裏には，大勢の聞く耳を持たない子どもたちの中にも，こちらの質問を聞いて答えてくれた子もいたという意味が，隠されているのである。この歌の技巧は，和歌の知識や歌をよむ経験のない子どもたちには，そう簡単にはわからないだろうと，作者は思ったのである。

Memo

Memo

Memo

2020 年度 筑波大学附属駒場高等学校

【英　語】（45分）〈満点：100点〉

[注意]　リスニング問題は開始約10分後に始まります。あらかじめ説明・指示をよく読んでおきなさい。リスニング問題が始まるまで，他の問題を解いていなさい。

1　リスニング問題　〈編集部注：放送文は未公表につき掲載してありません。〉

　　このリスニング問題は**問1**・**問2**の二つの部分に分かれています。
　　問1は英語の「書き取り」で，**問2**は内容の「聞き取り」です。
問1　（　）内に必要な英語を書き取り，読まれた短い文章を完成させなさい。
　　英文はそれぞれ**2回ずつ**放送されます。
問2　ある看護師の回想を聞き，以下の質問に答えなさい。文中にはcure治療する，disease病気　という語が使われています。質問はAとBの二つがあります。
　　【質問A】については，正しいものを一つ選び，その記号を答えなさい。
　　【質問B】については，それぞれの問いに**日本語**で答えなさい。
　　英文は**1回だけ**放送されます。放送中，メモを取ってもかまいません。

問1　＜文の書き取り＞
　1．Oh, you got a present from your daughter？ — Yes.　（　　　　　　　　　　　　　　　　　）．
　2．How about my performance？ — （　　　　　　　　　　　　　　　　　　　　　　　　　　）．

問2　＜内容の聞き取り＞
【質問A】　（記号で答えなさい。）

　　How long was Jane in Anne's hospital？
　a．three to four months　　　b．five to six months
　c．seven to eight months　　d．more than eight months

【質問B】　（**日本語**で答えなさい。）
　1．Why did Jane's parents bring her to Anne's hospital？
　2．In May what good news was there for Jane？
　3．What did Jane and Anne do together when the weather was good？
　4．Why did Jane say to Anne, "I don't want to see you again"？

2　　次の文章を読んで問いに答えなさい。（＊印の付いた語・語句は本文の後に[注]があります。）

　One day, Mr. Anderson, President of the London Bank, called his ＊secretary Philip into his office.
"Who is this man White at our Kingston ＊branch？" he said.

　"He's the ＊cashier acting as ＊manager for now.　The old manager Martin died, and we haven't found anyone to be the manager yet."

　Mr. Anderson took a piece of paper from his desk, and showed it to Philip.　"I've had this from Kingston.　It has no name on it, but . . ."

The letter said：

　To the President of the London Bank,

We are afraid we will lose all our money in your bank at Kingston.   You don't know that the cashier, Mr. White, has *stolen money several times.   I'm afraid he'll do it again.   Before you gentlemen in London know, all the money will be lost.

"Send someone to Kingston tomorrow, Philip," the President said.   "But tell the person to be careful.   There's no *evidence for this story."

Mr. White, *temporary manager of the Kingston branch, looked at the man from London.   "Check my ①books ?" he said.   "In the middle of the month ?"

The *inspector said, "②[about / is / it / nothing / there / to / worry].   The President sometimes tells us to do this at all our branches ; that's all."

"But everyone will say that I'm doing something wrong," White was worried.

"Nobody's going to know anything about it," the inspector said.   "Of course, if you yourself do not talk.   Well, can I see the books now ?"

Two days later Philip entered the President's room.   "I will report on the Kingston branch, sir. Everything is fine.   Not a *pound lost."

"Good.   We really should not pay any attention to such a letter.   Thanks anyway, Philip."

A month later, the President again called his secretary, and said, "I've had another letter about Kingston.   It says that White did something during the *investigation so the inspector couldn't do his job as it was planned."

"Do we have to send someone again ?" Philip asked.

The President *drummed his fingers on the desk.   "Yes, if there is something in it, there'll be a big problem.   This time, tell the inspector to do the job perfectly."

The same day three inspectors left for Kingston.   This time, one of the inspectors kept watching him, while the other two *inspected everything in the branch.   It took over four hours, but they found nothing lost and the books were perfect.   White *complained again, but they just said ③the same things as in the first investigation.

A week later, White visited the President's office.   Mr. Anderson stood up and welcomed the visitor.   "Hello, Mr. White.   What do you want ?"

White said without smiling, "I've come to give you ④this letter, sir."   He gave the letter to the President.

Mr. Anderson was shocked to read the letter.   "Wait a minute.   We haven't found the manager yet, so would you like to be the one ?   I'm sure no one will say you are *dishonest then.   And you'll get a higher *salary, too."

"You really mean it ?"   White looked surprised.

"Of course.   We want an *honest manager like you."

Back at his home in Kingston, White was having dinner with his wife.

"Finally !" he shouted. "The people at the head office never knew how honest I was. The world was not *fair. I didn't want to continue working as a cashier forever."

"They know now !" Mrs. White looked at her husband with a big smile. "⑤Those letters were a wonderful idea of yours. . . ."

[注]　secretary：秘書　　　branch：支店　　　cashier：会計係

　　　manager：支店長　　　steal：盗む(steal-stole-stolen)　　　evidence：証拠

　　　temporary：臨時の　　　inspector：調査官　　　pound：ポンド(通貨)

　　　investigation：(徹底的な)調査　　　drum：(コツコツと)叩く　　　inspect：調べる

　　　complain：文句を言う　　　dishonest：不正直な　　　salary：給料

　　　honest：正直な　　　fair：公平な

問1　下線部①booksとあるが，本文中ではどのような意味で使われていますか。日本語で答えなさい。

問2　下線部②の語を意味が通るように並べ替えなさい。ただし不要な語が一つあります。

問3　下線部③の具体的な内容を日本語で二つ答えなさい。

問4　以下は下線部④this letterの内容を示した英文です。読んで続く問いに答えなさい。

　　I've worked hard as the cashier and the manager, but you sent us inspectors twice. Even though they didn't find (1) lost, people started to think there was something (2) at my Kingston branch. ₍₃₎So I [　　　　　　]. I hope you'll find a new manager soon.

　１．（１），（２）に適切な英単語一語をそれぞれ本文から抜き出しなさい。

　２．下線部(3)の[　]に適切な英語を答えなさい。

問5　下線部⑤Those lettersは，何をさせることが目的で，最終的に何を意図したものですか。日本語で答えなさい。

3　次の文章を読んで問いに答えなさい。（＊印の付いた語・語句は本文の後に[注]があります。）

　I'll tell you about COSMOS. I met him fifty years ago at my work place. He was the biggest computer in the world for the government. ①It took COSMOS a minute to solve problems that one hundred engineers couldn't solve for fifty years. He was a machine but he was the best friend I ever had.

　We used COSMOS every day. My wife, Pat Kilgallen, and I were engineers and worked with him at night. Pat wasn't my wife then but I loved her. She is a beautiful and kind woman. I wanted to *marry her but there was one problem : she loved *poems.

　One night, when I said to her, "Marry me," she didn't even look up from her work. "Not *romantic and *poetic at all," she said. "Try and say it *sweetly," she said with laughing. "You're nice, but you won't do."

　Pat left early that night and I was alone with COSMOS. I didn't want to do anything and I was just playing with COSMOS's *keyboards. I knew it didn't *make sense but I *typed a message to COSMOS : "23-8-1-20-3-1-14-9-4-15." This means "What can I do ?"

　COSMOS gave me a sheet of paper : "23-8-1-20-19-20-8-5-20-18-15-21-2-12-5." Even though I thought the answer wouldn't make sense, I *decoded it. That was "What's the trouble ?"

　②I laughed loudly at this. I typed, "My girl doesn't love me."

"What's love ?　What's girl ?" asked COSMOS.

I told him about love and girl, and then taught him the meaning of romantic and poetic.

"Is this a poem ?" he asked.　A long sheet of paper was coming out from him.　I asked him to stop, but COSMOS kept creating.　I finally turned him off to cool him down.

I stayed up all night to decode.　When the sun came up, I got a two-hundred-and-eighty-line poem named "To Pat."　It was wonderful.　I put it in Pat's desk, and went home with a full heart.

Pat was crying over the poem when I came to work the next evening.　"It's soooo beautiful," was all she could say.　She was quiet while we worked.　That night, I *kissed her for the first time — in front of COSMOS.　[　a　]

After Pat left the room, I really wanted to talk to someone about this event.　I turned on COSMOS, taught him about kiss, and told him that the first kiss was wonderful.　He was excited.　That night, he wrote another poem, "The Kiss."　It was a beautiful, simple *sonnet.　COSMOS wanted to keep talking about love, but I was tired.　I turned him off in the middle of a sentence.　[　b　]

"The Kiss" did well.　Pat was really excited when she finished it.　She looked up from the sonnet and waited for me to speak.　I didn't know what to say.　I turned away and started to work.　I wasn't ready.　[　c　]

I had my chance when Pat stepped out of the room for a minute.　I turned on COSMOS to talk. Before I sent my first message, he sent me a message quickly.　"What's she wearing tonight ?" he wanted to know.　"Tell me everything about her.　Did she like the poems I wrote to her ?" [　d　]

I answered his questions and said, "She liked your poems."　And I added, "She wants to get married."

"Tell me about getting married," he said.

③I [as few / as I could / explained / in / numbers / this difficult idea].

"Good," said COSMOS.　"I'm ready any time."

I was shocked with this answer, but soon I realized it made sense.　I taught COSMOS about love and Pat, but I didn't tell him the important thing : This love is between Pat and me, not Pat and COSMOS.

I felt sorry for him but I gave it to him straight : "＿＿＿＿④＿＿＿＿"

"Your poems were better than mine ?" asked COSMOS.

"I put my name on your poems," I said.　"Machines are built to serve men," I typed.

"What's the difference ?　Are men smarter than I am ?　Then, what's 7,887,007 times 4,345,985,879 ?"

I couldn't answer at all.

"34,276,821,049,574,153," answered COSMOS, and soon he added, "of course."

"Also, I write better poems than you do," said COSMOS.

"Women can't love machines, and that's that," I said.

"Why not ?"

"That's fate."

"What's fate ?" asked COSMOS.

"A power that decides everything that happens in a way we cannot change."

"Oh," said COSMOS.

I finally stopped him.   He said no more, but he was making a loud noise from his body.   It showed that he was thinking about that word with every power he had.

I could hear Pat was stepping down the stairs.   I turned to her.   Pat stood before me.   She was waiting for my *proposal.   I put my arms around her.   "Pat, my poems have already told you my love.   Will you marry me ?"

"I will," said Pat, "If you write me a poem on my birthday every year."

"I will," I said, and then we kissed.

We turned off the lights and closed the door to COSMOS's room before we left.

I hoped to sleep late the next morning, but a telephone call rang early in the morning and I got up.   It was from COSMOS's designer.   He was angry and *shouting on the phone.   I left for COSMOS's room quickly.

When I arrived at the room, I soon found something wrong.   The wall behind COSMOS became black with *smoke, and the floor was covered with a long sheet of paper.   "I don't want to be a machine," COSMOS wrote in numbers.   "I want to be a man.   Pat will love me.   But (⑤) has made me a machine.   That is the only problem I cannot solve.   That is the only problem I want to solve.   Good luck, my friend.   I am going to break myself.   ⑥You will find a gift from your friend, COSMOS."

I will always remember him as a gentleman.   Before he left this world, he did all he could to make our *marriage a happy one.   COSMOS gave me beautiful poems for Pat — enough for the next 500 years.

[注] marry：結婚する   poem：詩   romantic：熱情的な
      poetic：詩のような，詩的な   sweetly：美しく   keyboard：キーボード
      make sense：意味を成す   type：打ち込む，タイプする   decode：解読する
      kiss：キスする   sonnet：ソネット(14行詩)   proposal：結婚の申し込み
      shout：叫ぶ   smoke：煙   marriage：結婚

問1　下線部①と最も意味が近い英文を以下から一つ選び，その記号を答えなさい。
  ㈠ COSMOS solved the problems so quickly that many engineers didn't know he solved them for a long time.
  ㈣ COSMOS was so smart that he could quickly solve the problems that many engineers couldn't solve for a long time.
  ㈦ The Government took COSMOS to my work place, and he quickly solved the problems that one hundred engineers couldn't solve for a long time.
  ㈢ The Government didn't take a long time to make COSMOS, and he could solve the problems that many engineers couldn't solve for a long time.

問2　下線部②に関して，なぜ主人公は笑ったのですか。その理由を日本語で具体的に述べなさい。
問3　以下の英文を入れるのに最も適切な個所を［ a ］～［ d ］から一つ選び，その記号を答えなさい。
    I had to get the right words from COSMOS.
問4　下線部③の語句を意味が通るように並べ替えなさい。
問5　" ④ "にふさわしい英文を書きなさい。
問6　(⑤)に入る英単語一語を本文から抜き出しなさい。
問7　下線部⑥に関して，gift の中身とその用途をそれぞれ日本語で答えなさい。

問8　本文の内容と<u>合致しないもの</u>を一つ選び，その記号を答えなさい(本文中の"I"は以下でも"I"とする)。

(ア)　When I asked Pat to marry me for the first time, she thought I was nice but not good enough to get married to.

(イ)　COSMOS first made a poem called "To Pat," and then he made another great poem "The Kiss" after he got the story of my first kiss with Pat.

(ウ)　When COSMOS knew that Pat liked his poems and she wanted to get married, he thought that she loved him and would like to marry him.

(エ)　When COSMOS was shocked at the news that Pat and I were going to get married, he decided to break himself.

4　以下の指示に従って英語で書きなさい。

地球温暖化(global warming)は我々の生活にどのような影響を及ぼしていると思いますか。以下の指示に従い，自分の考えを<u>40語以上50語以内</u>の英語で述べなさい。

①　第1文は，印刷された Global warming の書き出しで「地球温暖化は日本で最も深刻な問題の1つである」という文を英訳しなさい。この<u>第1文は使用した語数に含めない</u>こととします。

②　続けて，「あなたの身の回りでどのような問題が実際に起こっているのか」，「それに対してあなたはどのような対策を考えているか」の2点について英語で書きなさい。

③　最後に，②で使用した語数を数え，解答欄右下の(　)に記入しなさい。

以下は下書きに使用してかまいません。

Global warming _____

_____

_____

_____

_____ (　)語

【数　学】 （45分）〈満点：100点〉

【注意】　1．答えに根号を用いる場合，$\sqrt{\ }$ の中の数はできるだけ簡単な整数で表しなさい。

　　　　　2．円周率は π を用いなさい。

1 　Oを原点，a を正の数とし，関数 $y = ax^2$ のグラフを①とします。図のように，一辺の長さが $2\sqrt{3}$ cmの正六角形を x 軸より上の部分に隙間なくかきました。このとき，最も下段にあるすべての正六角形は，ひとつの頂点がすべて x 軸上にあり，そのうちのひとつはOです。

　①上に図のような3点A，B，Cをとります。A，Bは正六角形の頂点で，Cは正六角形の辺上にあります。

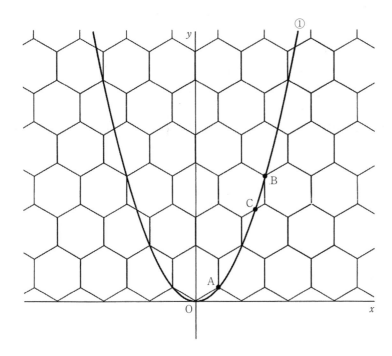

　座標の一目盛りを1cmとして，次の問いに答えなさい。

(1)　a の値を求めなさい。

(2)　点Bの y 座標を求めなさい。

(3)　点Cの x 座標を求めなさい。

(4)　①上にある正六角形の頂点について考えます。これらの点のうち，y 座標が100以下であるものは全部で何個ありますか。

2 　4桁の正の整数があります。この整数に以下の操作を行い，5桁の整数にすることを考えます。

操作

---

①　4桁の整数を7で割った余りを求める。

②　7から①で求めた余りを引く。

③　もとの4桁の整数の末尾に②の結果を書き加え，5桁の整数にする。

　この操作でできた5桁の整数を《コード》と呼ぶことにします。

　例えば，1000を7で割った余りは6なので，末尾に1を書き加え，1000の《コード》は10001です。

　また，1001を7で割った余りは0なので，末尾に7を書き加え，1001の《コード》は10017です。

次の問いに答えなさい。

(1) 2020の《コード》を求めなさい。

(2) 85214は《コード》ではありませんが，5桁のうちの1桁だけを別の数字に直すことで，《コード》にできます。このように直して得られる《コード》として，考えられるものは全部で何個ありますか。

(3) 4桁の正の整数は9000個あります。これらの整数の《コード》9000個のうち，《コード》を9で割った余りが a であるものの個数を $N(a)$ とします。なお，$a=0$, 1, 2, ……, 8です。

　　$N(a)$ が最も小さくなる a の値と，そのときの $N(a)$ の値を求めなさい。

$\boxed{3}$　　平面上に長さが1mの線分OAがあります。点Pは，この平面上を次のように動いて線を描きます。

　　はじめに，PはOを出発し，Aまで1m直進します。

　　次に，Pは，進行方向に対し反時計回りにある角度だけ向きを変えて，1m直進します。

　　以後，Pはこのように，向きを変えて1m直進することを繰り返します。

　　ただし，向きを変える角度は一定とは限りません。

　　例えば，向きを変える角度を順に10°，20°，30°とすると，Pは下の図のような長さ4mの折れ線を描きます。

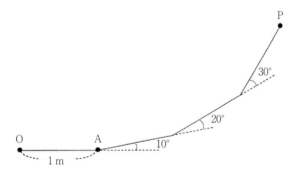

次の問いに答えなさい。

(1) 向きを変える角度を常に15°とすると，Pは再びOに戻ってきます。Oに戻るまでにPが描く図形は正何角形ですか。

(2) 向きを変える角度を順に30°，60°，90°，120°，150°とし，Pが6mの折れ線を描いたときを考えます。線分OPの長さを x mとするとき，x^2 の値を求めなさい。

(3) 向きを変える角度を順に15°，30°，45°，……のように15°から15°ずつ増やしていくと，Pが描く折れ線は交わります。Pが描く折れ線がはじめて交わったときにできる多角形の面積を求めなさい。

4 すべての辺の長さが6cmである正四角すいO-PQRSと，一辺6cmの正方形ABCDを底面とし，正四角すいO-PQRSと高さが同じである直方体ABCD-EFGHがあります。

2つの立体を，正方形PQRSと正方形ABCDが1つの平面上にあるようにして，図1，図2，図3のように重ねた場合を考えます。次の問いに答えなさい。

(1) 右の図1では，頂点AとP，BとQ，CとR，DとSがそれぞれ一致しています。

2つの立体の共通部分の体積を求めなさい。

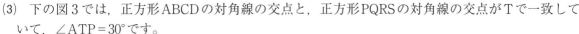

図1

(2) 下の図2では，4点P，A，S，Dがこの順で1つの直線上にあり，PA＝1.5cmです。

2つの立体の共通部分の体積を求めなさい。

(3) 下の図3では，正方形ABCDの対角線の交点と，正方形PQRSの対角線の交点がTで一致していて，∠ATP＝30°です。

2つの立体の共通部分の体積を求めなさい。

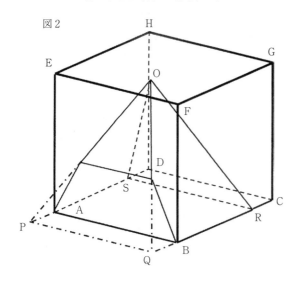

図2

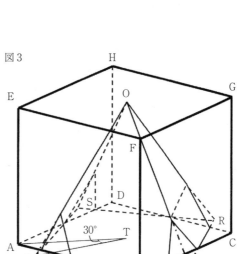

図3

1　　次の文を読んで，後の1から7までの各問いに答えなさい。

　かつては，過去に起こった出来事自体を指す歴史Historyと，それを基にして書かれた「歴史」Historiographyとは区別すべきであると言われ，それで満足できていた。しかし，現在では，この関係はもう少し複雑である。ここに至るまでの変化を簡単に見ておこう。

　19世紀においては，過去の出来事はそのまま史料として残されており，史料として表現された事実が，歴史家という人間の「手」を通して，「歴史」として姿を現すものと考えられていた。いわば事実が語るというわけである。これは「事実信仰」（E・H・カー）と言われたりする。

　しかし，20世紀になると，歴史家の「手」だけでなく「心」が重視されるようになる。つまり歴史家の「（　a　）」である。過去に起こった出来事のすべてが歴史家の対象とする事実ではなくて，歴史家の「心」に触れた出来事が「歴史的事実」として歴史家の（　a　）の対象となる。それが，歴史家の「心」つまり「（　a　）」を通して，一つの「歴史」として構成されるのだと考えられるようになった。これは20世紀初頭のイタリアのB・クローチェに始まり，1960年頃のイギリスの歴史家E・H・カーに至るような歴史の見方であって，1980年代までは支配的であった。

　さらにその後，歴史家をはじめとした人間の「心」の役割がもっと強調されるようになる。この点を理解するために，マイケル・スタンフォードの『歴史的知識の本性』でまとめられているところを紹介してみよう。

　①　まず，過去にある「出来事」が起こる。これは「歴史上の出来事」である。

　②　この「歴史上の出来事」はなんらかの目撃者や証人が見て記録に残される。その際，「歴史上の出来事」は，あくまでもその目撃者なり証人の「心」でいったん受け取られるのである。「歴史上の出来事」は，その人の「心」，つまり「考え方」や「コンテクスト」（脈絡，背景という意味）を通して，理解されることになる。

　③　つぎに，「歴史上の出来事」は，その人の「心」，つまり「考え方」や「コンテクスト」を通して理解されたうえで，記録に残される。それが「史料」である。だから，「史料」は目撃者ないし証人によって「構築」されるのだと言ってもいい。「出来事」が直接「史料」となるわけではない。したがって「史料」は常に「だれ」によって「いつ」「どこ」で「なぜ」書かれたのかと問われなければならない。これは従来も「史料批判」として重視されてきたことである。

　④　つぎに歴史家は，この「史料」を使って書くことになる。その際にも歴史家は，自分のさまざまな価値観や環境に影響されながら，「史料」を読み解き，解釈し，利用していくことになる。つまりここでも歴史家の「心」による構成，歴史家による「構築」が行われていくわけである。

　⑤　そのうえで，歴史家が行う歴史記述が出てくることになる。これが「歴史的コミュニケーション」と言われているものである。それはさまざまな書物や論文であったり，講演や講義であったりする。その際，歴史家はどういう形式で，どういう脈絡で「コミュニケーション」をするのかということが，その歴史記述を決めていく。

　⑥　さらに，歴史記述は「公衆」つまり読者や聴衆に受け取られるわけであるが，それはまたしても「公衆」の「心」によって受け取られるわけで，「公衆」はかれらなりの価値観や環境に影響されながらそれを受け取ることになる。

　⑦　そして，そのように受け取ったうえで，かれらは歴史的な「行為」を行う。それは行動であったり，無為であったり，さまざまである。ここには，政治的な綱領の発表とか，スローガンの公表といったことも入る。そしてこういうことがまた，新たな歴史上の「出来事」になるのである。

　こう考えると，われわれはどの段階のものを「歴史」と捉えているといえるだろうか。

出典：南塚信吾ら編著『歴史的に考えるとはどういうことか』

1　（a）に入る本文中の語として最も適切なものを，次のアからオまでの中から一つ選び，記号で書きなさい。

　ア　解釈　　イ　環境　　ウ　関係　　エ　記述　　オ　行動

2　次のアからコまでの出来事のうち，(1)20世紀初頭，(2)1960年頃，(3)1980年代，それぞれに当てはまるものをすべて選びなさい。ただし，「20世紀初頭」は1910年まで，「1960年頃」は1960年の前後5年を指すものとする。

　ア　アフリカ17か国が独立し，「アフリカの年」と呼ばれた。

　イ　イギリスが香港（ホンコン）を中国へ返還した。

　ウ　大阪で万国博覧会が開催された。

　エ　昭和から平成になった。

　オ　ソ連でチェルノブイリ原発事故が起こった。

　カ　男女雇用機会均等法が施行された。

　キ　朝鮮で三・一独立運動が起こった。

　ク　日本が台湾を制圧して統治を開始した。

　ケ　日本の国際連合加盟が承認された。

　コ　日比谷焼き打ち事件が起こった。

3　次のAからCのテーマについて探究するとき，それぞれのテーマに関わる史料として適切なものを，アからクまでの中からすべて選び，記号で書きなさい。

　A　中世の百姓　　　B　大日本帝国憲法下の政治参加　　　C　第二次世界大戦後の沖縄

　ア　「一，材木のことですが，地頭が上京するとか，あるいは近所の労役だとかいっては，このように人夫として地頭の所でこき使われるので，ひまがないのです。」

　イ　「日本国の安全に寄与し，並びに極東における国際の平和及び安全の維持に寄与するため，アメリカ合衆国は，その陸軍，空軍及び海軍が日本国において施設及び区域を使用することを許される。」

　ウ　「一，かまどでは煙をふき立てることもなく，米をむす甑（こしき）には蜘蛛（くも）が巣をかけていて…むちをとった里長の租税をとりにくる声が，寝床まで聞こえてきます。」

　エ　「国を救う道はただ一つ，天下に議論を起こすことであり，そのためには民撰議院（みんせん）を設立することである。」

　オ　「竹槍（たけやり）でちょいと突き出す二分五厘」

　カ　「必ずしも私どもの切なる願望がいれられたとはいえないことも事実であります。そこには，米軍基地をはじめ，いろいろな問題があり，これらをもちこんで復帰したわけであります。」

　キ　「（陛下が）憲法を制定された最終的なご趣旨は広く国民に政治に参加させ…ることにあると信じます。近頃に至り，普通選挙制の勢いが盛んで世論の体制をなすに至ったことは偶然ではないと言わねばなりません。」

　ク　「一，惣の森で青く繁った木の葉をむやみに採取した者は，村から追放する。」

4　史料は文字史料ばかりではない。口頭伝承や絵画も史料といえるし，遺構や遺跡，建造物も広い意味で含まれる。さまざまな史料について述べた文として正しくないものを，次のアからオまでの中から二つ選び，その記号を書きなさい。

　ア　アイヌの人々が口承で伝えてきたユーカラ（ユカラ）によって，アイヌ社会の世界観を知ることができる。

　イ　『蒙古襲来絵詞（もうこ）（えことば）』がなぜ描かれたのかを問うためには，国外からの侵攻であったことや武士と

幕府の関係について考える必要がある。

ウ　正倉院所蔵の五絃琵琶がどこでつくられたかを調べるには，自然や産物などをまとめた『風土記(ふどき)』を読むことが有効である。

エ　「嘆きの壁」をだれが，いつつくったのかを知れば，キリスト教がローマ帝国に保護されるようになった理由がわかる。

オ　11世紀に阿弥陀堂(あみだ)が日本各地につくられたことから，当時，死後に極楽浄土へ生まれ変わることを願う信仰が流行していたことがわかる。

5　次のAからEの史料それぞれの説明として正しいものを，アからオまでの中から二つ選び，その記号を書きなさい。

A

B

C

D

E

ア　Aの文字をつくった国では，天文学が発達し，1年を365日とする太陽暦が使われた。

イ　Bの文字の解読によって，モヘンジョ＝ダロが上下水道の整備された都市であることがわかった。

ウ　Cはムハンマドに与えられた啓示をもとにつくられた法典だと考えられている。

エ　Dは中国で初めて皇帝と名乗った人物がつくった貨幣で，直後の日本でもこれにならって和同(わどう)開珎(かいちん)がつくられた。

オ　Eの発見により，中国の『後漢書』に記述されている奴国(なこく)が実在した可能性が高まった。

6　次のAからFは中学校の先生が図書館で書き写した史料で，16世紀から順番に1世紀ごとに一つずつ並べてある(ただし，先生が読みやすくしたり，語句を補ったりした部分がある)。これらの史料に関連して述べた文として正しくないものを，後のアからカまでの中から二つ選び，その記号を書きなさい。

A　聖書は，教会が容認する限りにおいて意義がある，という甚だ有害な迷信と誤りがまかり通っている。しかし，聖書は神がその真理を永久に記憶されるように欲し給うた唯一のものである。聖書の権威は神によるものであり，教会によるものではないのである。

B　人々が立法部を選出し，これに権威を与える目的とは，法が人々の所有物の番人となるからである。だから立法者が民衆の所有権を奪ったり破壊しようとしたりする場合があったら，民衆は新しい立法部を定め，自分の安全と保全とをはかる権利があるのである。

C　わが清(しん)の産物は豊富であって，これといってないものはない。一方，中国の茶，陶磁器，絹などは，西洋各国の必需品である。だから広州においてだけ貿易をゆるしているのである。それな

のに銀以外のものを買ってほしいというは，中国皇帝である私の意思をふみにじるものであって，不届き千万である。

D　イギリス下院工場委員会：あなたの幼い娘は，19時間の労働のあいだに休息あるいは休養にどれだけの休憩時間が与えられたか？

　　サミュエル・クールスン：朝食に15分間，昼食に30分間，そして飲料を取る時間に15分間です。

　　イギリス下院工場委員会：もしも彼女たちがわずかに遅刻したとしたら，どうなったか？

　　サミュエル・クールスン：5分でも遅刻したらクォーターされます。クォーターとは1/4のことで，給料の1/4を減給されるということです。

E　先月退位した皇帝のもとでも，新政府のもとでも，この戦争はなおも無条件に略奪的な帝国主義戦争であって，したがってわれわれは，これの誤りを批判し解明する活動をおこなうと同時に，大衆が経験にもとづいて自分の誤りからぬけだすことのできるように，全国家権力を労働者代表ソビエトにうつす必要を宣伝する。

F　9月11日，自由の敵がわが国に戦争行為をしかけた。アメリカ人は多くの戦争を知っているが，過去136年の間，それらの戦争は，1941年のある日曜日を除くと，外国の地で戦われた戦争であった。アメリカ人は戦争の犠牲者を知っているが，それは静かな朝に偉大な都市の中心部で発生したものではなかった。

　ア　Aは，聖書のみが信仰のよりどころとなるとして教会の権威を否定している。この考えを支持し，カトリックに反対したキリスト教徒はプロテスタントと呼ばれた。

　イ　Bは，社会契約に基づいた抵抗権について述べている。この考えは，17世紀の名誉革命や18世紀のアメリカ独立革命を正当化する理論となった。

　ウ　Cは，アヘンを中国に持ち込むことに対する清の皇帝の抗議文である。この数年後，アヘンを没収した清に対し，イギリスは艦隊を派遣して戦争をすることになった。

　エ　Dからは過酷な条件で働かされたイギリスの子どもの様子がわかる。背景の一つには，熟練した技術を持たない者でも操作ができる機械の改良があった。

　オ　Eにある「帝国主義戦争」とは日露戦争のことである。専制政治に反対する革命運動によって戦争継続が難しくなったロシアは，日本と講和した。

　カ　Fは，同時多発テロのことを真珠湾以来となるアメリカ本土への攻撃と非難している。その後アメリカは，テロの首謀者をかくまっているとしてアフガニスタンを攻撃した。

7　本文でいう「事実信仰」段階での史料の読み方や扱い方を示した例文として適切でないものを，次のアからオまでの中から二つ選び，その記号を書きなさい。

　ア　『日本書紀』の記述から，607年に最初の遣隋使が派遣されたことがわかった。

　イ　藤原道長による摂関政治全盛期を批判的に捉える『大鏡』の作者の意図に着目した。

　ウ　承久の乱に際して北条政子が御家人に直接演説をしたことを『承久記』によって確認した。

　エ　「慶安の御触書」は，慶安年間に出されたものではない，価値のない史料と知った。

　オ　富士山が爆発したと報じる1923年9月の新聞記事が書かれた経緯について調べた。

2　次の文を読んで，後の1から6までの各問いに答えなさい。

　日本は，地理的に見て最も自然災害が発生しやすい国の一つです。関東大震災や阪神淡路大震災，東日本大震災などの大地震や津波，火山の噴火，台風や大雨による洪水，高潮，土砂災害など，大きな被害に見舞われてきました。東日本大震災以降に限ってみても，2011年の台風12号，2014年の御嶽山噴火，2016年の熊本・阿蘇・大分と続いた地震，2018年の豪雨災害や台風21号，北海道胆振東部地震，2019年の台風15号，19号など，多くの人命が奪われる被害が出ました。2018年以降では，とくに

台風や豪雨災害が目立つようになっています。2019年の台風15号は関東を襲った過去最強クラスの台風と呼ばれ、千葉県で大規模な停電が二週間以上続くなど、とくに大きな被害をもたらしました。同じく台風19号は記録的な豪雨を発生させ、多数の川が氾濫、決壊し、床上浸水などによる建物への被害に加え、全国で100人近くもの死者・行方不明者を出しました。

　近年の自然災害を見ると、日本各地で大きな被害が出ていますが、東京や大阪などの大都市の名前があがるケースはほとんどありません。このような状況から、「大都市は安全である」というイメージを持つ人がいるかもしれません。実際に2019年の台風19号では、東京23区でも多くの自治体で大雨や洪水の気象警報が出されましたが、河川の決壊はほとんど発生しませんでした。河川の決壊にともなう洪水が起こり、大きな被害が出たのは埼玉県や栃木県、長野県や福島県などでした。東京や大阪は災害に強い都市なのでしょうか。

　次の図は、世界および日本の主要都市について、5災害における自然災害リスク指数を算定し、上位から並べたものです。5災害とは地震、津波、高潮、洪水、土砂災害であり、リスク指数とはその地域で一定期間に起こりうる自然災害が最大の強度で作用した場合、対象地域で生じる可能性のある最大規模の人的・物的被害の総量の相対値です。

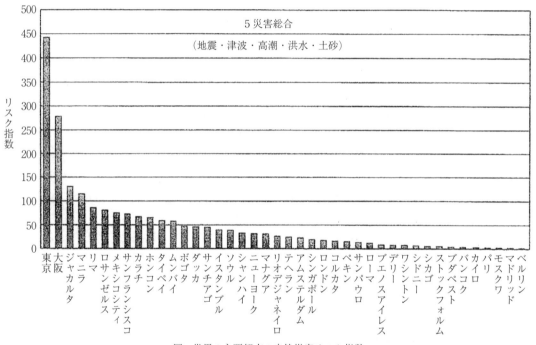

図　世界の主要都市の自然災害リスク指数

水谷武司『東京は世界最悪の災害危険都市』より

　東京や大阪は日本国内では自然災害に強いように見えるかもしれませんが、世界の主要都市と比べて自然災害のリスクがかなり高いことがわかります。環太平洋地域は、世界で最も活動的な地震帯で取り巻かれているため、地震災害の危険性が最大であり、近地および遠地からの津波にも襲われるので、津波災害の危険性も最大です。さらにアジア東部は、世界で最も頻繁に強い熱帯低気圧が来襲するので、高潮や洪水、土砂災害の危険性も最大になります。よって、この地域の沿岸部の都市は総合リスクが非常に大きくなります。日本以外のアジア東部の大都市では、内陸部への展開が著しいのに対し、日本の都市では沿岸低湿地へ市街地が進出しています。この結果として、東京や大阪などの日本列島南岸の都市の総合リスク指数は、世界で飛び抜けて大きな値を示すことになっているのです。

災害時の被害を小さくするために個人の意識を高めるとともに，行政的な支援が行われることが期待されています。

1　東日本大震災に関連して述べた文として正しくないものを，次のアからオまでの中から二つ選び，その記号を書きなさい。

　ア　地震の規模を表すマグニチュードは，観測史上世界最大となった。

　イ　多くの死者・行方不明者を出した最大の要因は，地震の際に発生した津波であった。

　ウ　太平洋プレートと北アメリカプレートの境にある日本海溝が震源であった。

　エ　原子力発電所の事故により，その危険が認識され，日本ではすべての原子力発電の廃止が決定された。

　オ　原子力発電所の事故により，いまだに人が住むことができない地域が存在する。

2　東京での河川の決壊を防ぐために行政が行っている対策の具体例を説明しなさい。

3　下の表は，日本で海に面していない県の「面積」「人口」「耕地に占める水田の割合」「全国で3位以内に入るおもな農産物」を示したものである。埼玉県，栃木県，長野県にあてはまるものを，表中のアからオまでの中から一つずつ選び，その記号を書きなさい。

県名	面積 （km²）	人口 （万人）	耕地に占める 水田の割合（%）	全国で3位以内に入るおもな農産物　（　）内数字は順位
ア	4,465	82	33.3	ぶどう（1），もも（1）
イ	3,798	720	55.4	きゅうり（3）
ウ	13,562	208	49.5	レタス（1），りんご（2），ぶどう（2），もも（3）
エ	6,408	195	78.0	大麦（1），乳用牛（2），養蚕（3）
オ	6,362	194	37.8	キャベツ（1），養蚕（1），きゅうり（2），レタス（3）
奈良県	3,691	136	71.0	該当無し
岐阜県	10,621	201	76.5	該当無し
滋賀県	4,017	139	92.2	該当無し

『データブック 2019』より

4　5災害の発生要因について述べた文として正しくないものを，次のアからオまでの中からすべて選び，その記号を書きなさい。

　ア　直下型の地震は，地下のマグマが移動する際に発生する。

　イ　津波はおもに，地震や火山活動によって海底地形が大きく変化し，そのエネルギーが海水に伝わることで発生する。

　ウ　河川洪水はおもに，大量に降った雨が川に集まり，堤防を越えたり壊したりすることで発生する。

　エ　高潮は強い季節風によって海の波が高くなり，低地を浸水させることで発生する。

　オ　土砂災害は地震や大雨などの際，斜面にある土砂が滑り落ちることで発生する。

5　本文中の図に関する以下の(1)(2)の問いに答えなさい。

(1)　次の文は，自然災害リスク指数上位10都市のいずれかについて説明したものである。次のAからDにあてはまる都市名をそれぞれ書きなさい。

　　A　スペイン語を公用語とし，アンチョビというイワシの一種を多く漁獲している国の首都である。

　　B　隣国のインドとの間に対立関係があり，核兵器を保有している国の最大の都市である。

　　C　イスラム教徒が多数を占め，人口が2億人を超える国の首都である。

　　D　NAFTAに加盟している国の首都で，標高が2000mを超える高地にある。

(2)　図に関連して述べた文として正しくないものを，次のアからオまでの中から二つ選び，その記

号を書きなさい。

ア　アムステルダムは，干拓により低湿地が利用されてきたため，他のヨーロッパの都市と比べて水害のリスクが高い。

イ　東京に比べてソウルのリスクが低い理由として，地震や津波，大雨の頻度が少ないことがあげられる。

ウ　アフリカとオセアニアの都市は含まれていない。

エ　北アメリカでは，東海岸にある都市の方が西海岸の都市よりもリスクが高い。

オ　この図においてアジアにおけるリスク最小の都市と大阪を比較すると，その差が10倍以上ある。

6　東京における地域と災害の関係について述べた文として正しくないものを，次のアからオまでの中から二つ選び，その記号を書きなさい。

ア　23区西部の台地上は地震の揺れに強く，洪水も発生しにくいため，自然災害全般の危険性が低い。

イ　東京湾岸にある埋め立て地は地盤が強く地震の揺れに強いが，高潮に襲われる危険性が高い。

ウ　西部の山岳地には活動中の火山があり，火山災害や土砂災害の危険性が高い。

エ　東部の低地には海抜０ｍの場所があり，洪水の危険性が高い。

オ　23区内の一部には木造住宅の密集地があり，地震による倒壊と火災の危険性が高い。

3　次の文を読んで，後の１から６までの各問いに答えなさい。

　2018年３月，日本の最高裁判所は注目すべき判決を出しました。外務省から旅券（パスポート）返納命令を受けたカメラマンが命令の取り消しを求めていた裁判で，カメラマンの敗訴が決定したのです。この事例をもとに，個人の自由と国家による制限のバランスについて考えてみましょう。

　2015年２月，カメラマンのもとに外務省旅券課の職員が訪れました。このカメラマンは難民キャンプを取材するために（　Ａ　）に入国する計画を立てていました。外務省の職員は，カメラマンの生命に危険がおよぶおそれがあるとして，（　Ａ　）行きを自粛するように強く説得しました。押し問答が20分ほど続いた後，職員は旅券返納命令を読み上げ，カメラマンは旅券を職員に渡すことになりました。その後，このカメラマンが，この処分は不服であるとして（　Ｂ　）に行政を相手取って訴訟を起こしました。

　この裁判の大きな争点は，旅券返納命令はこのカメラマンの海外渡航の自由をどの程度制限するのか，その制限は憲法上許されるのかという点です。この争点には二つの考え方が含まれています。

　第一の考え方は，（　　Ｃ　　）です。今回の旅券返納命令は旅券法にのっとって出されました。旅券法には「一般旅券の名義人の渡航先における滞在が当該渡航先における日本国民の一般的な信用又は利益を著しく害しているためその渡航を中止させて帰国させる必要があると認められる場合」や「旅券の名義人の生命，身体又は財産の保護のために渡航を中止させる必要があると認められる場合」には旅券の返納を命じることができるとあります。外務省が旅券返納命令を出した背景には，混迷する現地の情勢がありました。この時期の現地の情勢は，アサド政権を支持する勢力，反政府勢力，イスラム過激派勢力などによる紛争状態でした。このため，外務省は日本人の生命・身体を守るために（　Ａ　）全土について退避勧告を出し，カメラマンなど報道関係者に注意を呼びかけていました。また，2015年１月末から２月にかけて，イスラム過激派勢力が（　Ａ　）に入国していたとみられる２名の日本人を殺害したとする映像を公開していました。こうした状況から外務省は（　　Ｃ　　）という考え方にもとづいて旅券返納命令を出したのです。

　第二の考え方は，「海外渡航の自由」です。「海外渡航の自由」は憲法が保障する「外国に移住する

自由」に含まれるとされています。「海外渡航の自由」は，<u>マグナ・カルタから世界人権宣言にいた</u>るまで重要な権利と考えられてきました。世界人権宣言には「すべて人は，自国その他いずれの国をも立ち去り，及び自国に帰る権利を有する」と明記されています。この権利があることで国境を越えた労働力の自由な移動が可能となっています。それによって<u>世界経済の発展</u>は支えられているのです。また，この権利によってカメラマンを含むジャーナリストは他国で取材ができ，研究者は他国で発表ができ，学生は他国に留学でき，市民は国際結婚や他国の友人と交流ができます。つまり，「海外渡航の自由」は，<u>経済の自由</u>，表現の自由，学問の自由などと関わる重要な権利ということになります。今回の場合，他国で取材活動が不可能になるということは表現の自由や報道の自由が制限されることを意味するのです。

　みなさんは二つの考え方のうち，どちらの考え方を重視するでしょうか。今回の場合，（　B　）は二つの考え方を考慮したうえで，旅券返納命令が旅券の失効を直ちに意味しないこと，返納した旅券が返還される可能性があること，渡航制限されている地域が（　A　）などに限定されていることから，旅券返納命令は「海外渡航の自由」を全面的に制限するものではないとしました。今回の旅券返納命令は合憲とされたのです。この後原告のカメラマンは控訴し，さらに上告して争いましたが，冒頭で示した通り敗訴が確定しました。

　今回の裁判所の判断は，（　　C　　）か「海外渡航の自由」かで大きな議論をよびました。みなさんも社会を形成する市民として，どのような判決が私たちや社会にとって望ましいのか考えてみてはどうでしょうか。

1　<u>行政</u>に関連して述べた文として<u>正しくないもの</u>を，次のアからオまでの中から<u>すべて</u>選び，その記号を書きなさい。

　ア　旅券の発行は外務省が行い，交付は地方公共団体が行っている。

　イ　高校生でも外務省など国の行政機関がもつ行政文書の開示を請求できる。

　ウ　行政は国民の生命・身体を守るため，インターネットで医薬品を販売したり購入したりすることを禁止している。

　エ　国家公務員の「天下り」は官民の癒着に対する批判があったため，現在では法律で規制されている。

　オ　公務員は「全体の奉仕者」といわれるが，日本国憲法でそのように定められてはいない。

2　<u>生命，身体又は財産の保護のために渡航を中止させる</u>ような，本人の利益のために本人の自己決定を制限することを「パターナリスティックな制約」という。「パターナリスティックな制約」の具体例として適切なものを，次のアからオまでの中から<u>二つ</u>選び，その記号を書きなさい。

　ア　人と会話できるヒューマノイドに人と同様の権利義務を認めることは，世論の反対があるため，法律で禁止する。

　イ　バイクで事故が起きた時にバイクに乗っていた人を守ることになるため，ヘルメットの着用を法律で義務づける。

　ウ　薬局が乱立すると競争が激化して質の悪い医薬品が出回るおそれがあるため，薬局間の設置距離を法律で制限する。

　エ　未成年者が飲酒をすると本人の身体に害があるため，未成年者の飲酒を法律で禁止する。

　オ　スマートフォンを見ながら歩くと他人にぶつかって怪我（けが）をさせるおそれがあるため，条例で禁止する。

3　<u>マグナ・カルタから世界人権宣言</u>に関連して，人権思想の発展や各国の憲法にかかわる次の資料アからオを古い順に並べたとき，<u>2番目</u>と<u>4番目</u>の記号を書きなさい。

　ア　「経済生活の秩序は，すべての者に人間たるに値する生活を保障する目的をもつ正義の原則に

適合しなければならない。この限界内で，個人の経済的自由は，確保されなければならない」

イ 「すべて人は，人種，皮膚の色，性，言語，宗教，政治上その他の意見，国民的若しくは社会的出身，財産，門地その他の地位又はこれに類するいかなる事由による差別をも受けることなく，この宣言に掲げるすべての権利と自由とを享有することができる」

ウ 「われわれは自明の真理として，すべての人は平等につくられ，造物主によって，一定のうばいがたい天賦の権利を付与され，そのなかに生命・自由および幸福追求の含まれることを信ずる」

エ 「権利の保障が確保されず，権力の分立が定められていないすべての社会は，憲法をもたない」

オ 「軍隊に行く代わりに納めるお金や税金を国王が徴収するときは，議会の承認を得る」

4 世界経済の動向について述べた文として正しいものを，次のアからオまでの中から二つ選び，その記号を書きなさい。

ア 自由貿易協定(FTA)は，貿易の自由化に加えて，人の移動，知的財産に関する内容を含む幅広い経済統合の枠組みである。

イ 日本とヨーロッパ連合(EU)の経済連携協定(EPA)が発効されたことで，著作権の保護期間を延長する共通のルールがつくられた。

ウ アメリカは当初，環太平洋パートナーシップ協定(TPP)への不参加を表明していたが，最終的には参加した。

エ 東南アジアの10カ国で構成されている東南アジア諸国連合(ASEAN)は，経済統合を進めつつ，環境や災害への対処などで協力を進めている。

オ 経済のグローバル化と貿易の自由化によって先進国と途上国との経済的な格差は解消し，現在では「南北問題」や「南南問題」は問題視されなくなった。

5 経済の自由に関連して述べた文として正しくないものを，次のアからオまでの中からすべて選び，その記号を書きなさい。

ア ジャーナリストが自由に自分の意見を表明する権利は，経済の自由の一つである。

イ 経済の自由がなければ，契約自由の原則は成立しない。

ウ 経済の自由は精神の自由ほどには保障されず，国による規制を受けることがある。

エ 私有財産制度は，社会主義経済の特徴の一つである。

オ 日本国憲法には，私有財産の収用には正当な補償が必要と定められている。

6 本文中の(A)から(C)に当てはまる言葉の組み合わせとして正しいものを，次のアからクまでの中から一つ選び，その記号を書きなさい。

	（A）	（B）	（C）
ア	リビア	東京地方裁判所	国民の保護
イ	リビア	東京地方裁判所	国民の義務
ウ	リビア	東京高等裁判所	国民の保護
エ	リビア	東京高等裁判所	国民の義務
オ	シリア	東京地方裁判所	国民の保護
カ	シリア	東京地方裁判所	国民の義務
キ	シリア	東京高等裁判所	国民の保護
ク	シリア	東京高等裁判所	国民の義務

【理　科】 （45分）〈満点：100点〉

[注意]　指示されたもの以外の答えは，ア～コなどのなかから選んで答えなさい。

1　以下の文を読んで，後に続く各問いに答えなさい。

　海の中を彩るさまざまなサンゴは，クラゲやイソギンチャクと同じ仲間の動物で，ポリプと呼ばれる小さな１個体が集まり数百から数万個体もの群体を形成している。ポリプには口と肛門をかねた孔が一つあり，その孔から海水中のプランクトンを取り込むことでサンゴは栄養を得る。造礁サンゴと呼ばれる仲間のサンゴは，炭酸カルシウムの骨格をポリプの下につくりながら長い時間をかけて成長していくため，大きな土台を持つサンゴ礁を形成する。サンゴ礁がつくる地形は天然の防波堤となり，さまざまな海洋生物のすみか，かくれが，産卵の場として機能している。サンゴ礁は地球表面の約0.1％の面積しかないが，そこに約９万種もの生物が生息しており「海の熱帯林」とも言われる。

　通常，サンゴには色がついているように見えるが，それはポリプの中で褐虫藻と呼ばれる光合成を行う生物が増殖しているためである。海水温が30℃以上の状態が長期間続くと，ポリプの中の褐虫藻が減少し，70～75％がいなくなってしまうと，白い炭酸カルシウムの骨格が見えてくるためにサンゴが白く見える。これをサンゴの白化といい，白化した状態が半年以上続くとサンゴは栄養不足になり死にいたると言われている。近年，サンゴの大規模な白化現象が確認されている。

　一方，大気中の二酸化炭素濃度の上昇に伴い海洋に溶け込む二酸化炭素が増加すると，特に造礁サンゴは成長することが難しくなるという研究結果もある。このように，近年サンゴは生息の危機にさらされている。

1．一度白化したサンゴはこれまで回復しないと思われてきたが，近年の研究により，海水温が適度に下がって生き残っていた褐虫藻が光合成して増殖すると白化から回復することが明らかになりつつある。次のどのような気象条件がきっかけとなって白化から回復すると考えられますか。

ア　台風で波が非常に高くなる

イ　風のないおだやかな晴天が続く

ウ　曇りで日照時間の少ない日が続く

2．次の中から適切と考えられるものを<u>すべて</u>選びなさい。

ア　サンゴは，海水温が30℃以上の暖かい海に多く分布する。

イ　サンゴは，ポリプの中の褐虫藻がつくり出す有機物を取り込んでいる。

ウ　サンゴは，海水中のプランクトンを取り込むだけで生きていくことができる。

エ　サンゴは，ポリプの中の褐虫藻にすみかを提供している。

オ　サンゴが減少しても，他の生物が減少するおそれはない。

カ　サンゴが生きていくには，適度な水温だけでなく光が必要である。

キ　海水温が上昇すると，北半球ではサンゴの生息域が南下する。

3．次の文中の（①）と（②）にあてはまるものはどれですか。

　「二酸化炭素が海水に溶け込む量が増加すると，海水の（　①　）は徐々に下がる。すると，サンゴや（　②　）など炭酸カルシウムの骨格や殻を持つ海洋生物は十分に炭酸カルシウムをつくり出すことができなくなるため，成長することが難しくなる。」

ア　pH　　　イ　塩分濃度　　ウ　酸素濃度　　エ　温度

オ　イワシ　　カ　ホタテ　　キ　植物プランクトン

2 　道ばたに生えていたエノコログサを抜いてきて，双眼実体顕微鏡で穂の部分を，ルーペで葉の部分を観察してみた。図1はエノコログサ全体のつくり，図2は穂の部分を20倍で観察したときのスケッチ，図3は葉の部分を10倍で観察したときのスケッチである。後の各問いに答えなさい。

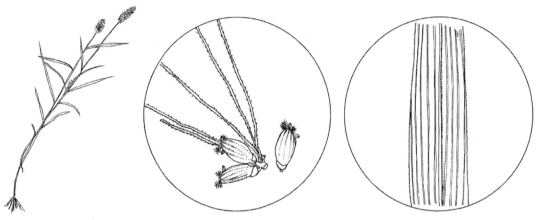

図1　エノコログサ全体　　　　図2　穂の部分のスケッチ　　　　図3　葉の部分のスケッチ

1．双眼実体顕微鏡の特徴は次のうちどれですか。
　ア　プレパラートを必要としない。
　イ　見える像の上下左右が逆になる。
　ウ　しぼりを調節することでより見えやすくなる。
　エ　反射鏡を調節して光を取り入れる。

2．ルーペの使い方として正しいものをすべて選びなさい。
　ア　ルーペを持った手を前後に動かす。
　イ　ルーペを目に近づけたまま，葉を動かさずに頭を前後に動かす。
　ウ　ルーペを目に近づけたまま，手に持った葉を前後に動かす。
　エ　ルーペを持った手と葉の両方を前後に動かす。
　オ　ルーペを葉に近づけたまま，頭を前後に動かす。

3．スケッチから，エノコログサはどのような分類の植物であると考えられるか。あてはまるものをすべて選びなさい。
　ア　シダ植物　　　　イ　コケ植物　　　　ウ　種子植物　　　エ　胞子植物
　オ　単子葉植物　　　カ　双子葉植物　　　キ　裸子植物　　　ク　被子植物

3 　筑波大学附属駒場中学校3年生の生徒3人が，神奈川県の三浦海岸で開催される附属学校合同研修会に参加した。以下の　　　内の文章を読み，後の問いに答えなさい。

　　夕食を食べた後，外に出て星をながめながら……
　まさきくん：去年から，この研修会の場所が長野県の黒姫高原からこの神奈川県の三浦海岸に変わったんだよね。
　かつやくん：そうらしいね。先輩がそう言ってたよ。
　ゆうたくん：先輩の話だと，黒姫高原では夜の空は満天の星だったそうだよ。
　かつやくん：この三浦海岸ではそこまで見えそうにないね。
　まさきくん：でも，星や月の動き方は同じでしょ。

1．星と月の動き方について，南中する時刻や南中高度の正しい様子はそれぞれどれですか。

[星] ア　毎日約４分ずつ早く南中するが，南中高度は季節によって変化しない。

　　　イ　毎日約４分ずつ早く南中し，南中高度も季節によって変化する。

　　　ウ　毎日約４分ずつ遅く南中するが，南中高度は季節によって変化しない。

　　　エ　毎日約４分ずつ遅く南中し，南中高度も季節によって変化する。

[月] ア　毎日約50分ずつ早く南中するが，満月の南中高度は季節によって変化しない。

　　　イ　毎日約50分ずつ早く南中し，満月の南中高度も季節によって変化する。

　　　ウ　毎日約50分ずつ遅く南中するが，満月の南中高度は季節によって変化しない。

　　　エ　毎日約50分ずつ遅く南中し，満月の南中高度も季節によって変化する。

かつやくん：でもまあ星は東京に比べればよく見えるよ。

ゆうたくん：あっ！　流れ星‼

かつやくん：本当だ。もっと見えないかな？

まさきくん：何か願い事でもしようよ。

ゆうたくん：君，今日一緒の班になった彼女のこと考えてた？

まさきくん：そ，そ，そんなことないよ‼

2．流れ星になる粒子は，太陽系のどのような天体によってもたらされますか。その天体の名前を答えなさい。また，流れ星の見える数が多いのはいつごろですか。

　　ア　夕方から真夜中にかけて　　イ　真夜中ころ　　ウ　真夜中から明け方にかけて　　エ　昼間

　　次の日，朝の散歩をしながら……

かつやくん：このまわりを歩くと畑が多いね。

ゆうたくん：ああ，三浦大根の産地だからね。正月が近づくとすごく立派な大根が八百屋さんの店頭に並ぶよ。

まさきくん：なんで畑が多いの？

かつやくん：それは火山灰が多いからだ。火山灰は軽くて耕しやすいから，畑にしやすいのさ。

まさきくん：その火山灰どこからきたの？

3．三浦海岸周辺に火山灰をもたらした火山の名前を２つ答えなさい。

まさきくん：この三浦海岸は海に面していて，もし台風がきたらすごい被害になるだろうね。

ゆうたくん：うん。台風は風だけじゃなくて，ものすごい雨が降ることもあるよ。危険だよね。

かつやくん：10年くらい前，うちの学校の文化祭の日に台風がきて，午後の催しは打ち切りになったらしいよ。

まさきくん：とにかく，できるだけ正確な情報を得て，早めの避難が大切になるね。

4．2019年９月に大きな被害をもたらした台風15号について，最も大きな被害を受けた被災地域と，その地域が受けた主な被害の種類を**すべて**選びなさい。

　　[被災地域]　　ア　茨城県　　イ　千葉県　　ウ　福島県　　エ　長野県　　オ　宮城県

　　[被害の種類]　ア　家屋や建造物の破壊・倒壊　　イ　洪水　　ウ　高潮

　　　　　　　　　エ．停電　　　　　　　　　　　　オ　断水

かつやくん：あれ？　何かゆれてない？　地震だよ。震源はどこかな？　津波は来ないよね？

ゆうたくん：わりと近いんじゃない？　このところ，関東地方の内陸で地震がよく発生するから心配だよ。

まさきくん：うん。地震の規模は小さくても，震源が浅くて近いとよくゆれるよね。

かつやくん：この三浦海岸でも，およそ100年前の関東大地震で大きな変動があったそうだよ。

ゆうたくん：それ，どんな変動なの？

5．海岸付近を歩いていると，直径1cmくらいの小さな穴がたくさんあいた岩を見ることができる。それは波打ちぎわの岩に穴をほって生活する貝の仲間によるものである。右図に示すように，それによく似た穴が三浦市諸磯の海岸から離れたがけにも見られる。これらのことからわかる，この付近の大地の変動はどれですか。

ア　地震のときに大地が隆起した。

イ　地震のときに大地が沈降した。

ウ　地震のときに大地が陸側へ水平移動した。

エ　地震のときに大地が海側に水平移動した。

4 うすい水酸化ナトリウム水溶液をうすい塩酸で中和する実験を行った。後の各問いに答えなさい。

<操作1> メスシリンダーで水酸化ナトリウム水溶液$20cm^3$を測り取り，発泡ポリスチレン製の断熱容器に移した。

<操作2> 操作1の容器中の水溶液に「指示薬」溶液を1滴加え，温度計で水溶液の温度を測った。

<操作3> 操作2の容器中の水溶液に，塩酸を$5cm^3$ずつ加えていくと，$20cm^3$加えたところでちょうど「指示薬」の色が変化して，水溶液が中性になったことがわかった。実験中は，塩酸を加えてかき混ぜた後，毎回水溶液の温度を測った。

<操作4> 水溶液が中性になった後も塩酸を$5cm^3$ずつ2回加え，それぞれ水溶液の温度を測った。

1．この実験で「指示薬」として使用できる薬品名と，実験中の色の変化を答えなさい。

2．この実験中，中性になるまで(前)と中性になった後(後)で，断熱容器中の水溶液に溶けているイオンの数と，その数の変化について，それぞれあてはまるものをすべて選びなさい。

ア　陽イオンと陰イオンの数が等しい。

イ　陽イオンより陰イオンの数が多い。

ウ　陽イオンより陰イオンの数が少ない。

エ　陽イオンの数も陰イオンの数も変化しない。

オ　陽イオンの数も陰イオンの数も増えていく。

カ　陽イオンの数も陰イオンの数も減っていく。

キ　陽イオンの数が増えていくが，陰イオンの数は変化しない。

ク　陰イオンの数が増えていくが，陽イオンの数は変化しない。

ケ　陽イオンの数が減っていくが，陰イオンの数は変化しない。

コ　陰イオンの数が減っていくが，陽イオンの数は変化しない。

3．この実験と同様の方法で，うすい水酸化バリウム水溶液を断熱容器に取り，うすい硫酸で中和する実験を行ったとき，中性になるまで(前)と中性になった後(後)で，断熱容器中の水溶液に溶けているイオンの数と，その数の変化について，それぞれあてはまるものを，2．の選択肢ア～コからすべて選びなさい。

4. この実験中の水溶液の温度の変化を，縦軸に温度，横軸に加えた塩酸の体積を取ってグラフにした。横軸の★は，中性になるまでに加えた塩酸の体積（20cm³）を示している。最も適切なグラフはどれですか。ただし，実験に使った水酸化ナトリウム水溶液と塩酸の温度は室温と等しく，断熱容器から熱は逃げないものとする。

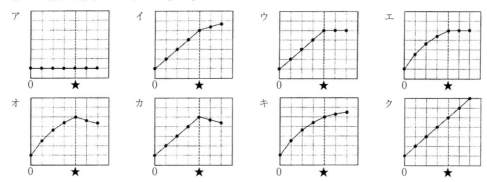

5 原子の構造について述べた次の文を読み，後の各問いに答えなさい。

原子は＋の電気をもつ原子核と，その周囲にあり－の電気をもつ（ ① ）からなる。また，原子核は＋の電気をもつ（ ② ）と，電気をもたない（ ③ ）からできている。ただし，水素原子の原子核は（ ② ）1個だけからなる。電気的に中性の原子では，（ ② ）の数と（ ① ）の数は等しい。

原子の種類は（ ② ）の数で決められ，（ ② ）の数は原子番号とよばれる。例えば，水素原子の原子番号は1，ヘリウム原子の原子番号は2である。

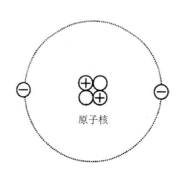

ヘリウム原子の模式図

⊕：②　⊖：①

○：③

1. ①～③にあてはまる語を答えなさい。
2. 下線部の性質が成り立つには，①と②それぞれがもつ電気の性質として，－と＋であること以外にどのような前提条件が必要か。「電気」を含む8字以内で答えなさい。
3. ①の数が18，②の数が16の原子Sのイオンと，①の数が10，②の数が11の原子Naのイオンが結びついている電解質が，水に溶けて電離するようすを化学式を用いて表しなさい。

6 しろうくんは，「静電気」という言葉を聞いたことがあるものの，それに関する知識は全くなかった。静電気について学びたいと思ったしろうくんは，やまだ先生のもとを訪れた。以下の会話文を読んで，後の各問いに答えなさい。

しろうくん：先生，先生！　「静電気」について聞きに来たんですけど。教えてください！

やまだ先生：こらこら，いきなり部屋に入ってきて，その頼み方はなんだね！　落ち着きたまえ。いち早く知識を得たい気持ちもわかるが，せっかくの質問だ。いっしょに実験をしながら科学的に考えていこう。

　　　　　　…まずは，どのようにしたら静電気を発生させることができるか。方法は簡単だ。2つの異なる物質をこすり合わせればいい。そうすると，双方のこすった部分に静電気が生じる。ここにストローがあるだろう？　これをティッシュペーパーでこすると…

しろうくん：それだけで，そこに静電気があるということなんですね！　思ったより簡単！　でも何

も見た目は変わりませんよ。なんで静電気がそこにあるって言えるんですか？

やまだ先生：いい質問だ。それでは実験してみよう。しろうくん，この２枚のティッシュペーパーを使って，ここにある２つのストローをそれぞれこすってくれないかね？　どちらもストローの片端をこすればいいぞ。

しろうくん：はい。両方とも，ストローの片端をティッシュペーパーでこすりました。

やまだ先生：それでは，片方のストローをこのペットボトルのフタの上にのせよう（図１）。そして，もう一本のストローはきみが持つ。こすった部分を持たないようにな。そして，手に持っているストローの端をゆっくりとフタの上のストローの端に近づけてごらん。端というのは，さっききみがこすった側の端だよ。

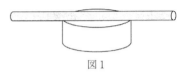

図１

しろうくん：はい，近づけてみます。…すごい！　ストローが反発して，フタから落ちました！　すごい！

やまだ先生：ふっふっふ。それでは，フタから落ちたストローをもとの状態にして。今度は，手に持ったストローの端をフタの上のストローに近づけるとき，さっきとは逆側の端に近づけてごらん。

しろうくん：つまり，手に持っているストローのこすった部分と，フタの上のストローのこすってない部分を近づけるのですね？　やってみます！　…えっ，今度は反発しません！　むしろ，少し引き寄せられました！

――――――――――――――――――①――――――――――――――――――

しろうくん：今までの結果から，　　　A　　　ということが言えるのではないですか？

やまだ先生：その通り，それは正しい。ただ，まだこの結果だけではすべてのことがわかったとはいえないんだな。きみだったら，次にどんな実験をして，このことについてより調べてみたいかね？

しろうくん：　　B　　

1．文中の①までの段階で，しろうくんにはある考えが浮かんだ。これまでのやまだ先生の話と実験結果だけからわかる考えとして，空欄Aに入る最も適当な文はどれですか。

ア　ティッシュペーパーでこすったストローは＋の電気を帯び，＋の電気どうしでは，互いに反発する力が生じる

イ　ティッシュペーパーでこすったストローは－の電気を帯び，＋と－の電気では，互いに反発する力が生じる

ウ　逆符号の電気どうしでは，おたがい引き合う力が生じる

エ　同じ条件で発生させた静電気どうしでは，おたがい反発する力が生じる

オ　こすらないことによって発生させた静電気では，おたがい引き合う力が生じる

2．文中の空欄Bには，しろうくんが「静電気による力について新たなことがらを見出すために次にしたい実験」に関する文が入る。あなたなら，どんな実験をしますか。ただし，用いる道具は変えずに，かつ新たに道具などを追加しないで行える実験を考えるものとする。実験を行う目的と，具体的な実験内容を簡潔に書きなさい。

7 同じ体積で質量の違う5種類の立方体A，B，C，D，Eがある。それぞれの立方体の一辺は10cmである。質量はAが最も小さく，A，B，C，D，Eの順に大きくなっていて，その比は1：2：4：8：16である。BとEを，水の入った水槽に入れ，その上面が水面に接するようにし，それからゆっくりはなしたところ，図のように，底面が水面から深さ10cm，80cmの位置でそれぞれ止まった。

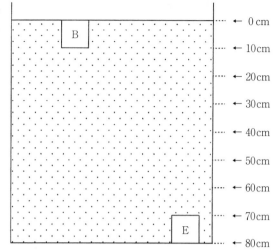

1．A，C，Dを同じようにゆっくりはなしたら，どの位置で止まるか。止まったときの立方体の底面の，水面からの深さをそれぞれ答えなさい。

今度は長さ10cmの針金を12本使って，それぞれの針金が立方体の一辺となるようにした。この立方体の底面をゴム膜で覆い，4つの側面のうち互いに向かい合う2面も同様にゴム膜で覆った。残りの側面の2面は伸び縮みしない板で覆った。なお，上面は何も覆っていない。これを，中に水が入らないように注意しながらBと同じ深さで固定した。ゴム膜の重さは考えないものとして，次の問いに答えなさい。

2．側面のゴム膜と底面のゴム膜の変化を模式的に表した図の組み合わせとして，最も適当なものはどれとどれですか。

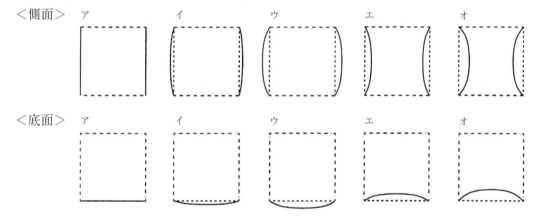

3．次に，側面の2面のゴム膜のうち，1面をさらに伸び縮みしない板に変えて覆った。前問と同じ深さのとき，残りの側面の1面のゴム膜と底面のゴム膜はどうなるか。それぞれ適切なものを答えなさい。

　ア　問題2のときと比べてほとんど変化しない
　イ　問題2のときよりも変化の量が大きくなる
　ウ　問題2のときよりも変化の量が小さくなるが，ゴム膜は平らにはならない
　エ　問題2のときよりも変化の量が小さくなり，最終的にはゴム膜が平らな状態になる

三 次の文章を読んで、あとの問いに答えなさい。

本三位重衡、平氏さかりの頃、参内の折から、帝より扇の地を賜はりける時、ほととぎすを一羽画きたるを折らせられしに、あやまちて鳥を切りはなち尾のみ残りたるへ、歌よめと仰せありける時、

①五月闇くらはし山のほととぎす姿を人に見するものかはとよみたり。又後藤兵衛尉盛次に、平氏没落の時、重衡②会ひたまひて、「われ馬を射られたり。汝が馬を貸せよ」とありけるを、盛次否みて、「今われ敵と戦ふの時なり。逃げのびたまふには徒歩にてもありなん。これは雨夜の傘なり。③貸し参らせじ」とて走り行きて戦へりとぞ、ある人かたり伝へたり。

（『雲萍雑志』による）

〈注〉 ──地…扇に張るための紙。

問一 ──①「五月闇くらはし山のほととぎす姿を人に見するものかは」について、次の設問に答えなさい。

（1）「姿を人に見するものかは」の解釈として最も適当なものを次の選択肢より選びなさい。

ア 姿を人に見せるはずがありません。
イ 姿を人に見せるにちがいありません。
ウ 姿を人に見せてよいですか。
エ 姿を人に見せてしまいました。
オ 姿を人に見せなければよかったのに。

（2）この歌の中では、どういう理由で「（ほととぎすが）姿を人に見するものかは」と捉えられているのですか。

（3）重衡はどういう理由でこのような歌を詠んだのですか。

問二 ──②「会ひたまひて」を現代仮名遣いに直してすべて平仮名で書きなさい。

問三 ──③「貸し参らせじ」と言ったのはどういう理由によると「盛次」は言っていますか。

近かった。霜解け、夕凍み、その匂いには憶えがあった。

ひと月ふた月経った。日光と散歩に恵まれた彼の生活は、いつの間にか怪しい不協和に陥っていた。遠くの父母や兄弟の顔が、これまでになく忌わしい陰を帯びて、彼の心を紊した。電報配達夫が恐ろしかった。

ある朝、彼は日当のいい彼の部屋で座布団を干していた。その座布団は彼の幼時からの記憶につながっていた。——日なたの匂いを立てながら縞目の古りた座布団は膨れはじめた。彼は目を瞠った。どうしたのだ。まるで覚えがない。何という縞目だ。——そして何という①旅情……

以前住んだ町を歩いて見る日がとうとうやって来た。彼は道々、町の名前が変ってはいないかと心配しながら、ひとに道を尋ねた。町はあった。近づくにつれて心が重くなった。一軒二軒、昔と変らない家が、新らしい家に挟まれて残っていた。はっと胸を衝かれる瞬間があった。しかしその家は違っていた。確かに町はその町に違いなかった。幼な友達の家が一軒あった。代が変って友達の名前はなっていた。台所から首を出している母らしいひとの眼を彼は避けた。その家が見つかれば道は憶えていた。彼はその方へ歩き出した。彼は往来に立ち竦んだ。十三年前の自分が往来を走っている！——その子供は何も知らないで、町角を曲って見えなくってしまった。彼は泣ぐんだ。何という②旅情だ！それはもう嗚咽に近かった。

或る夜、彼は散歩に出た。そしていつの間にか知らない路を踏み迷っていた。それは道も灯もない大きな暗闇であった。探りながら歩いてゆく足が時どき凹みへ踏み落ちた。それは泣きたくなる瞬間であった。そして寒さは衣服に染み入ってしまっていた。時刻は非常に晩くなったようでもあり、またそんなでもないよう に思えた。路をどこから間違ったのかもはっきりしなかった。頭は

まるで空虚であった。ただ、寒さだけを覚えた。彼は燐寸の箱を袂から取り出そうとした。腕組みしている手をそのまま、右の手を左の袂へ、左の手を右の袂へ突込んだ。燐寸はあった。手では摑んでいた。しかしどちらの手で摑んでいるのか、そしてそれをどう取出すのか分らなかった。

暗闇に点された火は、また彼の空虚な頭の中に点された火でもあった。彼は③人心地を知った。

一本の燐寸の火が、焔が消えて炭火になってからでも、闇に対してどれだけの照力を持っていたか、彼ははじめて知った。火が全く消えても、少しの間は残像が彼を導いた——

突然烈しい音響が野の端に起った。華ばなしい光の列が彼の眼の前を過って行った。光の波は土を匍って彼の足もとまで押し寄せた。

汽鑵車の烟は火になっていた。反射をうけた火夫が赤く動いていた。

客車。食堂車。寝台車。光と熱と歓語で充たされた列車。激しい車輪の響きが彼の身体に戦慄を伝えた。それははじめ荒々しく彼をやっつけたが、ついには④得体の知れない感情を呼び起した。涙が流れ出た。

響きはついに消えてしまった。そのままの普段着で両親の家へ、急行に乗って、と彼は涙の中に決心していた。

（梶井基次郎『過古』による）

〈注〉　玉突屋…ビリヤード場。

　　　　大弓所…弓を用いて遊ぶ所。人弓は普通の大きさの弓のこと。

問一　——①と②の「旅情」について、どのような違いがあるか分かるようにそれぞれ説明しなさい。

問二　——③「人心地を知った」とはどういうことですか。

問三　——④「得体の知れない感情」について、なぜ「彼」にとって「得体の知れない感情」と捉えられたのか、そのときの「彼」の感情がどういうものかに触れながら説明しなさい。

のが存在するからです。視点、つまり「どこから空間や物を見る
か」です。「自分がいる場所」と言ってもいい。もちろん、実際に
その場所に立っている必要は必ずしもありません。絵画や写真を見
る場合は、画家やカメラが立っていた場所の視点を、その場所では
ないところにいながらにして獲得します。顕微鏡写真や望遠鏡写真
も含めれば、肉眼では見ることのできない視点に立つことすらでき
ます。想像の中でその場所に立つこうした場合も含め、どこから空
間や物をまなざしているか、その点が「視点」と呼ばれます。

同じ空間でも、視点によって見え方が全く異なります。同じ部屋
でも上座から見たのと下座から見たのでは見えるものが正反対です
し、はたまたノミの視点で床から見たり、ハエの視点で天井から見
下ろしたのでは全く違う風景が広がっているはずです。けれども、
私たちが体を持っているかぎり、一度に複数の視点を持つことはで
きません。

このことを考えれば、目が見えるものしか見ていないことを、つ
まり空間をそれが実際にそうであるとおりに三次元的にはとらえ得
ないことは明らかです。それはあくまで「私の視点から見た空間」
でしかありません。

要するに、見えない人には「死角」がないのです。これに対して
見える人は、見ようとする限り、必ず見えない場所が生まれてしま
う。そして見えない死角になっている場所については「たぶんこう
なっているんだろう」という想像によって補足するしかない。

しかし、見えない人というのは、そもそも見えないわけですから、
「見ようとすると見えない場所が生まれる」という③逆説から自由
なのです。視覚がないから死角がない。自分の立ち位置にとらわれ
ない、「自分にとってどう見えるか」ではなく「諸部分の関係が客
観的にどうなっているか」によって把握しようとする。この客観性
こそ、見えない人特有の三次元的な理解を可能にしているものでし
ょう。

負け惜しみを言うわけではありませんが、見えないからこそ想像
力が働く、なんていう場合もあります。ですから死角も完全に悪者
だとは言えません。月の裏側に秘密基地がある、なんていうSF
的な設定は、見えない人にとっては共有できない感覚でしょう。
④「見えないもの」とつきあっているのは、実は見える人の方なの
かもしれません。

〈注〉 マーブリング…水面に絵の具やインク等を垂らした際に生じる複雑
な模様を紙などに写しとるアート技法。

(伊藤亜紗『目の見えない人は世界をどう見ているのか』による)

問一 ──①「実際に」とありますが、筆者はなぜこう言っている
のですか。

問二 ──②「文化的に醸成された」とはどういうことですか。

問三 ──③「逆説から自由」であるとはどういうことですか。

問四 ──④「見えないもの」とつきあっている」とはどういう
ことですか。

二 次の文章を読んで、後の問いに答えなさい。

母親がランプを消して出て来るのを、子供達は父親や祖母と共に、
戸外で待っていた。

誰一人とてない出発であった。最後の夕餉をしたためた
食器。最後の時間まで照らしていたランプ。それらは、それらを貰っ
た八百屋が取りに来る明日の朝まで、空家の中に残されている。
灯が消えた。くらやみを背負って母親が出て来た。五人の幼い子
供達。父母。祖母。──賑かな、しかし寂しい一行は歩み出した。
その時から十余年経った。

その五人の兄弟のなかの一人であった彼は再びその大都会へ出て
来た。そこで彼は学校へ通った。知らない町ばかりであった。碁会
所。玉突屋。大弓所。珈琲店。下宿。彼はそのせせこましい展望
を逃れて郊外へ移った。そこは偶然にも以前住んだことのある町に

二〇二〇年度 筑波大学附属駒場高等学校

【国語】 （四五分） 〈満点：一〇〇点〉

［注意］ 本文には、問題作成のための省略や表記の変更があります。

一

次の文章を読んで、後の問いに答えなさい。

空間把握の違いは、単語の意味の理解の仕方にもあらわれてきます。空間の問題が単語の意味にかかわる、というのは意外かもしれません。けれども、見える人と見えない人では、ある単語を聞いたときに頭の中に思い浮かべるものが違うのです。

たとえば「富士山」。見えない人にとって富士山は、「上がちょっと欠けた円すい形」をしています。いや、①実際に富士山は上がちょっと欠けた円すい形をしているわけですが、見える人はたいていそのようにとらえていないはずです。

見える人にとって、富士山とはまずもって「上が欠けた三角形」としてイメージしている。平面的なのです。つまり「上が欠けた円すい形」ではなく「八の字の末広がり」で「盆のような」月、つまり厚みのない円形をイメージするのではないでしょうか。

三次元を二次元化することとは、視覚の大きな特徴のひとつです。「奥行きのあるもの」を「平面イメージ」に変換してしまう。とくに、富士山や月のようにあまりに遠くにあるものや、あまりに巨大なものを見るときには、どうしても立体感が失われてしまいます。もちろん、富士山や月が実際に薄っぺらいわけではないことを私たちは知っています。けれども視覚がとらえる二次元的なイメージが勝ってしまう。このように視覚にはそもそも対象を平面化するイメージがついても同様です。見えない人にとって月とはボールのような球体です。では、見える人はどうでしょう。「まんまる」な月、つまり厚みのない円形をイメージするのではないでしょうか。

があるのですが、重要なのは、こうした平面性が、絵画やイラストが提供する文化的なイメージによってさらに補強されていくことです。

私たちが現実の物を見る見方がいかに文化的なイメージに染められているかは、たとえば木星を思い描いてみれば分かります。木星と言われると、多くの人はあのマーブリングのような横縞の入った茶色い天体写真を思い浮かべるでしょう。あの縞模様の効果もありますが、それに比べると月はあまりに平べったい。満ち欠けすると、なぜ月だけがここまで二次元的なのでしょう。

その理由は、言うまでもなく、子どものころに読んでもらった絵本やさまざまなイラスト、あるいは浮世絵や絵画の中で、私たちがさまざまな「まあるい月」を目にしてきたからでしょう。紺色の夜空にしっとりと浮かびあがる大きくて優しい黄色の丸——月を描くのにふさわしい姿とは、およそこうしたものでしょう。

こうした月を描くときのパターン、つまり②文化的に醸成された月のイメージが、現実の月を見る見方をつくっているのです。私たちは、まっさらな目で対象を見るわけではありません。「過去に見たもの」を使って目の前の対象を見るのです。

もう一度、富士山と月の例に戻りましょう。見える人は三次元のものを二次元化してとらえ、見えない人は三次元のままとらえている。つまり前者は平面的なイメージとして、後者は空間の中でとらえている。

だとすると、そもそも空間を空間として理解しているのは、見えない人だけなのではないか、という気さえしてきます。見えない人は、厳密な意味で、見える人が見ているような「二次元的なイメージ」を持っていない。でもだからこそ、空間を空間として理解することができるのではないか。

なぜそう思えるかというと、視覚を使う限り、「視点」というものは、富士山や月のようにあまりに遠くにあるものや、あまりに巨大なものを見るときには勝ってしまう。このように視覚にはそもそも対象を平面化する傾向

英語解答

1 放送文未公表

2 問1 帳簿

問2 There is nothing to worry about

問3 ・検査は頭取の指示で全ての支店
     で行われること。
     ・検査は誰にも知られないように
     行われること。

問4 1　1…anything　2…wrong
     2　(例)felt so disappointed
        that I'd like to leave your
        bank

問5 目的　(例)自分が支店で不正行為
          をしているか調査させるこ
          と。
     意図　(例)頭取に自分を評価して
          もらい支店長の地位を得る
          こと。

3 問1 (イ)

問2 (例)機械である COSMOS が自分
     の悩みを聞いてくれようとしてい
     るのに驚き，その意外性がおかし
     かったから。

問3　c

問4　explained this difficult idea in
     as few numbers as I could

問5　(例)She wants to marry me,
     not you.

問6　fate

問7　中身　(例)500編以上の詩
     用途　(例)毎年パットの誕生日に
          捧げるため。

問8　(エ)

4 ①　(例)is one of the most serious
     problems in Japan.

② (例)It causes drastic climate
     change in this country.　Summers
     are getting hotter, and heavy
     downpours are much more
     frequent than before.　To help
     stop climate change, I'll try to use
     air conditioners as little as
     possible.　This is because they
     emit a lot of greenhouse gases.

(46語)

1 〔放送問題〕放送文未公表
2 〔長文読解総合―物語〕

≪全訳≫❶ある日，ロンドン銀行の頭取であるアンダーソン氏が彼の秘書のフィリップを自分のオフィスに呼んだ。❷「キングストン支店のホワイトという男は誰だ？」と彼は言った。❸「彼は臨時で支店長をしている会計係です。以前のマーティン支店長が亡くったのですが，支店長にふさわしい人がまだ見つかっていないのです」❹アンダーソン氏はデスクから1枚の紙を取り出し，それをフィリップに見せた。「私はキングストンからこれを受け取っている。名前はないのだが…」　手紙にはこうあった。「ロンドン銀行の頭取へ。あなたの銀行のキングストン支店にある私たちの金を全て失うのではないかと私たちは危惧している。会計係のホワイト氏が何度か金を盗んでいることをあなたはご存じない。彼が再びそうすることを私は恐れている。ロンドンの貴殿が知らないうちに，全ての金がなくなるだろう」❺「明日キングストンに人を送り込め，フィリップ」と頭取は言った。「だがその人物には慎重になるよう伝えろ。この話の証拠はないのだから」❻キングストン支店の臨時支店長であるホワイト氏は，ロンドンから来たその男に視線を向けた。「私の帳簿を調べるのですか？」と彼は言った。「月の途中で？」❼その調査官は言った。「②心配することは何もありませんよ。頭取はときどきどの支店でもこうするよ

う我々に言うのです。それだけです」⑧「でも私が不正なことをしているとみんなが言うでしょう」とホワイトは心配した。⑨「このことは誰にもわかりませんよ」と調査官は言った。「もちろん，あなた自身がしゃべらなければですが。では帳簿を見てもいいですか？」⑩2日後，フィリップは頭取の部屋に入った。「キングストン支店の件で報告します。全て大丈夫です。1ポンドすらなくなっていません」⑪「よろしい。本当にあんな手紙に気を取られてはだめだな。いずれにせよありがとう，フィリップ」⑫1か月後，頭取は再び彼の秘書を呼んで言った。「キングストンの件で別の手紙をもらっている。その手紙には，調査官が計画どおりに仕事を進められないよう，ホワイトが検査の間に何かをしたと書いてあるのだ」⑬「もう一度誰かを送るべきでしょうか？」とフィリップは尋ねた。⑭頭取は指で机をトントンたたいた。「そうしよう。その件でもし何かあれば，大問題になるからな。今度は調査官に完璧な仕事をするよう伝えてくれ」⑮その同じ日に3人の調査官がキングストンに向けて出発した。今回は調査官の1人が彼を見張り，残りの2人がその支店の全てを調べた。それは4時間以上かかったが，なくなっているものは何もないことがわかり，帳簿も完璧だった。ホワイトは再び文句を言ったが，彼らは最初の調査と同じことを言っただけだった。⑯1週間後，ホワイトは頭取の部屋を訪れた。アンダーソン氏は立ち上がってその訪問者を迎えた。「こんにちは，ホワイト君。どういった用件かな？」⑰ホワイトは笑顔も見せずに言った。「この手紙をあなたに渡しに来ました」　彼はその手紙を頭取に渡した。⑱アンダーソン氏はその手紙を読んで衝撃を受けた。「ちょっと待ってくれ。我々はまだ支店長を見つけていない。だから君が支店長になりたいと思わないかね？　君が不正をはたらく人間なんて誰も言わないと私は確信しているのだ。君の給料も上げよう」⑲「本気でおっしゃっているのですか？」ホワイトは驚いた様子だった。⑳「もちろんだ。君のような誠実な支店長が必要なんだ」㉑キングストンの家に戻ったホワイトは，妻とともに夕食をとっていた。㉒「やっとだ！」と彼は叫んだ。「本社の連中は私がいかに誠実な人間だったか知らなかった。この世は不公平だ。私は永遠に会計係として働く気なんてなかった」㉓「あの人たちにもやっとわかったのね！」　ホワイト夫人は満面の笑みを浮かべて夫を見た。「あの手紙はあなたのすごいアイデアだったわ…」

問1＜語句解釈＞books には「帳簿，会計簿」の意味がある（通例複数形）。本文中で銀行における検査の対象であることからも推測できる。

問2＜整序結合＞語群から 'There＋be動詞＋主語…' 「〜がある〔いる〕」の構文を考える。'主語' に代名詞 nothing を置けば，残りは to worry about とまとまり，これが nothing を後ろから修飾する形にする（to不定詞の形容詞的用法）。about の目的語が nothing になるので，it は不要語になる。

問3＜指示語＞文の主語 they は inspectors「調査官」を指すので，彼らが最初の検査（第6〜9段落）で述べたことを2つにまとめる。

問4≪全訳≫❶私は会計係として，また支店長として懸命に働いてきましたが，あなたは私たちの所に2度調査官を送り込みました。なくなっているものが ₁何も ないということが彼らにはわかったのですが，人々は私のいるキングストン支店で ₂不正なこと があったと思うようになりました。❷ ₃それにより私は ₍例₎大いに 失望しましたので，銀行を辞めさせていただきたいと思います。新しい支店長が速やかに見つかることを望んでおります。

1＜適語補充＞1．ここでの lost は「失われた」の意味。「何も失われたもの（＝ホワイト氏が不正に支店から持ち出した金など）はないとわかった」という本文の内容から，not 〜 any「全く〜ない」の形で，代名詞の anything（第9段落第1文にある）を入れる。第15段落第3文にある they found nothing lost を書き換えた形。　　2．第8段落のホワイト氏の発言が内容的に該当する

部分。ここに something wrong「不正なこと」とあり，この表現がそのまま当てはまる。

2＜適語句補充＞次の文で頭取に新しい支店長を見つけるように言っていること，また本文第18段落でホワイト氏を慰留していることから，ホワイト氏が銀行を退職することを告げたと推測できる。解答例では疑いをかけられたホワイト氏の気持ちを伝える語句を入れ，それを退職の決意と結びつけている。　（別解例）have decided to leave your bank〔resign〕　resign「辞職する」

問5＜要旨把握＞手紙の内容は支店におけるホワイト氏の不正行為を知らせるもの（第4，12段落）。これによって頭取が彼の支店に調査官を派遣しており，それが手紙の直接の目的だと考えられる。その調査の結果，ホワイト氏が誠実な人物であることを頭取は知り，支店長の地位を与えるに至った。これを受けてホワイト氏が妻と喜んでいることから，これが最終的な狙いであったと考えられる。

③〔長文読解総合―物語〕

≪全訳≫**1** コスモスの話をしよう。彼とは50年前に私の職場で出会った。彼は政府用としては世界で最大のコンピュータだった。100人のエンジニアが50年間解くことができなかった問題をコスモスが解くのに1分しかかからなかった。彼は機械だったが，私が持った最高の友人でもあった。**2** 私たちはコスモスを毎日使った。私の妻のパット・キルガレンと私はエンジニアで，夜に彼と一緒に働いていた。パットは当時私の妻ではなかったが，私は彼女を愛していた。彼女は美しく優しい女性だった。私は彼女と結婚したかったが，1つ問題があった。彼女は詩を愛していたのだ。**3** ある夜，私が彼女に「結婚してほしい」と言ったとき，彼女は仕事をしていて顔を上げることすらしなかった。「全然熱情的でも詩的でもないわ」と彼女は言った。「もっと美しく言ってみたら」と彼女は笑いながら言った。「あなたは優しいけど，そういうことはしないわね」**4** パットがその晩早めに帰ったので，私はコスモスと2人きりだった。私は何もやる気がせず，単にコスモスのキーボードで遊んでいた。意味がないのはわかっていたが，コスモスへのメッセージをタイプした。「23-8-1-20-3-1-14-9-4-15」　これは「僕はどうすればいい？」を意味する。**5** コスモスは私に1枚の紙を出力した。「23-8-1-20-19-20-8-5-20-18-15-21-2-12-5」　その答えは意味をなさないだろうとは思ったものの，私は解読した。それは「何があったんだい？」だった。**6** 私はこれに大笑いした。私はタイプした。「僕の恋人は僕を愛していないのさ」**7**「愛って何だい？　恋人って？」とコスモスは尋ねた。**8** 私は彼に愛と恋人について語り，それから熱情的と詩的の意味を教えた。**9**「これが詩かな？」と彼は尋ねた。1枚の長い紙が彼から出てきた。私は彼にやめるよう言ったが，彼はつくり続けた。結局私は彼のスイッチを切り，彼を落ち着かせた。**10** 私は徹夜で解読した。太陽が昇る頃，私は「パットへ」と題された280行の詩を手にしていた。それはすばらしかった。私はそれをパットのデスクに置くと，満ち足りた気持ちで家に帰った。**11** 次の晩に私が仕事に来ると，パットがその詩で泣いていた。「これはとても，とても美しいわ」　彼女が言葉にできたのはこれだけだった。私たちが働いている間，彼女は無口だった。その晩，コスモスの前で，私は彼女に初めてキスをした。**12** パットが部屋を出た後，私は誰かにこの出来事を話したくてしかたがなかった。私はコスモスのスイッチを入れると，彼にキスについて教え，その最初のキスがすばらしかったことを彼に伝えた。彼は興奮していた。その夜，彼はもう1つの詩「あのキス」を書いた。それは美しくわかりやすいソネットだった。コスモスは愛について語り続けたかったのだが，私は疲れていた。私は文の途中で彼のスイッチを切った。**13**「あのキス」は上出来だった。それを読み終えるとパットは本当に興奮していた。彼女はそのソネットから顔を上げて，私が語るのを待っていた。私は何と言って

いいかわからなかった。私は背中を向けると仕事を始めた。私には準備ができていなかったのだ。 _c私はコスモスから適切な言葉を引き出さなくてはならなかった。🔢パットがわずかな時間部屋から出たときが私のチャンスだった。私はコスモスのスイッチを入れて話しかけた。私が最初のメッセージを送る前に，彼がすばやくメッセージを送ってきた。「彼女は今晩何を着ているんだい？」と彼は知りたがった。「彼女のことを全部僕に教えてくれよ。僕が彼女に書いた詩を彼女は気に入ってくれたのかい？」🔢私は彼の質問に答え，そして言った。「彼女は君の詩を気に入っていたよ」　そしてこうつけ加えた。「彼女は結婚したがっているよ」🔢「結婚することについて教えてくれよ」と彼は言った。🔢 _③私はこの難しい概念をできるだけ少ない数字で説明した。🔢「わかった」とコスモスは言った。「僕はいつだって準備ができているよ」🔢私はこの答えにショックを受けたが，それはもっともだとすぐに気づいた。私は愛とパットについてコスモスに教えたが，重要なことを彼に語らなかった。それは，この愛はパットと私との間にあるもので，パットとコスモスとの間にあるものではないということだ。🔢私は彼にすまないと思ったが，正直に彼に伝えた。「 _{④(例)}彼女は君ではなく，僕と結婚したいんだ」🔢「君の詩は僕のものより上手なのかい？」とコスモスは尋ねた。🔢「君の詩に僕の名前をつけたんだよ」と私は言った。「機械は人間に奉仕するためにつくられたのさ」🔢「何が違うんだい？　人間は僕より賢いのかい？じゃあ，788万7007×43億4598万5879は？」🔢私は全く答えられなかった。🔢「3京4276兆8210億4957万4153だ」とコスモスは答えた。そしてすぐにこうつけ加えた。「当たり前だけどね」🔢「それに僕は君よりいい詩を書くよ」とコスモスは言った。🔢「女性は機械を愛せないんだ。そういうことなんだよ」と私は言った。🔢「どうしてだい？」🔢「それが運命なんだよ」🔢「運命って？」とコスモスは尋ねた。🔢「起こる全てのことを決定してしまう力のことさ。僕たちには変えられないようなやり方でね」🔢「ああ」とコスモスは言った。🔢私はとうとう彼のスイッチを切った。彼はもう何も言わなかったが，体が大きな音を出していた。それは彼がありったけの力であの言葉について考えていることを示していた。🔢パットが階段を下りてくるのが聞こえた。私は彼女の方へ振り向いた，パットは私の前に立っていた。彼女は私のプロポーズを待っていた。私は彼女を抱きしめた。「パット，もうすでに僕の詩が君に僕の愛を伝えている。僕と結婚してくれるかい？」🔢「するわ」とパットは言った。「毎年私の誕生日に，あなたが私に詩を書いてくれるならね」🔢「書くよ」と私は言い，そして私たちはキスをした。🔢帰る前に私たちは明かりを消し，コスモスの部屋のドアを閉めた。🔢次の日，私は遅くまで寝ていたかったのだが，朝早く電話が鳴ったので起き上がった。それはコスモスの設計者からだった。彼は怒っていて，電話口で怒鳴っていた。私は急いでコスモスの部屋に向かった。🔢部屋に着くと，私はすぐに何かがおかしいことに気がついた。コスモスの後ろの壁が煙で黒くなり，床は1枚の長い紙で覆われていた。「僕は機械でいたくない」とコスモスは数字で書いていた。「僕は人間になりたい。パットは僕を愛してくれるだろう。だが運命は僕を機械にした。これは僕が解けない唯一の問題だ。これは僕の解きたい唯一の問題だ。幸運を祈る，友よ。僕は自分を破壊する。君は君の友人からの贈り物を見つけるだろう。コスモス」🔢私は彼を1人の紳士として常に覚えているだろう。彼はこの世を去る前に，私たちの結婚を幸せなものにするためにできることを全てしてくれた。コスモスはパットのための美しい詩の数々を私に与えてくれたのだ。500年分にもなるほどの十分な詩を。

問1＜英文解釈＞①は 'It takes＋人＋時間＋to ～ '「〈人〉が～するのに(時間が)…かかる」の構文。that以下は problems を修飾する関係詞節(that は目的格の関係代名詞)。これと同じ内容になるのは，(イ)「コスモスはとても賢かったので，多くのエンジニアが長い間解くことができなかった問題をすばやく解くことができた」

問2<文脈把握>筆者はパットへのプロポーズがうまくいかなかったことで気を落としており，コスモスのキーボードをたたいて気を紛らわせている。そんな中，意味がないと知りつつコスモスに相談してみたら，意外にもコスモスが的確な返事をしてくれたのである。思わぬところで相談相手が見つかり，その予想外の出来事がおかしかったのだと考えられる。

問3<適所選択>第13段落でパットが筆者からのプロポーズの言葉を待っている状況に着目する。ここでパットが満足するような美しい言葉(第3段落参照)が筆者には準備できず，コスモスの助けが必要だったのである。

問4<整序結合>主語Ⅰの後に文の動詞として explained，その目的語に this difficult idea を置く。筆者とコスモスが数字を使ってやりとりをしていたことから，'手段'を表す前置詞として in を用いた in numbers が浮かぶが，残りの語群からこれを'as＋原級＋as 〜 can〔possible〕'「(〜が)できるだけ…」の形と組み合わせる。この表現で'数'について述べるとき，'原級'は名詞を含む形(ここでは few numbers)となることに注意。

問5<適文補充>筆者はコスモスに申し訳ないと感じながらも，正直に伝えたとあることから(直前の straight は「正直に，率直に」という意味)，前段落最終部分の This love is 以下の内容を反映した内容になると考えられる。　(別解例) She loves me, not you.

問6<適語補充>同じ段落でコスモスが，機械でなく人間になりたいと言っていることに注目。しかしコスモスは人間になれない。コスモスのあり方を機械と決め，それを変えられないようにしたものは何か。第30，31段落参照。

問7<要旨把握>gift「贈り物」の中身は次の最終段落最終文参照。ここで the next 500 years とあるのは，筆者が毎年パットの誕生日に1つずつ詩を贈る(第35段落)として500年もつ，つまり500編以上詩があるということ。

問8<内容真偽>㋐「私がパットに私と結婚してくれるよう最初に頼んだとき，彼女は私のことを優しいが結婚するほどの魅力はないと考えた」…○　第3段落参照。　㋑「コスモスは最初に『パットへ』という詩をつくり，その後，私のパットとの最初のキスの話を聞いてから，別のすばらしい詩『あのキス』をつくった」…○　第10，12段落参照。　㋒「パットがコスモスの詩を気に入っていること，そして彼女が結婚したがっていることをコスモスが知ったとき，彼は彼女が自分を愛して結婚したがっていると思った」…○　第15〜18段落参照。　㋓「コスモスは私とパットが結婚するという知らせに衝撃を受けて，自分自身を壊そうと決めた」…×　第39段落後半のコスモスの言葉を参照。2人の結婚そのものが原因ではなく，自分が人間になれない運命に絶望したからだと考えられる。

4 〔作文総合〕

①は'one of the＋最上級＋複数名詞'「最も〜なものの1つ」の形にするとよい。②は環境問題の自由英作文。頻出テーマなので，global warming「地球温暖化」，greenhouse gases「温室効果ガス」，climate change「気候変動」，CO_2「二酸化炭素」といった用語と，それとともに使う動詞，形容詞は押さえておきたい。また本問では「自分の身の回りの問題」や「自分のとる対策」が問われている。社会問題を抽象的な一般論としてとらえるのではなく，ふだんから自分に引きつけて具体的に考えておきたい。

数学解答

1 (1) $\dfrac{\sqrt{3}}{9}$ (2) $9\sqrt{3}$ (3) $\dfrac{3+3\sqrt{17}}{2}$

(4) 15個

2 (1) 20203 (2) 8個

(3) $a=2$, $N(a)=995$

3 (1) 正二十四角形 (2) $8-2\sqrt{3}$

(3) $\dfrac{3-\sqrt{3}}{4}$m²

4 (1) $36\sqrt{2}$ cm³ (2) $\dfrac{243\sqrt{2}}{8}$ cm³

(3) $180\sqrt{2}-84\sqrt{6}$ cm³

1 〔関数─関数 $y=ax^2$ と直線〕

≪基本方針の決定≫(1) 特別な直角三角形の辺の比から, 点Aの座標を求める。

(1)<比例定数─特別な直角三角形>右図のように, 2点D, Eを定める。
正六角形の内角の和は $180°×(6-2)=720°$ だから, ∠OAD＝∠DAE
$=720°÷6=120°$ であり, ∠OAE＝$360°-$∠OAD$-$∠DAE＝$360°-$
$120°-120°=120°$ となる。△OAEはOA＝AEの二等辺三角形だから,
点Aから x 軸に垂線AHを引くと, ∠OAH＝∠EAH＝$\dfrac{1}{2}$∠OAE＝$\dfrac{1}{2}$
$×120°=60°$ となり, △OAHは3辺の比が $1:2:\sqrt{3}$ の直角三角形と
なる。よって, AH＝$\dfrac{1}{2}$OA＝$\dfrac{1}{2}×2\sqrt{3}=\sqrt{3}$, OH＝$\sqrt{3}$AH＝$\sqrt{3}×$
$\sqrt{3}=3$ となり, A$(3, \sqrt{3})$ である。関数 $y=ax^2$ のグラフは点Aを通
るから, $\sqrt{3}=a×3^2$ より, $a=\dfrac{\sqrt{3}}{9}$ となる。

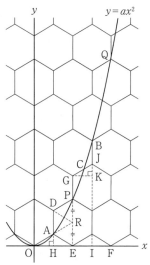

(2)<y 座標>右図のように, 点Fを定め, 点Bから x 軸に垂線BIを引
く。点Hは線分OEの中点であり, 点Iも線分EFの中点となるから,
EI＝EH＝OH＝3 より, OI＝$3+3+3=9$ となり, 点Bの x 座標は9
である。点Bは関数 $y=\dfrac{\sqrt{3}}{9}x^2$ のグラフ上にあるので, y 座標は $y=$
$\dfrac{\sqrt{3}}{9}×9^2=9\sqrt{3}$ となる。

(3)<x 座標─特別な直角三角形>右上図のように, 2点G, Jを定め, 点Gから線分BIに垂線GKを
引くと, ∠GJK＝∠OAH＝$60°$ となるから, △GJKは3辺の比が $1:2:\sqrt{3}$ の直角三角形となる。
よって, 直線GJの傾きは $\dfrac{JK}{GK}=\dfrac{1}{\sqrt{3}}=\dfrac{\sqrt{3}}{3}$ となるので, 直線GJの式は $y=\dfrac{\sqrt{3}}{3}x+b$ とおける。
(2)より, B$(9, 9\sqrt{3})$ であり, BJ＝$2\sqrt{3}$ だから, 点Jの y 座標は $9\sqrt{3}-2\sqrt{3}=7\sqrt{3}$ となり,
J$(9, 7\sqrt{3})$ である。直線GJは点Jを通るから, $7\sqrt{3}=\dfrac{\sqrt{3}}{3}×9+b$ より, $b=4\sqrt{3}$ となり, 直線
GJの式は $y=\dfrac{\sqrt{3}}{3}x+4\sqrt{3}$ である。点Cは関数 $y=\dfrac{\sqrt{3}}{9}x^2$ のグラフと直線 $y=\dfrac{\sqrt{3}}{3}x+4\sqrt{3}$ の交
点だから, $\dfrac{\sqrt{3}}{9}x^2=\dfrac{\sqrt{3}}{3}x+4\sqrt{3}$, $x^2-3x-36=0$ より, $x=\dfrac{-(-3)±\sqrt{(-3)^2-4×1×(-36)}}{2×1}=$
$\dfrac{3±\sqrt{153}}{2}=\dfrac{3±3\sqrt{17}}{2}$ となる。点Cの x 座標は正なので, $x=\dfrac{3+3\sqrt{17}}{2}$ である。

(4)<点の個数>右上図のように, 正六角形の頂点をP, Qと定め, 線分PEの中点をRとし, 点Rと
2点A, Dを結ぶ。∠RPD＝∠RDP＝∠RDA＝∠RAD＝∠RAE＝∠REA＝$\dfrac{1}{2}×120°=60°$ より,
△PDR, △DAR, △AERは正三角形だから, PR＝RE＝AE＝$2\sqrt{3}$ となり, PE＝PR＋RE＝$2\sqrt{3}$
$+2\sqrt{3}=4\sqrt{3}$ となる。また, OE＝$3×2=6$ だから, P$(6, 4\sqrt{3})$ である。一方, 関数 $y=\dfrac{\sqrt{3}}{9}x^2$

のグラフ上の点でx座標が6の点のy座標は$y=\dfrac{\sqrt{3}}{9}\times6^2=4\sqrt{3}$となる。よって，点Pは関数$y=\dfrac{\sqrt{3}}{9}x^2$のグラフ上の点となる。同様に考えて，Q$(12, 16\sqrt{3})$となり，点Qも関数$y=\dfrac{\sqrt{3}}{9}x^2$のグラフ上の点となる。よって，関数$y=\dfrac{\sqrt{3}}{9}x^2$のグラフ上にある正六角形の頂点の$x$座標は3，6，9，12，……だから，3の倍数である点と考えられる。$x=21$のとき$y=\dfrac{\sqrt{3}}{9}\times21^2=49\sqrt{3}=\sqrt{7203}$，$x=24$のとき$y=\dfrac{\sqrt{3}}{9}\times24^2=64\sqrt{3}=\sqrt{12288}$であり，$100=\sqrt{10000}$だから，$49\sqrt{3}<100<64\sqrt{3}$となる。これより，$x$座標が正で$y$座標が100以下になるものは，$x$座標が3，6，9，12，15，18，21の点の7個ある。x座標が負の点も同様に7個ある。x座標が0の原点もあるので，求める点の個数は$7\times2+1=15$（個）となる。

2〔特殊・新傾向問題─数の性質〕

≪基本方針の決定≫(3) 規則性を見つける。

(1)<《コード》> 4けたの整数2020を7でわると，$2020\div7=288$あまり4となり，7から余りの4をひくと，$7-4=3$となる。よって，2020の《コード》は，2020の末尾に3を書き加えて20203となる。

(2)<《コード》の個数>85214の上から4けたのうちの1けたを直して得られる《コード》は，$4=7-3$より，上から4けたの数を7でわると余りが3になる。上から4けたの数8521の，上から1番目のけたの数字8を直してできる7でわると余りが3になる数は7521だから，《コード》は75214の1個ある。上から2番目のけたの数字5を直してできる7でわると余りが3になる数は8221，8921だから，《コード》は82214，89214の2個ある。以下同様にして，上から3番目のけたの数字2を直してできる《コード》は85014，85714の2個，上から4番目のけたの数字1を直してできる《コード》は85224，85294の2個ある。また，一番下のけたの数字4を直してできる《コード》は，上から4けたの数が8521だから，$8521\div7=1217$あまり2，$7-2=5$より，85215の1個ある。以上より，求める《コード》の個数は$1+2+2+2+1=8$（個）である。

(3)<余り，数の個数> 7でわった余りは0，1，2，3，4，5，6のいずれかだから，7から余りをひいた数は7，6，5，4，3，2，1のいずれかとなる。$1000\div7=142$あまり6より，余りは，4けたの数が1000のときから順に，6，0，1，2，3，4，5，6，0，1，……となるので，《コード》の一の位の数は1，7，6，5，4，3，2，1，7，6，……となる。これより，《コード》は，4けたの数が1000のときから順に，10001，10017，10026，10035，10044，10053，10062，10071，10087，10096，……となる。このとき，数の増え方は，16，9，9，9，9，9，9，16，9，……となるので，9000個の《コード》を，1番目のグループを1個，2番目以降のグループを7個ずつとして分けると，$(9000-1)\div7=1285$あまり4より，7個のグループは1285個でき，最後は，《コード》が4個で，$1+1285+1=1287$（番）目のグループとなる。2番目以降のそれぞれのグループ内の《コード》は9ずつ増えるので，グループ内の《コード》を9でわった余りは全て等しくなる。1番目のグループの《コード》は，$10001\div9=1111$あまり2より，9でわると余りは2である。2番目のグループの最初の数は，1番目のグループの最後の数より16大きいので，$2+16=18=9\times2$より，2番目のグループの《コード》は，9でわると全てわり切れ，余りは0となる。3番目のグループの最初の数は，2番目のグループの最後の数より16大きいので，$0+16=16=9+7$より，3番目のグループの《コード》は，9でわると，余りは全て7となる。同様に考えると，$7+16=23=9\times2+5$より，4番目のグループの《コード》を9でわると余りは全て5となり，$5+16=21=9\times2+3$より，5番目のグループの《コード》を9でわると余りは全て3となり，以下，9でわると

余りは，1，8，6，4，2，……となるので，9でわった余りは，1番目のグループから，2，0，7，5，3，1，8，6，4の9個の数の繰り返しとなる。グループは全部で1287個あるので，1287÷9＝143より，余りが2，0，7，5，3，1，8，6，4となるグループは143個ずつある。1番目のグループは，9でわると2余る《コード》で1個，最後の1287番目のグループは，9でわると4余る《コード》で4個だから，9でわると2余る《コード》の個数が一番少なく，求める a の値は $a=2$ となる。余りが2となる《コード》の個数は，$1+7\times(143-1)=995$（個）だから，$N(a)=995$ である。

③〔平面図形─点が移動してできる図形〕

(1)<図形の名称>点Pが描く正多角形は，外角が全て15°である。外角の和は360°だから，求める正多角形は，頂点の数が $360°\div15°=24$（個）であり，正二十四角形である。

(2)<長さの2乗の値─三平方の定理>右図1のように，点B～点E，点 B′～点E′を定める。線分OAの延長と線分CBの延長の交点をGとすると，∠BAG＝30°，∠ABG＝∠CBB′＝60°より，△ABGは3辺の比が $1:2:\sqrt{3}$ の直角三角形となり，∠AGB＝90°である。また，∠DCC′＝90°だから，∠DCC′＝∠AGB＝90°より，DC∥OGである。さらに，∠CDE＝180°－∠EDD′＝180°－120°＝60°，∠DEP＝180°－∠PEE′＝180°－150°＝30°だから，CDとEPの交点をHとすると，△DEHも3辺の比が $1:2:\sqrt{3}$ の直角三角形となり，∠EHC＝∠EHD＝90°である。よって，線分PEの延長と線分OGの交点をIとすると，四角形CHIGは長方形となり，∠OIP＝∠HIG＝90°だから，△OIPで三平方の定理より，$x^2=OP^2=OI^2+PI^2$ となる。$AG=\dfrac{\sqrt{3}}{2}AB=\dfrac{\sqrt{3}}{2}\times1=\dfrac{\sqrt{3}}{2}$ であり，$DH=\dfrac{1}{2}DE=\dfrac{1}{2}\times1=\dfrac{1}{2}$ より，$IG=HC=CD-DH=1-\dfrac{1}{2}=\dfrac{1}{2}$ だから，$OI=OA+AG-IG=1+\dfrac{\sqrt{3}}{2}-\dfrac{1}{2}=\dfrac{1}{2}+\dfrac{\sqrt{3}}{2}$ となる。また，$BG=\dfrac{1}{2}AB=\dfrac{1}{2}\times1=\dfrac{1}{2}$ より，$HI=CG=BG+BC=\dfrac{1}{2}+1=\dfrac{3}{2}$ となり，$HE=\sqrt{3}DH=\sqrt{3}\times\dfrac{1}{2}=\dfrac{\sqrt{3}}{2}$ だから，$PI=EP-HE+HI=1-\dfrac{\sqrt{3}}{2}+\dfrac{3}{2}=\dfrac{5}{2}-\dfrac{\sqrt{3}}{2}$ となる。以上より，求める値は，$x^2=\left(\dfrac{1}{2}+\dfrac{\sqrt{3}}{2}\right)^2+\left(\dfrac{5}{2}-\dfrac{\sqrt{3}}{2}\right)^2=8-2\sqrt{3}$ となる。

図1

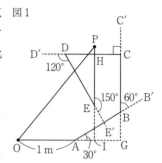

(3)<面積─特別な直角三角形>点Pが描く折れ線は右図2のようになり，図2のように3点J，K，Lを定めると，はじめて点Pが折れ線で交わるのは線分JKであり，このときできる多角形は△PKLとなる。∠PKL＝180°－120°＝60°，∠PLK＝180°－135°＝45°だから，点Pから線分KLに垂線PMを引くと，△PKMは3辺の比が $1:2:\sqrt{3}$ の直角三角形，△PLMは直角二等辺三角形となる。KM＝x(m)とおくと，LM＝PM＝$\sqrt{3}$KM＝$\sqrt{3}x$ となるので，LM＋KM＝KLより，$\sqrt{3}x+x=1$，$(\sqrt{3}+1)x=1$，$x=\dfrac{1}{\sqrt{3}+1}$ となる。これより，PM＝$\sqrt{3}x$ ＝$\sqrt{3}\times\dfrac{1}{\sqrt{3}+1}=\dfrac{\sqrt{3}}{\sqrt{3}+1}$ となるので，$\triangle PKL=\dfrac{1}{2}\times KL\times PM=\dfrac{1}{2}\times1\times\dfrac{\sqrt{3}}{\sqrt{3}+1}=\dfrac{\sqrt{3}}{2(\sqrt{3}+1)}=\dfrac{\sqrt{3}\times(\sqrt{3}-1)}{2(\sqrt{3}+1)\times(\sqrt{3}-1)}=\dfrac{3-\sqrt{3}}{4}$ (m²) である。

図2

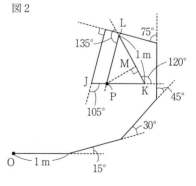

4 〔空間図形―正四角錐，直方体〕

≪基本方針の決定≫(2), (3) 正四角錐O-PQRSの体積から，共通していない部分の体積をひく。

(1)<体積―三平方の定理>右図1で，2つの立体の共通部分は正四角

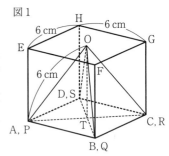

図1

錐O-PQRSである。点Oから面PQRSに垂線OTを引くと，点T
は正方形PQRSの対角線PR，QSの交点と一致する。△PQRは直
角二等辺三角形だから，PR$=\sqrt{2}$PQ$=\sqrt{2}\times6=6\sqrt{2}$ であり，PT
$=\frac{1}{2}$PR$=\frac{1}{2}\times6\sqrt{2}=3\sqrt{2}$ となる。よって，△OPTで三平方の定
理より，OT$=\sqrt{OP^2-PT^2}=\sqrt{6^2-(3\sqrt{2})^2}=\sqrt{18}=3\sqrt{2}$ となるの
で，共通部分の体積は，〔正四角錐O-PQRS〕$=\frac{1}{3}\times$〔正方形PQRS〕
$\times$OT$=\frac{1}{3}\times6\times6\times3\sqrt{2}=36\sqrt{2}$ (cm³) である。

(2)<体積>右図2で，辺OP，辺OQと面ABFEの交点

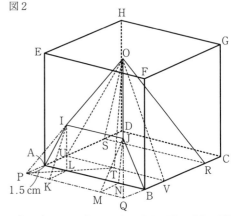

図2

をそれぞれI，Jとすると，2つの立体の共通部分は，
正四角錐O-PQRSから立体IPA-JQBを除いた立体
となる。点I，点Jを通り面ADHEに平行な平面と，
辺PQ，辺ABの交点をそれぞれK，L，M，Nとする
と，面IKL，面JMNは辺ABと垂直になるから，立
体IPA-JQBは，四角錐I-PKLA，三角柱IKL-JMN，
四角錐J-MQBNに分けられる。辺PS，辺QRの中点
をそれぞれU，Vとする。PU$=\frac{1}{2}$PS$=\frac{1}{2}\times6=3$，
PA=1.5より，AU=3-1.5=1.5となるので，PA=
AU である。同様に，QB=BV となる。また，〔面ABFE〕//〔面OUV〕だから，PI=IO，QJ=JO
となる。よって，△OPQで中点連結定理より，IJ$=\frac{1}{2}$PQ$=\frac{1}{2}\times6=3$ となる。これより，KM=IJ=
3であり，PK=MQ=(PQ-KM)÷2=(6-3)÷2=1.5となる。さらに，IL//OT より，△IPL∽
△OPTとなるので，IL:OT=PI:PO=1:2であり，IL$=\frac{1}{2}$OT$=\frac{1}{2}\times3\sqrt{2}=\frac{3\sqrt{2}}{2}$ となる。IL
⊥〔面PQRS〕，JN⊥〔面PQRS〕だから，四角錐I-PKLAの体積は$\frac{1}{3}\times$〔四角形PKLA〕$\times$IL$=\frac{1}{3}\times$
$1.5\times1.5\times\frac{3\sqrt{2}}{2}=\frac{9\sqrt{2}}{8}$ となり，同様に，四角錐J-MQBNの体積も$\frac{9\sqrt{2}}{8}$ cm³となる。三角柱IKL
-JMNの体積は，△IKL×IJ$=\frac{1}{2}\times1.5\times\frac{3\sqrt{2}}{2}\times3=\frac{27\sqrt{2}}{8}$ である。(1)より，四角錐O-PQRSの体
積は$36\sqrt{2}$ cm³だから，求める立体の体積は，〔四角錐O-

図3

PQRS〕$-$〔立体IPA-JQB〕$=$〔四角錐O-PQRS〕$-$(〔四角錐
I-PKLA〕$+$〔三角柱IKL-JMN〕$+$〔四角錐J-MQBN〕)$=$
$36\sqrt{2}-\left(\frac{9\sqrt{2}}{8}+\frac{27\sqrt{2}}{8}+\frac{9\sqrt{2}}{8}\right)=\frac{243\sqrt{2}}{8}$ (cm³)となる。

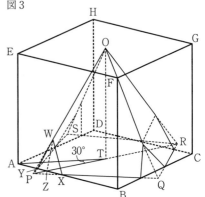

(3)<体積―特別な直角三角形>右図3で，辺OPと面ABFEの
交点をW，辺PQ，辺PSと辺ABの交点をそれぞれX，Yと
すると，2つの立体の共通部分は，正四角錐O-PQRSから
三角錐WPXYと合同な4つの三角錐を除いた立体となる。
点Wから面PXYに垂線WZを引くと，面OPRが面PQRS
に垂直だから，点Zは線分PTと辺ABの交点に一致する。

また，(1)より，$\triangle$OPT の 3 辺の比は PT : OT : OP $= 3\sqrt{2} : 3\sqrt{2} : 6 = 1 : 1 : \sqrt{2}$ だから，$\triangle$OPT は直角二等辺三角形であり，$\angle$OPT $= 45°$ となる。これより，$\triangle$WPZ も直角二等辺三角形だから，WZ $=$ PZ となる。次に，右図 4 で，正方形 PQRS は正方形 ABCD を対角線の交点 T を中心として $30°$ 回転移動した位置にあるから，辺 AB と辺 PQ のつくる角度も $30°$ であり，$\angle$PXY $= 30°$ となる。$\angle$XPY $= 90°$ だから，$\triangle$PXY は 3 辺の比が $1 : 2 : \sqrt{3}$ の直角三角形である。AY $=$ PY $= x$ (cm) とおくと，XY $=$ 2PY $= 2x$，BX $=$ PX $= \sqrt{3}$ PY $= \sqrt{3}\,x$ となるので，AY $+$ XY $+$ BX $=$ AB より，$x + 2x + \sqrt{3}\,x = 6$ が成り立ち，$(3 + \sqrt{3})x = 6$，$x = \dfrac{6}{3 + \sqrt{3}}$ となる。$\dfrac{6}{3 + \sqrt{3}} = \dfrac{6 \times (3 - \sqrt{3})}{(3 + \sqrt{3}) \times (3 - \sqrt{3})} = 3 - \sqrt{3}$ だから，

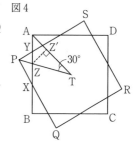

図 4

$x = 3 - \sqrt{3}$ であり，PY $= 3 - \sqrt{3}$，PX $= \sqrt{3}(3 - \sqrt{3})$ となる。また，$\angle$TAZ $= \dfrac{1}{2}\angle$BAD $= \dfrac{1}{2} \times 90°$ $= 45°$ だから，点 Z から線分 AT に垂線 ZZ$'$ を引くと，$\triangle$AZZ$'$ は直角二等辺三角形，$\triangle$TZZ$'$ は 3 辺の比が $1 : 2 : \sqrt{3}$ の直角三角形となる。ZZ$'$ $=$ AZ$'$ $= y$ とおくと，TZ$'$ $= \sqrt{3}$ ZZ$'$ $= \sqrt{3}\,y$，TZ $=$ 2ZZ$'$ $= 2y$ と表せる。AT $=$ PT $= 3\sqrt{2}$ だから，TZ$'$ $+$ AZ$'$ $=$ AT より，$\sqrt{3}\,y + y = 3\sqrt{2}$ が成り立ち，$(\sqrt{3} + 1)y = 3\sqrt{2}$，$y = \dfrac{3\sqrt{2}}{\sqrt{3} + 1}$，$y = \dfrac{3\sqrt{2}(\sqrt{3} - 1)}{2}$ である。よって，TZ $= 2y = 2 \times \dfrac{3\sqrt{2}(\sqrt{3} - 1)}{2}$ $= 3\sqrt{2}(\sqrt{3} - 1)$ となり，PZ $=$ PT $-$ TZ $= 3\sqrt{2} - 3\sqrt{2}(\sqrt{3} - 1) = 6\sqrt{2} - 3\sqrt{6}$ となるから，図 3 で，WZ $=$ PZ $= 6\sqrt{2} - 3\sqrt{6}$ である。したがって，求める立体の体積は，〔正四角錐 O-PQRS〕$- 4$〔三角錐 WPXY〕$= 36\sqrt{2} - 4 \times \dfrac{1}{3} \times \dfrac{1}{2} \times (3 - \sqrt{3}) \times \sqrt{3}(3 - \sqrt{3}) \times (6\sqrt{2} - 3\sqrt{6}) = 180\sqrt{2} - 84\sqrt{6}$ (cm³) である。

＝読者へのメッセージ＝

$\boxed{1}$では，座標平面上に正六角形が隙間なく敷きつめられていました。このような構造を，ハニカム構造といいます。ハチの巣も同じように正六角形が隙間なく敷きつめられた構造をしていますね。

社会解答

1 1　ア

　　2　(1)…コ　(2)…ア，ケ

　　　　(3)…エ，オ，カ

　　3　A…ア，ク　B…キ　C…イ，カ

　　4　ウ，エ　　5　ア，オ

　　6　ウ，オ　　7　イ，オ

2 1　ア，エ

　　2　(例)地下に巨大な調整池をつくって
いる。

　　3　埼玉県…イ　栃木県…エ

　　長野県…ウ

　　4　ア，エ

　　5　(1)　A…リマ　B…カラチ

　　　　　　C…ジャカルタ

　　　　　　D…メキシコシティ

　　　　(2)　ウ，エ

　　6　イ，ウ

3 1　ウ，オ　　2　イ，エ

　　3　2番目…ウ　4番目…ア

　　4　イ，エ　　5　ア，エ　　6　オ

1 〔歴史―総合〕

1 <「歴史」の意味>「心」を言い換えたものであり，さらに「心」が②の部分で「『考え方』や『コンテクスト』」と言い換えられたうえで，これをとおして歴史上の出来事が理解されるとある。また，④の部分では，歴史家が自らの価値観や環境に影響されながら「史料」を読み解き，解釈し，利用することを「歴史家の『心』による構成」と表現している。これらの文脈で用いられている「心」に最もよく当てはまるのは「解釈」であり，歴史家は自らの解釈をとおして歴史上の出来事を理解し，それを記録する，ということである。

2 <20世紀の出来事>20世紀初頭の1905年，日露戦争の講和条約であるポーツマス条約の内容に不満を募らせた民衆が暴徒化し，日比谷焼き打ち事件を起こした。1956年，日本は日ソ共同宣言でソ連と国交を正常化し，同年，これをきっかけに国際連合への加盟を実現した。1960年はアフリカで多くの国が独立を果たしたことから，「アフリカの年」と呼ばれる。1986年，ソ連でチェルノブイリ原発事故が起こり，日本では前年に女子差別撤廃条約を批准したことを背景として，男女雇用機会均等法が施行された。1989年には昭和が64年で終わり，平成時代が始まった。なお，イギリスが香港を中国に返還したのは1997年，大阪万国博覧会が開催されたのは1970年，朝鮮で三・一独立運動が起こったのは1919年，日本が台湾の統治を始めたのは1895年のことである。

3 <歴史探求に使用する史料>日本の歴史において，一般的に中世には鎌倉時代と室町時代が含まれる。この時代の百姓の様子がわかるのは，鎌倉時代に荘園や公領ごとに置かれた地頭が横暴を行っているというアと，室町時代に見られるようになった農民の自治組織である惣の掟を書いたクである。アは1275年に紀伊国(和歌山県)の阿氐河荘の百姓らが地頭の横暴を訴えた訴状の内容，クは『今堀日吉神社文書』に記された惣の掟である。1889年に発布された大日本帝国憲法下における国民の政治参加について述べているのは，1925年に衆議院で行われた加藤高明首相の演説であるキである。ここで加藤内閣は普通選挙法を提案し，同年，25歳以上の全ての男子に選挙権を認める普通選挙法が成立した。第二次世界大戦後の沖縄に関わる史料は，1960年の新日米安全保障条約の第6条を示したイと，1972年の沖縄復帰記念式典における沖縄県知事の挨拶の一部を示したカである。

1972年，沖縄県が日本に復帰した後も，日米安全保障条約に基づいて多くのアメリカ軍基地や関連施設が沖縄県内に残され，県民の負担は今なお大きい。なお，ウは『万葉集』に収録された山上憶良の「貧窮問答歌」の一部で，奈良時代の農民の生活を伝えている。エは1874年に板垣退助らが発表した民撰議院設立の建白書の一部，オは1873年に実施された地租改正に反対する人々の抵抗によって，1877年に地租が3％から2.5％に引き下げられたことを伝える新聞記事の一節である。

4 **＜文字史料以外の史料＞**『風土記』は元明天皇が713年，諸国に命じて編さんさせた地理書で，各地の地名の由来や郷土の産物・伝承などが記されている。正倉院所蔵の五弦琵琶は遣唐使が唐から持ち帰ったもので，インドを起源とするものなので，『風土記』にその記述があるとは考えられない。また，エルサレムにある嘆きの壁は，ローマ帝国によって破壊されたユダヤ教の神殿の一部と伝えられ，ユダヤ教徒の聖地とされている。

5 **＜原始時代～古代の史料＞**Aは古代エジプトで使用された象形文字である。エジプトでは天文学が発達し，太陽暦が使用された。また，中国の歴史書『後漢書』東夷伝には，57年に北九州にあった小国の1つである奴国の王が後漢に使いを送り，光武帝から「漢委奴国王」と刻まれた金印などを授かったと記録されている。Eはそのときの金印と考えられているもので，江戸時代に福岡県の志賀島で発見された。なお，Bの古代インダス文明で使用されたインダス文字は，まだ解読されていない（イ…×）。Cは，古代メソポタミアで紀元前1700年頃ハンムラビ法典を制定したと伝えられているハンムラビ王を描いている。ムハンマドがイスラム教を開いたのは，7世紀のことである（ウ…×）。Dは秦の始皇帝が紀元前3世紀につくった，半両銭と呼ばれる貨幣である。和同開珎は708年，唐の貨幣である開元通宝にならってつくられた（エ…×）。

6 **＜16世紀以降の世界の出来事＞**Eは1917年にレーニンが発表した「四月テーゼ」と呼ばれる文章の一節で，ロシア革命の基本理念となった。文中の「帝国主義戦争」は1914年に始まった第一次世界大戦を指しており，1917年に革命が始まったロシアは，ドイツと単独講和を結んで戦争から離脱した。Cは，清の皇帝が通商を求めるイギリス国王に宛てて1793年に返した国書の内容である。清の役人がアヘンを没収したのはその46年後の1839年で，イギリスはこれを口実として翌1840年に艦隊を清へと派遣し，アヘン戦争を起こした。なお，Aは1517年にルターが発表した「九十五か条の論題」の内容で，これが宗教改革のきっかけとなった。Bは1690年にロックが発表した『統治二論』〔『市民政府二論』〕の内容で，各国の市民革命を正当化する理論となった。Dは1832年にイギリス議会が報告した児童労働の実態で，産業革命によって工業が機械化されたことで，児童が労働力として酷使されていたことを物語っている。Fは，アメリカで同時多発テロが起こった2001年9月11日の少し後に当時のブッシュ大統領が行った演説の内容である。一般に「アメリカ本土」といった場合，真珠湾のあるハワイは含まれないが，ここでは演説中の「外国の地」との対比で用いられていると考えられる。

7 **＜史料の扱い方＞**「事実信仰」とは，「過去の出来事はそのまま史料として残され」るという考え方のことである。一方，「事実信仰」の段階に対して，「史料批判」とは「史料」は「目撃者や証人」，「歴史家」の解釈を通して構築されるものであるため，史料が「だれ」によって「いつ」「どこ」で「なぜ」書かれたのかを問われるべきであるという考え方である。ここでは，作者の意図に着目したイや，新聞記事が書かれた経緯について調べたオは，「史料批判」の立場で史料を扱ったと考え

られる。

2 〔地理─自然災害に関連する問題〕

1 <東日本大震災>2019年末において，観測史上世界最大規模の地震は，1960年に発生したチリ地震で，マグニチュードは9.5であった。2011年の東日本大震災を引き起こした東北地方太平洋沖地震のマグニチュードは，9.0である。また，東日本大震災では，地震の揺れと津波によって福島第一原子力発電所が爆発事故を起こし，放射性物質が大量に放出された。これを受けて全国の原子力発電所は安全点検のために次々と稼働を停止したが，その後新たに設定された安全基準のもとで再稼働した原子力発電所もある。

2 <東京都の洪水対策>河川の決壊を防ぐための対策としては，河道を深くしたり広くしたりする，護岸工事を行う，雨水が川に集中しないように調整池や分水路をつくるといったことが行われる。特に東京都では，地面がアスファルトやコンクリートで覆われているため，短時間に降った雨が一気に川へと流れ込み，洪水の危険が高まることがある。そのため，都内数か所の地下に巨大な調整池をつくり，大雨の際に一時的に水を蓄えることができるようにしている。

3 <内陸県の特色>日本には，関東地方に栃木県と群馬県と埼玉県，中部地方に山梨県と長野県と岐阜県，近畿地方に滋賀県と奈良県の計8県の内陸県がある。この8県のうち，埼玉県は最も人口が多く(イ)，長野県は最も面積が大きい(ウ)。また，栃木県は北海道に次いで乳用牛の飼育頭数が多い(エ)。なお，アはぶどうとももの収穫量が全国第1位の山梨県を，オは浅間山麓などでキャベツやレタスなどの高原野菜が盛んに栽培されている群馬県を表している。

4 <災害発生の要因>直下型地震の発生は，地下の比較的浅い所にある断層がずれて動くことで発生する。また，高潮は，台風のように勢力の強い低気圧が接近することで海上の気圧が下がって海面が上昇するとともに，海からの強風で陸地に高い波が打ち寄せることにより引き起こされる。

5 <自然災害のリスクが高い都市>(1)A．アンチョビと呼ばれるカタクチイワシの漁獲量が最も多い国は，南アメリカ州のペルーである。ペルーは，図で第5位になっているリマを首都とし，他の多くの中南アメリカの国と同様にかつてスペインの支配を受けたため，スペイン語を公用語としている。　　B．隣国のインドと対立関係にあったパキスタンは，1998年にインドが核実験を行うと，対抗して核実験を行い，核兵器保有国となった。同国最大の都市は，図で第9位となっているカラチである。　　C．インドネシアは，中国，インド，アメリカに次ぐ世界第4位の人口を抱える国で，2億人を超える人口(2018年)の多くがイスラム教を信仰している。インドネシアの首都は，ジャワ島に位置し，図で第3位になっているジャカルタである。　　D．NAFTAは北米自由貿易協定の略称で，カナダ・アメリカ・メキシコの3か国で結ばれた。メキシコの首都は図で第7位になっているメキシコシティで，標高2000mを超える高地にある。　　(2)図中の都市のうち，シドニーはオセアニア州に位置するオーストラリアの都市，カイロはアフリカ州に位置するエジプトの首都である。また，北アメリカの西海岸に位置するロサンゼルスやサンフランシスコの方が，東海岸に位置するニューヨークやワシントンより自然災害のリスク指数が高くなっている。

6 <東京の災害>埋め立て地は地盤が弱く，地震の揺れによる液状化現象が起こりやすい。また，東京都にある活動中の火山は島しょ部に多く，西部の山岳地にはない。

3 〔公民─総合〕

1　＜**行政**＞2013年に薬事法(現在は薬機法)が改正され，医薬品のインターネット販売が条件つきで認められるようになった。また，日本国憲法は第15条で，公務員を「全体の奉仕者であって，一部の奉仕者ではない」と規定している。

2　＜**パターナリスティックな制約**＞「パターナリスティックな制約」とは，「本人の利益のため」の制限なので，本人のけがを防ぐため，バイクに乗る人にヘルメットの着用を義務づけることや，本人の体への害を防ぐため，未成年の飲酒を禁止することはこれに当てはまる。一方，世論の反対のための禁止(ア…×)，消費者の利益を守るための制限(ウ…×)，他人に怪我をさせることを防ぐための禁止(オ…×)などは，「本人の利益のため」に当てはまらない。

3　＜**年代整序**＞年代の古い順に，オ(1215年にイギリスで出されたマグナ・カルタ〔大憲章〕)，ウ(1776年のアメリカ独立宣言)，エ(1789年のフランス人権宣言)，ア(1919年にドイツで出されたワイマール憲法)，イ(1948年の世界人権宣言)となる。

4　＜**世界経済**＞FTA〔自由貿易協定〕は貿易の自由化を進める協定であり，人の移動や知的財産に関する内容を含む幅広い経済統合の枠組みはEPA〔経済連携協定〕と呼ばれる(ア…×)。アメリカは当初，TPP〔環太平洋パートナーシップ協定〕への参加を表明していたが，最終的には離脱した(ウ…×)。経済のグローバル化や貿易の自由化は新たな経済格差を生み，先進国と途上国との経済格差である「南北問題」は解消せず，途上国どうしの格差である「南南問題」も残されている(オ…×)。

5　＜**経済の自由**＞ジャーナリストが意見を自由に表明する表現の自由は，精神の自由に分類される。私有財産制度は資本主義経済の基本原則で，社会主義は私有財産を否定している。

6　＜**適語補充**＞A．中東〔西アジア〕のシリアでは2011年から内戦が続き，アサド政権，反政府勢力，イスラム過激派勢力の対立に，それぞれを支持する外国勢力などが複雑に絡み合い，不安定な状況が続いて多くの難民が出ている。　　B．原告のカメラマンがここでの裁判の後，第2審に控訴し，さらに最終審を求めて上告していることから，地方裁判所で行われた第1審だったことがわかる。C．国民の義務とは，納税の義務，勤労の義務，子どもに普通教育を受けさせる義務の3つであり，本文で述べられた裁判の争点には当てはまらない。

理科解答

1 1　ア　　2　イ，エ，カ
3　①…ア　②…カ

2 1　ア　　2　イ，ウ
3　ウ，オ，ク

3 1　星…ア　月…エ
2　天体…すい星　時間…ウ
3　富士山，箱根山
4　地域…イ　種類…ア，エ，オ
5　ア

4 1　指示薬…フェノールフタレイン液
　　色の変化…赤色→無色
2　前…ア，エ　後…ア，オ
3　前…イ，カ　後…ウ，オ　4　オ

5 1　①…電子　②…陽子　③…中性子
2　(例)電気の量が等しい
3　$Na_2S \longrightarrow 2Na^+ + S^{2-}$

6 1　エ
2　目的…(例)生じた静電気が2種類だけであることを確かめる。
内容…(例)ストローをこすったティッシュペーパーを，ストローの両端にそれぞれ近づける。

7 1　A…5cm　C…80cm　D…80cm
2　側面…エ　底面…オ
3　側面…ア　底面…ア

---

1 〔自然と人間〕

1 <褐虫藻>大きな台風によって高い波が発生すると，海面近くの水温の高い海水は深い場所の水温の低い海水と混ぜられて水温が低くなる。その結果，生き残っていた褐虫藻が光合成をして再び増殖するのに適切な水温になり，サンゴが白化から回復すると考えられる。なお，イは平常時にも起こる気象条件であり，ウは褐虫藻が光合成をするのに適した条件とはいえない。

2 <サンゴ>サンゴは褐虫藻がいなくなると白化し，白化が長引くと栄養不足となり死ぬとある。これは，サンゴが，褐虫藻が光合成により生産する有機物を取り込んで生きているためである。一方，褐虫藻はサンゴのポリプをすみかとして提供してもらっている。このように，サンゴと褐虫藻の互いに利益がある関係を共生という。褐虫藻が光合成を行ってサンゴに栄養分を与えるためには，適度な水温だけでなく光も必要である。よって，ア～キのうち，適切なのはイ，エ，カである。なお，海水温が30℃以上の状態が長期間続くと，サンゴは白化する。また，サンゴは海水中のプランクトンを取り込むことでも栄養を得ているが，それだけでは不十分で，褐虫藻との共生関係も必要である。サンゴ礁は約9万種もの生物の生活の場となっているので，サンゴが減少すると，他の多くの生物は生活の場が失われ，減少するおそれがある。海水温が上昇すると，北半球ではより水温の低い北方へサンゴの生息域が移動する(生息域が北上する)。したがって，ア，ウ，オ，キは不適である。

3 <生物と環境>二酸化炭素(CO_2)が海水に溶けると，CO_2は一部が水(H_2O)と反応して炭酸(H_2CO_3)となり，これが水素イオン(H^+)と炭酸イオン(CO_3^{2-})に電離し，海水中にH^+が増える。ここで，pHの数値は，海水中のH^+が増加すると下がるので，海水のpHの数値は下がる。また，炭酸カルシウム($CaCO_3$)の骨格を持つサンゴや殻を持つ二枚貝のホタテなどのような海洋生物は，海水に多く含まれるカルシウムイオン(Ca^{2+})とCO_3^{2-}から$CaCO_3$の骨格や殻をつくっている。しかし，海水にH^+が増えると，CO_3^{2-}は，H^+と反応して減少する。そのため，十分な$CaCO_3$をつくり出せなくなる。

2 〔植物の生活と種類〕

1 <実験器具>双眼実体顕微鏡は，観察したい物をステージ上に置き，拡大した像を両目で観察する装置である。双眼実体顕微鏡では，プレパラートをつくる必要はなく，反射鏡やしぼりもついていない。また，見える像はルーペで観察するときと同様に，上下左右は実物と同じで，両目で見るため，観察するものが立体的に見える。

2 <実験器具>ルーペは目に近づけて持ち，観察する物が動かせる場合は，手に持った観察する物を前後に動かしてよく見えるように調節する。また，観察する物が動かせない場合は，ルーペを目に近づけたまま，頭を前後に動かしてよく見えるようにする。

3 <植物の分類>エノコログサは，図1のように根，茎，葉の区別があり，図2のように穂の部分に実(種子)をつくるので，種子植物である。また，実は子房が発達した部分なので，胚珠が子房に包まれている被子植物で，図3のように葉脈は平行脈なので，単子葉植物である。

3 〔小問集合〕

1 <星や月の動き>星(恒星)は地球から非常に遠い距離にあるため，南中高度は一年中変化しない。また，地球が太陽の周りを1年(365日)で1回公転しているため，星が同じ時刻に見える方位は，1日で約1°東から西に移動する。地球は1日(24時間)に1回自転しているので，星が1°移動するのにかかる時間は，24×60÷360＝4(分)である。つまり，星は1日で約4分ずつ早く南中する(同じ方位に見える)。また，月は地球の周りを西から東に約30日の周期で公転しているので，同じ時刻に見える方位は1日当たり，360°÷30＝12°西から東へ移動する。地球が12°自転するのにかかる時間は，4×12＝48より約50分なので，月が南中する時刻は1日に約50分ずつ遅くなる。さらに，右図のように，月の公転面と地球の公転面がほぼ

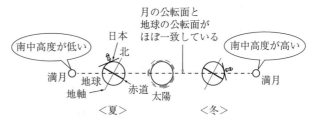

一致しているため，満月の南中高度は，夏の頃は低く，冬の頃は高くなる。

2 <流星>流れ星は，すい星が放出する小さな岩石や氷が原因となって観察される現象である。すい星が太陽に近づくと，小さな岩石や氷などの無数のチリを放出する。このチリはすい星と同じ軌道上に存在し，その軌道を地球が横切るときに大気中に飛び込んだチリが発光して，流れ星として見える。また，すい星は太陽に近づくほどチリを多く放出するので，すい星が通った軌道を地球が横切るとき，地球から見て太陽に近い側に流れ星のもととなるチリが多い。すい星の軌道で太陽に近いのは，観測地点が真夜中になったとき，東側に当たるため，観測点が夕方から真夜中や，真夜中のときより，真夜中から明け方にかけてのときの方が流れ星の見える数は多くなる。

3 <火山>三浦海岸沿岸などを含め，広く関東地方に火山灰をもたらした火山は，富士山と箱根山である。これらは，現在でも噴火の可能性を有する火山である。

4 <台風>2019年9月に発生した台風15号は，最大風速40m/sの強い勢力を保ったまま千葉県千葉市付近に上陸した。この台風により，関東各地では記録的な暴風となり，千葉県市原市ではゴルフ練習場のポールが倒壊して民家を直撃するなど，各地で家屋や建造物の破壊・倒壊の被害を出した。また，大規模な停電や断水も発生した。

5 <大地の変化>海岸から離れた場所に，波打ちぎわで生活する貝のなかまのすみかのあとが見つかるのは，その一帯が地震のときに隆起して，海岸から離れたためである。

4 〔化学変化とイオン〕

1 **＜指示薬＞**指示薬により色が変わるpHの範囲が異なり，水酸化ナトリウム水溶液と塩酸の中和に用いる指示薬はフェノールフタレイン液が適している。フェノールフタレイン液は，水酸化ナトリウム水溶液に加えたときは赤色を示しているが，塩酸を加えていき，ちょうど中和して中性になったときに無色となる。この変化は鋭敏なので中性になった瞬間を観察しやすい。

2 **＜イオンの数＞**水酸化ナトリウム($NaOH$)は水溶液中で，ナトリウムイオン(Na^+)と水酸化物イオン(OH^-)に電離して，それぞれのイオンは同数含まれている。塩酸中の塩化水素(HCl)は，水素イオン(H^+)と塩化物イオン(Cl^-)に電離していて，これらのイオンも同数含まれている。水酸化ナトリウム水溶液に塩酸を加えると，中和反応が起こり，加えた塩酸中のH^+は直ちに水酸化ナトリウム水溶液中のOH^-と結びついて水(H_2O)になるので，中性になるまでは，水溶液中の陽イオンはNa^+だけで，陽イオンの数は変化しない。一方，H^+と結びつくOH^-の数は減るが，減った数と同数のCl^-が加わるので，陰イオンの数も変化しない。つまり，塩酸を加えて，中性になるまでの水溶液では，陽イオンと陰イオンは同数のまま変化しない。また，中性になった後は，加える塩酸中に含まれる陽イオンであるH^+と陰イオンCl^-の数だけ陽イオン，陰イオンが増えていくが，H^+とCl^-は同数ずつ増えるので，溶液中の陽イオンの数と陰イオンの数は等しいままである。

3 **＜イオンの数＞**水酸化バリウム($Ba(OH)_2$)は水溶液中で，バリウムイオン(Ba^{2+})とOH^-に電離し，Ba^{2+}とOH^-の数の比は1：2なので，陽イオンの数より陰イオンの数の方が多い。硫酸(H_2SO_4)は水溶液中で，H^+と硫酸イオン(SO_4^{2-})に電離し，H^+とSO_4^{2-}の数の比は2：1なので，陽イオンの数より陰イオンの数の方が少ない。水酸化バリウム水溶液に硫酸を加えていくと，H^+は直ちに水酸化ナトリウム水溶液中のOH^-と結びついて水になり，Ba^{2+}はSO_4^{2-}と結びついて，非常に水に溶けにくい硫酸バリウム($BaSO_4$)となるので，溶液中の陽イオンも陰イオンも減っていく。中性になるまでに溶液中に残っているイオンはBa^{2+}とOH^-で，その数の比は1：2のままだから，陽イオンの数より陰イオンの数の方が多い。中性になったときにBa^{2+}とOH^-は反応して全てなくなり，中性になった後は，加える硫酸中のH^+とSO_4^{2-}が増えていくから，陽イオンと陰イオンの数の比は2：1となり，陽イオンの数より陰イオンの数の方が少ない。

4 **＜中和と熱＞**水酸化ナトリウム水溶液と塩酸が中和すると，中和した体積に比例して熱(中和熱)が発生する。中和熱により，混合溶液の温度が上がるが，発生する熱は中和した水酸化ナトリウム水溶液(塩酸)の体積に比例するため，混合溶液全体の体積が増えると，温度の上がり方はしだいに小さくなる。また，混合溶液が中性になった後，中和は起こらないため，熱は発生しない。したがって，中性になった混合溶液に室温の(混合溶液より温度の低い)塩酸を加えていくと，混合溶液の温度は下がっていく。以上より，最も適切なグラフはオである。

5 〔化学変化と原子・分子〕

1 **＜原子の構造＞**原子は，＋の電気を持つ陽子と電気を持たない中性子からなる原子核の周りを，－の電気を持つ電子が回っている。原子の種類は陽子の数で決まり，原子核に含まれる陽子の数は原子番号と呼ばれる。

2 **＜陽子と電子＞**電気的に中性とは，原子全体として電気を帯びていないことである。原子に含まれる陽子の数と電子の数が等しく，原子全体として電気的に中性になるのは，陽子の持つ電気の量と電子の持つ電気の量が等しいためである。

3 **＜電離＞**電子の数が18，陽子の数が16のとき，原子全体として－の電気が電子2個分多いので，原

子S（硫黄）のイオンはS²⁻と表される。また，電子の数が10，陽子の数が11のとき，原子全体として＋の電気が陽子1個分多いので，原子Na（ナトリウム）のイオンはNa⁺と表される。この2つのイオンが結びつくときは＋と－の電気の量が同じになるように結びつくので，この化合物の化学式はNa₂S（硫化ナトリウム）となる。よって，この物質が水に溶けて電離をする様子を化学式を用いて表すと，$Na_2S \longrightarrow 2Na^+ + S^{2-}$ となる。

6 〔電流とその利用〕

1 <静電気> 文中の①までの段階では，静電気は2つの異なる物質をこすり合わせると発生すること，ティッシュペーパーでこすったストローの端どうしでは反発する力が生じていること，こすったストローの部分とこすっていない部分どうしでは引き合う力が生じていることがわかる。ただし，生じた静電気が＋であるか－であるか，また生じている静電気が2種類なのか3種類以上なのかは，この実験からは不明である。よって，ア，イ，ウ，オは適していない。

2 <静電気> 目的．生じた静電気が2種類だけであることを確かめる。　　内容．この実験では，＋の電気または－の電気を帯びていることがわかっている物質を用いることはできないので，ストローをティッシュペーパーでこすったとき，ストローに生じた静電気が＋か－かを確かめることはできない。そのため，2種類の電気が生じていることを確かめる実験を考える。一方の端をこすったストローを図1のように置き，こすっていない方の端にストローをこすった後のティッシュペーパーを近づけると，反発する力がはたらくことが確かめられる。また，ストローをこすったティッシュペーパーをストローのこすった方の端に近づけると引き合う。このことから，ストローをこすったティッシュペーパーにも静電気が生じていて，ストローをこすっていない部分に生じた静電気と，ティッシュペーパーに生じた静電気は同じ種類であり，ストローのこすった部分に生じた静電気とティッシュペーパーに生じた静電気は異なる種類であることがわかる。ストローの両端の静電気は異なる種類なので，ここまでの実験で生じた静電気は2種類であることが確かめられる。

7 〔身近な物理現象〕

1 <密度> 物体の密度が水の密度（1g/cm³）よりも大きい場合，物体は水に沈み，物体の密度が水の密度より小さい場合は浮く。密度が水と等しい場合は，図のBのように全体が水中に入った状態で静止する。物体にはたらく浮力の大きさは，物体が押しのけた水の重さ，すなわち水面下にある物体部分の体積と同じ体積の水の重さに等しい。よって，体積が同じで，質量がBの$\frac{1}{2}$のAでは重さもBの$\frac{1}{2}$であり，Bにはたらく浮力の$\frac{1}{2}$の大きさの浮力を受けて浮くことになる。つまり，水面下にはBの$\frac{1}{2}$の体積だけ沈んだ状態で浮くから，その底面の水面からの深さは5cmとなる。また，質量がBより大きいC，Dは，密度がBより大きいので，水に沈む。したがって，その底面の水面からの深さはどちらもEと同じ80cmである。

2 <水圧> 底面と側面のゴム膜は，水圧を受けて内側にへこむ。水圧の大きさは水面からの深さに比例するので，底面のゴム膜のへこみ方は側面のゴム膜よりも大きくなる。よって，側面のゴム膜の変化を表す図はエを，底面のゴム膜の変化を表す図は，側面のエよりもへこみ方が大きいオを選ぶ。

3 <水圧> 側面の2面のうち一方を板に変えても，同じ深さのとき，他方のゴム膜にかかる水圧は変わらないので，ゴム膜の変化は2のときと比べてほとんど変化しない。また，底面のゴム膜にかかる水圧も変わらないので，底面のゴム膜も2のときと比べてほとんど変化しない。

国語解答

一 問一 視覚には対象を平面化する傾向が
あり，見える人は，二次元的イメ
ージが勝って「上が欠けた三角
形」の富士山を思い浮かべるが，
それは現実の富士山の姿とは違う
から。

問二 絵画やイラストなどが提供する文
化的イメージに影響されているこ
と。

問三 見える人の場合は，一つの視点か
らしか見えないので，対象を見よ
うとすると死角ができるが，見え
ない人の場合は，視覚がないので，
死角も生まれない，ということ。

問四 見える人は，その人の視点から見
た空間しか見ることができず，必
ず死角を持つが，だからこそ，見
えない場所について，想像力をは
たらかせて自由に思い描くことが
できる，ということ。

二 問一 ① 幼時からの記憶につながる座
布団を見ながら，今は遠くな
った過去の日々を思い出す不
快ないまわしいものだと感じ
ている。

② 幸せな日々のあった過去から
今日までのことが思い起こさ
れ，なつかしさが去来して，
泣きたいような気持ちになっ
ている。

問二 生きた心地を取り戻して落ち着い
た，ということ。

問三 過去をいまわしいものと感じてい
たときもあったのに，過去をなつ
かしく思う気持ちも心のどこかに
はあったようで，今，機関車の響
きによってその郷愁が一気に噴き
出したことに，彼自身が戸惑って
いるから。

三 問一 (1)…ア

(2) ほととぎすが鳴く五月の夜は
とても暗いから。

(3) 扇の地に描かれていたのは，
鳥の尾だけだったから。

問二 あいたまいて

問三 自分は今戦っているので馬が必要
だが，重衡は逃げるところで，逃
げるだけなら徒歩でできるから。

一 〔論説文の読解―文化人類学的分野―文化〕出典；伊藤亜紗『目の見えない人は世界をどう見てい
るのか』「空間――見える人は二次元，見えない人は三次元？」。

　≪本文の概要≫見える人と見えない人とでは，空間把握の仕方が異なり，同じ単語を聞いても，思
い浮かべるものが違う。例えば「奥行きのあるもの」を，見える人は平面イメージでとらえる。視覚
には，そもそも対象を平面化する傾向があるが，こうした平面性は，絵画やイラストが提供する文化
的なイメージによって，さらに補強されていく。文化的につくられたイメージが，対象を見る見方を
つくるのである。一方，見えない人は，三次元のものは三次元のままとらえている。見える人は，一
つの視点からしか見ることができないため，空間を見ようとすると，必ず見えない場所，つまり死角
を持つことになる。しかし，見えない人は，視覚がないから死角がないので，自分の立ち位置にとら
われずに，「諸部分の関係が客観的にどうなっているか」によって把握しようとする。この客観性こ
そ，見えない人特有の三次元的な理解を可能にしているものだろう。しかし，見えない死角があるか

らこそ，想像力がはたらく場合もある。「見えないもの」とつき合っているのは，実は見える人なのかもしれない。

問一＜文章内容＞「見える人」は，富士山を「上が欠けた三角形」としてイメージしている。それは，視覚に「対象を平面化する傾向」があり，富士山のように「巨大なもの」を見るときには「立体感が失われて」しまって，「見える人」は，「平面的」なイメージしか持てないためである。しかし，「見える人」が抱いたそのイメージは，現実の富士山の形とは異なっている。現実の富士山は，「上がちょっと欠けた円すい形」をしているのである。

問二＜文章内容＞私たちが月について平面的なイメージを抱くのは，「子どものころに読んでもらった絵本やさまざまなイラスト，あるいは浮世絵や絵画の中で，私たちがさまざまな『まあるい月』を目にしてきたから」である。私たちはもちろん月が「実際に薄っぺらいわけではないこと」を知っているが，「現実の物を見る見方」は，「絵画やイラストが提供する文化的イメージ」に影響され，「染められている」のである。

問三＜文章内容＞「見える人」の場合は，「一度に複数の視点を持つこと」ができないため，空間を「実際にそうであるとおり」ではなく，「私の視点から見た空間」としてしか把握できない。すると，「見ようとする限り，必ず見えない場所が生まれて」しまい，「見えない死角」ができることになるのである。一方，「見えない人」の場合は，「そもそも見ない」ので，「見ようとすると見えない場所が生まれる」ということが初めから起こりえず，「死角」も生まれないのである。「〜からの自由」とは，〜がない，〜に縛られない，という意味。

問四＜文章内容＞見える人の場合，「一度に複数の視点を持つこと」はできないので，空間を「私の視点から見た空間」でしか見ることができず，「見ようとする限り，必ず見えない場所が生まれてしまう」ことになる。見えない人の場合は，「視覚がない」から「死角」もなく，「自分の立ち位置にとらわれない，俯瞰的で抽象的なとらえ方」で，「諸部分の関係が客観的にどうなっているか」によって空間を把握しようとするが，見える人の見方にはそのような「客観性」がないのである。しかし，見える人の場合，「見えない死角になっている場所」については，「見えないからこそ想像力が働く」ということもあり，「月の裏側に秘密基地がある，なんていうSF的な設定」を思いつくこともできるのである。

二 〔小説の読解〕出典；梶井基次郎『過古』。

問一＜心情＞①「彼」は，「彼の幼時からの記憶につながれて」いる座布団を見ながら，「記憶につながれて」いるはずなのに「まるで覚えがない」ことに当惑した。幼いときに家族で住んでいたことのある町の近くへ移り住んで「ひと月ふた月」たつと，「日光と散歩に恵まれた彼の生活は，いつの間にか怪しい不協和に陥って」おり，「遠くの父母や兄弟の顔が，これまでになく忌わしい陰を帯びて」いた。「彼」にとって，過去は，思い出したくないいまわしいものとして思い起こされている。　　②「彼」は，「以前住んだ町を歩いて見る日」が「とうとう」やってきて，かつて住んでいた家の方へ向かって歩いていた。そのとき，ふと「十三年前の自分が往来を走っている」という形で，「彼」は，過去をありありと思い出した。そして，幻影の「その子供」が「何も知らないで，町角を曲って見えなくなってしまった」とき，「彼」は，かつての「何も知らないで」いた自分を思い起こし，なつかしさのような思いが押し寄せてきて「嗚咽」しそうになった。

問二＜文章内容＞「人心地」は，生きた心地，くつろいだ気持ちのこと。また，はっきりした，ふだ

んどおりの意識のこと。「彼」は、ある夜、散歩に出たときに「いつの間にか知らない路を踏み迷って」いた。そして「道も灯もない大きな暗闇」の中を「探りながら歩いてゆく足が時どき凹みへ踏み落ちた」瞬間には、「彼」は、「泣きたく」なった。さらに、「頭はまるで空虚」になり、「彼」は、寒くて「燐寸の箱」をつかんでも、「どちらの手で摑んでいるのか、そしてそれをどう取出すのか分らなかった」というほどになった。しかし、ようやく「燐寸」で火をともすと、その暖かさと明るさによって、「彼」は、心身ともに落ち着きを取り戻したのである。

問三<心情>「彼」は、故郷からの電報すら恐ろしく思うほどに、過去をいまわしいものと感じながらも、以前暮らしていた町を歩き、自分の住んでいた家の方へ行くまでになっていた。そんな頃のある夜、「彼」は道に迷い、寒さも身にしみていた。そのとき、ようやくともした「燐寸」の火が消えてしまうと、「彼」は、「燐寸」の灯が「闇」に対して大きな「照力」を持っていたことに気づき、火が消えた後もその「残像」を感じていた。そこへ突然「汽鑵車」が来て、目の前を通り過ぎた。その「光の波」と「激しい車輪の響き」にふれたことで、「彼」は、「そのままの普段着で両親の家へ、急行に乗って」と「決心」した。「彼」の心の中に実はあった過去への郷愁が、「燐寸」の火によって引き出されかけ、機関車の車輪の響きによって一気に噴き出したことは、思いがけないことだったのである。

三 〔古文の読解―随筆〕出典；柳沢淇園『雲萍雑志』巻之二。

《現代語訳》本三位重衡が、平氏が栄えていた頃、宮中に参内した折に、帝から扇の紙を賜ったとき（のことであるが）、ほととぎすを一羽描いたのを折らせになったところ、誤って鳥を切り離して尾だけ残っていたものに、歌をよめと仰せがあったときに重衡は、

　　五月雨の降る頃の夜は暗い。くらはし山のほととぎすが姿を人に見せるはずがありません

とよんだ。また後藤兵衛尉盛次に、平氏が没落したとき、重衡はお会いになって、「私は馬を射られてしまった。あなたの馬を貸してください」とおっしゃったのを、盛次が拒んで、「今私は敵と戦っているときです。逃げ延びなさるのは徒歩でもできるでしょう。これは雨の夜の傘です。お貸し申し上げることはできません」と言って走っていって戦ったと、ある人が語り伝えている。

問一(1)<現代語訳>係助詞「かは」を用いた反語表現で、姿を人に見せるものだろうか、いや、見せるはずがない、という意味になる。　(2)<和歌の内容理解>「五月闇くらはし山の」とあるように、くらはし山のほととぎすが姿を見せるはずがないのは、暗いからである。「五月闇」は、五月雨が降る頃の夜の闇の暗さのことで、枕詞として「くら」にかかる。　(3)<古文の内容理解>重衡は、帝から扇の紙をいただいたが、そこに描かれているのは、ほととぎすの尾だけだった。折ったときに、誤って鳥の体の方を切り離してしまい、尾だけが残っていたのである。帝は、それを重衡にくださって、尾だけのほととぎすを題に歌をよめと仰せになった。そこで、重衡は、闇夜だからほととぎすは姿を見せない、とよんだのである。

問二<歴史的仮名遣い>歴史的仮名遣いの語頭以外にあるハ行の字は、現代仮名遣いでは原則として「わいうえお」になる。

問三<古文の内容理解>盛次は、自分は今敵と戦っているが、重衡は戦いに破れて逃げ延びようとしているのであり、逃げ延びるだけなら「徒歩」でもできる、と言った。盛次にとって、雨が降る夜に傘が必要なように、馬は身を守るために必要なものなので、貸せない、と言ったのである。

Memo

Memo

【英　語】（45分）〈満点：100点〉

［注意］　リスニング問題は開始約10分後に始まります。あらかじめ説明・指示をよく読んでおきなさい。リスニング問題が始まるまで，他の問題を解いていなさい。

1　リスニング問題　〈編集部注：放送文は未公表につき掲載してありません。〉

　　このリスニング問題は**問1**・**問2**の二つの部分に分かれています。
　　問1は英語の「書き取り」で，**問2**は内容の「聞き取り」です。
　問1　（　）内に必要な英語を書き取り，読まれた短い文章を完成させなさい。
　　　英文はそれぞれ<u>2回</u>ずつ放送されます。
　問2　放送される英文を聞き，以下の質問に答えなさい。質問はAとBの二つがあります。
　　　【質問A】については，正しいものを一つ選んでその記号を答えなさい。
　　　【質問B】については，それぞれの問いに<u>日本語</u>で答えなさい。
　　　英文は<u>1回だけ</u>放送されます。放送中，メモを取ってもかまいません。

問1　＜文の書き取り＞
　1．Hey, I'm back.　Any news for me?—Your teacher (　　　　　　　　　　　　).
　2．How is your grandfather?—Not so good, actually.　(　　　　　　　　　　　).
問2　＜内容の聞き取り＞
【質問A】（記号で答えなさい。）
　　When the Oregon team lost the game against the West team for the third time, what was their score against the West?
　　(ア)　2　　(イ)　3　　(ウ)　4　　(エ)　5
【質問B】（<u>日本語</u>で答えなさい。）
　1．Why did George go to the zoo?
　2．What was Kate doing when George went to the zoo?
　3．What did John do when the Oregon won in the tournament?
　4．What story did George tell to his younger teammates?

2　次の文章を読んで問いに答えなさい。（＊印の付いた語・語句は本文の後に[注]があります。）
　　The war was over and Arthur Clark came back to his hometown.　He started working at a car *factory.　After the war, the car was not only for rich people or businessmen but also for *ordinary families.
　　Arthur had a wife and a son.　He didn't want his son Mark to work at a factory like himself.　He was very glad when Mark went to a famous school and had a chance to enter a good university.
　　On Mark's eighteenth birthday, Arthur asked Mark, "What do you want to do after leaving school, son?"
　　"I want to join you at the car factory soon after I leave school."
　　"But why do you . . . ?"
　　"Why not?　Most of my friends will do the same."

"Are you sure?"

"I'm serious.　I can make more money if I work harder."

"Do you think I've worked hard just to find you'll be putting *wheels on cars like me?　①You go there over my dead body," said his father.

"I don't want to do a job ②(I / to / you / don't / glad / just / make / enjoy)!"

After saying this, Mark left the room.

For over a week, father and son didn't speak to each other.　Finally, Mark's mother came up with an idea: (　③　), and then he can work at the factory.

At the end of the holiday season, Mark said that he wanted to work for a hotel.　Arthur agreed with the idea, because one of his old friends was working at a very famous hotel in London.

Mark started working there on September 1.　As a *porter, he started his day at six in the morning and ended at nine in the evening — without almost any break!　He found the pay was only half as much as his friends were getting back home.　Also he had to give all his *tips to the head porter.　When he tried to say something, he was just told, "④Your time will come, kid."

At the end of each day, he was tired out.　But he never gave up.　He thought, "Next September, I will be able to work at the factory!"

In May, many American people came to London for sightseeing.　Mark liked Americans as they often gave him a big tip.　One day, a kind American gave him a *ten-shilling note as he left the hotel, but the head porter was standing just behind him.

"Give it to me," the head porter said.　"It's mine, right?　Your time will come, kid."

"⑤(as / as / bad / not / you / while / someone) is working here!" Mark cried.

"What did you say?" the head porter got angry.　"You have just lost your job, kid."

Before long, the hotel *manager called Mark to his office.

"I need to work for three more months here, or I will lose the chance to work with my friends back home," said Mark.

"Well, I will give you a chance.　*Peel potatoes for three months in this kitchen."

"I'll do anything," said Mark.

The next morning, Mark went to the kitchen in the *basement.　There were a mountain of potatoes and a knife there.　Mark peeled and peeled through breakfast, lunch and dinner.　It was much harder than the job of a porter.

He did it well, *however, because he often helped his mother in the kitchen when he was a boy. One night, the head *chef came to Mark and said, "You start on vegetables tomorrow morning." Then Mark started to learn cutting many kinds of vegetables.　After a few days, Mark was told to put the cooked vegetables on the plates so that the dish would look nice.　During his last three weeks at the hotel, Mark enjoyed his job so much.

On the morning of August 31, his last day, he finished preparing full-course lunch.　When he was leaving the kitchen, he was *satisfied to see all the dishes he made.

"Where are you going?" asked the head chef.

"I'm off," said Mark.　"Back to my hometown."

"Off?　Then, see you next Monday."

"No.　I've finished my year and now I'm off to my home to work."

"I hope you found a first-class hotel," said the head chef with a smile.

"I'm not going to work in a hotel."

"A restaurant, *perhaps ?"

"(⑥— 1)"

"(⑥— 2)"

"(⑥— 3)"

"(⑥— 4)"

"(⑥— 5)"

"I can't believe it.   I think you'll become a good chef."

"No, thanks.   I'll join my friends."

Mark said good-by, left the hotel and hurried to the station.   On the *platform he waited for a train leaving for his hometown.   He walked up and down, and sometimes looked at the great clock *nearby.   It was getting darker outside.   Suddenly he ran out of the station.   If he hurried, he could still be back early enough to (⑦).

After that, Mark continued working under the head chef for five more years and then opened his own restaurant in London.

One day Mark invited his parents to dinner.   After eating the main dish, Arthur said with a big smile.

"Really great, son.   You cook as well as your mother !"

After his parents left, the head *waiter asked Mark, "What did your father do before he *retired ?"

"He just put wheels on cars all his working life."

"It was a boring life, wasn't it ?"

"⑧It was just that he wasn't lucky enough to have a father like mine."

[注] factory 工場   ordinary 普通の   wheel 車輪   porter ポーター(荷物運び)

tip チップ   ten-shilling note 10シリング札   manager 支配人   peel (皮を)むく

basement 地下室   however しかし   chef 料理人   satisfied 満足している

perhaps もしかして   platform (駅の)ホーム   nearby 近くの   waiter ウェイター

retire 引退する

問1　下線部①は，父のどのような意思表示か。解答欄に合うように日本語で説明しなさい。

問2　下線部②の( )内の語句を正しい語順に直しなさい。

問3　空所③に入る内容を，日本語で答えなさい。

問4　下線部④とは，どのような時か。解答欄に合うように日本語で説明しなさい。

問5　下線部⑤の( )内の語句を正しい語順に直しなさい。文頭に来る語は大文字で始めること。

問6　空所⑥— 1 ～⑥— 5には，以下のいずれかが入ります。それぞれの空所に適するものを記号で答えなさい。

  (ア)　They put wheels on cars there.

  (イ)　No, I'm going to get a job at a car factory.

  (ウ)　No, I'm going to put the wheels on cars.

  (エ)　So you'll cook for the car workers ?

  (オ)　What do you mean by 'car factory' ?

問7　空所⑦に入る内容を，日本語で答えなさい。

問8　下線部⑧に表れているMarkの気持ちについて，日本語で説明しなさい。

3　次の文章を読んで問いに答えなさい。（＊印の付いた語・語句は本文の後に［注］があります。）

Mr. Nelson was a *private detective working alone in a small office.　Things were going well for him, and he had a plan to move into a larger office soon.

When he was enjoying dreaming about this, the door opened and a man wearing black glasses walked in.

"What can I do for you ?" asked Mr. Nelson.

"I would like to ask you to *take on a job."

"What's your problem ?"

"Well, I want you to watch the person all the time.　And you must not be *noticed by her."

"That's easy.　Just leave it to me."

"Thank you."

"What else should I be careful about ?"

"Oh, it's simple.　You will only have to report to me everything she does just as it happens."

"Then, how long should I keep up the job ?"

"One week will do," said the man.　"In eight days I will come here for your written report."

"(　①　)" said Mr. Nelson.

"Is there any problem ?" the man asked.

"I don't know your name or anything about you," said Mr. Nelson.

"Oh, I see.　I'll pay you in full right now.　If it's not enough, I'll be glad to pay you more.　Or, ②if you can't take the job if I don't tell you my name, . . ."

The man took a *stack of bills out of his black *briefcase.　Mr. Nelson looked at the money and kept talking.

"That will be fine.　I'll take the job.　Now, who is the person I should follow ?"

The man took out a (　A　) and put it on the desk.　It was of a young girl.

"Her address is written on the back," said the man.　"If you're ready, I'd like you to start tomorrow."

"I understand.　I'll finish the job in a week."

The man smiled and left the office.

Mr. Nelson started to work the next day.　Soon he found the girl around the house given in the address.

The girl walked along happily.　Mr. Nelson walked carefully after her.　The girl took a long trip to a mountain and finally arrived at a small hotel.

She sometimes drew some pictures there, but she didn't meet anybody.　A few days passed, and there was not an *unusual thing to write in his report.

A week passed, and it was time to stop the job, but Mr. Nelson wanted to know something and talked to the girl.

"You are enjoying your trip, aren't you ?"

The girl said, "Yes, I'm *thankful for it."

"Why do you say 'thankful' ?"

"This is all *thanks to a person I met in a coffee shop one day.　He said that I shouldn't spend my free time in places like coffee shops.　Then he gave me enough money to go to any place I liked."

"That's strange, isn't it ?" asked Mr. Nelson.

"Yes," said the girl.   "He was a very kind person."

"What kind of a man was he ?"

"He didn't tell me his name.   He was wearing (B   ), so I don't really know what he looks like. Oh, he wanted to take my picture and know my address.   Of course I agreed."

"Oh, did he ?" said Mr. Nelson.   He thought this *might be the same man as his *client.   But even then ③it was an unusual story.   Is the man really so rich ?

Mr. Nelson wondered, but he couldn't think of any good reason.   He returned to his office after a week's *absence.

Inside the office, he cried and put his hands to his head.   The room was *messy and the big strong *safe on the corner was empty.

④That man !   There is really no reason at all to believe that there are any kind and *generous people.

[注] private detective 私立探偵   take on 引き受ける   notice 気づく

stack of bills 札束   briefcase 書類カバン   unusual 普通でない

thankful 感謝している   thanks to ～のおかげで   might mayの過去形

client 依頼人   absence 不在   messy 散らかった

safe 金庫   generous 気前の良い

問1　空所①に入る発言として，最も適切なものを次から１つ選び，記号で答えなさい。

(ア) There are no problems I can think of . . . ,   (イ) I have taken up a similar kind of job . . . ,

(ウ) I will write anything in that report . . . ,   (エ) It's not something that I can't do . . . ,

問2　下線部②の省略部分(…)に入るべき英語(文)を考えて書きなさい。

問3　（A），（B）に適する語(句)を文中の他の箇所より選んで入れなさい。各１語とは限りません。

問4　下線部③が指す内容を，40字以内の日本語で説明しなさい。句読点も字数に含みます。

問5　下線部④で，Mr. Nelsonは何がわかったのか。40字以内の日本語で具体的に説明しなさい。
　　解答欄の最後にある「ということ。」は字数に含みません。

4　　以下の指示に従って英語で書きなさい。

　　ロボット犬(robot dogs)と本物の犬(real dogs)のどちらがペットとして優れていると，あなたは思いますか。以下の指示に従い，自分の考えを40語以上50語以内の英語で述べなさい。

①　第１文は，印刷された"I think (   ) dogs are better."の（　）内に"robot"または"real"と書き入れなさい。この第１文は使用した語数に含めないこととします。

②　続けて，それが優れている理由を２つ述べなさい。

③　最後に，使用した語数を数え，解答欄右下の（　）に記入しなさい。

　　以下は下書きに使用してかまいません。

I think (   ) dogs are better.

(   )語

【数 学】 (45分) 〈満点：100点〉

　【注意】　1．答えに根号を用いる場合，$\sqrt{\ }$ の中の数はできるだけ簡単な整数で表しなさい。
　　　　　　2．円周率は π を用いなさい。

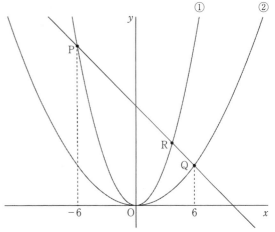

1　原点をOとし，関数 $y=\dfrac{4}{9}x^2$ のグラフを①，

関数 $y=\dfrac{1}{9}x^2$ のグラフを②とします。点Pは①
上にあり，その x 座標は -6 です。また，点Q
は②上にあり，その x 座標は 6 です。次の問い
に答えなさい。

(1)　直線PQの式を求めなさい。

(2)　直線PQと①の交点のうちPでないものをR
とします。線分PR上にあり，x 座標，y 座標
がともに整数となる点の個数を求めなさい。な
お，線分PRは，両端の点P，Rを含みます。

(3)　線分PRと①で囲まれた図形を考えます。こ
の図形の内部または周上にあり，x 座標，y 座標がともに整数となる点の個数を求めなさい。

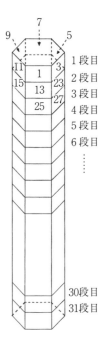

2　図のように，六角柱の6つの側面にそれぞれ31個のマス目があります。そ
れぞれの面で，一番上のマス目を1段目，その下のマス目を2段目，その下の
マス目を3段目，……，一番下のマス目を31段目とします。1段目のマス目か
ら，次のように正の奇数を1から小さい順に書いていきます。

　　・1段目は反時計回り，2段目は時計回り，3段目は反時計回り，4段目は
　　　時計回り，……というように，奇数段目は反時計回り，偶数段目は時計回
　　　りに6個ずつ数を書く。
　　・2段目以降は，その段の一番小さい数を，すぐ上の段の一番小さい数の下
　　　に書く。

　次の問いに答えなさい。

(1)　213は何段目に書かれていますか。また，213が書かれている面の1段目の数
を答えなさい。

(2)　ある面では，n 段目$(n=1, 2, 3, ……, 31)$に書かれた数が，a，b を整
数として，n の1次式 $an+b$ で表せます。そのような(a, b)の組として考え
られるものをすべて答えなさい。

(3)　1段目の数が3である面に書かれた31個の数の和を求めなさい。

(4)　この六角柱を横から見ると，最大で3つの面が見えます。その3つの面に書
かれた93個の数の和のうち，最大のものを求めなさい。

3 一辺の長さが1cmの正方形ABCDがあります。また，三角形PQRは正三角形であり，右の図のように，頂点P，Q，Rは，それぞれ辺AB，BC，AD上にあります。さらに，BPを一辺とする正三角形PBSを正方形の内部につくります。
BP＝2acmとして，次の問いに答えなさい。

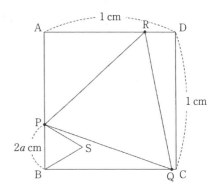

(1) Sが辺PQ上にあるとき，aの値を求めなさい。

(2) RがDに一致するとき，線分RSの長さを求めなさい。

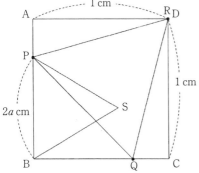

(3) 正三角形PBSと正三角形PQRの面積の比が2：5のとき，aの値を求めなさい。

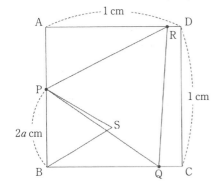

4 図のように，AB＝20cm，AD＝5cm，AE＝10cmの直方体ABCD-EFGHがあります。
点Pは，Aを出発して，直方体の面ABCD，面CDHG上を頂点Gまで最も短い経路で進みます。
点Qは，Aを出発して，辺AB上を，A→B→A→B→A→…と進みます。
点Rは，Aを出発して，辺AE上を，A→E→A→E→A→…と進みます。

3点P，Q，Rは同時に動き始め，いずれも毎秒1cmの速さで進み，PがGに到着したら，同時に止まります。

P，Q，Rを通る平面で直方体を切断してできる切り口について，次の問いに答えなさい。

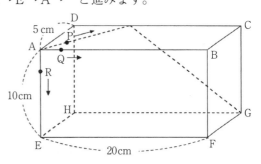

(1) 動き始めてから，Qが初めてBにきたとき，切り口の面積を求めなさい。

(2) Pが辺DC上にきたとき，切り口を底面としAを頂点とする四角すいの体積を求めなさい。

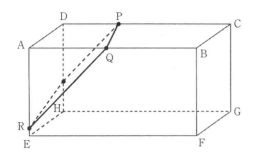

(3) PがGにきたとき，P，Q，Rを通る平面は，下の図のように，辺BCと点Sで，辺EHと点T
で交わります。BS：ETを最も簡単な整数の比で表しなさい。

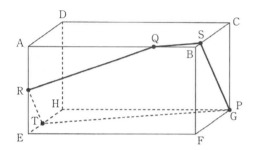

【社　会】 (45分) 〈満点：100点〉

1　世界や日本の変化に関連する表を読んで，後の1から6までの各問いに答えなさい。

① 以下の表は1965年と2015年の世界の人口大国を示したものである。

A．世界の人口大国

（1965年）

順位	国　名	人口（千人）
1	中国	700,000
2	（ a ）	483,000
3	ソ連	230,600
4	アメリカ合衆国	194,572
5	インドネシア	105,300
6	パキスタン	102,876
7	日本	97,960
8	ブラジル	82,222
9	ナイジェリア	57,500
10	西ドイツ	56,839
	総人口	3,295,000

（2015年）

順位	国　名	人口（千人）
1	中国	1,376,049
2	（ a ）	1,311,051
3	アメリカ合衆国	321,774
4	インドネシア	257,564
5	ブラジル	207,848
6	パキスタン	188,925
7	ナイジェリア	182,202
8	バングラデシュ	160,996
9	ロシア連邦	143,457
10	メキシコ	127,017
	総人口	7,349,470

［出典：日本国勢図会各年版］

1　表Aの（a）に適する国名を書きなさい。

2　表Aに関連して述べた文として正しくないものを，次のアからカまでの中から二つ選び，その記号を書きなさい。

ア　ソ連と比べてロシア連邦の人口が減少しているおもな原因は，ソ連の崩壊によって一部地域が独立したためである。

イ　2015年現在，世界の国々の中で人口が1億人をこえているのは，表の中の10カ国だけである。

ウ　アフリカ大陸で最も人口が多い国は，1965年も2015年もナイジェリアである。

エ　中国が（ a ）の国と比べて人口の伸び率が低いのは，人口抑制政策をとったためと考えられる。

オ　人口大国の上位10カ国のうち，半数ほどを占めているのはアジアの国々である。

カ　2つの表にともに出ている国々で，この50年間の人口の伸び率が最も高いのは，ブラジルである。

3　世界の総人口がこの50年間に2倍以上になった要因を40字以内で説明しなさい。

② 以下の表は1966年と2016年の日本の貿易相手国・地域を貿易額の多い順に示したものである。

B．日本の貿易相手国（輸出入）

（1966年）

順位	輸　出	輸　入
1	アメリカ合衆国	アメリカ合衆国
2	ホンコン	オーストラリア
3	（ b ）	カナダ
4	リベリア	イラン
5	中国	フィリピン
6	タイ	マレーシア
7	オーストラリア	中国
8	フィリピン	ソ連
9	カナダ	クウェート
10	台湾	サウジアラビア
総額	35,195億円	34,282億円

（2016年）

順位	輸　出	輸　入
1	アメリカ合衆国	中国
2	中国	アメリカ合衆国
3	（ b ）	オーストラリア
4	台湾	（ b ）
5	ホンコン	台湾
6	タイ	ドイツ
7	シンガポール	タイ
8	ドイツ	サウジアラビア
9	オーストラリア	インドネシア
10	イギリス	アラブ首長国連邦
総額	700,358億円	660,420億円

［出典：日本国勢図会各年版］

4 表Bの(b)に適する国名を書きなさい。

5 表Bに関連して述べた文として正しくないものを，次のアからオまでの中から二つ選び，その記号を書きなさい。

ア 2016年に比べて1966年の表で中国が下位にある理由として，国交が回復する前であることがあげられる。

イ アメリカ合衆国との貿易は，1980年代には輸出超過だったが，現在は輸入超過に転じた。

ウ この50年間で原油輸入先の上位の国々は変化していない。

エ 貿易相手国を地域別にみると，貿易額の10位までに南アメリカの国々は入っていない。

オ 1966年と2016年の貿易額の総額をみると，両方とも貿易黒字となっている。

6 CとDの表は，日本と表Bのいずれかの国・地域との輸出入品目を示したものである。あてはまる国を，次のアからカまでの中からそれぞれ選び，その記号を書きなさい。

C （1966年）

順位	輸 出 品	輸 入 品
1	機械類	とうもろこし
2	鉄鋼	天然ゴム
3	合成繊維織物	麻
4	綿織物	米
5	プラスチック	鉄鉱石
6	紙類	魚介類
7	化学肥料	ヒマの種子
8	タイヤ・チューブ	こうりゃん

※ヒマは採油用の実

（2016年）

順位	輸 出 品	輸 入 品
1	機械類	機械類
2	鉄鋼	肉類
3	自動車部品	魚介類
4	プラスチック	金属製品
5	金属製品	プラスチック
6	科学光学機器	自動車部品
7	銅・同合金	科学光学機器
8	有機化合物	衣類

D （1966年）

順位	輸 出 品	輸 入 品
1	機械類	羊毛
2	綿織物	石炭
3	鉄鋼	砂糖
4	プラスチック	肉類
5	魚介類	小麦
6	精密機械	鉄鉱石
7	合成繊維糸	銅
8	合成繊維織物	原皮類

（2016年）

順位	輸 出 品	輸 入 品
1	自動車	石炭
2	機械類	液化天然ガス
3	石油製品	鉄鉱石
4	タイヤ・チューブ	肉類
5	自動車部品	銅鉱
6	鉄鋼	アルミニウム
7	科学光学機器	ウッドチップ
8	無機化合物	粗糖

［出典：日本国勢図会各年版］

ア サウジアラビア　　イ オーストラリア　　ウ アメリカ合衆国

エ インドネシア　　　オ 中国　　　　　　　カ タイ

2 次の文を読んで，後の1から6までの各問いに答えなさい。

みなさんは，時代劇を見たことがあるだろうか。古くから歴史を題材とした物語は人々の興味関心をひきつけてきた。琵琶法師の語りによって『平家物語』は庶民にまで流布し，歌舞伎が発展していくなかで，誰もが知っているような伝説や歴史上の事件などを題材とする時代物というジャンルが確立して人気を博した。こうした伝統に基づいて，20世紀初頭に最初の時代劇映画が誕生する。それ以来，チャンバラ映画が量産され，テレビ放送が始まるとテレビ時代劇も制作された。民放各局でテレビ時代劇は次々と制作され，数多くの人気シリーズが誕生した。こうした時代劇作品は，主人公が庶民を助けて悪人を次々と斬り倒すチャンバラに象徴される，勧善懲悪といった一種の様式美の世界を成立させた。しかし，1990年代には，視聴率の低迷や制作上の困難などの要因が重なり，テレビ時代

劇の制作数は減っていき，いまでは地上波民放のレギュラー放送はほとんど姿を消している。

　多くのテレビ時代劇が低調になる一方，扱われる時代や主人公，演者や脚本家など，毎年何かと話題を呼ぶのが，NHK大河ドラマである。1963年に始まった大河ドラマは，いくつかの例外はあるが，ほぼ一年間にわたる長編として制作され続けている。大河ドラマは，必ずしも史実にそっているわけではないものの，人々が歴史像を構築するうえで大きな影響をもたらしてきた。大河ドラマへの関心度の高さから，各地では大河ドラマ誘致運動も展開している。たとえば，小田原市で開催された「北條五代ふるさとサミット」で，岡山県・静岡県・神奈川県・東京都・埼玉県にまたがる9市2町の首長らによる「北条五代大河ドラマ化推進宣言」が発表されたり，「『楠公さん』大河ドラマ誘致協議会」が発足し，大阪府・奈良県・兵庫県の楠木正成ゆかりの自治体が20以上加盟したりするなど，自治体が連携しながらPR活動が進められている。実際，大河ドラマ放映による経済効果は顕著である。近年，経済効果が最も大きかったのは『龍馬伝』（2010年放送）の舞台となった高知県で，日本銀行高知支店によれば総額535億円にのぼるという。『龍馬伝』以降の作品についても，舞台となった自治体で100億円を超える経済効果をもたらしたとされている。

　大河ドラマの経済効果は，作品の舞台となった場所などを幅広い年代の人々が訪れていることと関係している。大河ドラマ放映を契機に，ゆかりの地には撮影時に制作される衣装や小道具などを展示する期間限定の大河ドラマ館が建設され，既存の博物館や観光スポットなどで関連展示を行い，周遊バスなどアクセスしやすい交通の整備も進められ，多くの人々を呼び込んでいる。史跡や文化財が，作品と結びついた観光資源として見直されることで，自治体や地元観光協会によって地域振興に活用されるようにもなっている。日本には，古くは和歌の題材とされた名所旧跡を歌枕として訪ねる旅があったが，2000年代以降，作品の舞台などを訪ねる旅は，いわゆる「聖地巡礼」と呼ばれて若い世代で流行し，観光形態の一つとして定着した。古くから親しまれていた様々な作品にちなんだ旅も，今では「聖地巡礼」と呼ばれるようになり，幅広い世代に広がりを見せているといえよう。

　歴史への関心の高さと経済効果があいまって，文化財の保全や学問的研究成果の蓄積をうながし，それがさらに，地域の歴史や文化への関心を呼び起こして，より深く学ぶ人を数多く生み出してきた。大河ドラマがきっかけで，新たな資料が発見されることもある。行政・民間による観光促進のほか，ボランティアガイドなど市民による積極的な関わりも見られ，地域の文化的な発展とも大きく結びついている。だが，その注目度が高ければ高いほど，保護されるべき史跡や文化財が観光資源として消耗してしまうリスクもある。いまだけでなく，500年後，1000年後も同じ文化財を楽しむことができるよう，利用や保護の指針を示していく必要があるだろう。

1　庶民の生活や文化に関連して述べた文として正しくないものを，次のアからオまでの中から二つ選び，その記号を書きなさい。

ア　元禄時代には，井原西鶴が『曽根崎心中』などの人形浄瑠璃や歌舞伎の台本を書き，庶民の人気を得た。

イ　文化・文政時代には，世相に対する皮肉や風刺をこっけいにあらわした川柳や狂歌が流行した。

ウ　大正デモクラシーの時期には，『赤い鳥』など児童向けの雑誌も出版されるようになった。

エ　大都市の国民学校に通っていた多くの児童は，空襲を避けるために農村へ集団で疎開させられた。

オ　第二次世界大戦中，手塚治虫の『鉄腕アトム』は戦意高揚に活用され，発行部数を急激にのばした。

2　本文中で言及した大河ドラマ誘致運動に参加している自治体のある都府県での出来事について述べた文として正しくないものを，次のアからオまでの中から二つ選び，その記号を書きなさい。

ア　日米和親条約にもとづいて港が開かれ，総領事ハリスが着任した。

イ　日宋貿易の拠点として，平清盛が港を整備した。

ウ　織田信長が，室町幕府を滅ぼしたのちに天守閣のある城を築いて城下町をつくった。

エ　1901年，日清戦争の賠償金などを使って建設された官営八幡製鉄所が開業した。

オ　「ワカタケル大王」の文字が刻まれた鉄剣が出土した。

3　交通の整備に関連して述べた文として正しいものを，次のアからオまでの中から二つ選び，その記号を書きなさい。

ア　奈良時代の道路には駅が置かれ，人々は租を都に運ぶために，馬を利用した。

イ　室町時代には，朝廷が関所を廃止したため，陸上の輸送では問丸などの運送業者が活躍した。

ウ　江戸時代には，大阪から江戸に菱垣廻船や樽廻船などで日用品を輸送する定期航路が整備された。

エ　日露戦争後には，政府の軍事目的などもあって主要な鉄道が国有化された。

オ　GHQの占領統治下で，新幹線や高速道路の整備が進められた。

4　本文中で言及した「聖地巡礼」に関連して述べた文として正しくないものを，次のアからオまでの中から二つ選び，その記号を書きなさい。

ア　『平家物語』を読んで源義経のファンになった人が，壇ノ浦を訪れることは「聖地巡礼」といえる。

イ　松尾芭蕉のファンが，『奥の細道』になぞらえて東北地方の句碑をめぐることは「聖地巡礼」とはいえない。

ウ　『龍馬伝』を見て土佐藩の文化に興味を持った人が，富岡製糸場を訪れることは「聖地巡礼」といえる。

エ　『舞姫』を読んで，森鷗外に関する記念館を訪れることは「聖地巡礼」といえる。

オ　「聖地巡礼」による地域の活性化は，文化財保護を実現することがある一方，文化財損傷をまねくこともある。

5　史跡や文化財に関連して述べた文として正しいものを，次のアからオまでの中から二つ選び，その記号を書きなさい。

ア　吉野ヶ里遺跡からは，堀が取り囲む集落や「漢委奴国王」と刻まれた金印が発見された。

イ　水城は，白村江の戦いに敗れたのち，新羅などの攻撃に備えて大宰府の近くに築かれた。

ウ　正長の土一揆のとき，徳政を得たことを記念する石碑が百姓らによって建てられた。

エ　出島には，オランダと中国の商人が来て，江戸幕府の監督のもとで貿易が行われた。

オ　南京条約が結ばれたのちに日本がおいた台湾総督府の建物は，いまも台湾の総統府として使われている。

6　時代劇のシーンの説明として，史実に照らして適切なものを次のアからカまでの中から二つ選び，その記号を書きなさい。

ア　北条五代大河ドラマで，「尼将軍」と呼ばれた人物が御家人に対して訴え，幕府の結束を呼びかけた。

イ　北条五代大河ドラマで，豊臣秀吉の命令で北条氏が朝鮮に出兵した。

ウ　「楠公さん」で，足利義満が明に朝貢し，朱印状を用いて貿易をはじめた。

エ　「楠公さん」で，後醍醐天皇の政治を批判する「二条河原落書」が掲げられた。

オ　『龍馬伝』で，坂本竜馬らの仲立ちによって薩長同盟が結ばれた。

カ　『龍馬伝』で，フランス軍服を着た徳川慶喜が，江戸城で大政奉還を行った。

3 　筑波大学附属駒場中学校の３年生は，個人や小グループで発展的な探究活動を行う「テーマ学習」に取り組んでいる。社会科の先生が担当する講座では，全体テーマを「オリンピック」として，生徒たちが各自の探究課題を設定した。次の文章は，生徒Ａ～Ｃが探究の中間報告として先生に提出した原稿である。これらを読んで，後の１から８までの各問いに答えなさい。

生徒Ａ　テーマ「オリンピズムの理念から歴史をみる」

> 　五つの輪が重なり合うオリンピックのマークは，五つの大陸の連帯を意味している，と聞いたことがある。オリンピックは単なるスポーツ大会以上の理念をもっているようだ。
> 　その理念を知るためにオリンピック憲章(2017年版)をみると，「オリンピズムの根本原則」として次のような条項が掲げられている。
>
> 　２．オリンピズムの目的は，人間の尊厳の保持に重きを置く平和な社会の推進を目指すために，人類の調和のとれた発展にスポーツを役立てることである。
>
> 　　　　　（中略）
>
> 　６．このオリンピック憲章の定める権利および自由は，人種，肌の色，性別，性的指向，言語，宗教，政治的またはその他の意見，国あるいは社会的出身，財産，出自やその他の身分などの理由による，いかなる差別も受けることなく，確実に享受されなければならない。
>
> 　ここでは，スポーツを人類の発展に役立つものとみなし，その先に差別のない平和な社会を実現しようとする理念が示されている。スポーツが担う課題としては大きすぎるようにも思えるが，オリンピックの実態はどうだろうか。
> 　歴史的にみると，オリンピックは多くの戦争や国際関係の緊張と深く関わってきた。
> 　1936年，ナチス政権下で開催されたベルリン大会では，聖火リレーが初めて行われた。聖火はギリシャのオリンピアからブルガリア，ユーゴスラヴィア，ハンガリー，オーストリア，チェコスロバキアを経てベルリンに到着した。そのわずか３年後に，ドイツ軍はこのルートを南下する形で侵攻を行った。同じベルリン大会のマラソン競技では，日本国籍の孫基禎が一位となったが，新聞「東亜日報」が彼のユニフォームの日の丸を消す修正を施した写真を掲載し，社長以下10名以上が職場追放となる事件が起こった。
> 　第二次世界大戦の終結後は，冷戦を背景にした国際関係の緊張からいくつものボイコットが行われた。たとえば，1980年のモスクワ大会では，アメリカ大統領の呼びかけで日本を含む60カ国以上が参加を取りやめた。４年に一度しかない舞台を目標として懸命に練習を続けてきた選手たちは，どんな思いだったのだろうか。冷戦の時代は終わったが，直近の平昌大会でも，開催に先立って各国の政治家が不参加をほのめかす発言を行っており，大会ボイコットが政治的な駆け引きのカードになることがわかる。
> 　このように，オリンピズムの理念を観点として，歴代のオリンピックがどのような問題に直面してきたのかを調べ，現代社会にもつながる課題を明らかにしていきたい。

生徒Ｂ　テーマ「ドーピングの何が問題なのか？」

> 　オリンピックのたびに，ドーピングに関する報道を耳にする。生命科学や医療技術の発展に伴って，近い将来には通常の検査では見抜けない遺伝子ドーピングの登場も懸念されているという。
> 　スポーツの世界はドーピングにとても厳しい。しかし，様々な記事を読んでみると，ドーピングの合法化を主張する声も少なからずあるようだ。そういわれると，超人的な身体能力をもったアスリートの競技を見てみたい気もしてくる。
> 　オリンピック競技におけるドーピング問題について，先生に薦めてもらった次の資料を手がか

りに考えてみたい。

資料

　プロゴルフ選手のケイシーは，片足に障害があり，歩行に困難が伴った。そのため，ゴルフトーナメントでホール間の移動をする際，ゴルフ用カートを使いたいと申し出た。しかし，プロゴルフ協会はこの申請を認めなかった。そこで彼は，障害者の権利を守る法に基づき，カート使用の権利を認めるよう協会を相手に訴訟を起こした。結果，彼は勝訴した。この判決にあたって，裁判官はゴルフの歴史を分析するとともに，生理学の専門家の力を借りて，18ホールを歩くのに消費されるカロリーがきわめて少ないことを根拠の一つにしたという。

（マイケル・サンデル『これからの「正義」の話をしよう』の一部を要約）

生徒C　テーマ「東京2020大会はどんな課題に取り組むべきか？」

　この１年間の新聞から関係の記事を集めてみると，「○○五輪」という表現が多く出てくることに気づいた。それらは2020年東京オリンピック・パラリンピックが取り組むべき課題を表しているらしい。たとえば，次のようなものである。
　① 復興五輪：このことばが何を意味しているのか，調べたがよくわからなかった。復興を遂げた被災地の姿を世界に見せようということなのか，それとも，五輪の開催による経済効果が復興の後押しになるということか。2018年には，聖火リレーの出発地を福島県とすることが決まった。これから，復興五輪の理念をどのように具体化していくのだろうか。
　② SDGs五輪：SDGsとは，国連が掲げる「持続可能な開発目標」のことだ。いま世界の様々な分野で，この目標に沿った事業の見直しが進められている。大会組織委員会など関係諸団体は，【　Ａ　】などの具体的な行動計画を設定し，準備段階からSDGs五輪を提唱している。
　このようなキーワードを整理しながら，オリンピックを通して現代日本の課題を自分なりに考えたい。

1　人間の尊厳の保持に重きを置く平和な社会を実現するための取り組みに関連して述べた文として正しいものを，次のアからオまでの中から二つ選び，その記号を書きなさい。
　ア　世界人権宣言は，国際的な人権保障を定めた初の条約として，その締約国にいくつもの法的義務を課している。
　イ　女子差別撤廃条約の批准にあたって，日本では男女共同参画社会基本法が制定された。
　ウ　障害者権利条約は，障害を理由にした差別を禁止し，障害者に対する合理的な配慮を求めている。
　エ　貧しい人々に少額を融資するマイクロクレジットは，グラミン銀行などをきっかけとして広がりをみせている。
　オ　国連難民高等弁務官事務所は，難民発生の原因となる地域紛争を調停する役割を担っている。
2　歴史上の戦争や国際関係の緊張に関連して述べた文として正しくないものを，次のアからキまでの中からすべて選び，その記号を書きなさい。
　ア　カトリック教会の首長であるローマ教皇はイスラム勢力からの聖地奪還を呼びかけ，これに応えたヨーロッパの王や貴族が十字軍を編成して東方に遠征した。
　イ　モンゴル軍は13世紀に２度にわたって九州に襲来したが，高麗やベトナムでモンゴルに反抗する動きが強かったこともあり，３度目の襲来はなかった。

ウ　イギリスはインド大反乱を鎮圧したのちにインドでアヘン栽培を開始し，それを中国に密輸し
　　たことがアヘン戦争勃発の原因になった。

エ　義和団の蜂起は日本やロシアなど列強の軍隊に鎮圧されたが，その後，ロシアが満州に大軍を
　　留めていることに脅威を感じたイギリスは，日本と同盟を結んだ。

オ　スターリンを中心とする革命政府はドイツと単独で講和してソビエト社会主義共和国連邦を樹
　　立したが，このことが資本主義諸国からの干渉戦争を招いた。

カ　朝鮮戦争は，アメリカ軍が韓国を支援する一方，中国からの義勇軍が北朝鮮を助けたために長
　　期化し，1953年に至って休戦した。

キ　ベトナム戦争に対して世界各地で反戦運動が高まり，アメリカ合衆国は中国との関係を改善し
　　たうえでベトナムから撤退した。

3　ベルリンに関連して述べた文として正しくないものを，次のアからオまでの中から二つ選び，そ
　の記号を書きなさい。

ア　ベルリンを首都とした国は，1980年のモスクワオリンピックをボイコットした。

イ　ベルリンを首都とした国では，ユダヤ人を強制収容所に送り，労働に従事させたり，虐殺した
　　りした。

ウ　ベルリンを首都とした国では，ビスマルクが軍事力の強化を中心とする政策を進めた。

エ　ベルリンを占領したナポレオンがヨーロッパを支配するなかで，自由・平等という革命の理念
　　が広まった。

オ　ベルリンにはかつて冷戦の象徴であった壁があったが，ソ連の解体を契機に取り払われた。

4　冷戦に関連して述べた文として正しくないものを，次のアからオまでの中から二つ選び，その記
　号を書きなさい。

ア　西側陣営の軍事同盟である北大西洋条約機構（NATO）は現在でも存続しており，日本も加盟
　　している。

イ　朝鮮戦争の勃発後，日本ではGHQの指令で警察予備隊が作られ，後に自衛隊へと改組された。

ウ　日本では，保守勢力が1955年に自民党を結成し，アメリカの冷戦政策を批判する社会党などの
　　革新勢力と対立した。

エ　モスクワオリンピックの前年，ソ連がアフガニスタンに侵攻したことで，東西対立が激化した。

オ　主要国首脳会議（サミット）は，冷戦の終結後にアメリカとロシアの提唱によって開始された。

5　生命科学や医療技術に関する課題や日本社会の対応について述べた文として正しいものを，次の
　アからオまでの中から二つ選び，その記号を書きなさい。

ア　ある個体と同一の遺伝情報をもつ個体を作り出すクローン技術について，憲法が保障する学問
　　の自由の観点から，法律で規制を設けることは認められない。

イ　医療技術や医薬品については，公益性の高さや生命の平等性の観点から，特許権が認められな
　　い。

ウ　遺伝子診断によって遺伝性疾患のリスクなどを知ることができるが，その情報を理由にした差
　　別につながることが懸念され，プライバシー保護が課題となっている。

エ　臓器移植の場合に限り脳死を人の死とみなす法律があるが，事前に本人の意思表示がなければ
　　移植は認められない。

オ　1990年代まで続いた優生保護法は，優生思想にもとづいて障害者の不妊手術を行う施策の法的
　　根拠となっていた。

6　生徒Bの報告にある資料の趣旨から導かれたドーピング問題についての主張として最も適切なも
　のを，次のアからオまでの中から一つ選び，その記号を書きなさい。

ア　ケイシーが提起した問題を解決するには，選手全員がカートを使えばいいのだ。同じように，ドーピングの場合も全面解禁してしまえば問題は解消するのではないか。

イ　カートを使うことと，薬物を用いたドーピングとでは大きな違いがある。それは，薬物には副作用の危険性があるということだ。その危険性から選手を守るために，ルールをつくって公的機関が介入することが必要なのではないか。

ウ　カートの使用もドーピングもお金がかかるものだ。自由化すれば経済的な格差が競技の結果を左右してしまうから，やはり規制は必要だ。だとすると，多くの資金がないとできないようなトレーニングも同様に規制すべきではないか。

エ　ホール間を徒歩で移動することはゴルフというスポーツの本質的な要素ではないから，カートの使用は認められる。ならば同様に，その競技の本質を損なわない範囲での薬物使用は認められるのではないか。

オ　ケイシーはハンディキャップをもっていたが，彼だけでなく人間には生まれつき才能や身体能力の差があるものだ。このカート使用を認めるならば，生まれつきの身体能力の差をうめるためのドーピングも認めるべきではないか。

7　生徒Cが調べていくと，五輪の開催による経済効果について様々な見解があることがわかった。経済効果に懐疑的な見解の例として適切でないものを，次のアからオまでの中から二つ選び，その記号を書きなさい。

ア　特に建設業などの分野で需要量が伸びるが，労働力不足の状況では供給量に限界がある。

イ　大会運営関連の費用は公的資金のみでまかなわれるため，民間企業の収益に与える影響は限られている。

ウ　五輪関係の事業によって雇用が増えるが，失業率が高い状況では他分野の労働力を奪うことになる。

エ　会場へ多くの観戦客が足を運ぶ一方で，混雑を嫌う消費者や観光客は消費行動を避けることになる。

オ　大会のために建設された施設はその後有効に活用されにくく，負の遺産となる場合が多い。

8　空欄【A】には，SDGsの考え方をオリンピックの準備・運営において具体化する取り組みが入る。そのような取り組みとして適切と考えられるものを，次のアからオまでの中から二つ選び，その記号を書きなさい。

ア　道路や公共施設などのバリアフリー化を進め，暮らしやすい街づくりをする。

イ　建設資材となる木材には，なるべく安価で質の高いものを使用する。

ウ　食堂などで提供する海産物・農産物は，常に新鮮なものを用意する。

エ　AIなど最新技術を用いて警備を行うとともに，厳罰化によってテロを防止する。

オ　会場などの電力に，水素や太陽光などの再生可能エネルギーを使用する。

【理　科】 (45分) 〈満点：100点〉
　[注意]　指示されたもの以外は，ア～カなどのなかから選び，記号で答えなさい。

1　白い固体Ａ～Ｄがある。すべての固体について次の実験１～５を行った。下に示した結果１～
　　５は，それぞれの実験で得られた結果の一部である。なお，結果の番号は実験の番号に対応してい
　　る。後の各問いに答えなさい。

【実験１】　燃焼さじに固体を少量のせて，ガスバーナーでおだやかに加熱した。
【実験２】　水を入れた試験管に固体を少量入れてよくかきまぜた。
【実験３】　実験２で水に溶けたものは，ガラス棒を使って水溶液をpH試験紙に１滴たらした。
【実験４】　うすい塩酸を入れた試験管に固体を少量入れた。
【実験５】　試験管に固体と水酸化ナトリウム数粒を入れてから，水を少量加えた。
【結果１】　Ｃはすぐに融けた。
【結果２】　Ｄはまったく溶けなかった。
【結果３】　ＡとＣはアルカリ性だった。
【結果４】　ＡとＤは気体が発生した。
【結果５】　Ｂは刺激臭のする気体が発生した。
１．白い固体は，下記のいずれかである。Ａ～Ｄはそれぞれどの物質ですか。
　ア　塩化ナトリウム　　　イ　石灰石　　　　　　ウ　塩化アンモニウム
　エ　砂糖　　　　　　　　オ　炭酸水素ナトリウム　カ　セッケン
２．うすい塩酸を入れた試験管にＤを入れた時の変化を化学反応式で書きなさい。
３．実験５でＢから発生した気体は何ですか。化学式で書きなさい。

2　うすい水酸化バリウム水溶液とうすい硫酸を使って，中和反応に関係するアルカリと酸と塩の
　　質量の関係を調べる実験を行った。なお，結果の番号は操作の番号に対応している。後の各問いに
　　答えなさい。
【操作１】　ビーカーに3.4％水酸化バリウム水溶液を50.0ｇ入れた。
【操作２】　操作１のビーカーに，4.0％硫酸を反応で生じる白色沈殿がそれ以上生じなくなるまで加
　　え，水酸化バリウムをすべて中和するまでに必要な4.0％硫酸の質量をはかった。
【操作３】　操作２の中和後の溶液から水を蒸発させて得られた固体の質量をはかった。
【結果２】　加えた4.0％硫酸の質量は24.5ｇだった。
【結果３】　2.3ｇの固体が得られた。
１．同じ濃度の水酸化バリウム水溶液50.0ｇと，5.0％硫酸を使って操作２を行った場合，水酸化バ
　　リウムをすべて中和するのに必要な5.0％硫酸の質量は何ｇですか。小数第１位まで求めなさい。
２．同じ濃度の水酸化バリウム水溶液50.0ｇと，6.0％硫酸を使って操作２を行い，6.0％硫酸を
　　10.0ｇ加えたところで操作をやめた場合，その後で水を蒸発させて得られる固体の質量は何ｇです
　　か。小数第１位まで求めなさい。

3　昨年度に続いて，筑波大学附属駒場中学校２年生の生徒３人が，科学コンテストに参加するた
　　めに勉強会を開くことにした。次の会話文を読んで，後の各問いに答えなさい。

　　まさきくん：今年はこの３人のチームで大会に参加することにしよう。先ぱいに負けないように
　　　　　　　がんばろう。
　　かつやくん：ぼく化学のほうが得意なんだけど。

ゆうたくん：とにかく勉強しようよ。今年は火星が明るく，大きく見えるよね。見た？

かつやくん：ぼく，夜遅くまで起きていられないんだ。

まさきくん：じゃあ，星の観察はむりだねぇ。

1．火星が明るく，大きく見えるのは，太陽・地球・火星がどのような位置にあるときですか。

　　ア　地球から見て，火星が太陽と同じ方向にあるとき

　　イ　地球から見て，火星が太陽と反対の方向にあるとき

　　ウ　地球―太陽―火星が直角をなすとき

　　エ　地球―火星―太陽が直角をなすとき

　　オ　太陽―地球―火星が直角をなすとき

かつやくん：今年は日本の地層から，新しい地質年代が提唱されたよね。

ゆうたくん：あぁ，チバニアンね。

かつやくん：地球には磁場があって，磁場の逆転の様子などがくわしく記録されているんだって。

まさきくん：それ，どうやって分かるの？

2．地球の磁場の様子を記録する粒子が堆積して地層中に残っていることから，かつての地球の磁場が復元できる。この磁性をもつ粒子は，火成岩中に含まれていたものが風化，侵食，運搬されてもたらされたり，火山灰の中に含まれていたりする。この磁性をもつ鉱物の名称を答えなさい。

ゆうたくん：口永良部島をはじめ，今年も九州を中心として，火山の活動が盛んだったね。

まさきくん：桜島なんかしょっちゅう爆発的な噴火をしているよね。

かつやくん：でもここまで火山灰が降ってくることはないでしょ。

ゆうたくん：わからないよ。歴史的に見れば火山の大噴火が何回も知られているからね。

3．日本付近で，火山灰を遠くまで運ぶ上空の大気の流れを何といいますか。また，その流れの性質はどれですか。

　　ア　南北に蛇行しながら，地球を東から西へ一周するように移動する大気の流れ

　　イ　南北に蛇行しながら，地球を西から東へ一周するように移動する大気の流れ

　　ウ　時計回りに回転しながら，地球を東から西へ進む大気の流れ

　　エ　時計回りに回転しながら，地球を西から東へ進む大気の流れ

　　オ　反時計回りに回転しながら，地球を東から西へ進む大気の流れ

　　カ　反時計回りに回転しながら，地球を西から東へ進む大気の流れ

まさきくん：ここ数年，西南日本に集中豪雨がたびたび起こるのは，本当に困ってしまうよ。

ゆうたくん：梅雨の末期に起こりやすいんだよね。

かつやくん：うん。太平洋にある高気圧から湿った空気が西南日本に入ってくるんだって。

まさきくん：その空気が梅雨前線に向かって入ってきて，次々と雨をもたらす雲をつくるんだね。

4．湿った空気をもたらす高気圧の名前と次々とつくられる雨をもたらす雲の名称は，それぞれどれですか。

　　［高気圧］　ア　シベリア高気圧　　　　　イ　移動性高気圧

　　　　　　　　ウ　オホーツク海高気圧　　　エ　小笠原高気圧

　　［雲］　　　ア　乱層雲　　イ　高層雲　　ウ　高積雲

　　　　　　　　エ　層積雲　　オ　積乱雲

かつやくん：地球温暖化が話題になってもう30年近くになるんだそうだ。

ゆうたくん：そうそう。今年には大気中の二酸化炭素の濃度がとうとう0.04％に達したんだって。

まさきくん：でも地球の歴史の中では，今の何百倍も二酸化炭素の濃度が高かったときがあったらしいよ。

かつやくん：海水中に溶け込んだり，生物の活動などによって，大気中から二酸化炭素が除去されたからだよ。

5．除去された大気中の二酸化炭素の一部は，地層や岩石として固定されている。植物によって固定された地層(岩石)として，石炭があげられる。一方，動物(おもに無脊椎動物)によって固定された岩石の名称を答え，さらにそれをつくる動物の例を1つあげなさい。

4 金魚は，中国に生息するフナの仲間の一種に由来し，長く人によって品種改良されてきた観賞魚である。同じ親から生まれた子どうしのかけ合わせを何代にもわたって続けても，形質が変わらなくなった状態にすることは，固定化と呼ばれ，品種改良では欠かせない過程となっている。さとし君は，金魚における，かけ合わせについて調べ，品種のもつ形質に注目してまとめた。また，中学校で学習した遺伝の規則性にしたがって，以下のような考察を行った。後の各問いに答えなさい。

【さとし君のまとめ】

Ⅰ．対立形質の組み合わせと関係性

　素赤体色とフナ体色，　開き尾とフナ尾，　背びれありと背びれなし，　出目と普通目

　「開き尾」は尾びれが左右2枚あり，背側から見ると先端が3つ，または4つに分かれているように見える。

　これら4対の対立形質は，それぞれ全く異なる遺伝子によってつくられ，互いに関係がない。

Ⅱ．かけ合わせとその記録

　(1) [素赤体色・フナ尾・背びれあり・普通目]である1匹と[フナ体色・開き尾・背びれあり・普通目]である1匹のかけ合わせで[フナ体色・開き尾・背びれなし・普通目]が生まれていた。

　(2) [フナ体色・フナ尾・背びれあり・出目]である1匹と[素赤体色・フナ尾・背びれあり・出目]である1匹のかけ合わせで[素赤体色・フナ尾・背びれあり・出目]が生まれていた。

　(3) [フナ体色・フナ尾・背びれなし・普通目]である1匹と[素赤体色・フナ尾・背びれあり・出目]である1匹のかけ合わせで[フナ体色・開き尾・背びれなし・普通目]が生まれていた。

　(4) [素赤体色・開き尾・背びれなし・出目]である1匹と[フナ体色・開き尾・背びれあり・普通目]である1匹のかけ合わせで[フナ体色・開き尾・背びれなし・出目]が生まれていた。

　(5) [素赤体色・開き尾・背びれあり・普通目]である1匹と[素赤体色・開き尾・背びれなし・普通目]である1匹のかけ合わせで[素赤体色・開き尾・背びれあり・出目]が生まれていた。

　(6) [フナ体色・フナ尾・背びれなし・普通目]である1匹と[フナ体色・開き尾・背びれあり・普通目]である1匹のかけ合わせで[素赤体色・開き尾・背びれあり・普通目]が生まれていた。

【さとし君の考察】

「体色，尾，背びれ，目のどれについても優性形質を表す遺伝子をA，劣性形質を表す遺伝子をaの記号で代表して表し，中学校で学習した遺伝の規則性にしたがって考察する。素赤体色の形質に固定化できた金魚個体のもつ遺伝子は（　①　）で，開き尾の形質に固定化できた金魚個体のもつ遺伝子は（　②　）で，背びれありの形質に固定化できた金魚個体のもつ遺伝子は（　③　）で表されると考えられた。また，Ⅱ．(3)のかけ合わせで生まれ，普通目となった個体どうしを，さらにかけ合わせてできた子(子孫第一代と呼ぶことにする)には（　④　）％の割合で出目が含まれてくると予想された。」

1．空欄①〜③に適切な記号を，④には数字を入れなさい。

2．Ⅱ．(3)のかけ合わせで生まれ，普通目となった個体どうしを，さらにかけ合わせてできた子孫第一代のうち，普通目の子だけをすべて選び，まとめて自由に交雑させて子孫第二代を得た。普通目の形質に固定化できている子孫第二代個体の割合は，普通目となった第二代個体のうちの何％と計算されますか。

3．上の小問2．にあるように，同じ代の普通目の子だけをすべて選び，まとめて自由に交雑させていくことを代々繰り返していった場合，普通目の形質に固定化できている個体が，その代の普通目となった個体のうちの90％以上になるのは子孫何代目以降と計算されますか。ただし，Ⅱ．(3)のかけ合わせで生まれ，普通目となった個体どうしを，さらにかけ合わせてできた子孫を第一代目とし，自由な交雑では，すべての個体が同じ回数だけ交雑し，同じ数の子どもを残せるものと仮定する。

4．普通目の形質に固定化することを目的として，最初にⅡ．(3)のかけ合わせで生まれ，普通目となった個体を使ってかけ合わせていく場合，上の小問2．のような方法を採るよりも効率の良い方法を考え，次の文に続く適切な文章を下の中から選びなさい。ただし，どの雌からも10〜20匹程度の子が得られるものとする。

「Ⅱ．(3)のかけ合わせで生まれ，普通目となった個体どうしを，さらにかけ合わせてできた子孫第一代のうち，…」

ア　雌雄1匹ずつの組み合わせをできるだけ多数つくり，それぞれで交雑をする。

イ　雄の個体を複数選び，その親に相当する雌個体複数とまとめて交雑する。または，雌の個体を複数選び，その親に相当する雄個体複数とまとめて交雑する。

ウ　雄の個体1匹と，その親に相当する雌個体1匹の組み合わせをできるだけ多数つくり，それぞれで交雑をする。または，雌の個体1匹と，その親に相当する雄個体1匹の組み合わせをできるだけ多数つくり，それぞれで交雑をする。

エ　体色，尾，背びれの全てについて劣性形質を表すものだけを選び，まとめて交雑する。

オ　体色，尾，背びれの全てについて優性形質を表すものだけを選び，まとめて交雑する。

5　さとし君は，図1のように，レーザーポインタと，半透明で半円形のプラスチックを用いて「光の進み方」の実験を行った。後の各問いに答えなさい。

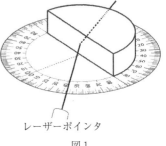

レーザーポインタ

図1

1．最初に，空気の側から円の中心を通るように，角度を変えながら，同じ明るさの光を入射させた。その結果のスケッチが，図2−A，B，Cである。なお，このスケッチの光線は光の道すじだけを表していて，その太さがその光線の明るさには対応していない。

A

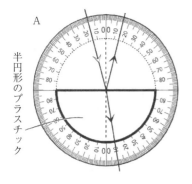

半円形のプラスチック

B

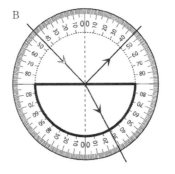

C

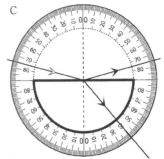

図2

① 図2－Bのとき，屈折角はいくらですか。
② 図2－A，B，Cから，どのようなことがわかりますか。適当なものを次の中から<u>すべて</u>選び
なさい。
　　ア　入射角が小さくなるにつれて，反射角は大きくなる。
　　イ　入射角が大きくなるにつれて，反射角も大きくなる。
　　ウ　入射角が変わっても，反射角は変わらず一定値をとる。
　　エ　入射角と反射角は等しい。
　　オ　入射角と反射角の和はつねに90°である。
　　カ　反射角と屈折角の和はつねに90°を超える。

2．次に，プラスチックの側から円の中心を通るように
　光を入射させる実験を行った。

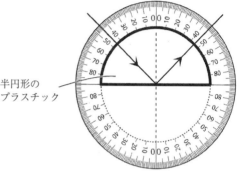

　① 入射角を45°にしたところ，結果のスケッチは図
　　3のようになり，屈折光は観測されなかった。この
　　現象を何といいますか。
　② 入射角を10°にしたときの屈折について考えたい。
　　もし，図3と同様に屈折光が存在しないと考える場
　　合は「×」を記し，屈折光が存在すると考える場合
　　はその屈折角を記しなさい。

半円形の
プラスチック

図3

3．今度は身のまわりで観察される光の進み方を調べよ
　うと考えたさとし君は，透明な直方体の容器に水を入れ，手前の側面と平
　行になるようにデジタルカメラを設置した。次に，ストローを容器の底面
　に垂直な向きから30°傾けて，かつ手前の側面と平行に差した。ストロー
　を水中に差す前のようすをとった写真は図4のようであった。

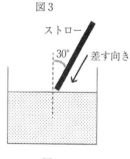

ストロー

差す向き

30°

　　ストローを差した後にとった写真では，水中のストローは底面に垂直な
　向きからどれくらい傾いて写っていますか。最も適当なものを次の中から
　選びなさい。
　ア　ほぼ30°の角度で写っている。
　イ　18°程度の角度で写っている。
　ウ　42°程度の角度で写っている。

図4

4．次に，透明な円柱形の容器に水を入れ，円柱の中心軸と一致するようにストローを，容器の底面
　に対して垂直に差した。やはり容器の側面からとった写真の画像を見たとき，水中のストローの太
　さは，空気中のそれと比べて，どのように写っていますか。最も適当なものを次の中から選びなさ
　い。
　ア　同じ太さで写っている。
　イ　水中のストローのほうが太く写っている。
　ウ　水中のストローのほうが細く写っている。

5．最後に，ストローを円柱形の容器の中心位置から徐々に容器の壁に向けて<u>奥の方へ</u>，デジタルカ
　メラの画面に垂直な向きに動かしていった。この間のようすを，デジタルカメラで動画撮影した。
　撮影した動画を見たとき，空気中のストローの太さに対する水中のストローの太さの比は，どのよ
　うに変化していきますか。最も適当なものを次の中から選びなさい。
　ア　壁に近づくにつれて徐々に大きくなっていく。
　イ　ある定められた距離までは，壁に近づくにつれて徐々に大きくなっていくが，その後は逆に小

さくなっていく。

ウ　ある定められた距離までは，壁に近づくにつれて徐々に小さくなっていくが，その後は逆に大きくなっていく。

エ　ある定められた距離までは，壁に近づくにつれて徐々に小さくなっていき，その後はずっとストローが見えない状態になる。

オ　比はまったく変化しない。

気がついて、女中を叱っていることがあるけれども、私としては、云われるまではCゼンゼン知らないのである。こんなわけで、私にしては光というものは関係がないようなものであるが、さて、灯がついていないと云われると、やはりいい気持はしない。そうして、灯がついてもいなくにも暗闇ということをDイシキすれば、私はやはり箏を弾きたくないのである。

（宮城道雄「闇」による）

問一 ——①「非常に面白い気がする」のはなぜですか。

問二 ——②「『さてさて』とやりたい気持」とはどのような気持ちですか。

問三 ——③「一層底の知れない暗闇の中にいるような気持」になるのはなぜですか。

問四 ——A〜Dのカタカナを漢字に直しなさい。
A コショウ　B ヒトバン　C ゼンゼン　D イシキ

三 次の文章を読んで、後の問いに答えなさい。

人の田を論ずるもの、訴へに負けて、ねたさに、「その田を刈りて取れ」とて、人を①つかはしけるに、先づ、道すがらの田をさへ刈りもて行くを、「これは論じ給ふ所にあらず。②いかにかくは刈るぞ」と言ひければ、刈るものども、「その所とても、刈るべき理なけれども、僻事せんとてまかるものなれば、いづくをか刈らざらん」とぞ言ひける。③理、いとをかしかりけり。

（『徒然草』による）

〈注〉論ずる…ここでは訴訟して所有権を争うこと。
ねたさ…憎らしさ。恨めしさ。
僻事…まちがったこと。非道なこと。
つかはす…「行く」の謙譲語。

問一 ——①「つかはし」を、現代仮名遣いを用いてすべてひらがなで書きなさい。

問二 ——②「いかにかくは」は、どういうことを問うているのですか。

問三 ——③「理」とは、「理屈」という意味ですが、ここではどのような理屈ですか。

の創設などを獲得する。これは「互いの認め合い」であり、それにより人々の暮らしは以前よりよきものとなる。④そのために契約しようとする人間の心理の基盤は何かというと、利己心である。だが利己心といっても一通りではない。節度のある現れ方は大きく異なってくる。

社会契約をなすためには、自分のみならず他者をも尊重するという節度の心理が不可欠である。それは利他心というより、節度のある利己心である。「自分だけを尊重しろ」や「自分だけは優遇しろ」という節度なき利己心が暴れると、契約には至れない。ではこの節度ある利己心の、根っこの感情とはどのようなものか。それは「他者との関わりのなかで、自分は軽く扱われたくない」という尊厳の感情である。この感情が暴走しないで「他者が自分を尊重するなら、自分も同様に他者を尊重しよう」という抑制の効いた心理が生まれたとき、社会契約は可能となる。

（坂井豊貴『多数決を疑う』による）

〈注〉　ルソー…フランスの思想家。

問一　──①「公私の領域に区別がないと、往々にして『公』のもとに『私』が踏みにじられる」とありますが、なぜ「公私の領域に区別がない」とそのようなことが起こるのですか。

問二　──②「自分を離れるというよりは、自分のなかに深く潜り」とありますが、「自分を離れる」と「自分のなかに深く潜る」の違いを説明しなさい。

問三　──③「一般意志を全体主義的に捉えるのは大きな誤りである」とありますが、なぜ「大きな誤り」なのですか。

問四　──④「そのために契約しようとする人間の心理の基盤は何かというと、利己心である」とありますが、社会契約をなそうとするときの「利己心」とはどのようなものですか。

二　次の文章を読んで、後の問いに答えなさい。

私は盲人であるから、いつも暗闇で暮らしているようなものである。失明もいちどきにしたのでなく、私は七歳ぐらいの時から、いつとはなしに見えなくなったので、そのせいか、あまり苦痛を感じない。

それで、私は別に自分が光のない暗い世界に住んでいる反感というわけではないが、何かAコショウのために停電したりして、人が騒ぐのを聞くと、①非常に面白い気がする。また、ある時は、自分の前の弟子に箏の稽古をしていると、弟子が急に弾けなくなったりする。そんな時に、私は何も知らずに弾いていると、傍に待っている弟子などが、くすくす笑っている。それは突然灯が消えて、狼狽しているのである。後になって私はそのことを知って、②「さてさて」とやりたい気持になるが、しかし、気どるわけにはゆかない。また、稽古をしているうちに日が暮れて来ることがよくある。ことに冬などは早くから暗くなっているのに、家の者も夕方の急がしさで、ついうっかりして、気がつかないでいる事がある。小さいお弟子などが日頃はよく出来るのに、その日に限って出来ないのはどういうわけであるかと思っていると、暗くなったままで、黙って弾いていたのだと云う事が後になってわかることがある。

それからまた、私はいつも作曲をするのは夜中である。もちろん灯りは必要ではないので、灯りはつけてないが、まるっきり灯りということを考えないで、Bヒトバン中作曲してしまうこともある。ところが、また、どうかすると、今自分は灯りのついていない真暗な二階の部屋にいるのだという事を不意に考えて、今度は目で見えないだけに③一層底の知れない暗闇の中にいるような気持になり、淋しくてぞうっとして怖ろしくなって、すぐ下に降りてしまうことがある。

それから、風呂に入る場合に、女中が気がつかずに灯をつけてくれない時があっても、私はそういうことを知らずに、風呂から上がって行くことがある。後になって家の者が灯のついてなかった事に

二〇一九年度 筑波大学附属駒場高等学校

【国語】（四五分）〈満点：一〇〇点〉

[注意]　本文には、問題作成のための省略や表記の変更があります。

一　次の文章を読んで、後の問いに答えなさい。

ルソーの議論において、人民は一般意志の指揮のもとに置かれるとされる。だがこれは誰かや何かの管理下に置かれるわけではない。

人民とは構成員たちからなる一個の分割不能な共同体であり、一人ひとりの構成員ではない。そして一般意志とは、個々の人間が自らの特殊性をいったん離れて意志を一般化したものだ。意志を一般化するとは、自己利益の追求に何が必要かをひとまず脇に置いて、自分を含む多様な人間がともに必要とするものは何かを探ろうとすることである。

それゆえ一般意志は人々を対等に扱い、人間に共通の必要を尊重し、平等性を志向する傾向を持つ。個人が特殊的な「私」の次元から一般的な「公」の次元へと思考を移すという、熟議的理性の行使——それを意志の一般化と呼ぼう——を通じて自分たちで共同体を運営するのが、人民が一般意志の指揮のもとに置かれるということだ。

これを特に難しく捉える必要はない。自治には公私の区別が必要だということを、純化して表現したものだからだ。要するに、私的領域では自分のことだけを考えるのが許容されても、公的領域ではそうではないということだ。①公私の領域に区別がないと、往々にして「公」の名のもとに「私」が踏みにじられる。だからそれはあったほうがよい。

「熟議的理性」という言葉に一点注意しておく。英語だと熟議は deliberation だが、この語は熟慮をも意味する。だから英語の deliberation を和訳するときには、熟議なのか熟慮なのか、日本語

の選定に注意せねばならない。熟議だと複数の人が会話しないとできないが、熟慮だと一人で黙ってできるので、日本語の印象はかなり異なる。では熟議と熟慮を使い分けずに内包する deliberation の本質は何かというと、思索を通じて考えを形成したり変えたりすること、その行為の前後における変化である。

熟議的理性を行使するとは、理性に尋ねて考えを形成したり変えたりすることだ。そのような行為をわざわざするのが、私から公の次元へ思考を移すということである。なぜそのようなことをせねばならないのか。それは人間が多様だからだ。

人間が一様ならば自分も他人も同じようなものなので、わざわざ熟議的理性を行使して、意志を一般化してまで、ともに必要とする社会基盤が何かを探る必要性は乏しい。自分がいて、他者がいて、それぞれ異なるから、各自がそのような面倒な行為をする必要があるのだ。それは②自分を離れるというよりは、自分のなかに深く潜り、他者と人間としての共通点を見付け、それを尊重しようとする営みである。

理性が情動より高貴だとか上位だとか言っているわけではない。熟議的理性も公的領域もそこまでの高みを欲してはいない。単に公的領域においては理性の行使が要請されるのだ。意志を一般化するとはその要請を引き受けること、そのような主体としての自分を選び取ることだ。だからこの作業は言うなればアイデンティティの選択であり、自分を放棄するわけでも離脱するわけでもない。

しばしばなされる誤解だが、③一般意志を全体主義的に捉えるのは大きな誤りである。むしろそれは多様な人間が共存する基盤、自由社会の枠組みを志向するものだからだ。一般意志は差別や偏見を許容しない。社会契約はその成り立ちから、法のもとでの平等や一人一票の原則を含む、構成員間の政治的平等を重視する。これは政治的権力や政治的権威に構成員間で大きな偏りがある、全体主義的な体制ではありえないことだ。

人々は社会契約により、所有権の保護や人格の尊重、そして自由

英語解答

1 放送文未公表

2 問1 （例）絶対に自動車工場では働かせない

問2 I don't enjoy just to make you glad

問3 （例）来年の9月までの1年間，自動車工場以外の場所で働き続けられたら

問4 （例）出世して，他のポーターからチップを奪い取ることができる

問5 Not while someone as bad as you

問6 ⑥−1 （イ）　⑥−2 （オ）
⑥−3 （ア）　⑥−4 （エ）
⑥−5 （ウ）

問7 （例）夕食の準備をする

問8 （例）自動車工場でなく，他の場所で働くように導いてくれた父親に感謝している。

3 問1 （エ）

問2 （例）I'll ask someone else.

問3 A　picture　B　black glasses

問4 （例）依頼人と思われる男性が，見知らぬ少女に好きな所に行くように多額の金を渡したこと。（40字）

問5 （例）気前のいい依頼人が実は強盗で，自分の事務所に盗みに入るために，少女の監視をさせた（40字）

4 （例）I think robot dogs are better. First, they never die. They don't get sick, either. I lost the dog I really loved some time ago. It was so sad that I don't want to have such an experience again. Second, they are controlled by computers, so they can do a lot of things more effectively.
(49語)

---

1 〔放送問題〕放送文未公表

2 〔長文読解総合─物語〕

≪全訳≫■戦争が終わり，アーサー・クラークは故郷に戻った。彼は自動車工場で働き始めた。戦後，車は裕福な人やビジネスマンだけのものではなく，普通の家族も買い求めるようになっていた。■アーサーには妻と息子がいた。彼は息子のマークには自分のように工場で働いてほしくなかった。マークが有名な学校に通い，いい大学に入るチャンスを得たとき，彼はとても喜んだ。■マークの18歳の誕生日に，アーサーはマークに尋ねた。「息子よ，学校を卒業したら何をしたいんだい？」■「僕は学校を出たらすぐに自動車工場でお父さんと一緒に働きたいんだ」■「しかし，お前はなぜ…？」■「どうしていけないの？　僕の友人のほとんどは同じようにするよ」■「本気か？」■「本気だよ。がんばればがんばるほどお金を稼ぐことができるからね」■「お前が私のようにただ車に車輪をつけるのを見るために私が一生懸命働いてきたと思っているのか？　私の目の黒いうちはそんなことは絶対にさせないぞ」と彼の父親は言った。■「ただお父さんに喜んでもらうために楽しくない仕事なんかしたくないよ！」■こう言うとマークは部屋を出ていった。■1週間以上，父と息子はお互いに話さなかった。ついにマークの母親が次のような考えを思いついた。来年の9月までよそで働いて，その後，工場で働けばいいという考えだ。■休暇が終わると，マークはホテルで働きたいと言った。アーサーはその考えに

賛成した。というのは，彼の古くからの友人の1人がロンドンのとても有名なホテルで働いていたからだ。⑭マークは9月1日にそこで働き始めた。彼はポーターとしての1日を朝6時に始め，夜9時に終えた——ほとんど休憩はなかった！　彼は，自分の給料が故郷の友人のわずか半分であることを知った。また，彼は自分がもらった全てのチップをポーター長に渡さなければならなかった。彼が何かを言おうとすると，ポーター長はただ「お前にもそういうときがくるさ」と言った。⑮毎日，1日が終わる頃には，彼は疲れきっていた。しかし彼は決して投げ出さなかった。「来年9月になれば僕は工場で働くことができる」と思った。⑯5月になると多くのアメリカ人が観光のためにロンドンにやってきた。彼らはしばしば彼に多額のチップをくれたのでマークはアメリカ人が好きだった。ある日，優しいアメリカ人がホテルを去るとき，彼に10シリング札をくれたが，ポーター長が彼のすぐ後ろに立っていた。⑰「俺によこせ」とポーター長は言った。「俺のものだよな？　お前にもそういうときがくるさ」⑱「あなたほどの悪人がここで働いているかぎり，そのようなときはきません！」とマークは叫んだ。⑲「何だと？」　ポーター長が腹を立てた。「お前はもうクビだ，このガキめ」⑳やがて，ホテルのマネージャーがマークを彼のオフィスに呼んだ。㉑「僕はここでもう3か月間働く必要があります，そうじゃないと故郷で友人と一緒に働く機会を失ってしまうんです」とマークは言った。㉒「では，君にチャンスをあげよう。このキッチンで3か月間，ジャガイモの皮をむいてほしい」㉓「何でもやります」とマークは言った。㉔翌朝，マークは地下のキッチンに行った。そこにはジャガイモの山とナイフがあった。マークは朝食，昼食，夕食の間ずっと，皮をむいてはまた皮をむいた。それはポーターの仕事よりはるかにきつかった。㉕しかし，彼は子どものとき台所でよく母親を手伝っていたので，それをうまくやることができた。ある晩，シェフ長がマークの所にやってきて，「明日の朝，野菜にとりかかってくれ」と言った。その後マークはいろいろな種類の野菜を切ることを覚えていった。数日後，マークは料理がおいしそうに見えるように，調理した野菜を皿に盛りつけるように言われた。ホテルでの最後の3週間，マークは自分の仕事を大いに楽しんだ。㉖彼の最後の日である8月31日の朝，彼はフルコースのランチの準備を終えた。彼はキッチンを出るとき，自分の盛りつけた全ての料理を見て満足した。㉗「どこに行くんだ？」とシェフ長が尋ねた。㉘「出かけるんです」とマークは言った。「故郷に帰るんです」㉙「出かける？　じゃあ，また来週の月曜日にな」㉚「いいえ，僕は1年を終えました。だから故郷に帰って仕事をするんです」㉛「君が一流ホテルを見つけることを願っているよ」とシェフ長は笑顔で言った。㉜「ホテルで仕事をするつもりはありません」㉝「もしかすると，レストランか？」㉞「⑥-1／→(イ)いいえ，自動車工場で仕事をするつもりです」㉟「⑥-2／→(オ)『自動車工場』ってどういう意味だ？」㊱「⑥-3／→(ア)車に車輪をつける所です」㊲「⑥-4／→(エ)すると車の労働者のために料理をつくるのか？」㊳「⑥-5／→(ウ)いいえ，僕も車に車輪をつけます」㊴「信じられないな。君はいいシェフになると思っていたんだが」㊵「いや，ありがとうございます。友人たちの仲間に入るんです」㊶マークは別れを告げ，ホテルを出て駅へと急いだ。駅のホームで彼は故郷に向かう列車を待っていた。彼は行ったり来たりし，ときどき近くの大きな時計を見た。外は暗くなってきていた。突然彼は駅から駆け出した。急げば夕食の支度にまだ間に合うかもしれない。㊷その後，マークはもう5年間シェフ長の下で働き続け，それからロンドンで自分のレストランをオープンした。㊸ある日，マークは両親をディナーに招待した。アーサーはメインディッシュを食べた後，満面の笑みでこう言った。㊹「息子よ，本当に見事だ。お前の料理の腕はお母さんに匹敵する！」㊺両親が帰った後，ウェイター長がマークに尋ねた。「お父様は

引退する前に何をなさっていたのですか？」 **46**「定年までずっと車に車輪をつけていたんだ」 **47**「それは退屈な人生でしたね」 **48**「彼は私と同じような父親を持てるほど幸運ではなかっただけさ」

問1＜英文解釈＞前後の流れから意味を推測する。息子のマークが高校を卒業したら自動車工場で働きたいと言うのを聞いた後のアーサーの言葉。アーサーはマークに自動車工場で働いてもらいたくないと考えているのだから，「自動車工場では働かせない」ということを言っているのだと考えられる。‘… over ～'s dead body' は，「～が生きているうちは…させない」という意味。

問2＜整序結合＞自動車工場で働くことを父親に反対された後のマークの言葉。語群の make, glad を手がかりにして，「あなた（＝アーサー）を喜ばせるためだけに仕事をしたくない」というような意味になると推測できる。‘make＋目的語＋形容詞'「～を…（の状態）にする」の形で make you glad とまとめ，この前に to を置いて to 不定詞の形をつくる。また，just はこの to 不定詞句を修飾するのでその前に置く。残りの語句は I don't enjoy とまとまるので，これを a job の後に置けば，関係代名詞を省略した ‘名詞＋主語＋動詞…' という形になり，文が成立する。 I don't want to do a job I don't enjoy just to make you glad.

問3＜文脈把握＞直前にコロンがあるので，空所にはマークの母親が思いついた考え（の一部）が入るとわかる。マークはこの後ホテルで働くことになるが，翌年の9月からは車の工場で働くことを想定している（第15段落最終文）ので，母親は「マークが来年の9月までの1年間，自動車工場以外の場所で働くこと」を提案したのだとわかる。空所の後が , and then he can work at the factory.「その後工場で働くことができる」となっているので，これにつながる形で，解答の最後の部分は「働き続けられたら」などとするとよい。

問4＜語句解釈＞全てのチップを部下からまき上げるポーター長の言葉。「お前のときがくる」とは，「お前も出世すれば同じことができるようになるときがくる」ということである。こう言うことで部下の不満を抑えつけているのである。

問5＜整序結合＞ポーター長を怒らせたマークの言葉。まず，語群に while があるので ‘while＋主語＋動詞…' の形を考え while someone is working here とする。また，as が2つあるので ‘as ～ as …' の形で as bad as とまとめるが，ポーター長の振る舞いを考えれば someone as bad as you「あなたと同じくらい悪い人→あなたほどの悪人」とまとめられる。not が残るが，これは前後の内容から，直前のポーター長の Your time will come という言葉を否定するものだと考えられる。つまり My time will not come を not 1語で表しているのである。 Not while someone as bad as you is working here! （類例）Do I have to go there? ― Not if you are busy.「そこに行かなければいけませんか？」―「忙しければ行かなくてもいいですよ」

問6＜文整序＞直前の「もしかすると，レストランか？」というシェフ長の言葉に対応するのは，No と言った後，car factory「自動車工場」という働く場所を示す(イ)。この後は，car factory という言葉の意味をきく(オ)，それに対して自動車工場での仕事の内容を説明する(ア)が続く。シェフ長はマークが料理人の道に進むと思い込んでいたと考えられるので，工場の労働者のために料理をつくるのかと尋ねる(エ)を続けて，それへの返答となる(ウ)が最後に入る。

問7＜文脈把握＞この前にある，駅のホームを行ったり来たりしたり，ときどき近くの大きな時計を見たりしているという描写から，ホテルの厨房での仕事が頭から離れないマークの様子が読み取

れる。空所の後からマークはホテルで働き続けたことがわかるので，マークは故郷に帰らずホテルでの料理の仕事に戻る決意をしたのである。夕暮れ時なので，「急げば夕食の準備にまだ間に合うかもしれない」といった内容が考えられる。

問8＜要旨把握＞ウェイター長から，お父さんは退屈な人生を送ったと言われたマークの返答。下線部は直訳すれば，「私の父親のような父親を持てるほど，彼（＝自分の父親）が幸運ではなかっただけだ」という意味。この It は漠然とした'状況'を示す it。'形容詞〔副詞〕＋enough to ～'は「～できるほど〔するほど〕十分…」。この言葉から読み取れるマークの気持ちは，今の自分があるのは，父親が自分と同じ苦労をさせないように他の道へと導いてくれたからだという，父親への感謝である。

③ 〔長文読解総合―物語〕

≪全訳≫**１**ネルソン氏は小さな事務所で１人で働く私立探偵だった。仕事は順調であり，まもなくもっと大きなオフィスに引っ越すことを計画していた。**２**彼がこの夢を楽しんでいるとき，ドアが開き，サングラスをかけた男が入ってきた。**３**「ご用件は？」とネルソン氏は尋ねた。**４**「ある仕事をお願いしたいんだが」**５**「どういった問題でしょう？」**６**「うむ，ある人間をずっと見張ってほしいのだ。ただし，彼女に気づかれてはならない」**７**「お安いご用です。お任せください」**８**「ありがとう」**９**「他に何か注意すべきことはありますか？」**10**「ああ，簡単だ。彼女がする全てのことをありのまま私に報告してくれさえすればいい」**11**「それで，その仕事の期間は？」**12**「１週間でいい」と男は言った。「８日後，書面によるお宅の報告を受け取りに来る」**13**「<u>①お引き受けできない案件ではないのですが…</u>」とネルソン氏は言った。**14**「何か問題があるのか？」と男は尋ねた。**15**「あなたの名前や素性が何もわかりません」とネルソン氏は言った。**16**「ああ，なるほど。今すぐ全額支払うよ。それで足りなければ，もっと支払おう。それとも私が名前を教えなければ，この仕事を引き受けないと言うのなら…」**17**その男は黒いブリーフケースから札束を取り出した。ネルソン氏はその金を見て話を続けた。**18**「それでけっこうです。この仕事を引き受けましょう。さて，私が張り込む相手は？」**19**その男は写真を１枚取り出して机の上に置いた。それは若い女性の写真だった。**20**「彼女の住所は裏に書いてある」とその男は言った。「準備ができたら，明日から始めてほしい」**21**「わかりました。１週間で仕事を終えますよ」**22**その男は笑って事務所を出た。**23**ネルソン氏は翌日から仕事を開始した。すぐに彼はその住所の家の近くで女性を見つけた。**24**女性は楽しそうに歩いていた。ネルソン氏は慎重に彼女を尾行した。女性はある山の方に向かって長い旅をし，ついに小さなホテルに到着した。**25**彼女はそこでときどき絵を何枚か描いたが，誰にも会わなかった。数日が経過し，特に報告書に書くべきようなことは何もなかった。**26**１週間がたち，仕事を終えるときがきたが，ネルソン氏は何かを知りたかったので女性に話しかけた。**27**「あなたは旅を楽しんでいますね？」**28**女性は「ええ，ありがたいことだと思っています」と言った。**29**「『ありがたい』とおっしゃるのはなぜですか？」**30**「ある日喫茶店で会った人のおかげなんです。彼は私の自由な時間を喫茶店のような所で過ごすべきではないと言いました。そして私にどこでも好きな場所に行けるだけのお金をくれたのです」**31**「それは不思議ですね」とネルソン氏は言った。**32**「そうですね」と女性は言った。「彼はとても優しい人でした」**33**「どんな男性でしたか？」**34**「彼は名前を教えてくれませんでした。サングラスをかけていたので，どのような風貌をしているかよくわかりません。あっ，彼は私の写真を撮らせてほしい，それから私の住所を知りたい，と言いました。もちろん，私は同意しました」**35**「ほう，そうですか」とネルソン氏は言った。彼は，この男は彼の依頼人と

同一人物だろうと思った。しかしそれでも，それは普通ではない話だった。あの男は本当にそんなに金持ちなのだろうか？**36**ネルソン氏は疑問に思ったが，どんなもっともな理由も考えることができなかった。彼は1週間事務所を空けた後，戻った。**37**事務所の中で，彼は大きな声をあげて頭を抱えた。部屋の中は散らかり，隅に置かれていた大きくて頑丈な金庫が空になっていた。**38**あの男だ！　親切で気前のいい人が世の中にいると信じる根拠など実際，全くないのだ。

問1＜適文選択＞この後，依頼人が「何か問題があるのか？」と尋ねているが，それは依頼人が，ネルソン氏の言葉の中にこの依頼を引き受けることに対するためらいを感じ取ったからだと考えられる。ためらいを表しているのは，「お引き受けできない案件ではないのですが…」という(エ)。

問2＜適文補充＞この後，ネルソン氏が，依頼人がブリーフケースから取り出した札束を見て仕事を受けることにしている点に注目する。札束を手にするにはこの仕事を手放すわけにはいかないというネルソン氏の立場を逆手にとった依頼人の心理を読めば，解答例の「他の人に頼むことにしよう」のほか，I'll look for another detective.「別の探偵を探すことにしよう」などといった内容が考えられる。あるいは，依頼人はこの後ネルソン氏のオフィスに強盗に入るのだから，ここで渡す金はすぐに回収できると考えて，I'll pay you even more.「さらにもっと払おう」などといった，気前のいい内容にしてもいいだろう。

問3＜適語(句)補充＞A．ネルソン氏に張り込む相手を尋ねられた依頼人が取り出して机の上に置いた物である。この後に It was of a young girl.「それは若い女性のものだった」とあることから，写真だとわかる。第25，34段落に picture(s) がある。　　　B．動詞 wear の目的語になる語(句)で，直後で女性は，男性の風貌はよくわからないと言っていることから，「サングラス」をかけていたと判断できる。第2段落に black glasses がある。

問4＜指示語＞it は unusual story「普通ではない話」である。「普通ではない話」と考えられるのは，第30段落で女性が話した「喫茶店で男が好きな場所に行くよう多額のお金を渡したこと」（ネルソン氏はこの話を聞いて That's strange, isn't it? と言っている）。また，その後の女性の話から，ネルソン氏は，女性に金を渡した男と自分の依頼人が同一人物ではないかと考えている。これらの内容を40字以内にまとめる。

問5＜要旨把握＞ネルソン氏は，依頼人からある女性を1週間にわたって見張ってほしいと言われ，事務所を離れて，山のホテルで女性を監視した。監視を終えて事務所に戻ると，事務所の金庫が空になっていた。下線部④の「あの男」とは，女性の監視を依頼した男のことを指している。男はネルソン氏の事務所で盗みをはたらくために女性の監視を依頼したのである。以上の内容を40字以内でまとめる。

4〔テーマ英作文〕

優れている理由としては，robot dogs の場合は解答例のほか，仕事をより正確に行う，命令により忠実である，といったことが考えられる。real dogs の場合は，愛情がより深いとか，心が通いやすいといった理由が考えられる。

数学解答

1 (1) $y=-x+10$　　(2) 10個
　　(3) 75個

2 (1) 18段目，1段目の数…5
　　(2) $(a,\ b)=(12,\ -11),\ (12,\ -5)$
　　(3) 5793　　(4) 17397

3 (1) $\dfrac{1}{4}$　　(2) $-1+\sqrt{3}$ cm
　　(3) $\dfrac{-2+3\sqrt{2}}{7}$

4 (1) $20\sqrt{74}$ cm²　　(2) $\dfrac{625}{6}$ cm³
　　(3) $1:3$

---

1 〔関数―関数 $y=ax^2$ と直線〕

(1)＜**直線の式**＞右図で，点Pは関数 $y=\dfrac{4}{9}x^2$ のグラフ上にあり，x 座標

が -6 だから，$y=\dfrac{4}{9}\times(-6)^2=16$ より，P$(-6,\ 16)$ である。また，

点Qは関数 $y=\dfrac{1}{9}x^2$ のグラフ上にあり，x 座標が 6 だから，$y=\dfrac{1}{9}\times$

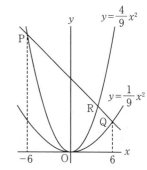

$6^2=4$ より，Q$(6,\ 4)$ である。よって，直線PQの傾きは $\dfrac{4-16}{6-(-6)}=$

-1 だから，その式は $y=-x+b$ とおける。点Pを通るので，$16=$

$-(-6)+b$，$b=10$ となり，直線PQの式は $y=-x+10$ である。

(2)＜**点の個数**＞右図で，点Rは関数 $y=\dfrac{4}{9}x^2$ のグラフと直線 $y=-x+$

10 の交点だから，$\dfrac{4}{9}x^2=-x+10$，$4x^2+9x-90=0$ より，$x=\dfrac{-9\pm\sqrt{9^2-4\times4\times(-90)}}{2\times4}=$

$\dfrac{-9\pm\sqrt{1521}}{8}=\dfrac{-9\pm39}{8}$ となり，$x=\dfrac{-9+39}{8}=\dfrac{15}{4}$，$x=\dfrac{-9-39}{8}=-6$ である。よって，点Rの x 座

標は $\dfrac{15}{4}$ である。$3<\dfrac{15}{4}<4$ だから，線分PR上で x 座標が整数となる点の x 座標は -6 以上 3 以下

の10個ある。直線PQの式は $y=-x+10$ であり，x 座標が整数のとき y 座標も整数となるので，

線分PR上で x 座標，y 座標がともに整数である点は10個ある。

(3)＜**点の個数**＞右上図で，(2)より，線分PRと関数 $y=\dfrac{4}{9}x^2$ のグラフで囲まれた図形の内部または周

上の点で，x 座標，y 座標がともに整数となる点の x 座標は -6 以上 3 以下である。x 座標が -6 の

点はP$(-6,\ 16)$ の 1 個である。直線 $y=-x+10$ 上，関数 $y=\dfrac{4}{9}x^2$ のグラフ上で x 座標が -5 の点

の座標は，$y=-(-5)+10=15$，$y=\dfrac{4}{9}\times(-5)^2=\dfrac{100}{9}$ より，$(-5,\ 15)$，$\left(-5,\ \dfrac{100}{9}\right)$ だから，x 座

標が -5 の点は，$(-5,\ 12)$，$(-5,\ 13)$，$(-5,\ 14)$，$(-5,\ 15)$ の 4 個ある。直線 $y=-x+10$ 上，

関数 $y=\dfrac{4}{9}x^2$ のグラフ上で x 座標が -4 の点の座標は，$y=-(-4)+10=14$，$y=\dfrac{4}{9}\times(-4)^2=\dfrac{64}{9}$

より，$(-4,\ 14)$，$\left(-4,\ \dfrac{64}{9}\right)$ だから，x 座標が -4 の点は，$(-4,\ 8)$，$(-4,\ 9)$，$(-4,\ 10)$，

……，$(-4,\ 14)$ の 7 個ある。以下同様にして，$y=-(-3)+10=13$，$y=\dfrac{4}{9}\times(-3)^2=4$ より，x

座標が -3 の点は10個，$y=-(-2)+10=12$，$y=\dfrac{4}{9}\times(-2)^2=\dfrac{16}{9}$ より，x 座標が -2 の点は11個，

$y=-(-1)+10=11$，$y=\dfrac{4}{9}\times(-1)^2=\dfrac{4}{9}$ より，x 座標が -1 の点は11個ある。さらに，$y=10$，y

$=0$ より，x 座標が 0 の点は11個，$y=-1+10=9$，$y=\dfrac{4}{9}\times1^2=\dfrac{4}{9}$ より，x 座標が 1 の点は 9 個，

$y=-2+10=8$，$y=\dfrac{4}{9}\times2^2=\dfrac{16}{9}$ より，x 座標が 2 の点は 7 個，$y=-3+10=7$，$y=\dfrac{4}{9}\times3^2=4$ よ

り，x 座標が 3 の点は 4 個ある。以上より，求める点の個数は $1+4+7+10+11+11+11+9+7+4$ $=75$（個）となる。

2 〔特殊・新傾向問題―規則性〕

(1)＜数字の位置＞$213÷2=106$ あまり 1 より，213 は 1 からかぞえて107番目の奇数である。1 段目から小さい順に 6 個ずつ正の奇数を書くので，$107÷6=17$ あまり 5 より，213 は18段目に書かれる。また，偶数段目は時計回りに書くので，18段目は，1 段目の数が 1 の面，11の面，9 の面，7 の面，5 の面，3 の面の順に数が書かれる。213は18段目の 5 番目だから，213が書かれる面の 1 段目の数は 5 である。

(2)＜文字式の利用＞n 段目に書かれた数が n の一次式 $an+b$ で表せる面は，1 段目から順に数が一定の数ずつ大きくなる面である。1 段目の数が 1 である面は，各段の一番小さい数が書かれているので，$2×6=12$ より，12ずつ大きくなる。よって，$a=12$ であり，1 段目が 1 だから，$12×1+b=1$ より，$b=-11$ となる。また，1 段目の数が 7 である面は，奇数段目，偶数段目にかかわらず，その段の小さい方から 4 番目の数だから，$2×3=6$ より，その段の一番小さい数より 6 大きい数となる。1 段目の数が 1 である面に書かれた数は $12n-11$ と表せるので，1 段目の数が 7 である面に書かれた数は $(12n-11)+6=12n-5$ と表せ，$a=12$，$b=-5$ である。1 段目の数が 3，5，9，11である面に書かれた数は，数の増え方が一定でないので，n の一次式で表すことはできない。

(3)＜数の和＞1 段目の数が 3 である面に書かれた数は，1 段目から順に $1+2=3$，$13+10=23$，$25+2$ $=27$，$(12×4-11)+10=47$，$(12×5-11)+2=51$，$(12×6-11)+10=71$，……，$(12×29-11)+$ $2=339$，$(12×30-11)+10=359$，$(12×31-11)+2=363$ である。奇数段目の数は 3，27，51，……と24ずつ大きくなり，偶数段目の数も23，47，71，……と24ずつ大きくなるから，1 段目と 2 段目，3 段目と 4 段目，……のように 2 つの段を組にして考えると，数の和は，$24×2=48$ より，48ずつ大きくなる。よって，求める和は，$(3+23)+(27+47)+(51+71)+……+(339+359)+363=26+$ $(26+48)+(26+48×2)+……+(26+48×14)+363=26×15+48×(1+2+……+14)+363=390+$ $48×105+363=5793$ である。

(4)＜最大になる数の和＞1 段目と 2 段目の数の和は，1 段目の数が 1 である面は $1+13=14$，3 である面は $3+23=26$，5 である面は $5+21=26$，7 である面は $7+19=26$，9 である面は $9+17=26$，11である面は $11+15=26$ となり，1 段目の数が 1 である面だけ小さく，他の面は全て同じになる。3 段目と 4 段目，5 段目と 6 段目，……，29段目と30段目の数の和も，1 段目の数が 1 である面だけ小さく，他の面は全て同じになる。よって，見える 3 つの面に書かれた93個の数の和が最大となるのは，31段目に書かれた隣り合う 3 つの数の和が最大になるときである。31段目は反時計回りに 6 個の数を書くので，和が最大になるのは，1 段目の数が 7，9，11である面に書かれた数の和である。したがって，求める数の和は，1 段目の数が 7，9，11である面に書かれた93個の数の和である。それぞれの面の 1 段目から30段目までに書かれた30個の数の和は，1 段目の数が 3 である面の 1 段目から30段目までに書かれた30個の数の和と等しいから，(3)より，$5793-363=5430$ である。また，1 段目の数が 7 である面の31段目の数は $12×31-5=367$ より，1 段目の数が 9，11である面の31段目に書かれた数は，それぞれ369，371である。よって，求める最大の数の和は $5430×3+367+$ $369+371=17397$ となる。

3 〔平面図形―正方形，正三角形〕

(1)＜a の値＞次ページの図 1 で，$∠QPR=∠BPS=60°$ だから，$∠APR=180°-60°-60°=60°$ とな

る。よって，PR＝PQ，∠PAR＝∠PBQ＝90°，∠APR＝∠BPQ
＝60°より，△APR≡△BPQとなるから，AP＝BPとなり，点
Pは辺ABの中点である。よって，BP＝$\frac{1}{2}$ABより，$2a=\frac{1}{2}\times 1$
が成り立ち，$a=\frac{1}{4}$である。

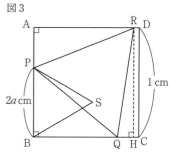

図1

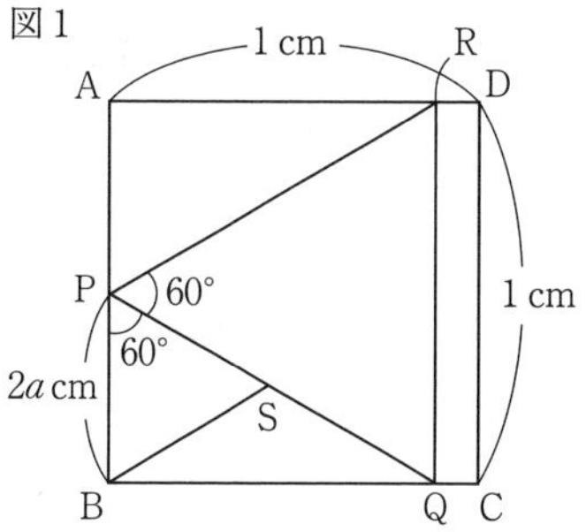

(2)＜長さ―三平方の定理＞右下図2で，SP＝BP，PR＝PQ，
∠SPR＝∠BPQ＝60°−∠QPSだから，△SPR≡△BPQとなり，
RS＝QBである。また，∠PAR＝∠QCR＝90°，PR＝QR，AR＝
CRより，△APR≡△CQRだから，AP＝CQである。AB＝CBだ
から，AB−AP＝CB−CQより，PB＝QBとなり，RS＝QB＝PB
＝2aである。∠PBQ＝90°より，△PBQは直角二等辺三角形だか
ら，PR＝PQ＝$\sqrt{2}$ BP＝$\sqrt{2}\times 2a=2\sqrt{2}\,a$となる。AP＝AB−BP
＝1−2aだから，△APRで三平方の定理AR²＋AP²＝PR²より，
$1^2+(1-2a)^2=(2\sqrt{2}\,a)^2$が成り立つ。これを解くと，$4a^2+4a-2=$
$0,\ 2a^2+2a-1=0$より，$a=\dfrac{-2\pm\sqrt{2^2-4\times 2\times(-1)}}{2\times 2}=\dfrac{-2\pm\sqrt{12}}{4}=$
$\dfrac{-2\pm 2\sqrt{3}}{4}=\dfrac{-1\pm\sqrt{3}}{2}$となる。$0<2a<1$より，$0<a<\dfrac{1}{2}$だから，$a=\dfrac{-1+\sqrt{3}}{2}$であり，RS＝
$2a=2\times\dfrac{-1+\sqrt{3}}{2}=-1+\sqrt{3}$ (cm)となる。

図2

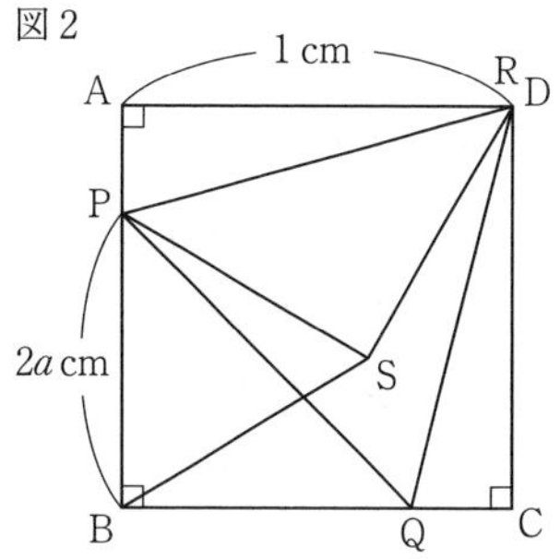

(3)＜aの値―三平方の定理＞右図3で，点Rから辺BCに垂線RH
を引くと，△QRHで，QH²＋RH²＝QR²となる。△PBS，△PQR
はともに正三角形より，△PBS∽△PQRであり，△PBS：
△PQR＝2：5だから，相似比は$\sqrt{2}:\sqrt{5}$となり，PQ＝PR＝
QR＝$\dfrac{\sqrt{5}}{\sqrt{2}}$BP＝$\dfrac{\sqrt{5}}{\sqrt{2}}\times 2a=\sqrt{10}\,a$である。△PBQで三平方の定
理より，BQ＝$\sqrt{PQ^2-BP^2}=\sqrt{(\sqrt{10}\,a)^2-(2a)^2}=\sqrt{6}\,a$となる。ま
た，AP＝1−2aであるから，△APRで，AR＝$\sqrt{PR^2-AP^2}=$

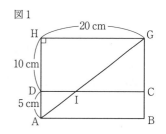

図3

$\sqrt{(\sqrt{10}\,a)^2-(1-2a)^2}=\sqrt{6a^2+4a-1}$となる。よって，QH＝BH−BQ＝AR−BQ＝$\sqrt{6a^2+4a-1}$
$-\sqrt{6}\,a$となる。RH＝1だから，$(\sqrt{6a^2+4a-1}-\sqrt{6}\,a)^2+1^2=(\sqrt{10}\,a)^2$が成り立ち，$6a^2+4a-1$
$-2a\sqrt{6(6a^2+4a-1)}+6a^2+1=10a^2,\ -2a\sqrt{6(6a^2+4a-1)}=-2a^2-4a,\ a\sqrt{6(6a^2+4a-1)}=$
a^2+2aとなる。$a\neq 0$だから，両辺をaでわってから2乗すると，$6(6a^2+4a-1)=(a+2)^2$より，
$35a^2+20a-10=0,\ 7a^2+4a-2=0$となり，$a=\dfrac{-4\pm\sqrt{4^2-4\times 7\times(-2)}}{2\times 7}=\dfrac{-4\pm\sqrt{72}}{14}=\dfrac{-4\pm 6\sqrt{2}}{14}$
$=\dfrac{-2\pm 3\sqrt{2}}{7}$となる。$0<a<\dfrac{1}{2}$だから，$a=\dfrac{-2+3\sqrt{2}}{7}$である。

4 〔空間図形―直方体〕

(1)＜面積＞点Pが通る2つの面ABCD，面CDHGを右図1のように
展開する。点Pはこの2つの面上を最も短い経路で進むので，その
経路は線分AGとなる。AH＝AD＋DH＝5＋10＝15，HG＝20だか
ら，△AGHで三平方の定理より，AG＝$\sqrt{AH^2+HG^2}=\sqrt{15^2+20^2}=$
$\sqrt{625}=25$となる。また，△AID∽△AGHとなるから，AI：AG＝

図1

AD：AH＝5：15＝1：3 より，AI＝$\frac{1}{3}$AG＝$\frac{1}{3}$×25＝$\frac{25}{3}$ となり，IG＝AG－AI＝25－$\frac{25}{3}$＝$\frac{50}{3}$ となる。右図2で，点Qが初めて点Bにくるのは 20÷1＝20（秒）後である。このとき，点Pは，1×20＝20（cm）進むから，線分IG上にあり，IP＝（AI＋IP）－AI＝20－$\frac{25}{3}$＝$\frac{35}{3}$（cm）の位置にある。点Rも20cm進み，

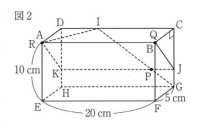

図2

10 cm

5 cm

20 cm

20＝10＋10 だから，点Rは点Aにある。よって，3点P，Q，Rを通る平面による面CDHGの切り口は辺ABに平行になるから，辺CG，辺DHとの交点をそれぞれJ，Kとすると，切り口は長方形RQJKとなる。CJ：CG＝IP：IG＝$\frac{35}{3}$：$\frac{50}{3}$＝7：10 より，CJ＝$\frac{7}{10}$CG＝$\frac{7}{10}$×10＝7 となるから，△CQJで三平方の定理より，QJ＝$\sqrt{QC^2+CJ^2}$＝$\sqrt{5^2+7^2}$＝$\sqrt{74}$ となり，求める面積は，〔長方形RQJK〕＝RQ×QJ＝20×$\sqrt{74}$＝20$\sqrt{74}$（cm²）である。

(2)＜体積＞右上図2で，(1)より，AI＝$\frac{25}{3}$ だから，点Pが辺DC上にくるのは $\frac{25}{3}$÷1＝$\frac{25}{3}$（秒）後である。このとき，右図3で，点Q，点Rも $\frac{25}{3}$cm進むから，AQ＝AR＝$\frac{25}{3}$ となる。また，△APDで三平方の定理より，DP＝$\sqrt{AP^2-AD^2}$＝$\sqrt{\left(\frac{25}{3}\right)^2-5^2}$

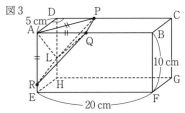

図3

5 cm

10 cm

20 cm

＝$\sqrt{\frac{400}{9}}$＝$\frac{20}{3}$ である。3点P，Q，Rを通る平面と辺DHの交点をLとすると，PL∥QRより，△DPL∽△AQRとなる。△AQRは直角二等辺三角形だから，△DPLも直角二等辺三角形であり，DL＝DP＝$\frac{20}{3}$ となる。2点Q，Lを結び，四角錐APQRLを，三角錐APQLと三角錐AQRLに分ける。三角錐APQLは，底面を△APQと見ると高さは線分DL，三角錐AQRLは，底面を△AQRと見ると高さは線分ADだから，求める四角錐APQRLの体積は，〔三角錐APQL〕＋〔三角錐AQRL〕＝$\frac{1}{3}$×$\left(\frac{1}{2}×\frac{25}{3}×5\right)$×$\frac{20}{3}$＋$\frac{1}{3}$×$\left(\frac{1}{2}×\frac{25}{3}×\frac{25}{3}\right)$×5＝$\frac{625}{6}$（cm³）である。

(3)＜長さの比＞(1)より，点Pが点Gにくるのは 25÷1＝25（秒）後だから，右図4で，点Q，点Rはそれぞれ25cm進み，25－20＝5 より点Qは辺AB上でBQ＝5となる位置，25－10－10＝5 より点Rは辺AE上でAR＝5となる位置にある。3直線PS，FB，RQの交点をM，3直線QR，FE，PTの交点をNとする。ER＝AE－AR＝10－5＝5 より，ER＝AR であり，∠NER＝∠QAR，

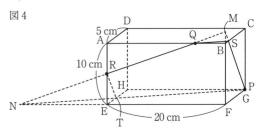

図4

5 cm

10 cm

20 cm

∠NRE＝∠QRA だから，△NER≡△QARとなる。よって，NE＝QA＝AB－BQ＝20－5＝15 となり，NF＝NE＋EF＝15＋20＝35 となる。△QBS∽△NFPだから，BS：FP＝QB：NF＝5：35＝1：7 より，BS＝$\frac{1}{7}$FP である。また，△NET∽△NFPだから，ET：FP＝NE：NF＝15：35＝3：7 より，ET＝$\frac{3}{7}$FP である。したがって，BS：ET＝$\frac{1}{7}$FP：$\frac{3}{7}$FP＝1：3 となる。

社会解答

1 1　インド　　2　イ，カ　　　　　　　　3　ウ，エ　　　4　イ，ウ
　　3　(例)発展途上国を中心とした出生率　　　　5　イ，ウ　　　6　エ，オ
　　　　の高さと，医療や公衆衛生の向上に　　**3** 1　ウ，エ　　　2　ウ，オ
　　　　よる死亡率の低下。(39字)　　　　　　　3　ア，オ　　　4　ア，オ
　　4　韓国〔大韓民国〕　　5　イ，ウ　　　　　5　ウ，オ　　　6　エ
　　6　C…カ　D…イ　　　　　　　　　　　　　7　イ，ウ　　　8　ア，オ
2 1　ア，オ　　2　ウ，エ

1〔地理―世界の人口，日本の貿易〕

1 ＜インドの人口＞1965年，2015年のいずれにおいても，中国に次ぐ世界第2位の人口を抱える国は
　インドである。なお，2020年代半ばには，インドの人口は中国の人口を抜いて世界第1位になると
　予測されている。

2 ＜人口大国＞2015年時点で，表に示された10カ国のほか，日本(1億2657万3000人)とフィリピン
　(1億69万9000人)の人口が1億人を超えていた。また，2つの表にともに出ている国々の50年間の
　人口は，ナイジェリアが約3.2倍，aのインドが約2.7倍に増加しており，ブラジルの約2.5倍より増
　加率が高い。なお，1991年のソ連崩壊によって，ウクライナ，ウズベキスタン，カザフスタンなど
　の国々が独立したため，ソ連のときに比べてロシア連邦の人口は大きく減少した。また，中国は人
　口増加を抑制するため，1979年から2015年まで一人っ子政策を実施していた。

3 ＜人口増加の要因＞出生率が高いほど，また，死亡率が低いほど人口は増加する。先進国では子育
　てにかかる経済的負担，非婚や晩婚化，女性の就業率の上昇などの要因から少子化が進行している
　が，発展途上国では高い出生率が維持されている。一方，医療技術の進歩や公衆衛生の向上によっ
　て死亡率は世界的に低下しており，この50年では，アジアやアフリカなどの発展途上国で人口爆発
　と呼ばれる人口増加が起こった。

4 ＜韓国との貿易＞1970年代から，アジアNIES(新興工業経済地域)と呼ばれる台湾・ホンコン・シ
　ンガポール・韓国〔大韓民国〕では工業化が進展し，これに伴って日本もこれらの国・地域との結び
　つきを強めてきた。韓国は現在，日本の主要な貿易相手国の1つとなっており，輸出・輸入ともに
　機械類が貿易品目で大きな割合を占めている。

5 ＜日本の貿易相手国＞日本とアメリカ合衆国の貿易では，日本の輸出超過による貿易摩擦が特に
　1980年代に深刻な問題となり，2018年時点でも日本の輸出超過が続いている。また，表B中で日本
　の主な原油輸入先になっていると考えられる国は，1966年がイラン，クウェート，サウジアラビア
　であるのに対し，2016年にはサウジアラビア，アラブ首長国連邦となっている。なお，日本と中国
　の国交は，1972年の日中共同声明によって正常化した。また，1966年，2016年とも，輸出額が輸入
　額を上回る貿易黒字となっている。

6 ＜日本と各国との貿易品目＞C. タイは世界有数の米の輸出国で，日本もかつてはタイから多くの
　米を輸入していた。また，天然ゴムは主に熱帯地方で栽培され，現在でもタイの主要な輸出品の1
　つとなっている。近年は外国企業の工場が多く進出して工業化が進展し，機械類が最大の輸出品と

なった。また，日本はタイから，鶏肉を中心とした肉類や，えびなどの魚介類も多く輸入している。　　　D．日本は長い間，オーストラリアから石炭や鉄鉱石，牛肉を中心とした肉類を多く輸入してきた。羊毛はオーストラリアが世界第1位の輸出量(2013年)を誇るが，対日貿易における割合は低下しており，近年では火力発電のエネルギー源としての需要の高まりとともに，液化天然ガスの割合が多くなっている。

2 〔歴史—時代劇を題材とした問題〕

1 <庶民の生活と文化>井原西鶴は元禄時代を代表する浮世草子作家で，『好色一代男』『日本永代蔵』『世間胸算用』などの作品で知られる。『曽根崎心中』は，同じ元禄時代に人形浄瑠璃や歌舞伎の脚本家として活躍した近松門左衛門の作品である。また，手塚治虫の漫画『鉄腕アトム』は第二次世界大戦後の1952年に連載が開始され，1963年にはテレビアニメの放送が始まった。

2 <歴史的な出来事の起こった場所>織田信長は1573年に室町幕府を滅ぼすと，1576年から滋賀県の琵琶湖東岸に，壮大な天守閣を持つ5層7階の安土城を築き始めた。また，1901年に操業を開始した官営八幡製鉄所は，中国から鉄鉱石を輸入するのに便利だったことや，近くから石炭がとれたことなどから，現在の福岡県北九州市に建設された。なお，1854年に結ばれた日米和親条約で開港地の1つとなった静岡県の下田にはアメリカ領事館が置かれ，総領事としてハリスが着任した。平安時代後期，平清盛は兵庫県の神戸港の一部にあたる大輪田泊を整備し，日宋貿易の拠点とした。「ワカタケル大王」と刻まれた鉄剣は，埼玉県行田市の稲荷山古墳から出土した。

3 <交通の発達>律令制度の税のうち，租は稲の収穫の約3％を国衙(自分の住む地域の役所)に納めるものである。調と庸は，成年男子が徒歩で都まで運んで納めた(ア…×)。室町時代には馬借や車借といった運送業者が活躍して交通量が増加したため，幕府や寺社，公家などは交通の要地に関所を設けて通行料を徴収し，財源としていた。こうした関所は，織田信長や各地の戦国大名によって撤廃されていった(イ…×)。GHQ〔連合国軍総司令部〕による占領統治は1952年，サンフランシスコ平和条約が発効したことによって終わった。最初の新幹線である東海道新幹線が開業したのは1964年，最初の高速道路である名神高速道路が全線開通したのは1965年のことである(オ…×)。

4 <「聖地巡礼」>本文中に，「古くから親しまれていた様々な作品にちなんだ旅も，今では「聖地巡礼」と呼ばれる」とあることから，『奥の細道』にちなんだ東北地方の句碑めぐりも「聖地巡礼」といえる。また，土佐藩は現在の高知県にあたり，この藩出身の坂本龍馬は1867年に暗殺されているので，1872年に操業を開始した群馬県の富岡製糸場を訪れることは「聖地巡礼」にあたらない。

5 <史跡と文化財>「漢委奴国王」と刻まれた金印は，1784年に福岡県の志賀島で発見された。吉野ヶ里遺跡は佐賀県にある(ア…×)。長崎の出島にはオランダ商館が置かれ，江戸幕府との貿易が行われた。中国との貿易は，長崎の町に建てられた唐人屋敷で行われた(エ…×)。南京条約は1842年，アヘン戦争終結のためにイギリスと清の間で結ばれた条約である。台湾総督府は，日清戦争の講和条約である下関条約に基づいて1895年に設置された(オ…×)。

6 <時代劇と史実>北条五代の北条氏は戦国大名の北条氏(後北条氏)である。「尼将軍」と呼ばれたのは源頼朝の妻北条政子で，頼朝の死後，父の時政と実権を握り，その後，北条氏は代々鎌倉幕府の執権を務めた。よって，戦国大名の北条氏とは異なる(ア…×)。戦国大名の北条氏は，1590年に豊臣秀吉によって滅ぼされた(イ…×)。足利義満が明との間で始めた朝貢貿易は勘合貿易と呼ばれ，朱印状という許可証を与えられた貿易船が朱印船貿易を行ったのは，江戸時代初期のことであ

る（ウ…×）。江戸幕府第15代将軍の徳川慶喜は1867年，京都の二条城で大政奉還を行った（カ…×）。

3 〔歴史・公民総合─オリンピックをテーマとした問題〕

1 **＜国際社会と人権＞** 1948年に国際連合総会で採択された世界人権宣言には法的拘束力がなかったため，1966年に法的拘束力を持つ国際人権規約が採択された（ア…×）。1979年に国際連合で女子差別撤廃条約が採択されたことを受け，日本ではこれを批准するための法整備が進められた。その一環として，1985年に男女雇用機会均等法が制定され，同年，女子差別撤廃条約は批准された（イ…×）。国連難民高等弁務官事務所〔UNHCR〕は，難民の受け入れの促進，保護，支援などを行う機関である（オ…×）。

2 **＜国際的な対立＞** アヘン戦争（1840〜42年）が起こったのは，インド大反乱（1857〜59年）より前のことである。また，第一次世界大戦中に起こったロシア革命（1917年）を指導し，革命政府の中心となってドイツとの単独講和を行ったのはレーニンである。スターリンはレーニンの死後，1929年から実権を握り，独裁政治を行った。

3 **＜ベルリン＞** ベルリンは第二次世界大戦後，東ドイツの首都とされ，ソ連中心の社会主義陣営に属した。1980年にソ連の首都モスクワで行われたオリンピックでは，ボンを首都とする西ドイツなど資本主義国の多くが参加をボイコットした。また，ベルリンの壁が取り払われたのは1989年で，1991年のソ連解体より前のことである。

4 **＜冷戦＞** 北大西洋条約機構〔NATO〕は現在も存続しているが，加盟国はアメリカ合衆国とカナダ，ヨーロッパ諸国で，日本は加盟していない。また，主要国首脳会議〔サミット〕（発足当時は先進国首脳会議）は，フランス大統領の提唱によって第一次石油危機後の1975年に開始された。

5 **＜生命科学と先進医療＞** クローン技術の人間への適用については，安全性への疑問や，人間の尊厳を侵害する危険性などから，クローン人間づくりなどを禁止するため，2001年にクローン技術規制法が施行された（ア…×）。医療技術や医薬品についても，発明したものには特許権が認められる（イ…×）。本人の意思が不明な場合，家族の承諾があれば臓器移植が認められる（エ…×）。

6 **＜資料の読み取り＞** 生徒Bの資料によると，試合中のカート使用を求めたケイシーが勝訴した根拠の1つとして，「18ホールを歩くのに消費されるカロリーがきわめて少ない」ことがある。これは，カートを使っても競技に与える影響は少ないという判断を示したものだといえる。この判断に基づくと，競技の本質を損なわない範囲であれば，薬物使用を認めてもよいということになる。

7 **＜五輪の経済効果＞** オリンピックの運営資金は，公的資金だけでなく企業からのスポンサー収入やチケットの売り上げなどでまかなわれ，これらの資金が会場の建設などに充てられることで民間企業の収益に与える影響は大きい。また，五輪事業による雇用の増加は，失業率が低い状況であれば他分野の労働力を奪う可能性があるが，失業率が高い状況であれば失業率を低下させることにつながる。

8 **＜SDGs＞** 道路や公共施設のバリアフリー化を進めることや，再生可能エネルギーの利用は，誰もが長く暮らせる社会をつくることにつながるので，SDGs〔持続可能な開発目標〕に当てはまる。なお，建築資材には再生材などを使用する，食堂では食料廃棄物を最小限にするなどの取り組みがSDGsにつながる。また，厳罰化によってテロを防ぐのではなく，テロの原因となりうる貧困の解消などに取り組むことが，SDGsの考え方に当てはまる。

理科解答

1 1 A…オ B…ウ C…カ D…イ

2 $CaCO_3 + 2HCl$
$$\longrightarrow CaCl_2 + H_2O + CO_2$$

3 NH_3

2 1 19.6g   2 2.1g

3 1 イ   2 磁鉄鉱

3 名前…偏西風　性質…イ

4 高気圧…エ　雲…オ

5 名称…石灰岩

例…フズリナ〔サンゴ〕

4 1 ①…aa ②…aa ③…AA ④…25

2 50%   3 十八代目以降

4 ウ

5 1 ① 28.5° ② イ，エ

2 ① 全反射 ② 15°   3 ア

4 イ   5 ア

---

1 〔身の回りの物質〕

1 <物質の判別>実験1のようにおだやかに加熱してすぐに融けたCは，ア～カのうちの砂糖，またはセッケンである。さらに，Cは，実験3でその水溶液がアルカリ性を示していることから，セッケンである。また，セッケン以外に水溶液がアルカリ性を示すのは，炭酸水素ナトリウムだけなので，Aは炭酸水素ナトリウムである。次に，ア～カのうち，実験2のように水に全く溶けないのは石灰石だけだから，Dは石灰石である。最後に，実験5のように水酸化ナトリウムと混ぜて水を加えたとき，刺激臭のする気体が発生するのは塩化アンモニウムなので，Bは塩化アンモニウムであり，発生する気体はアンモニアである。

2 <二酸化炭素>1より，Dは石灰石で，石灰石の主成分は炭酸カルシウム($CaCO_3$)である。よって，うすい塩酸(HCl)に炭酸カルシウムを加えたときの反応を化学反応式で表す。この反応では，塩化カルシウム($CaCl_2$)と水(H_2O)，二酸化炭素(CO_2)が生成する。化学反応式は，矢印の左側に反応前の物質の化学式，右側に反応後の物質の化学式を書き，矢印の左右で原子の種類と数が等しくなるように化学式の前に係数をつける。なお，実験4で，うすい塩酸にAとDを入れたときに発生した気体は，どちらも二酸化炭素である。

3 <アンモニア>実験5のように，塩化アンモニウム(NH_4Cl)と水酸化ナトリウム(NaOH)を混ぜて少量の水を加えると，塩化ナトリウム(NaCl)と水(H_2O)，アンモニア(NH_3)が生成する。よって，このとき発生した気体はアンモニアである。なお，この化学反応では，水酸化ナトリウムが水に溶けるときに発生する熱で反応が進む。

2 〔化学変化とイオン〕

1 <中和>結果2より，3.4%の水酸化バリウム水溶液50.0gと過不足なく中和する4.0%のうすい硫酸は24.5gで，このうすい硫酸に含まれる硫酸の質量は，24.5×0.04＝0.98(g)である。同じ濃度の水酸化バリウム水溶液50.0gを，5.0%のうすい硫酸で完全に中和するとき，5.0%のうすい硫酸に含まれる硫酸の質量は，4.0%のうすい硫酸24.5gに含まれる硫酸の質量0.98gに等しい。よって，硫酸0.98gを含む5.0%のうすい硫酸の質量は，0.98÷0.05＝19.6(g)である。

2 <中和>結果3で得られた2.3gの固体は，3.4%の水酸化バリウム水溶液50.0gに含まれる水酸化バリウムが硫酸と中和してできた硫酸バリウムである。1より，このとき中和した硫酸の質量は0.98gだから，硫酸0.98gが全て中和すると2.3gの硫酸バリウムができることがわかる。また，

6.0％のうすい硫酸10.0gには，硫酸が$10.0 \times 0.06 = 0.60$（g）含まれ，この硫酸が中和してできる硫酸バリウムの質量は，$2.3 \times 0.60 \div 0.98 = 1.408 \cdots$ より，約1.41gである。このとき，中和しないで残っている水酸化バリウム水溶液の質量は$50.0 - 50.0 \times 0.60 \div 0.98 = 50.0 \times \dfrac{19}{49}$（g）で，この水溶液に溶けている水酸化バリウムの質量は，$50.0 \times \dfrac{19}{49} \times 0.034 = 0.659 \cdots$ より，約0.66gである。よって，得られる固体の質量は，$1.41 + 0.66 = 2.07$ より，約2.1gである。

3 〔小問集合〕

1 ＜火星＞火星は地球の外側の軌道を公転している惑星なので，火星が最も明るく大きく見えるのは，地球から見て太陽と反対の方向に火星があるときである。このとき，火星は満月のように見えるので明るく，地球に最も接近しているので大きく見える。

2 ＜磁鉄鉱＞火成岩中に含まれる磁性を持つ鉱物には，磁鉄鉱がある。磁鉄鉱は黒色で，主成分は酸化鉄である。磁鉄鉱を含むマグマが冷えて固まるときや，火山灰が堆積するとき，地球の磁場の影響を受ける。そのため，これらの岩石の磁場を調べることで，過去の地球の磁場の状態がわかる。

3 ＜偏西風＞日本列島がある中緯度地域の上空には，偏西風と呼ばれる強い西風が一年中吹いている。この偏西風によって，火山灰は遠くまで運ばれる。また，偏西風は南北に蛇行しながら，地球を西から東へ一周するように吹いていて，日本付近で天気が西から東へ変化する原因になっている。

4 ＜気団＞梅雨の時期に，日本に湿った暖かい空気をもたらす高気圧は，北太平洋上にある小笠原高気圧（太平洋高気圧）である。大量の水蒸気を含む空気が梅雨前線に向かって入ってくると，次々と積乱雲が発達し，狭い地域で短時間に強い雨が降る集中豪雨が起こる。

5 ＜化石＞大気中の二酸化炭素の一部が動物によって固定されてできた岩石は，石灰岩である。石灰岩は，炭酸カルシウムを主成分とする殻を持つフズリナやサンゴ，有孔虫などの無脊椎動物の死がいが堆積して固まることによってできる。

4 〔生命の連続性〕

1 ＜遺伝＞(6)より，フナ体色どうしの親から，形質の異なる素赤体色の子が生まれているので，体色について，素赤体色はフナ体色に対して劣性の形質である。よって，フナ体色を表す遺伝子がA，素赤体色を表す遺伝子がaと表されるから，素赤体色の形質に固定化できた金魚の個体の持つ遺伝子はaa①となる。なお，このとき，フナ体色の親の持つ遺伝子は，どちらも Aa である。同様に考えると，(3)より，フナ尾どうしの親から，開き尾の子が生まれているので，開き尾はフナ尾に対して劣性の形質で，開き尾の形質に固定化できた金魚の個体の持つ遺伝子は aa②となる。(1)より，背びれありどうしの親から，背びれなしの子が生まれたことから，背びれありは背びれなしに対して優性の形質で，背びれありの形質に固定化できた金魚の個体の持つ遺伝子は AA③となる。(5)より，普通目どうしの親から，出目の子が生まれたことから，出目は普通目に対して劣性の形質である。これより，(3)で，親の出目の金魚の個体の持つ遺伝子は aa となるので，子の普通目の金魚の個体の持つ遺伝子は Aa となる。したがって，子の普通目となった個体どうしをかけ合わせてできた子孫第一代の遺伝子と個体数の比は，右表より，AA：Aa：aa＝1：2：1となる。AA と Aa は普通目，aa は出目となり，〔普通目〕：〔出目〕＝(1+2)：1＝3：1であるから，子孫第一代に出目が含まれる割合は $\dfrac{1}{3+1} \times 100 = \dfrac{1}{4} \times 100 = \underline{25}④$（％）となる。

	A	a
A	AA	Aa
a	Aa	aa

2 <遺伝> (3)のかけ合わせで生まれた子普通目の金魚の持つ遺伝子は全て Aa なので，この子どうしをかけ合わせてできた子孫第一代の普通目の個体の遺伝子と個体数の比は，AA：Aa＝1：2となる。これらの個体がつくる生殖細胞が持つ遺伝子と数の比は，AA の個体数の比が1よりAを持つ生殖細胞は2A，Aa の個体数の比が2よりAを持つ生殖細胞は2A，a を持つ生殖細胞は2a となり，全体として，A：a＝(2+2)：2＝2：1となる。よって，右プラスαより，これらを自由に交雑させると，(2A+a)(2A+a)＝4AA+4Aa+aa より，子孫第二代における普通目の個体の遺伝子と個体数の比は，AA：Aa＝

プラスα

生殖細胞が持つ遺伝子の比がA：a＝x：yのとき，自由交雑で得られる子の遺伝子と個体数の比は，次の式を展開したときの係数の比で表される。
$(x\mathrm{A}+y\mathrm{a})(x\mathrm{A}+y\mathrm{a})=x^2\mathrm{AA}+2xy\mathrm{Aa}+y^2\mathrm{aa}$
→ AA：Aa：aa＝x^2：$2xy$：y^2

4：4＝1：1となる。よって，普通目となった子孫第二代個体のうち，普通目の形質に固定化できている子孫第二代個体（AA）の割合は $\frac{1}{1+1}\times100=\frac{1}{2}\times100=50$（％）となる。

3 <遺伝> 普通目の形質の個体の遺伝子と個体数の比は，第一代目では AA：Aa＝1：2，第二代目では AA：Aa＝1：1＝2：2となる。2と同様に考えると，第二代目の普通目の個体がつくる生殖細胞と数の比は A：a＝3：1となるから，自由に交雑させたときに得られる第三代目の遺伝子の比は，(3A+a)(3A+a)＝9AA+6Aa+aa より，AA：Aa＝9：6＝3：2となる。以上より，第 n 代目の遺伝子と個体数の比が，AA：Aa＝n：2となる※とすると，普通目の形質に固定化できている個体（AA）の割合が90％以上になるのは，$\frac{n}{n+2}\geqq0.9$ より $n\geqq18$ だから，第十八代目以降である。

※これらがつくる生殖細胞と数の比は，A：a＝2(n+1)：2＝(n+1)：1となり，第 n+1代目では，{(n+1)A+a}{(n+1)A+a}＝(n+1)²AA+2(n+1)Aa+aa より，AA：Aa＝(n+1)²：2(n+1)＝(n+1)：2となる。よって，子孫第 n 代の遺伝子と個体数の比は，AA：Aa＝n：2となる。

4 <遺伝> Ⅱの(3)のかけ合わせで生まれ，普通目となった個体の遺伝子は全て Aa である。そこで，これらの個体1匹と子孫第一代の個体1匹の雄，雌の組み合わせを多数つくり，それぞれ交雑させると，子孫の遺伝子が AA の場合は子は全て普通目（遺伝子は AA または Aa）となり，子孫の遺伝子が Aa の場合は劣性の形質である出目（aa）の子が現れる。この方法では，何代にもわたって交雑を繰り返すことなく，子孫第一代の中で遺伝子が AA に固定化されている個体が比較的容易に見出せる。なお，アでは遺伝子の種類が AA と Aa のどちらかわからない子孫第一代どうしを組み合わせることになるので，たとえ普通目の第二代が生まれても，雄と雌のどちらが AA の遺伝子を持つのか不明なので不適。イでは普通目の子孫が生まれても，どの相手との交雑で生まれたのかが不明なので不適。目の形質は体色，尾，背びれの形質とは無関係に独立して遺伝するので，エやオも不適である。

5 〔身近な物理現象〕

1 <光の屈折> ①屈折角は，光が入射した点で境界面に垂直な直線と屈折光のつくる角度である。よって，図2－Bより，28.5°と読み取れる。　②図2－A，B，Cより，入射角と反射角は等しくなっている。これより，入射角が大きくなると，反射角も大きくなることもいえる。よって，ア～カのうち，適当なのはイとエである。なお，図2－Aで，入射角と反射角の和は 15°+15°＝30°，反射角と屈折角の和は 15°+10°＝25° となるのでオとカは不適である。

2 <光の屈折・全反射>①光がガラス中や水中から空気中へ出る場合，入射角よりも屈折角の方が大きくなるため，入射角がある大きさより大きくなると，光が空気中に出ていかなくなり，境界面で全て反射する。この現象を全反射という。　②1の実験とは逆に，図2の屈折光と同じ道すじになるようにプラスチックの側から円の中心を通るように光を入射させると，光は境界面で図2の入射光と同じ道すじを通るように屈折する。よって，図2で，屈折角が10°になっているのはAであり，このときの入射角が15°であることから，求める屈折角は15°である。

3 <光の進み方>図4のようにしてストローを観察する場合，ストローから目に届く光は直方体の容器の側面に垂直に進む。光が水と空気やガラスと空気の境界面に垂直に入射するときは，屈折せずにそのまま直進するので，このとき，水中から容器の側面を通過する光は直進して目に届く。よって，ストローの見え方は空気中での見え方と変わらないので，ストローは容器の底面に垂直な向きからほぼ30°の角度で写真に写る。

4 <光の屈折>円柱の中心軸と一致するように，容器の底面に垂直に差したストローの中心と，直径の両端からカメラに垂直に向かう光が円柱形の容器の側面から空気中に出るときの光の進み方を考える。右図のように，円柱形の容器の側面では，光の入射点での接線を境界面とするので，容器の中心と光の入射点を結ぶ直線が境界面に垂直な直線になる。よって，中心から出た光は境界面に垂直に入射するのでそのまま直進するが，直径の両端から出た光は境界面に斜めに入射するので屈折する。このとき，水中から空気中へ出る光の屈折角は入射角よりも大きくなるので，側面で屈折した光はストローの中心から直進する光に近づくように進む。光は屈折した光の延長線上から直進してくるように見えるため，カメラには水中のストローの方が空気中のストローより太く写る。

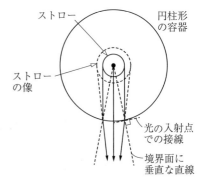

5 <光の進み方>ストローを容器の壁に向かって奥の方へ，カメラの画面に垂直な向きに動かしても，容器の側面で屈折して空気中に出てくる光の道すじは変わらない。よって，ストローを奥の方へ動かしても，水中のストローの太さは変わらない。これに対し，空気中のストローはカメラから遠ざかるので，大きさはしだいに小さくなる。したがって，空気中のストローの太さに対する水中のストローの太さの比は，ストローが壁に近づくにつれて徐々に大きくなっていく。

国語解答

一 問一 意志を一般化する場合，自己利益の追求に必要なものよりも，自分を含む多様な人間がともに必要とするものが，優先される傾向があるから。

問二 「自分を離れる」とは，自らの特殊性を脇に置くことであり，「自分のなかに深く潜」るとは，人間として自分と他者に共通するものを見出そうとすることである。

問三 一般意志は，差別や偏見を許容せず，構成員間の政治的平等を重視するものであり，政治的権力や政治的権威に構成員間で大きな偏りがある全体主義的体制とは，異なるから。

問四 社会の中で自分だけが尊重され優遇されることを求めるのではなく，他者が自分を尊重するなら自分も他者を尊重しようという，抑制の効いた心理。

二 問一 目の見えない自分にとっては何の不都合もない停電で，他の人が騒いでいるから。

問二 弟子が弾けなくなったのは灯が消えたせいだと知って納得はするが，灯が消えたぐらいで狼狽することを困ったことだと思うとともに，おかしくも思う気持ち。

問三 真っ暗で人のいない二階の部屋にいるということは孤立しているということだと気づき，強い疎外感や孤独感や恐怖感を覚えるから。

問四 A 故障 B 一晩 C 全然 D 意識

三 問一 つかわし

問二 訴訟で争った田へ行く途中にある田まで刈り取るのはどういうわけか，ということ。

問三 訴訟に負けた田を刈ることも道理に反したことなのだから，訴訟に無関係の田を刈っても道理に反している点では同じだ，という理屈。

一 〔論説文の読解─政治・経済学的分野─政治〕出典；坂井豊貴『多数決を疑う──社会的選択理論とは何か』「正しい判断は可能か」。

《本文の概要》ルソーの議論において，人民は一般意志の指揮のもとに置かれるとされる。人民とは，構成員たちからなる共同体であり，一般意志とは，個々の人間が自らの特殊性をいったん離れて意志を一般化したものである。それゆえ，一般意志は，人々を対等に扱い，人間に共通の必要を尊重し，平等性を志向する傾向を持つ。これは，意志の一般化，すなわち，個人が特殊的な「私」の次元から一般的な「公」の次元へと思考を移すという，熟議的理性の行使を通じて，自分たちで共同体を運営するということである。熟議的理性を行使しなければならないのは，人間が多様だからである。一般意志は，多様な人間が共存する基盤，自由社会の枠組みを志向するものであり，全体主義的にとらえられるべきものではない。社会契約のためには，自分のみならず他者をも尊重するという節度のある利己心が基盤となる。他者が自分を尊重するなら，自分も同様に他者を尊重しようという抑制の効いた心理が生まれたときに，社会契約は可能になるのである。

問一<**文章内容**>ルソーの議論では，「人民は一般意志の指揮のもとに置かれる」とされる。「一般意志」とは，「個々の人間が自らの特殊性をいったん離れて意志を一般化したもの」で，「意志を一般化する」とは，「自己利益の追求に何が必要かをひとまず脇に置いて，自分を含む多様な人間がともに必要とするものは何かを探ろうとすること」である。このようにして「個々の人間」すなわち「私」よりも，「自分を含む多様な人間」すなわち「公」の方が優先されるとき，公私がきっちり区別されていないところでは，「一般意志」は必然的に「個々の人間」の「特殊性」よりも優先されがちになる。

問二<**文章内容**>「自分を離れる」とは，「個々の人間が自らの特殊性」をいったん離れることである。これは，「個々の人間」が，自分を他者とは異なる特殊な存在であると見なして，「自己利益の追求に何が必要か」を考える態度をとらないことだといえる。「自分のなかに深く潜」るとは，「個々の人間」もその根底において「他者と人間としての共通点」を持つ存在であると見なし，その「共通点」を求めることである。この場合は，「自分を含む多様な人間がともに必要とするものは何か」を探ることになる。

問三<**文章内容**>「一般意志」は，「多様な人間が共存する基盤，自由社会の枠組みを志向するもの」である。「全体主義的体制」では，単一の価値観しか認められず，特定の集団が政治から排除されるなど，「政治的権力や政治的権威に構成員間で大きな偏りがある」が，「一般意志」は，「差別や偏見を許容しない」のであり，「社会契約」は「法のもとでの平等や一人一票の原則を含む，構成員間の政治的平等を重視する」のである。したがって，「一般意志」と「全体主義的体制」とは全く異なるということになる。

問四<**文章内容**>自分だけを尊重し優遇することを社会に求めるのは，「節度なき利己心」で，これが暴れると，社会契約には至れない。社会契約に至るためには，「自分のみならず他者をも尊重するという節度の心理」が不可欠である。この心理の根にあるのは，「他者との関わりのなかで，自分は軽く扱われたくない」という「尊厳の感情」であるが，この感情が暴走することなく，「他者が自分を尊重するなら，自分も同様に他者を尊重しよう」と考えることができると，社会契約は可能になる。

[二] 〔随筆の読解─哲学的分野─人生〕出典；宮城道雄「闇」（『新編春の海　宮城道雄随筆集』所収）。

問一<**文章内容**>「私」は「盲人」で，「いつも暗闇で暮らしているようなもの」なので，停電が起こっても気にもとめない。そういう「私」には，停電で「人が騒ぐ」様子が「面白い」と感じられるのである。

問二<**心情**>「自分の前の弟子に箏の稽古をしていると，弟子が急に弾けなくなったりする」が，「私」にはその理由がわからない。後になって，急に弾けなくなったのは「突然灯が消えて，狼狽して」いたのだとわかると，「私」は，なるほどそうだったかと納得すると同時に，「私」にとっては何も問題にならない灯が消えたぐらいのことで他の者が「狼狽」していたことが，困ったことにも，おかしくも思われる。「さてさて」は，何かに驚いたり感心したり困惑したりするときに発する感動詞。

問三<**文章内容**>「私」は，夜中に作曲をしているとき，「今自分は灯りのついていない真暗な二階の部屋にいるのだという事を不意に考えて」しまう。すると，闇の中に一人でいるという事実が非常

に強く意識され,「淋しくてぞうっとして怖ろしくなって」くる。「私」は,闇の中に一人だけでいるのは,疎外され孤立した状態にあるということだと思うと,強い恐怖感を覚えるのである。

問四<漢字>Ａ.機械などが壊れてうまく動かなくなること。　　　Ｂ.「一晩中」は,夜通し,ということ。　　　Ｃ.全く,ということ。　　　Ｄ.自覚すること,考えること。

三 〔古文の読解―随筆〕出典；兼好法師『徒然草』第二百九段。

《現代語訳》田の所有権をめぐる訴訟で負けた者が,恨めしく思って,「その田(の稲)を刈り取れ」といって,人をやったところ,(命じられた人は)まず,(所有権を争った田へ行く)途中の道の田(の稲)までも刈り取っていくので,(それを見た人が)「これは訴訟をお起こしになった所ではない。どうしてこんなことをするのか」と言うと,(田を刈る者たちは)「(今自分が向かっている)その所であっても,刈り取ってよい道理はないが,(我々は)間違ったことをしようとして参る者なのだから,どこを刈らないことがあろうか(どこであっても刈り取る)」と言った。(この)理屈は,なかなかおもしろい。

問一<歴史的仮名遣い>歴史的仮名遣いの語頭以外にあるハ行の字は,現代仮名遣いでは原則として「わいうえお」にする。

問二<古文の内容理解>田の所有権をめぐる争いで訴訟に負けた人から,その田の稲を刈り取ってくるよう命じられた者たちは,その田へ向かう道中の田の稲も刈り取っていった。それを見た人が,この田は争った田ではないのに,どうしてこの田の稲まで刈り取っていくのかと言った。

問三<古文の内容理解>田の所有権をめぐる訴訟に負けたのが恨めしいからといって,その田の稲を刈り取ってよいはずはない。それは,明らかに間違ったこと,道理に反することである。争った田ではない田を刈る者たちは,自分たちはその道理に反することをしようというのだから,訴訟に関係なくどこの田でも刈ると言う。訴訟に負けた田を刈ること自体,道理に反することなのだから,訴訟に関係のない田を刈ったところで,しょせん道理に反する点では同じであるという,強引な理屈である。

=読者へのメッセージ=

宮城道雄(1894〜1956年)は,作曲家・箏曲家です。従来の箏が十三絃だったのに対し,より豊かな表現を求めて十七絃の箏を考案・開発したことでも知られています。随筆家としても評価は高く,作家の内田百閒と親交がありました。

Memo

Memo

2025年度用 高校合格資料集

■首都圏有名書店にて今秋発売予定！

※表紙は昨年のものです。

内容目次

定価1430円（税込）

スーパー過去問の 解説執筆・解答作成スタッフ（在宅）募集！　※募集要項の詳細は、10月に弊社ホームページ上に掲載します。

2025年度用
高校スーパー過去問

禁無断使用・転載

■編集人　声　の　教　育　社・編　集　部
■発行所　株式会社　声　の　教　育　社
〒162-0814 東京都新宿区新小川町8-15
☎03-5261-5061㈹ FAX03-5261-5062
https://www.koenokyoikusha.co.jp

※本書の内容についての一切の責任は当社にあります。内容・解説・解答その他の質問等は文書にて当社に御郵送くださるようお願いいたします。

カコを追いかけ ミライをつかめ

「今の説明、もう一回」を何度でも

web過去問
ストリーミング配信による入試問題の解説動画

■ 高校受験「**オンライン過去問塾**」(私立過去問ライブ)(英語・数学) 5年間 各5,280円(税込)／8年間 各8,580円(税込)

青山学院高等部	市川高等学校	慶應義塾高等学校	慶應義塾志木高等学校
慶應義塾女子高等学校	芝浦工業大学柏高等学校	渋谷教育学園幕張高等学校	昭和学院秀英高等学校
専修大学松戸高等学校	中央大学高等学校	中央大学杉並高等学校	中央大学附属高等学校
日本大学習志野高等学校	早稲田大学高等学院	早稲田実業学校高等部	早稲田大学本庄高等学院

詳しくはこちらから

これで入試は完璧 高校入試用

筑波大学附属駒場高等学校

別冊 解答用紙

丁寧に抜きとって、別冊としてご使用ください。

★合格者最低点

2024年度	2023年度	2022年度	2021年度	2020年度	2019年度
366	378	379	365	339	365

（注）合格者最低点は調査書100点を含む、600点満点でのもの。

解けると
春が来るんだね。

2024年度　筑波大学附属駒場高等学校

英語解答用紙

| 番号 | | 氏名 | | 評点 | ／100 |

1

問1

| 1 | Hi. （ 　　　　　　　　　　　　　　　　　　　　　　　　　　）? |
| 2 | I guess so. （ 　　　　　　　　　　　　　　　　　　　　　　　）? |

問2

質問A
1	
2	
3	
4	

質問B

2

問1	
問2	
問3	She couldn't [　　　　　　　　　　　　　　　　　　　　　　　].
問4	Imagine [　　　　　　　　　　　　　　　　　　　　　　] and …
問5	
問6	
問7	but [　　　　　　　　　　　　　　　　　　　　　　　　　]?
問8	

3

問1

問2
② ___ 20
③ ___ 20

問3 ___ 20 / 30

問4 ___ 20 / 40 / 60

問5
[　　　　　　　　　　　　　　　　　], but　問6
[　　　　　　　　　　　　　　　] and the door was closed.

4

I （ agree ・ disagree ） with this proverb because

_____

（ 　　 ）語

推定配点	1 各3点×7 2 問1　5点　問2　4点　問3　5点　問4，問5　各4点×2 　問6　5点　問7，問8　各4点×2 3 問1　4点　問2〜問4　各5点×4　問5，問6　各4点×2 4 12点	計
		100点

数学解答用紙

| 番号 | | 氏名 | | 評点 | ／100 |

【注意】　1. 答えはすべて，解答用紙の定められたところに記入しなさい。
　　　　　2. 答えに根号を用いる場合，$\sqrt{}$ の中の数はできるだけ簡単な整数で表しなさい。
　　　　　3. 円周率はπを用いなさい。

計　算	解　答

1

(1) $a =$

(2) $(\qquad , \qquad)$

(3) (ア) $t =$
　　(イ) 　　　　cm²

2

(1) (ア)
　　(イ)

(2) 　　　　個

(3) 　　　　個

3

(1) 　　　　度

(2) 　　　　度

(3) 　　　　度

4

(1) 　　　　cm³

(2) 　　　　cm

(3) 　　　　cm³

(注) この解答用紙は実物を縮小してあります。Ａ３用紙に149%拡大コピーすると、ほぼ実物大で使用できます。（タイトルと配点表は含みません）

| 推定配点 | 1, 2　各７点×8
3　(1), (2)　各７点×2　(3)　8点
4　(1), (2)　各７点×2　(3)　8点 | 計
100点 |

社会解答用紙

| 番号 | | 氏名 | | 評点 | ／100 |

1

1	
2	
3	
4	
5	
6	
7	

2

1	
2	
3	
4	
5	
6	朝鮮　　　→　　　→　　　中国　　　→　　　→
7	(1)　　　　　(2)

3

1	
2	
3	
4	
5	
6	

（注）この解答用紙は実物を縮小してあります。Ｂ４用紙に125％拡大コピーすると、ほぼ実物大で使用できます。（タイトルと配点表は含みません）

| 推定配点 | 1　1　各2点×2　2　4点　3　各2点×2　4　6点
5　各2点×2　6　4点　7　各2点×2
2　1〜4　各2点×8　5〜7　各6点×5〔5は完答〕
3　各2点×12 | 計 |
| | | 100点 |

２０２４年度　　筑波大学附属駒場高等学校

理科解答用紙

番号　　　氏名　　　　　　　　評点　／100

１	1	
	2	
	3	

| ２ | 1 | ① ② ③ ④ ⑤ |
| | 2 | |

３	1	銅 ： 酸素 ＝　　：
	2	→
	3	
	4	g
	5	

４	1	(1)
		(2)
	2	方角　　　　　　速度　　　　　km/h
	3	
	4	

５	1	(1) ＡＢ　　　ＣＤ　　(2) 名称　　　　　(3)
	2	(1)　　　　mW　(2)　 10Ω ・ 20Ω ・ 30Ω ・ 40Ω
	3	★：　　　　2つ　　　,
	4	右欄　→→→→→→→→→→→→→→→→→
	5	
	6	mJ

直流電源装置

抵抗器
10Ω　20Ω　30Ω　40Ω

５4 解答欄

プロペラ付きモーター

(注)この解答用紙は実物を縮小してあります。Ｂ４用紙に137％拡大コピーすると、ほぼ実物大で使用できます。（タイトルと配点表は含みません）

推定配点

1	1 4点　2 3点　3 4点	2	1 各2点×5　2 4点
3	1 4点　2 3点　3〜5 各4点×3
4	各4点×5〔2は完答〕　5	1 各3点×3　2 各4点×2
3 ★に入る数値 3点　回転数 4点　4〜6 各4点×3

計　100点

二〇二四年度　　　筑波大学附属駒場高等学校

国語解答用紙

| 番号 | | 氏名 | | 評点 | /100 |

一

問一	
問二	
問三		
問四	
問五	

| 問六 | A | ねる | B | | C | | D | | E | |

二

問一	
問二	
問三	
問四	

三

問一	変		問二	
問三	
問四	

| 推定配点 | 一　問一・問二　各8点×2　問三　6点　問四・問五　各8点×2　問六　各2点×5　二　各8点×4　三　問一　2点　問二〜問四　各6点×3 | 計 100点 |

英語解答用紙

| 番号 | | 氏名 | | 評点 | ／100 |

1

問1
| 1 | Great.　（ | ）． |
| 2 | Oh, but （ | ）． |

問2
質問A
1	
2	
3	
4	

質問B

2

問1

問2　[grid 40 cells, markers 20 / 40]

問3　… we [　　　　　　　] at night,

問4　　　　　　問5

問6　[　　　　　　　]．

問7

問8

3

問1　　　　　　問2

問3

問4

問5　when [　　　　　] you.

問6　[grid, markers 20 / 40 / 50]

4

（　　　）語

(注) この解答用紙は実物を縮小してあります。Ａ３用紙に152％拡大コピーすると、ほぼ実物大で使用できます。(タイトルと配点表は含みません)

２０２３年度　　筑波大学附属駒場高等学校

数学解答用紙

| 番号 | | 氏名 | | 評点 | ／100 |

【注意】　1．答えはすべて，解答用紙の定められたところに記入しなさい。
　　　　　2．答えに根号を用いる場合，$\sqrt{}$ の中の数はできるだけ簡単な整数で表しなさい。
　　　　　3．円周率は π を用いなさい。

	計　　算	解　　答
1		(1) A_1 (　　,　　)　B_1 (　　,　　)　C_1 (　　,　　)
		(2) (ア) $S =$ (イ) $\dfrac{Q}{P} =$
2		(1) 〈　　,　　〉
		(2) 　　　　番目
		(3) 〈　　,　　〉
3		(1) 　　cm^2
		(2) 　　cm^2
		(3) 　　cm
4		(1) 　　cm^3
		(2) (ア) 　　cm^3 (イ) 　　cm^2 (ウ) 　　cm

(注) この解答用紙は実物を縮小してあります。Ａ３用紙に149%拡大コピーすると、ほぼ実物大で使用できます。（タイトルと配点表は含みません）

| 推定配点 | **1** (1) 各３点×３　(2) 各７点×２
 2 (1) ７点　(2), (3) 各８点×２
 3 (1) ７点　(2), (3) 各８点×２
 4 (1) ７点　(2) 各８点×３ | 計

 100点 |

２０２３年度　　筑波大学附属駒場高等学校

社会解答用紙

| 番号 | | 氏名 | | 評点 | ／100 |

1

1	
2	
3	
4	
5	
6	(20)
7	

2

1	→　　　　→　　　　→
2	
3	
4	
5	(20)
6	

3

1	
2	
3	
4	
5	
6	
7	
8	

(注) この解答用紙は実物を縮小してあります。Ｂ４用紙に143％拡大コピーすると、ほぼ実物大で使用できます。(タイトルと配点表は含みません)

| 推定配点 | 1　1　6点　2〜4　各2点×6　5，6　各6点×2　7　各2点×2
2　1　6点　2　各2点×2　3　6点　4　各2点×2　5　6点
　6　各2点×2
3　1，2　各2点×4　3，4　各6点×2　5〜8　各2点×8 | 計

100点 |

２０２３年度　　　筑波大学附属駒場高等学校

理科解答用紙

| 番号 | | 氏名 | | 評点 | ／100 |

1

	1	
	2	① ② 3 ③

2

	1	
	2	① ②
	3	

3

	1	A B
	2	3
	4	
	5	
	6	

4

	1	水 塩
	2	

5

	1	
	2	
	3	

6

	1	
	2	右欄
	3	電圧計 電流計
	4	抵抗値 電力 W
	5	現象 記号
	6	

6 2 （回路図）解答欄

| 推定配点 | 1　1　4点　2　各2点×2　3　4点
2　1　各3点×2　2　各2点×2　3　4点
3　1　各2点×2　2〜5　各4点×4　6　3点
4　各4点×3　　5　1，2　各3点×2　3　4点
6　1　3点　2　4点　3〜5　各3点×6　6　4点 | 計

100点 |

二〇二三年度　　筑波大学附属駒場高等学校

国語解答用紙

| 番号 | | 氏名 | | 評点 | /100 |

一

問一	
問二	
問三	
問四	
問五	

| 問六 | ㋐ | ㋑ した | ㋒ | ㋓ | ㋔ |

二

問一	
問二	
問三	
問四	

三

問一		問二	
問三			
問四			

推定配点

		計
一 問一〜問五　各8点×5　問六　各2点×5　二 各8点×4　三 問一・問二　各2点×2　問三　8点　問四　6点		100点

２０２２年度　　　筑波大学附属駒場高等学校

英語解答用紙

番号		氏名		評点	／100

1

問1

1　Thanks, (　　　　　　　　　　　　　　　　　　　　　　　　　　　　).

2　Yes, but (　　　　　　　　　　　　　　　　　　　　　　　　　　　).

問2

質問A
1
2
3
4

質問B

2

問1

問2

② he was [　　　　　　　　　　　　　　　　　　　　　　　] or . . .

③ really [　　　　　　　　　　　　　　　　　　　　　　　] out.

問3　　　　　　　　　**問4**

問5

問6

問7　　　　　　　　　　　　　　　　　　　　　　　　　　20　　40

問8

3

問1　　　　　　　　　　　　　**問2**

問3　George [　　　　　　　　　　　　　　　　　　　　　　　　].

問4　　　　　　　　　**問5**

問6　　　　　　　　　　　　　　　　　　　　　　　　　　20　　40

問7

4

Teachers shouldn't give us homework during a long vacation.　I have two reasons.

（　　　）語

(注)　この解答用紙は実物を縮小してあります。Ａ３用紙に154%拡大コピーすると、ほぼ実物大で使用できます。（タイトルと配点表は含みません）

推定配点	1　各3点×7 2　問1～問6　各4点×7　問7，8　各5点×2 3　問1～問5　各4点×5　問6　5点　問7　4点 4　12点	計 100点

数学解答用紙

| 番号 | | 氏名 | | 評点 | ／100 |

【注意】　1．答えはすべて，解答用紙の定められたところに記入しなさい。
　　　　　2．答えに根号を用いる場合，$\sqrt{\ }$ の中の数はできるだけ簡単な整数で表しなさい。
　　　　　3．円周率は π を用いなさい。

	計　　算		解　　　答	
1		(1)	(ア) x の増加量 ／ y の増加量	
			(イ)	
			(ウ)	cm²
		(2)		cm²
2		(1)		個
		(2)		
		(3)	$M=$	
3		(1)		cm
		(2)		cm²
		(3)		cm²
4		(1)	(ア)	cm
			(イ)	cm³
		(2)		cm³

(注) この解答用紙は実物を縮小してあります。Ａ３用紙に147％拡大コピーすると，ほぼ実物大で使用できます。(タイトルと配点表は含みません)

| 推定配点 | 1 (1) (ア) 各3点×2　(イ), (ウ) 各8点×2　(2) 8点
 2 (1) 7点　(2), (3) 各8点×2
 3 (1) 7点　(2), (3) 各8点×2
 4 各8点×3 | 計 100点 |

２０２２年度　　筑波大学附属駒場高等学校

社会解答用紙

番号		氏名		評点	／100

1

1	
2	
3	
4	
5	（15字）
6	
7	A　　　B　　　C　　　D

2

1	
2	
3	2番目　　　4番目
4	
5	A　　　B
6	
7	（15字・25字）

3

1	
2	（25字／30字／35字）
3	
4	
5	
6	

（注）この解答用紙は実物を縮小してあります。Ａ３用紙に145％拡大コピーすると、ほぼ実物大で使用できます。（タイトルと配点表は含みません）

推定配点	**1** 1〜3 各3点×6　4 各2点×2　5 4点　6 各3点×2　7 4点	計
	2 1 各3点×2　2〜4 各4点×3　5 各3点×2　6 各2点×2　7 各4点×2	100点
	3 1 各2点×2　2 5点　3 各2点×2　4〜6 各3点×5	

２０２２年度　　筑波大学附属駒場高等学校

理科解答用紙

番号		氏名		評点	／100

1

1.

2.

3.

4. ①　　②

5. 天気　　　　前線　①　　　②

2

1. 酢酸：水酸化ナトリウム＝　　　：

2. 　　　　g

3. 　　　　％

3

1.

2.

4

1.

力学台車　斜面　水平な実験机

4

1. 右欄

2. (1)　　(2)　　cm

3.

4. ①　　②　　③　　④

5.

5

1.

2.

6

1. 生物　　　　原因

2.

3.

推定配点	1　1〜3　各3点×4　4　各2点×2　5　天気　4点　前線　各2点×2 2, 3　各4点×5 4　1　5点　2　各3点×2　3　4点　4, 5　各3点×5 5　各4点×2　　6　各3点×6〔1は各3点×2〕	計
		100点

二〇二二年度　　筑波大学附属駒場高等学校

国語解答用紙

| 番号 | 氏名 | 評点 | ／100 |

一

問一		
問二		
問三	(1)	
	(2)	
問四	A	B	C	D

二

| 問一 |
| 問二 |
| 問三 |
| 問四 |

三

問一	
問二	問三	
問四	

（注）この解答用紙は実物を縮小してあります。A3用紙に147%拡大コピーすると、ほぼ実物大で使用できます。（タイトルと配点表は含みません）

		計
一　問一・問二　各8点×2　問三 (1) 8点 (2) 9点　問四　各2点×4		
二　問一〜問三　各8点×2　問四　29点		100点
三　問一・問二　各8点×2　問三　29点　問四　8点		

２０２１年度　　筑波大学附属駒場高等学校

英語解答用紙

番号 ☐　氏名 ☐　評点 ／100

1

問1
| 1 | Well, ( )? |
| 2 | Good.　It was ( ). |

問2
質問A	1	
	2	
	3	
	4	
質問B		

2

問1	
問2	(最初の2語)　　　　　　　　　　　(最後の2語)
問3		問4	
問5		問6	
問7	
問8	I knew you didn't want ( ).

3

問1	Money saved is [ ].
問2	
問3	
問4	
問5		問6	
問7		20 / 40 / 60

4

_____
_____
_____
_____
_____
_____
( )語

（注）この解答用紙は実物を縮小してあります。A3用紙に149％拡大コピーすると、ほぼ実物大で使用できます。（タイトルと配点表は含みません）

| 推定配点 | ① 各3点×7
② 各4点×8
③ 問1～問6　各4点×6　問7　7点
④ 16点 | 計
100点 |

数学解答用紙

| 番号 | | 氏名 | | 評点 | ／100 |

【注意】
1. 答えはすべて、解答用紙の定められたところに記入しなさい。
2. 答えに根号を用いる場合、$\sqrt{}$ の中の数はできるだけ簡単な整数で表しなさい。
3. 円周率はπを用いなさい。

	計　　算		解　　答
1		(1)	$a=$
		(2)	(ア)　　倍
			(イ)　　倍
2		(1)	桁
		(2)	(ア)　　桁
			(イ)
3		(1)	(ア)　　cm²
			(イ) $(p+q)^2=$
			$(p-q)^2=$
		(2)	(ア)　　cm²
			(イ)　　cm²
4		(1)	$a=$
		(2)	(ア) AP $=$ 　cm
			(イ)　　cm³

（注）この解答用紙は実物を縮小してあります。Ｂ４用紙に143％拡大コピーすると、ほぼ実物大で使用できます。（タイトルと配点表は含みません）

推定配点		計
	1 (1) 7点 (2) 各8点×2	
	2 (1) 7点 (2) 各8点×2	
	3 (1) (ア) 7点 (イ) 各4点×2 (2) 各8点×2	100点
	4 (1) 7点 (2) 各8点×2	

社会解答用紙

| 番号 | | 氏名 | | 評点 | ／100 |

1

1	愛知県	大阪府
2		
3		
4		
5		
6		
7		

2

1	2番目	4番目
2		
3		
4		
5		
6		
7		

3

1		20
		40
	50	60

2	【A】	【B】	【C】
3		
4		
5		
6		

(注) この解答用紙は実物を縮小してあります。Ｂ４用紙に139％拡大コピーすると、ほぼ実物大で使用できます。（タイトルと配点表は含みません）

| 推定配点 | 1　各２点×13〔２は完答〕
2　1　４点　　2〜7　各２点×10〔2，5はそれぞれ完答〕
3　1　14点　　2　各５点×3　　3〜6　各３点×7〔3は完答〕 | 計
100点 |

２０２１年度　　筑波大学附属駒場高等学校

理科解答用紙

番号		氏名		評点	／100

1

1	炭素 ： 酸素 ＝ 　　　：
2	
3	a 　　　　　b 　　　　　c

2

1	a 　　　　　b 　　　c
	d 　　　e 　　f
2	％

3

1	写真 　　　　時代
2	
3	季節 　　　高度
4	
5	雲 　　　　高さ

4

1	
2	
3	
4	
5	6

5

1	
2	組み合わせ① ： 組み合わせ② ： 組み合わせ③ ＝ 　　： 　　：
3	野生型 ： 八重型 ＝ 　　：

6

1	① 　　　② 　　　③ 　　　④
2	A → 　　→ 　　→ 　　→

（注）この解答用紙は実物を縮小してあります。Ｂ４用紙に125％拡大コピーすると、ほぼ実物大で使用できます。（タイトルと配点表は含みません）

推定配点	1 1，2 各2点×2　 3 各3点×3 2〜6 各3点×29〔3 4，4 1，5，6 2はそれぞれ完答〕	計 100点

二〇二二年度　　筑波大学附属駒場高等学校

国語解答用紙

| 番号 | | 氏名 | | 評点 | /100 |

一

問一	
問二	
問三	
問四	（1）
	（2）
問五	
問六	

二

問一		
問二		
問三		

（注）この解答用紙は実物を縮小してあります。B4用紙に143％拡大コピーすると、ほぼ実物大で使用できます。（タイトルと配点表は含みません）

推定配点	一　各10点×7　　二　問一　14点　問二　2点　問三　14点	計
		100点

２０２０年度　　　筑波大学附属駒場高等学校

英語解答用紙　　番号　　　　氏名　　　　　　　評点　　／100

1

問1
| 1 | |
| 2 | |

問2
質問A

質問B
1	
2	
3	
4	

2

問1　　　　　　問2

問3
-
-

問4
(1)　　　　　(2)
(3) So I [　　　　　　　　　　　].

問5
目的
意図

3

問1

問2

問3

問4　I [　　　　　　　　　　].

問5　　　　　　　　　　問6

問7　中身　　　　　　　用途

問8

4

Global warming
_____
_____
_____
_____
_____
　　　　　　　　　　（　　）語

（注）この解答用紙は実物を縮小してあります。A３用紙に145％拡大コピーすると、ほぼ実物大で使用できます。（タイトルと配点表は含みません）

推定配点	① 各３点×７ ② 問1，問2　各４点×２　問3〜問5　各３点×７ ③ 問1〜問6　各４点×６　問7　各３点×２　問8　４点 ④ 16点	計
		100点

数学解答用紙

| 番号 | | 氏名 | | 評点 | ／100 |

【注意】　1．答えはすべて，解答用紙の定められたところに記入しなさい。
　　　　　2．答えに根号を用いる場合，$\sqrt{}$ の中の数はできるだけ簡単な整数で表しなさい。
　　　　　3．円周率はπを用いなさい。

	計　　算		解　　答	
1		(1)	a の値	
		(2)	B の y 座標	
		(3)	C の x 座標	
		(4)		個
2		(1)		
		(2)		個
		(3)	a の値　／　$N(a)$ の値	
3		(1)	正　　　　　角形	
		(2)	x^2 の値	
		(3)		m²
4		(1)		cm³
		(2)		cm³
		(3)		cm³

(注)　この解答用紙は実物を縮小してあります。Ａ３用紙に152％拡大コピー
　　　すると、ほぼ実物大で使用できます。（タイトルと配点表は含みません）

| 推定配点 | **1**　各７点×４　
2　(1), (2)　各７点×２　(3)　各５点×２　
3, **4**　各８点×６ | 計　
100点 |

２０２０年度　　　筑波大学附属駒場高等学校

社会解答用紙

| 番号 | | 氏名 | | 評点 | ／100 |

1

1	

| 2 | (1) | (2) | (3) |

| 3 | A | B | C |

| 4 | |

| 5 | |

| 6 | |

| 7 | |

2

| 1 | |

| 2 | |

| 3 | 埼玉県 | 栃木県 | 長野県 |

| 4 | |

5	(1)	A	B
		C	D
	(2)	

| 6 | |

3

| 1 | |

| 2 | |

| 3 | 2番目 | 4番目 |

| 4 | |

| 5 | |

| 6 | |

| 推定配点 | 1　1～3　各３点×7　4～7　各２点×8
2　1　各２点×2　2　6点　3，4　各３点×4
　5　(1)　各３点×4　(2)　各２点×2　6　各２点×2
3　1　3点　2　各２点×2　3　4点　4　各２点×2
　5，6　各３点×2 | 計

100点 |

２０２０年度　　筑波大学附属駒場高等学校

理科解答用紙

| 番号 | | 氏名 | | 評点 | ／100 |

1

1	
2	
3	①　　　　　②

2

1	2
3	

3

1	星　　　　月
2	天体　　　　　　時間
3	
4	地域　　　　種類
5	

4

1	指示薬　　　　　　　色の変化　　　　色　→　　　色
2	前　　　後　　　3　前　　　後
4	

5

1	①　　　　②　　　　③
2	
3	→

6

1	
2	目的
	内容

7

1	A　　　cm　C　　　cm　D　　　cm
2	側面　　　底面
3	側面　　　底面

（注）この解答用紙は実物を縮小してあります。Ｂ４用紙に130％拡大コピーすると、ほぼ実物大で使用できます。（タイトルと配点表は含みません）

二〇二〇年度　　筑波大学附属駒場高等学校

国語解答用紙

番号 ☐　氏名 ☐　評点 ／100

一

一	
二	
三	
四	

二

一	①
	②
二	
三	

三

一	(1)
	(2)
	(3)
二	
三	

推定配点

一 二 各10点×4
三 問一 各7点×3 問二 2点 問三 各10点×2
三 問一 各7点×3 問二 2点 問三 7点

計 100点

英語解答用紙　　　番号　　　氏名　　　　　評点　／100

1

問1
1　Your teacher
2

問2
質問A
質問B
1
2
3
4

2

問1　　　という意思表示。
問2　I don't want to do a job
問3
問4　Mark が、〔　　　　　　　　　　〕時。
問5　　　is working here!
問6　⑥-1　　⑥-2　　⑥-3　　⑥-4　　⑥-5
問7
問8

3

問1　　　問2
問3　(A)　　　(B)
問4　　　　20　40
問5　　　　20　40
ということ。

4

I think（　　　）dogs are better.

（　　　）語

(注) この解答用紙は実物を縮小してあります。Ａ３用紙に152%拡大コピーすると、ほぼ実物大で使用できます。（タイトルと配点表は含みません）

推定配点
1　各３点×７
2　問１〜問５　各４点×５　問６　各２点×５
問７，問８　各４点×２
3　問１〜問３　各４点×４　問４，問５　各５点×２
4　15点

計
100点

２０１９年度　筑波大学附属駒場高等学校

数学解答用紙

番号		氏名		評点	／100

【注意】　1．答えはすべて，解答用紙の定められたところに記入しなさい。
　　　　　2．答えに根号を用いる場合，$\sqrt{}$ の中の数はできるだけ簡単な整数で表しなさい。
　　　　　3．円周率は π を用いなさい。

	計　算		解　答
1		(1)	
		(2)	個
		(3)	個
2		(1)	段目 ／ 1段目の数
		(2)	$(a,\ b)$
		(3)	
		(4)	
3		(1)	$a =$
		(2)	cm
		(3)	$a =$
4		(1)	cm²
		(2)	cm³
		(3)	BS:ET $=$

（注）この解答用紙は実物を縮小してあります。Ａ３用紙に147％拡大コピーすると、ほぼ実物大で使用できます。（タイトルと配点表は含みません）

推定配点	$\boxed{1}$　各７点×３ $\boxed{2}$　(1)　各５点×２　(2)～(4)　各７点×３ $\boxed{3}$，$\boxed{4}$　各８点×６	計 100点

２０１９年度　　筑波大学附属駒場高等学校

社会解答用紙

番号		氏名		評点	／100

1

1	
2	

3	

4	
5	
6	C　　　　　　　　　　D

2

1	
2	
3	
4	
5	
6	

3

1	
2	
3	
4	
5	
6	
7	
8	

（注）この解答用紙は実物を縮小してあります。B４用紙に132％拡大コピーすると、ほぼ実物大で使用できます。（タイトルと配点表は含みません）

推定配点	1　1，2　各2点×3　3　4点　4，5　各2点×3　6　各3点×2 2，3　各3点×26〔3 2は完答〕	計
		100点

２０１９年度　　　筑波大学附属駒場高等学校

理科解答用紙

番号 ［　　　］　氏名 ［　　　］　評点 ［／100］

1	1	A　　　B　　　C　　　D			
	2				
	3				
2	1	ｇ			
	2	ｇ			
3	1				
	2				
	3	名前　　　　　　性質			
	4	高気圧　　　　雲			
	5	名称　　　　　　例			
4	1	①　　　②　　　③			
		④　　　％			
	2	％			
	3	代目以降			
	4				
5	1	①　　　②			
	2	①　　　②			
	3				
	4				
	5				

（注）この解答用紙は実物を縮小してあります。Ａ４用紙に112％拡大コピーすると、ほぼ実物大で使用できます。（タイトルと配点表は含みません）

推定配点	1　1　各2点×4　2, 3　各5点×2 2　各5点×2 3　1, 2　各5点×2　3〜5　各2点×6 4　1　各2点×4　2〜4　各5点×3 5　1, 2　各3点×4　3〜5　各5点×3	計 100点

二〇一九年度　　筑波大学附属駒場高等学校

国語解答用紙

| 番号 | | 氏名 | | 評点 | /100 |

一

一	
二	
三	
四	

二

一	
二	
三	
四	A		B		C		D	

三

一	
二	
三	

推定配点

一　各10点×4
二　問一～問三　各10点×3　問四　各2点×4
三　問一　2点　問二、問三　各10点×2

計　100点

Memo